中文版

联合国概况

Basic Facts about the United Nations

第 42 版

Basic Facts about the United Nations
Published by Shanghai Foreign Language Education Press
for and on behalf of the United Nations

联合国新闻部
纽约

前言

联合国始终是国际体系中不可或缺的支柱之一，我们在世界的各个角落全天候地致力于实现和平、可持续发展和人权。如今，各种挑战日益全球化，与世界上所有人都休戚相关，因此，了解联合国，包括联合国的宗旨、运作方式和理想，比以往任何时候都更为重要。

自1947年首次出版以来，《联合国概况》提供了关于联合国的全面而权威的概述。本次最新出版的《联合国概况》讲述了联合国的历史，介绍了联合国系统的结构和各种职能，以及联合国为全世界人民服务的持续努力。

近几十年来，我们已经在改善人类福祉方面取得了巨大的进步。然而，包括暴力冲突、大规模移徙、人道主义危机、恐怖主义、贫困、青年失业、不容忍和不平等在内的许多问题日益深化复杂。气候变化的威胁越发显著，从而扩大了自然灾害的影响，并使得全球水资源和粮食安全面临风险。

所有这些都表明，以承认和平与安全、人权与可持续发展之间息息相关为基础的多边合作至关重要，而联合国正是实现这一合作的场所。联合国是独一无二的普世论坛，所有会员国可以聚集一堂，阐述共同的问题，抓住共同的机遇。新近的合作成果已被载入本版《联合国概况》，包括2015年通过的三项变革性的国际协定：关于气候变化的《巴黎协定》、《发展筹资问题亚的斯亚贝巴行动议程》和《2030年可持续发展议程》。这些里程碑式的计划为所有人绘制了一幅在健康的地球上实现和平、繁荣和尊严的蓝图。

人类大家庭正面临挑战和机遇，我将致力于改革联合国，以确保联合国能为全世界人民带来有意义的成果。本版《联合国概况》是这项工作的窗口，我希望它不仅能为对联合国感兴趣的人士提供有用的资源，还可激励人们共同实现《联合国宪章》中所设立的目标。

联合国秘书长　安东尼奥·古特雷斯

2017年3月于纽约

目 录

缩略表

首协会	联合国系统行政首长协调理事会
禁核试组织筹委会	全面禁止核试验条约组织筹备委员会
经社部	经济和社会事务部
外勤部	外勤支助部
大会部	大会和会议管理部
管理部	管理事务部
政治部	政治事务部
新闻部	新闻部
维和部	维持和平行动部
安保部	安全和安保部
非洲经委会	非洲经济委员会
欧洲经委会	欧洲经济委员会
拉加经委会	拉丁美洲和加勒比经济委员会
经社理事会	经济及社会理事会
亚太经社会	亚洲及太平洋经济社会委员会
西亚经社会	西亚经济社会委员会
粮农组织	联合国粮食及农业组织
原子能机构	国际原子能机构
机构间常委会	机构间常设委员会
世界银行	国际复兴开发银行
民航组织	国际民用航空组织
国际刑院	国际刑事法院
开发协会	国际开发协会
境内流离失所者	境内流离失所者
农发基金	国际农业发展基金
金融公司	国际金融公司

劳工组织	国际劳工组织
基金组织	国际货币基金组织
海事组织	国际海事组织
移民组织	国际移民组织
气专委	政府间气候变化专门委员会
贸易中心	国际贸易中心
国际电联	国际电信联盟
千年发展目标	千年发展目标
新伙伴关系	非洲发展新伙伴关系
非政府组织	非政府组织
人道协调厅	人道主义事务协调厅
裁军厅	裁军事务厅
人权高专办	联合国人权事务高级专员办事处
监督厅	内部监督事务厅
法律厅	法律事务厅
禁化武组织	禁止化学武器组织
支助办公室	建设和平支助办公室
可持续发展目标	可持续发展目标
艾滋病署	联合国艾滋病毒/艾滋病联合规划署
资发基金	联合国资本发展基金
贸发会议	联合国贸易和发展会议
开发署	联合国开发计划署
环境署	联合国环境规划署
教科文组织	联合国教育、科学及文化组织
人口基金	联合国人口基金
人居署	联合国人类住区规划署
难民署	联合国难民事务高级专员办事处
儿基会	联合国儿童基金会
犯罪司法所	联合国区域间犯罪和司法研究所

裁研所	联合国裁军研究所
工发组织	联合国工业发展组织
减灾办	联合国减少灾害风险办公室
训研所	联合国训练研究所
毒品和犯罪问题办公室	联合国毒品和犯罪问题办公室
最不发达等国家高代办	最不发达国家、内陆发展中国家和小岛屿发展中国家高级代表办事处
伙伴关系办公室	联合国伙伴关系办公室
项目厅	联合国项目事务厅
社发所	联合国社会发展研究所
近东救济工程处	联合国近东巴勒斯坦难民救济和工程处
职员学院	联合国系统职员学院
联合国大学	联合国大学
志愿人员组织	联合国志愿人员组织
妇女署	联合国促进性别平等和增强妇女权能署
世旅组织	世界旅游组织
万国邮联	万国邮政联盟
粮食署	世界粮食计划署
世卫组织	世界卫生组织
知识产权组织	世界知识产权组织
气象组织	世界气象组织
世贸组织	世界贸易组织

关于本版

《联合国概况》自1947年开始定期出版，是介绍联合国及其大家庭内各机构的权威读本。多年来，随着人口日益增长、世界日趋复杂化，联合国为满足各种迫切的需求而不断扩大承诺，因此，本版相应扩充了内容的范围和深度。但全书写作目的不变，旨在全面而简明地介绍联合国这个最重要的国际组织。此次最新出版的《联合国概况》沿袭其一贯传统，概述目前的联合国系统结构，阐述联合国各个组成部分如何致力于实现关键的国际目标。

《联合国概况》首先介绍联合国的起源，进而对范围更为广泛的联合国系统机构进行了概述。本书出版的2017年伊始，恰逢第九任秘书长正式履新，因此，本书也介绍了秘书长的甄选程序。之后的各章节分别介绍联合国在以下领域做出的努力：促进国际和平与安全；以环境上可持续的方式促进经济和社会发展；保护人权和消除歧视；向难民、流离失所者以及受自然和人为灾害影响的人群提供人道主义救济；发展和规范国际法。这些章节描述了联合国在动员集体行动以应对世界面临的挑战方面所具有的独一无二的能力。

本书也是一本实用手册，附录提供有关联合国会员国、当前和以往的维和特派团，以及联合国国际日、国际周、国际年和国际十年纪念活动的重要信息。书中还提供了联合国新闻中心、新闻处和办事处的联系方式，并罗列了部分联合国网站。

本版内容的更新，旨在反映全世界以及联合国所取得的最新发展。本书图片展示了联合国系统的各个机构如何与当地机构、政府和民间社会携手，在世界各地拯救生命和改善民生。本书内容力求简洁，向读者突出展现联合国充满活力、运作高效的形象。本书介绍了新部署的以及仍在开展行动的维持和平和建设和平特派团，对于联合国已结束安全存在和安全任务的国家和地区的局势不再赘述。同样，本书也不再重复有关以往的联合国方案和会议的细节，而是着重介绍可持续发展问题高级别政治论坛等新的实体，以及通过气候变化《巴黎协定》和启动2030年可持续发展议程及17个可持续发展目标等新行动。本版还介绍了联合国的主要机关托管理事会所完成的工作，但由于托管理事会已暂停运作，相关内容已被缩减并入“和平与安全”一章。

尽管《联合国概况》由联合国新闻部负责编撰，但本书综合了联合国系统遍布于世界各地的办事处、方案和机构的资料。正是在他们的鼎力支持下，《联合国概况》才得以呈现在外交官、研究人员、学生和公众的面前。他们为本书的出版做出了贡献，为加强联合国做出了努力，并为改善世界最贫穷、最脆弱人群的生活付出了心血，对此我们表示诚挚的感谢。

除另有说明，本书所载数据均截至2017年1月31日。书中所附网址旨在为读者了解相关主题的最新信息提供方便。若想了解联合国在世界各地的最新动态，请访问以下网址：

- 联合国官方网站（www.un.org/zh/）；
- 联合国新闻中心（www.un.org/chinese/News/）；
- 《联合国年鉴》(unyearbook.un.org)：作为有关联合国的权威参考书目，本书基于历史事实，深入介绍联合国的目标和活动；
- 《联合国纪事》(unchronicle.un.org/zh/)：分专题介绍全球关切的问题。

在联合国70周年之际，联合国秘书处的职员环绕在纽约总部秘书处大厦前的圆形水池旁，拼出了“你在为和平做什么？”的字样。(2015年9月17日，联合国图片/Rick Bajornas)

WHAT R U
DOING

联合国系统

联合国主要机构

大会

安全理事会

经济及社会理事会

秘书处

国际法院

托管理事会[6]

附属机构

- 主要委员会
- 裁军委员会
- 人权理事会
- 国际法委员会
- 联合检查组（联检组）
- 常设委员会及特设机构

基金和方案[1]

开发署 联合国开发计划署

- **资发基金** 联合国资本发展基金
- **联合国志愿人员组织**

环境署[8] 联合国环境规划署

人口基金 联合国人口基金

人居署[8] 联合国人类住区规划署

儿基会 联合国儿童基金会

粮食署 世界粮食计划署（联合国/粮农组织）

附属机构

- 反恐怖主义委员会
- 前南斯拉夫问题国际法庭（前南问题国际法庭）
- 刑事法庭余留事项国际处理机制
- 军事参谋团

职司委员会

- 预防犯罪和刑事司法
- 麻醉药品
- 人口与发展
- 科学和技术促进发展
- 社会发展
- 统计
- 妇女地位
- 联合国森林论坛

区域委员会[8]

非洲经委会 非洲经济委员会

欧洲经委会 欧洲经济委员会

拉加经委会 拉丁美洲和加勒比经济委员会

亚太经社会 亚洲及太平洋经济社会委员会

西亚经社会 西亚经济社会委员会

部和厅[9]

秘书长办公厅

经社部 经济和社会事务部

外勤部 外勤支助部

大会部 大会和会议管理部

管理部 管理事务部

政治部 政治事务部

新闻部

维和部 维持和平行动部

安保部 安全和安保部

人道协调厅 人道主义事务协调厅

裁军厅 裁军事务厅

人权高专办 联合国人权事务高级专员办事处

监督厅 内部监督事务厅

法律厅 法律事务厅

非洲顾问办 非洲问题特别顾问办公室

建设和平支助办公室

儿童与冲突问题特代办 负责儿童与武装冲突问题秘书长特别代表办公室

冲突中性暴力问题特代办 负责冲突中性暴力问题秘书长特别代表办公室

暴力侵害儿童问题特代办 负责暴力侵害儿童问题秘书长特别代表办公室

减灾办 联合国减少灾害风险办公室

毒品和犯罪问题办公室[1] 联合国毒品和犯罪问题办公室

研究和培训

裁研所 联合国裁军研究所

训研所 联合国训练研究所

联合国系统职员学院

联合国大学

其他实体

贸易中心 国际贸易中心（联合国/世贸组织）

贸发会议[1,8] 联合国贸易和发展会议

难民署[1] 联合国难民事务高级专员办事处

项目厅[1] 联合国项目事务厅

近东救济工程处[1] 联合国近东巴勒斯坦难民救济和工程处

妇女署[1] 联合国促进性别平等和增强妇女权能署

相关组织

禁核试组织筹委会 全面禁止核试验条约组织筹备委员会

原子能机构[1,3] 国际原子能机构

国际刑院 国际刑事法院

移民组织[1] 国际移民组织

海管局 国际海底管理局

海洋法法庭 国际海洋法法庭

禁化武组织[3] 禁止化学武器组织

世贸组织[1,4] 世界贸易组织

建设和平委员会

高级别政治论坛

可持续发展问题高级别政治论坛

- 维持和平行动及政治特派团
- 制裁委员会（特设）
- 常设委员会及特设机构

其他机构

- 发展政策委员会
- 公共行政专家委员会
- 非政府组织委员会
- 土著问题常设论坛

艾滋病署 联合国艾滋病毒/艾滋病联合规划署

地名专家组 联合国地名专家组

研究和培训

犯罪司法所 联合国区域间犯罪和司法研究所

社发所 联合国社会发展研究所

专门机构[1,5]

粮农组织 联合国粮食及农业组织

国际民航组织 国际民用航空组织

农发基金 国际农业发展基金

劳工组织 国际劳工组织

基金组织 国际货币基金组织

海事组织 国际海事组织

国际电联 国际电信联盟

教科文组织 联合国教育、科学及文化组织

工发组织 联合国工业发展组织

世旅组织 世界旅游组织

万国邮联 万国邮政联盟

世卫组织 世界卫生组织

知识产权组织 世界知识产权组织

气象组织 世界气象组织

世界银行集团[7]

- **世界银行** 国际复兴开发银行
- **开发协会** 国际开发协会
- **金融公司** 国际金融公司

日内瓦办事处 联合国日内瓦办事处

最不发达等国家高代办 最不发达国家、内陆发展中国家和小岛屿发展中国家高级代表办事处

内罗毕办事处 联合国内罗毕办事处

伙伴关系办公室[2] 联合国伙伴关系办公室

维也纳办事处 联合国维也纳办事处

注：

1 联合国系统行政首长协调理事会（首协会）的成员。

2 伙伴关系办公室是联合国对联合国基金会的协调中心。

3 原子能机构和禁化武组织向安全理事会和联合国大会（大会）报告。

4 世贸组织对大会无报告义务，但不定期为大会和经济及社会理事会（经社理事会）开展金融和发展等方面的工作。

5 专门机构为自治组织，其工作通过经社理事会（政府间一级）和首协会（秘书处间一级）进行协调。

6 随着剩下的最后一个联合国托管领土帕劳于1994年10月1日取得独立，托管理事会于1994年11月1日停止运作。

7 根据《宪章》第五十七和六十三条，解决投资争端国际中心和多边投资担保机构并非专门机构，而是世界银行集团的组成部分。

8 这些机构的秘书处是联合国秘书处的组成部分。

9 秘书处还包括以下办公室：道德操守办公室、联合国监察员和调解事务办公室、内部司法办公室，以及体育促进发展与和平办公室。

本图表反映联合国系统的职能性组织架构，仅作情况介绍之用，未包含联合国系统的所有办事处或实体。

联合国新闻部出版 DPI/2470 rev.5 —17-00023—2017年3月

《联合国宪章》以及联合国的结构和系统

飓风“马修”在海地登陆后，联海稳定团在太子港执行巡逻任务。在其他受影响的地区，稳定团的军事和警察特遣队也在提供援助，特别是在疏通受阻道路方面。（2016年10月4日，联合国图片/Igor Rugwiza）

争取和平是一个漫长的过程。第一次国际和平会议于一个多世纪前的1899年在海牙召开。此次会议的目的是拟订和平解决危机、防止战争和规范战争条例的多边文书。会议通过了《和平解决国际争端公约》，并依据公约成立了常设仲裁法院。常设仲裁法院自1902年开始工作。之后，在第一次世界大战的背景下构想出的国际联盟根据《凡尔赛和约》于1919年成立，其宗旨是"促进国际合作和实现世界和平与安全"。由于未能防止第二次世界大战爆发，国际联盟随后停止了一切活动。然而，通过国际合作和对话和平解决冲突的需求却在不断增长。

"联合国"这一名称由美利坚合众国（以下通称美国）总统富兰克林·德拉诺·罗斯福在二战期间提出，并在1942年1月1日签署的《联合国家宣言》中首次使用。通过《宣言》，26个同盟国承诺共同对轴心国作战。1944年，中国、苏联、联合王国（以下通称英国）和美国的代表在华盛顿特区进行了多次讨论。1945年，50个国家的代表参加了在旧金山举行的联合国国际组织会议。各国代表在会上坚定承诺要结束"战祸"并起草了《联合国宪章》。《联合国宪章》于1945年6月26日签署。

在中国、法国、苏联、英国、美国以及大多数其他签署国批准《宪章》后，联合国于1945年10月24日正式成立，总部设在美国纽约。为纪念这一促进世界和平的历史性承诺生效的日子，每年的10月24日都被作为联合国日加以庆祝。尽管产生于第二次世界大战以及紧随其后的冷战时期的严重分歧在许多审议中都有所体现，但联合国在坚守促进世界和平这一承诺方面的力量却持续增长。在当今世界面临冲突日趋复杂，诸如全球恐怖主义等新威胁层出不穷，以及亟需一个旨在协商解决这些问题的世界论坛的背景下，坚守这一承诺的意义更为重大。

《联合国宪章》

《联合国宪章》（以下简称《宪章》，www.un.org/zh/documents/charter/）是联合国的根本章程，规定了会员国的权利和义务，并设立了联合国的主要机关和程序。《宪章》是一项国际条约，规定了国际关系的基本原则，包括确保会员国主权平等以及禁止以不符合联合国宗旨的任何方式使用武力等。

除序言外，《宪章》共有十九章一百一十一条，其中：第一章载述联合国的宗旨和原则；第二章规定会员国的会员资格标准；第三章确立联合国的六个主要机关；第四章至第十五章规定各主要机关的职权；第十六章和第十七章阐述联合国与现行国际法的关系；第十八章和第十九章规定《宪章》的修正及批准程序。

《宪章》的序言表达了创建联合国的各国政府及其人民的共同理想和目标：

我联合国人民同兹决心

欲免后世再遭今代人类两度身历惨不堪言之战祸，

重申基本人权，人格尊严与价值，以及男女与大小各国平等权利之信念，

创造适当环境，俾克维持正义，尊重由条约与国际法其他渊源而起之义务，久而弗懈，

促成大自由中之社会进步及较善之民生，

并为达此目的

力行容恕，彼此以善邻之道，和睦相处，

集中力量，以维持国际和平及安全，

接受原则，确立方法，以保证非为公共利益，不得使用武力，

运用国际机构，以促成全球人民经济及社会之进展，

用是发愤立志，务当同心协力，以竟厥功

爰由我各本国政府，经齐集金山市之代表各将所奉全权证书，互相校阅，均属妥善，议定本联合国宪章，并设立国际组织，定名联合国。

宗旨及原则

《宪章》载明联合国的宗旨为：

- 维持国际和平及安全；
- 发展以尊重人民平等权利及自决原则为根据的国际友好关系；
- 通过合作，解决属于经济、社会、文化及人道主义性质的国际问题，以及增进对于全体人类的人权及基本自由的尊重；
- 构成协调各国行动的中心，以达成上述共同目的。

为此，联合国遵行下列原则：

- 联合国系基于各会员国主权平等原则；
- 各会员国应始终秉持善意，履行其根据《宪章》所应担负的义务；
- 各会员国应以和平的方法解决其国际争端，避免危及国际和平、安全及正义；
- 各会员国不得使用武力或以武力相威胁；
- 各会员国对于联合国按《宪章》的规定而采取的行动，应尽力予以协助；
- 《宪章》不得视为授权联合国干涉在本质上属于任何国家国内管辖的事件。

《宪章》修正案

《宪章》可在经大会会员国三分之二多数投票并由联合国会员国三分之二、包括安理会五个常任理事国批准后进行修正。迄今为止，《宪章》已有四条经过修正，其中一条经过两次修正：

- 1965年，将安理会理事国自十一国增至十五国（第二十三条），安理会关于除程序事项外一切实质性事项的决议所需的可决票数由七票增至九票，其中包括五个常任理事国的同意票（第二十七条）；
- 1965年，将经社理事会理事国自十八国增至二十七国，1973年自二十七国增至五十四国（第六十一条）；
- 1968年，将安理会为审查《宪章》而召开大会所需的赞成票数由七票增至九票（第一百零九条）。

会员国及正式语文

凡爱好和平的国家，接受《宪章》所载的义务，愿意并确能履行这些义务的，都可以成为联合国会员国。大会经安理会推荐接纳新会员国。《宪章》规定，对于违反《宪章》所载原则的会员国，将暂时取消其会员资格或将其从本组织除名，但迄今尚未出现这种情况。《宪章》的中文、英文、法文、俄文和西班牙文均具同等效力。大会、安理会和经济及社会理事会使用的正式语文已拓展为六种，即阿拉伯文、中文、英文、法文、俄文和西班牙文。其中，法文和英文是秘书处的工作语文和国际法院的正式语文。

联合国结构

《宪章》设立了联合国的六个主要机关：联合国大会、安全理事会、经社理事会、国际法院、托管理事会和秘书处。但是，联合国系统实际上大得多，还有15个专门机构、多个基金和方案，以及其他实体。

联合国大会

联合国大会（大会，www.un.org/zh/ga）是联合国的主要审议、决策和代表机构。大会由全体会员国的代表组成，每一个会员国有一个投票权。有关重要问题的决定（例如关于和平与安全、接纳新会员国和预算事项的决定）必须由三分之二多数通过。其他问题则由简单多数决定。

职　权

根据《宪章》，大会可以：

- 讨论《宪章》所涵盖的任何问题或影响到联合国任何机关的权力和职责的任何问题，并就其提出建议，但安理会正在商讨的争端或情势除外；
- 讨论与国际和平与安全相关的任何问题，并就其提出建议，例外情形如上；
- 审议合作维护国际和平与安全（包括规范裁军及军备管制）的一般原则，并就其提出建议；
- 就可能损害国家间友好关系的任何情势（不论起源）提出以和平的方式加以调整的建议。

《宪章》还规定大会应：

- 开展研究，提出建议，以促进国际政治合作、国际法的逐渐发展和编纂、全人类人权和基本自由的实现，以及在经济、社会、文化、教育和健康领域的国际合作；
- 接收并审议安理会的年度报告和特别报告，以及联合国其他机关的报告；
- 审议和核准联合国预算及各会员国分摊的款项；
- 选举安理会非常任理事国、经社理事会理事国，以及在必要时为托管理事会选举新的理事国；与安理会联合选举国际法院法官；并根据安理会的建议，任命秘书长。

根据大会于1950年11月通过的“联合一致共策和平”决议，大会可在发生以下情况时采取行动：即安全理事会因其常任理事国不能达成一致，以致在发生威胁国际和平、破坏和平或侵略行为的情况下未能采取行动。大会有权立即审议该事项，以便建议会员国采取共同措施，包括在出现破坏和平或侵略行为的情况下，于必要时使用军队，以维护或恢复国际和平与安全。

会 议

联合国大会（以下简称大会）的常会于每年九月的第三个星期二开幕，第一个星期的起算要求是至少有一个工作日。大会应至少在常会开幕前三个月选出一名大会主席、21名副主席及六名主要委员会主席。为确保公平地域代表性，大会主席由非洲、亚洲、东欧、拉丁美洲和加勒比国家、西欧和其他国家五个地区组轮流推选代表担任，任期一年。此外，应安理会或联合国过半数会员国请求，或得到会员国过半数赞同时，大会可召开特别会议。第 29届和第 30届联合国大会特别会议（联大特别会议）先后于 2014年和2016年召开，主题分别为人口与发展和世界毒品问题。在以下情况下，大会还可在24小时内召集紧急特别会议：安理会在其任何九个理事国投票赞成后提出开会请求，或联合国过半数会员国提出请求，或某一会员国提出请求，且过半数会员国赞同。每届常会的第一阶段为一般性辩论阶段，期间成员国可就当前最迫切的国际问题各抒已见，而发言者通常是各会员国的国家元首或政府首脑。

联合国全年的工作主要是完成大会委派的任务，也就是大会通过的决议和决定中所体现的过半数会员国的意愿。这些工作由以下机构执行：大会设立的负责研究和报告具体事务（包括裁军、维和、发展和人权等）的委员会和其他机构；大会召集的国际会议；由联合国秘书长及其下属的国际公务员组成的秘书处。

多数议题由大会的六个**主要委员会**分别讨论：

- 第一委员会（裁军与国际安全）；
- 第二委员会（经济和金融）；
- 第三委员会（社会、人道主义和文化）；
- 第四委员会（特别政治和非殖民化）；
- 第五委员会（行政和预算）；
- 第六委员会（法律）。

大多数议题分配给六个主要委员会分别讨论，仅有部分议题由全体会议直接审议。决议和决定，包括委员会建议的决议和决定，通常于常会12月休会前在全体会议上以表决或不表决的方式通过。

大会通常在多数会员国出席并投票的情况下通过决议和决定。重要问题的决定，例如关于国际和平与安全的建议、主要机关的成员选举和预算事项，则必须经三分之二多数投票决定。表决可采取记录表决、举手表决或唱名表决的形式。大会的决定虽然对各国政府不具有法律约束力，但它们承载着世界舆论的重量，并代表着国际社会的道义权威。

安全理事会

根据《宪章》，**安全理事会**（以下简称安理会，www.un.org/zh/sc）负有维护国际和平与安全的首要责任。安理会有15个理事国，包括五个常任理事国（中国、法国、俄罗斯联邦、英国和美国）、十个非常任理事国（由大会选举产生，任期两年）。当前的非常任理事国由即将在2017年底结束任期的埃及、日本、塞内加尔、乌克兰和乌拉圭，以及在2018年结束任期的玻利维亚、埃塞俄比亚、意大利、哈萨克斯坦和瑞典组成。每一理事国有一个投票权。关于程序事项的决定，需要15个理事国中至少九票赞成票才能通过。关于实质性事项的决议，只有在获得九票赞成票，且五个常任理事国均未投反对票时才能通过。如果某一常任理事国不完全赞同决议案，但不愿投反对票，该常任理事国可以选择弃权。在这种情况下，决议可在获得九票赞成票之时通过。安理会的主席由安理会理事国按照其国名的英文字母次序轮流担任。每一轮主席的任期为一个月。

安理会的组成和程序事宜，尤其是常任和非常任理事国席位的增加，由大会下属的安理会改革工作组负责。目前的核心议题是在处理全球重大事务时各会员国的公平代表性问题。有60多个联合国会员国从未担任过安理会理事国，不过，联合国所有会员国都同意接受并执行安理会的决定。联合国其他机构只能向会员国提出建议，只有安理会有权做出会员国根据《宪章》必须执行的决定。

职　权

根据《宪章》，安理会的职权包括：

- 依照联合国的宗旨和原则来维护国际和平与安全；
- 调查可能引起国际摩擦的任何争端或情势，并建议调解方法或解决条件；
- 促请各当事国以和平手段解决争端；
- 制定计划以建立军备管制制度；
- 确定是否存在威胁和平或侵略行为，并建议应采取的行动；
- 促请当事国遵循安理会所认为必要或合宜的临时措施，以防止情势恶化；
- 促请联合国各会员国实施制裁和采取除使用武力以外的其他措施，以落实安理会决议；
- 采取或授权使用武力，以维持或恢复国际和平与安全；
- 鼓励通过区域安排和平解决地方争端，也可利用区域安排强制实现和平；

- 就秘书长的任命向大会提出建议，并与大会共同选举国际法院的法官；
- 要求国际法院就所有法律问题发表咨询意见；
- 就接纳新会员国加入联合国向大会提出建议。

安理会的组织形式使之可以持续地工作。安理会每一个理事国都必须始终有一名代表常驻联合国总部。安理会可以在总部以外的其他地点举行会议：安理会曾于1972年在埃塞俄比亚的亚的斯亚贝巴、1973年在巴拿马的巴拿马城、1990年在瑞士的日内瓦、2004年在肯尼亚的内罗毕举行会议。

安理会接到威胁和平的投诉时，通常采取的第一个行动是建议当事方尝试以和平手段达成协议。安理会可以：确立达成协议的原则；在某些情况下进行调查和调解；派遣访问团；任命特使；或请秘书长进行斡旋，以实现争端的和平解决。

当争端导致敌对行动时，安理会首要关注的是尽快制止敌对行动。在这种情况下，安理会可以：发出有助于防止冲突升级的停火指示；派遣军事观察员或维持和平部队，帮助降低紧张程度，隔离敌对部队，并营造有助于寻求和平解决争端的安宁环境。除此之外，安理会还可采取各种强制执行措施，包括：经济制裁、军火禁运、金融惩罚和限制以及旅行禁令；断绝外交关系；封锁；乃至集体军事行动。安理会关心的主要问题是如何着重对那些受到国际社会谴责的政策或做法的负责者采取行动，同时尽量减少已采取的措施对其他人口群体和经济部门的影响。

2001年9月11日美国遭遇恐怖袭击后，安理会设立了反恐怖主义委员会，作为其附属机构之一。安理会于2005年设立建设和平委员会，以支助冲突后国家的和平努力。

军事参谋团（www.un.org/sc/suborg/zh/subsidiary/msc）是根据《宪章》设立的安理会附属机构。安理会将依靠军事参谋团对于维持国际和平及安全的军事需要问题，对于受该会所支配军队的使用及统率问题，对于军备管制及可能的裁军问题，提出意见。

国际法庭

安理会于20世纪90年代设立了两个特设国际刑事法庭作为其附属机构，负责起诉在前南斯拉夫和卢旺达及邻国境内犯下的严重危害人类罪。安理会于2010年设立了一个司法机构作为其附属机构，在上述两个特设法庭已完成任务的情况下，延续其管辖权、权利及基本职能。另外，在联合国的大力协助下，三个“混合”法庭分别在柬埔寨、黎巴嫩和塞拉利昂分别设立。上述法庭均不是常设法庭，任务结束后就不复存在。塞拉利昂问题特别法庭于2013年12月完成任务。

卢旺达问题国际刑事法庭

卢旺达问题国际刑事法庭（卢旺达问题国际法庭，unictr.unmict.org）于1994年由安理会设立，负责起诉于1994年在卢旺达境内实施种族灭绝和对其他严重违反国际人道主义法行为负责的人员，以及应对这一期间在邻国境内实施种族灭绝和对其他此类违法行为负有责任的卢旺达公民。卢旺达问题国际法庭起诉了93名在1994年实施种族灭绝和其他严重违反人道主义法行为的个人，完成了 85名被告人的审理程序，并向其他司法机构移交了八个案件。卢旺达问题国际法庭于2015年12月完成任务，其余留职能由刑事法庭余留事项国际处理机制接管。

前南斯拉夫问题国际法庭

前南斯拉夫问题国际法庭（前南问题国际法庭，www.un.org/zh/law/icty/）于1993年由安理会成立，负责起诉自1991年以来在前南斯拉夫犯下灭绝种族罪、战争罪和危害人类罪的个人。法庭下设分庭、书记官处和检察官办公室。截至 2016年10月13日，前南问题国际法庭共有七名常任法官、一名特设法官，以及来自62个国家的393名工作人员。前南问题国际法庭 2016—2017年经常预算为1.136亿美元，已对161名被控于1991—2001年在波斯尼亚和黑塞哥维那共和国、克罗地亚、科索沃、塞尔维亚和前南斯拉夫的马其顿共和国对各少数民族群体犯下罪行的个人进行起诉，其中包括南斯拉夫冲突各方的国家元首、首相、陆军参谋长、内政部长及许多中高级政治、军事和警察领导人。不管被告身居何位，前南问题国际法庭都已将他们绳之以法，为消除犯下战争罪的个人逍遥法外的现象做出了贡献。

庭长：法官卡梅尔·阿吉乌斯（马耳他）
检察官：塞尔吉·布拉默茨（比利时）
书记官长：约翰·霍金（澳大利亚）
总部地址：Churchillplein 1, 2517 JW, The Hague, The Netherlands
电话：+31 70 512 5000 | **传真：**+31 70 512 5355
Twitter：@ICTYnews | **Facebook：**www.facebook.com/ICTYMKSJ

刑事法庭余留事项国际处理机制

刑事法庭余留事项国际处理机制（余留机制，www.unmict.org）于2010年由安理会设立，余留机制在前南问题国际法庭和卢旺达问题国际法庭完成任务后，延续其管辖权、权利和义务及基本职能。余留机制负责查找和逮捕卢旺达问题国际法庭通缉的八名在逃罪犯，并确保对其进行审判；处理卢旺达问题国际法庭、前南问题国际法庭和余留机制案件的上诉程序；处理卢旺达问题国际法庭、前南问题国际法庭和余留机制案件的重审；保护卢旺达问题国际法庭、前南问题国际法庭和余留机制案件的受害者和证人；监督卢旺达问题国际法庭、前南问题国际法庭和余留机制判决的执行情况；协助国家司法机构；以及保存和管理卢旺达问题国际法庭、前南问题国际法庭和余留机制的档案。余留机制由三个机构组成：分庭、检察官办公室和书记官处，并在坦桑尼亚阿鲁沙和荷兰海牙各设有一个分支机构，分别于2012年7月1日和2013年7月1日开始运作。两个分支机构受相同的主席、检察官和书记官长领导。除主席外，余留机制的法官名册上有25名独立法官，法官只有应主席要求，在需要时前往余留机制分支机构所在地办公。法官可尽可能地远程履行职能。截至2016年6月，余留机制有来自63个国家的331名工作人员。余留机制2016—2017年度的总预算为1.374亿美元。目前，余留机制正在审理卡拉季奇案和舍舍利案的上诉案，以及重审斯塔尼希奇和西马托维奇案等案件。

庭长：法官西奥多·梅龙（美国）
检察官：塞尔吉·布拉默茨（比利时）
书记官长：奥鲁菲米·艾里亚斯（尼日利亚）
总部地址：P.O. Box 6016, Arusha, Tanzania
电话：+31 70 512 5000 | **传真：**+31 70 512 5355
Twitter：@un_mict | **Facebook：**www.facebook.com/unitednations.mict

塞拉利昂问题余留事项特别法庭

塞拉利昂问题余留事项特别法庭（余留事项特别法庭，www.rscsl.org）于2010年8月由塞拉利昂政府和联合国联合设立，目的是在全球第一个国际混合刑事法庭——**塞拉利昂问题特别法庭**关闭后，监督其后续法律义务的履行情况。2013年12月，塞拉利昂问题特别法庭成为继纽伦堡法庭之后首个完成其司法使命的国际刑事法庭。2014年1月1日，塞拉利昂问题余留事项特别法庭开始运作，其责任包括：为证人和受害者提供保护与支持；监督判决的执行；保存和管理档案；提供法律援助；审理蔑视法庭案和审议程序；以及依据索取资料书为各国政府提供援助。余留事项特别法庭的资金来自会员国的自愿捐款。然而，在2016年，由于未能募集到足够的捐款，余留事项特别法庭获得了联合国补助金。余留事项特别法庭通过多种方式推动了国际刑法的发展，包括为被判犯有战争罪和危害人类罪的人设定有条件提前释放的条款。 2014年8月，前民防部队领袖莫伊尼纳·福法纳成为第一位被有条件提前释放的罪犯。

庭长：法官蕾娜特·温特（奥地利）
检察官：布伦达·霍利斯（美国）
书记官长：宾塔·曼萨雷（塞拉利昂）
首席辩护人：易卜拉欣·伊拉（塞拉利昂）
临时地址：Churchillplein 1, 2517 JW, The Hague, The Netherlands
电话：+31 70 512 8481 | **邮箱：**info@rscsl.org | **Twitter：**@SpecialCourt

柬埔寨法院特别法庭

柬埔寨法院特别法庭（www.eccc.gov.kh）是依据柬埔寨与联合国签署的协议于2006年设立的国家法院，负责审判民主柬埔寨（红色高棉政权）高级领导人以及那些对1975年4月17日至1979年1月6日期间实施的犯罪和严重违法行为负责的个人。为柬埔寨特别法庭提供援助的工作由联合国援助审判红色高棉工作（援审工作）组织协调，该机制构成了柬埔寨法院特别法庭的国际方。联合国招募国际工作人员与柬埔寨的工作人员协同工作，为其提供帮助。预审分庭和审判分庭各由五名法官组成，其中三名为柬埔寨籍，包括一名庭长。最高法院法庭由七名法官组成，其中四名为柬埔寨籍，包括一名庭长。所有国际法官均由联合国秘书长提名，由柬埔寨最高法官理事会任命。

预审庭庭长： 法官巴干·金山（柬埔寨）

审判庭庭长： 法官聂农（柬埔寨）

最高法庭庭长： 法官贡辛（柬埔寨）

总部地址： National Road 4, Chaom Chau Commune, Porsenchey District, P.O. Box 71, Phnom Penh, Cambodia

电话： +855 0 23 861 500 | **传真：** +855 0 23 861 555

邮箱： info@eccc.gov.kh | **Twitter：** @KRTribunal

黎巴嫩问题特别法庭

黎巴嫩问题特别法庭（www.stl-tsl.org）由安理会于2007年设立。2005年，黎巴嫩共和国政府请求联合国设立特别法庭，对被指控导致前总理拉菲克·哈里里及其他21人遇害的2005年2月14日贝鲁特袭击事件的所有负责者进行审判。特别法庭于2009年3月1日开始运作，也负责审理自2004年10月1日至2005年12月12日期间发生在黎巴嫩、被认定与2005年2月14日袭击事件存在关联且具有类似性质和严重性的其他袭击事件。2015年，特别法庭的任期延长至2018年2月28日。黎巴嫩问题特别法庭的主要案件——检察官诉阿亚什等人案于2014年1月16日开始审理，涉案的五名嫌疑人被指称与2005年2月袭击事件有关。2016年7月，由于其中一名被告确认死亡，特别法庭修改了起诉书。此外，特别法庭还审理了两宗涉及公开涉案机密证人资料的藐视法庭案。检方随后调查了三宗关联案件，以确认是否需要提交附加起诉书，并分析了可能在特别法庭管辖范围内的其他恐怖袭击事件。

庭长： 伊万娜·赫尔德利奇科娃（捷克）

检察官： 诺曼·法雷尔（加拿大）

书记官长： 达里尔·穆迪斯（美国）
总部地址： Dokter van der Stamstraat 1, 2265 BC, Leidschendam, The Netherlands
电话： +31 0 70 800 3400 | **邮箱：** stl-pressoffice@un.org
Twitter： @STLebanon | **Facebook：** www.facebook.com/STLebanon

经济及社会理事会

依照《宪章》设立的**经济及社会理事会**（经社理事会，www.un.org/ecosoc/zh）是协调联合国、各专门机构及其他机构经济、社会和相关工作的主要机构。过去十年来所开展的改革，已强化了经社理事会在识别新挑战、推动创新和均衡地统筹落实可持续发展的经济、社会和环境三大支柱方面的主导作用。

凭借其在联合国系统内的协调作用，经社理事会已成为联合国之外的世界与其建立伙伴关系和参与联合国事务的门户。经社理事会为政策制定者、议员、学者、基金会、工商企业、青年和非政府组织之间开展富有成效的对话提供了独一无二的全球交汇平台。经社理事会每年都会围绕一个对可持续发展具有全球性重要意义的主题安排开展工作。此举确保了经社理事会的各个合作伙伴和整个联合国发展系统注意力的集中。

理事会有54个理事国，任期为三年。理事会席位根据地域代表性分配，非洲国家14个，亚洲国家11个，东欧国家6个，拉丁美洲和加勒比国家10个，西欧和其他国家13个。理事会每个成员享有一票表决权，以简单多数原则确定表决结果。

职　权

经社理事会的任务包括：

- 作为讨论国际经济、社会和环境问题并向会员国和联合国系统提出政策建议的中心论坛；
- 协助均衡地统筹落实可持续发展的经济、社会和环境三大支柱；
- 就国际经济、社会、文化、教育、卫生及相关事项开展研究，制定报告并提出建议；
- 协助筹备和组织经济、社会和相关领域的重大国际会议，并协调这些会议的后续工作；
- 审议国际发展合作的趋势和进展，使政策和相应行动更趋于一致；
- 通过与专门机构协商以及向专门机构和联合国大会提出建议，协调各专门机构的行动。

通过讨论国际经济社会问题和提供政策建议，经社理事会在促进国际发展合作和确定整个联合国系统采取行动的优先事项方面发挥着关键作用。

会议和附属机构

理事会每年举行数次短会和多次筹备会议、圆桌会议和小组讨论会，与民间社会成员商议工作安排。理事会还会于7月举办一个由各国内阁部长及其他高级官员出席的高级别会议，就重大经济、社会和环境问题展开讨论。高级别会议包括高级别政治论坛的年度部长级会议和两年一度的高级别发展合作论坛。理事会的实质性会议还包括人道主义事务部分、整合部分和业务活动促进发展部分，以及协调和管理会议。理事会的年度整合部分充分利用由各专业机构组成的多学科网络。理事会还与联合国各个方案（如开发署、环境署、人口基金、人居署和儿基会）以及专门机构（如粮农组织、劳工组织、世卫组织和教科文组织）展开合作，并在一定程度上协调它们的工作。上述方案和专门机构都向理事会提交报告，并为理事会实质性会议提出建议。

理事会全年的工作由其附属机构和有关机构完成，其中包括：

- 八个职司委员会：职司委员会是审议机构，负责对其职责和专业范围内的议题进行审议并提出建议。职司委员会包括：统计委员会、人口与发展委员会、社会发展委员会、妇女地位委员会、麻醉药品委员会、预防犯罪和刑事司法委员会、科学和技术促进发展委员会和联合国森林论坛；
- 五个区域委员会：非洲经济委员会（埃塞俄比亚亚的斯亚贝巴）、亚洲及太平洋经济社会委员会（泰国曼谷）、欧洲经济委员会（瑞士日内瓦）、拉丁美洲和加勒比经济委员会（智利圣地亚哥）和西亚经济社会委员会（黎巴嫩贝鲁特）；
- 三个常设委员会：方案和协调委员会、非政府组织委员会和政府间机构协商委员会；
- 专家机构：围绕发展合作、地名、地理空间信息管理、公共行政、国际税务合作、危险货物运输，以及经济、社会和文化权利等主题开展工作；
- 其他机构：土著问题常设论坛、国际麻醉品管制局；可持续发展问题高级别政治论坛等。

区域委员会

联合国区域委员会由联合国经常预算资助，向经社理事会报告；各区域委员会的执行秘书对秘书长负责。区域委员会的任务是促进各区域的经济发展，加强各委员会所在区域的国家彼此间及其与世界其他国家间的经济联系。

非洲经济委员会

非洲经济委员会（非洲经委会，www.uneca.org）成立于1958年，旨在促进其54个成员国的经济和社会发展，推进区域一体化和推动国际合作，以促进非洲发展。非洲经委会发挥着双重作用，既是联合国的区域机构，也是非洲体制结构的关键组成部分。为加强其影响力，非洲经委会特别重视：促进达成政策共识；推动能力培养；提供关键专题领域的咨询服务；以及收集最新的区域原始统计数据，保证其政策研究和倡议有明确、客观的事实依据。

执行秘书：维拉·松圭（喀麦隆）
地址：P.O. Box 3001, Addis Ababa, Ethiopia
电话：+251 11 551 7200 | **传真：**+251 11 551 0365
电子邮箱：ecainfo@uneca.org
Twitter：@eca_official
Facebook：www.facebook.com/economiccommissionforafrica

欧洲经济委员会

欧洲经济委员会（欧洲经委会，www.unece.org）设立于1947年，是北美洲、欧洲（包括以色列）和中亚各国探讨如何强化经济合作的论坛。欧洲经委会有56个成员，重点关注领域包括环境、统计、可持续能源、贸易、经济合作和一体化、住房和土地管理、人口、林业和木材，以及运输。欧洲经委会实现目标的主要途径包括政策分析及制订公约、条例和标准等文书。上述文书有助于促进区域内以及该区域与世界其他区域的贸易，也有助于各国实现可持续发展目标。欧洲经委会通过向各国，特别是处于经济转型期的国家提供技术援助，以推动上述文书的落实。

执行秘书：奥尔加·阿尔盖耶洛娃（斯洛伐克）
地址：Palais des Nations, CH–1211 Geneva 10, Switzerland
电话：+41 22 917 4444 | **传真：**+41 22 917 0505
电子邮箱：info.ece@unece.org
Twitter：@unece | **Facebook：**www.facebook.com/unecepage/

拉丁美洲和加勒比经济委员会

拉丁美洲和加勒比经济委员会（拉加经委会，www.eclac.org/en）致力于通过协调政策，促进该区域的经济和社会可持续发展。拉加经委会成立于1948年，原为拉丁美洲经济委员会，工作范围后来才覆盖加勒比国家。拉加经委会的成员包括位于拉丁美洲及加勒比地区的33个国家，以及与该区域存在历史、经济和文化联系的12个北美洲、亚洲和欧洲国家。13个非独立加勒比领土为拉加经委会的准成员。拉加经委会的工作领域包括：经济发展；国际贸易与一体化；性别平等事务；人口与发展；社会发展；自然资源和基础设施；可持续发展和人类住区；统计；生产、生产力和管理，包括农业和农村发展、外国直接投资，以及创新科学和技术。拉加经委会在墨西哥城和特立尼达和多巴哥的西班牙港设有次区域总部。

执行秘书：阿莉西亚·巴尔塞纳·伊巴拉（墨西哥）
地址：Avenida Dag Hammarskjöld 3477, Casilla 179-D, Santiago de Chile
电话：+56 2 2471 2000 | **传真：**+56 2 208 0252
Twitter：@eclac_un | **Facebook：**www.facebook.com/eclac

亚洲及太平洋经济社会委员会

亚洲及太平洋经济社会委员会（亚太经社会，www.unescap.org）成立于1947年，旨在应对亚太地区的经济社会问题，是亚太地区唯一一个多部门政府间论坛。亚太经社会有53个成员国和9个准成员，成员国和准成员的人口总和占世界总人口的60%以上。亚太经社会援助各国政府进行能力建设，以促进社会和经济发展。援助方式包括：向政府提供咨询服务；提供培训；以及通过出版物和国家间网络促进信息共享。亚太经社会致力于支持成员国实现《2030年可持续发展议程》，以改善亚太地区的经济社会状况，为该地区构建现代社会奠定基础。亚太经社会下设四个次区域办事处和六个科研培训机构，分别负责农业发展、可持续农业机械、统计、技术转让、信息技术促进发展和灾害信息管理。亚太经社会的优先关注领域为：发展筹资、减贫、可持续发展、减少灾害风险和新出现的社会问题。

执行秘书：沙姆沙德·阿赫塔尔（巴基斯坦）
地址：United Nations Building, Rajadamnern Nok Avenue, Bangkok 10200, Thailand
电话：+66 2 288 1234 | **传真：**+66 2 288 1000
电子邮箱：escap-registry@un.org
Twitter：@unescap | **Facebook：**www.facebook.com/unescap

西亚经济社会委员会

西亚经济社会委员会（西亚经社会，www.escwa.un.org）成立于1973年，通过推进经济合作和经济一体化，促进各国采取协同行动，推动本区域内各国的经济和社会发展。西亚经社会有18个成员国，是西亚区域在联合国系统内的主要经济和社会发展论坛。西亚经社会的重点关注领域为：可持续发展和生产力；社会发展；经济发展和全球化；信息和通信技术；统计；增强妇女权能；以及冲突有关问题。

执行秘书： 穆罕默德·阿里·哈基姆（伊拉克）
地址： P.O. Box 11-8575, Riad el-Solh Square, Beirut, Lebanon
电话： +961 1 978800 或 +1 212 963 9731（通过纽约）
传真： +961 1 98 1510
Twitter： @escwaciu | **Facebook：** www.facebook.com/unescwa

与非政府组织的关系

联合国将**非政府组织**视为重要的合作伙伴和连接民间社会的重要纽带。全球范围内越来越多的非政府组织与联合国建立日常合作关系，在政策和方案等共同关切的问题上定期与联合国进行磋商，助其实现目标。根据《宪章》，经社理事会不仅可以与各理事国进行磋商，也可就其职权范围内的事项与非政府组织进行磋商。截至2016年9月，共有约4 665个非政府组织具有经社理事会咨商地位。经社理事会承认，这些非政府组织应当有机会发表他们自己的意见，并且拥有理事会履行职责所需的特殊经验和技术知识。

经社理事会将非政府组织分成三类：一般咨商地位的组织——处理与大部分经社理事会活动有关的问题；特别咨商地位的组织——针对经社理事会关切的事务在特定领域具有专长的特别组织；以及具有名册地位的组织——针对一些临时事务为理事会提供咨询。具有咨商地位的非政府组织可派遣观察员列席经社理事会及其附属机构的会议，可以提交与经社理事会工作有关的书面陈述。

国际法院

国际法院（www.icj-cij.org）是联合国的主要司法机关，位于荷兰海牙，是联合国六大主要机构中唯一设在纽约之外的机构。国际法院于1946年取代常设国际法院并开始运作。国际法院又称“世界法院”，是唯一具有一般管辖权的普遍性国际法院。《国际法院规约》是《宪章》的重要组成部分。

院长： 法官龙尼·亚伯拉罕（法国）
书记官长： 菲利普·库弗勒（比利时）
总部地址： Peace Palace, Carnegieplein 2, 2517 KJ, The Hague, The Netherlands
电话： +31 70 302 23 23 | **Twitter：** @CIJ_ICJ

使　命

国际法院具有双重职能：一、依据国际法解决各国向其提交的法律争端（国际法院的判决对案件当事国具有拘束力，且当事国不得上诉）；二、对获得正当授权的联合国机关和联合国系统内的其他机构提交的法律问题发表咨询意见。自成立以来，国际法院80%的工作为审理国家之间的诉讼案件，对100多个争端做出了判决，涉及国际边界和领土主权纠纷、违反国际人道主义法的行为和外交关系等。国际法院还发表过近30项咨询意见。

管辖权

国际法院对《国际法院规约》的所有缔约国开放，包括联合国所有会员国。案件的当事方限于国家，只有国家可以向国际法院提交争端。国际法院的管辖权包括争端当事国提交的一切案件，以及《宪章》和其他现行国际条约或公约所涉及的一切问题。国家可事先约束自身接受国际法院的管辖，既可以通过签订条约或公约规定将争端提交至国际法院，也可以发表声明承认国际法院的管辖权具有强制性。接受国际法院强制性管辖的声明往往带有保留，将特定种类的争端排除在外。国际法院按照现行国际条约和公约、国际习惯、一般法律原则、司法判例以及最具资格的国际法律专家的意见做出判决。

法　官

国际法院由15名法官组成，法官任期九年，由大会及安理会通过独立投票选举产生。国际法院每三年改选五名法官，法官可连选连任，每届任期九年。国际法院的每位法官必须来自不同国家。法官不代表原籍国政府，而是作为独立法官行事。国际法院的法官组成还必须代表世界各大文化和各主要法系。多年来，为确保地域均衡，国际法院法官名额按以下方式分配：西欧和其他西方国家五名；非洲三名；亚洲三名；东欧两名；拉丁美洲两名。此分配方式与安理会成员的分配方式相似。尽管任何国家都不会自动在国际法院占有席位，但安理会各常任理事国均有一名法官在国际法院任职。在法院受理的案件中，如果当事国中的任何一方在国际法院中没有本国国籍的法官，该国可选派一名专案法官参与案件的审理。专案法官参与案件审理时与在任法官拥有同等的权利和义务。

预　算

国际法院的年度预算由大会审议通过。2016—2017两年期的预算约为每年2 200万美元。

托管理事会

托管理事会（www.un.org/zh/decolonization/trusteeship）最初根据《宪章》设立，旨在

对由七个会员国管理的11个托管领土实行国际监督，确保采取充分的措施为托管领土的自治或独立做好准备。托管理事会的上述工作持续了49年。托管理事会于1994年通过决议，决定修改议事规则，取消每年举行会议的规定，并同意视需要举行会议，即：托管理事会或托管理事会主席做出决定，或托管理事会多数成员或大会或安理会提出要求。1994年10月1日，最后一个托管领土帕劳取得独立，随后，托管理事会于1994年11月1日暂停运作。

秘书处

联合国秘书处（www.un.org/zh/sections/about-un/secretariat）由来自不同国家，在遍布世界各工作地点负责完成联合国各种日常工作的工作人员组成。秘书处全球工作人员总数约为41 000人。秘书处为联合国其他主要机关服务，并管理这些机关所制定的方案与政策。秘书处下设多个部门，每个部门或办事处都有明确的行动和责任范畴。秘书处的行政首长是秘书长，秘书长由大会根据安理会的推荐任命。

联合国总部设在纽约，此外，还设有三个区域总部办事处——日内瓦、维也纳和内罗毕。每个区域总部办事处都是秘书长的代表办，为设在当地的联合国实体提供行政支助服务、共同支助服务或其他支助服务。联合国日内瓦办事处（日内瓦办事处，www.unog.ch）是纽约总部以外的第二大工作地点，是会议外交中心以及裁军和人权问题论坛。联合国维也纳办事处（维也纳办事处，www.unvienna.org）负责管理和平利用外层空间方案，也是毒品和犯罪问题办公室的总部。联合国内罗毕办事处（内罗毕办事处，www.unon.org）致力于推动联合国与区域组织之间的合作，也是环境署和人类住区规划署的总部。

秘书处的职责范围广泛，包括：管理维持和平行动；调停国际争端；组织人道主义救济方案；调查经济及社会趋势；研究人权和可持续发展问题；以及奠定国际协定基础等。秘书处工作人员还致力于让世界各通讯媒体、政府、非政府组织、学术研究单位以及公众了解和关心联合国的工作。他们负责：组织有关全球性问题的国际会议；将发言和文件翻译成联合国各正式语文；以及建立信息交流中心。

尽管作为国际公务员，秘书处工作人员和秘书长服务于国际社会，但他们仅对联合国负责，而不对任何会员国或其他组织负责，并宣誓不寻求或接受联合国以外任何政府或其他当局的指示。根据《宪章》，各会员国承诺尊重秘书长和秘书处工作人员责任的专属国际性，不寻求对其履职施加不当影响。

秘书长

联合国秘书长办公厅由秘书长及其高级顾问组成，负责制定联合国的一般政策并提供全面指导。联合国秘书长（www.un.org/sg/zh）既是外交官，又是代言人；既是公务员，又是管理者。他是联合国理想的象征，是世界各国人民的代言人。安东尼奥·古特雷斯（葡萄牙）为第九任联合国秘书长，于2017年1月1日就职。

《宪章》规定，联合国秘书长由大会根据安理会的推荐任命，任期五年。安东尼奥·古特雷斯的前任有：潘基文（大韩民国），任期为2007年至2016年；科菲·安南（加纳），任期为1997年至2006年；布特罗斯·布特罗斯-加利（埃及），任期为1992年至1996年；哈维尔·佩雷斯·德奎利亚尔（秘鲁），任期为1982年至1991年；库尔特·瓦尔德海姆（奥地利），任期为1972年至1981年；吴丹（缅甸），任期为1961年11月起担任代理秘书长（1962年11月正式任命）至1971年12月；达格·哈马舍尔德（瑞典），任期为1953年4月至1961年9月，在非洲执行任务时飞机失事罹难，是唯一一位在任期间逝世的联合国秘书长；以及特里格夫·赖伊（挪威），于1946年2月当选联合国第一任秘书长，1952年11月辞职。

2016年的秘书长遴选程序始于候选人非正式地向各自国家代表团表达竞选意愿。迄今为止，秘书长人选的区域分布已包括了非洲、亚洲、西欧和拉丁美洲及加勒比地区，但尚无来自东欧的候选人和女性候选人担任过秘书长一职。按惯例，来自安理会五个常任理事国的人选不在联合国秘书长一职的考虑之列。2015年12月，在一封呼吁各会员国提名候选人的联名邀请函中，大会主席莫恩斯·吕克托夫特和安理会轮值主席萨曼莎·鲍尔确定

当选秘书长安东尼奥·古特雷斯手按《宪章》，在大会第71届会议主席彼得·汤姆森的带领下宣誓就职。（2016年12月12日，联合国图片/Eskinder Debebe）

了候选人参加与大会和安理会成员举行的非正式对话或会议的程序。相较于之前的遴选程序，本次遴选程序（2016年4月至10月）更加开放，公开提名候选人，且候选人首次参加全球视频直播的会议。在对每名候选人的提名进行私下讨论之后，若有九个安理会理事国投赞成票且无常任理事国投否决票，则安理会进行投票并推荐秘书长人选。2016年10月6日，古特雷斯从13名候选人中脱颖而出，被安理会推荐担任秘书长一职，任期为2017年1月1日至2021年12月31日。

《宪章》规定，秘书长是联合国的“首席行政长官”，履行行政长官的职务，以及处理安理会、大会、经社理事会和联合国其他机构所托付的其他事务。《宪章》还规定秘书长有权就其认为可能威胁国际和平及安全的任何事件提请安理会注意。这些纲领性的原则既明确规定了秘书长的职能和权力，又给予其极大的采取行动的自由。秘书长必须考虑各个会员国的需要和关切，同时维护联合国的价值观念和道德权威，一言一行都要从和平的角度出发，为此甚至可以不惜冒着反对或质疑上述会员国的风险。秘书长最重要的职责之一就是发挥他的“斡旋职能”，本着公正的原则，通过公开或私下采取措施，防止和化解国际争端。

古特雷斯于2016年12月12日发表就职演讲，强调应当更加注重预防冲突并应对冲突的根源，他表示，“预防并不是一个新概念，而是联合国缔造者对我们提出的要求。这是挽救生命、减少人类痛苦的最佳办法。”他表示将在三大领域进行重大改革：联合国和平与安全架构；联合国发展系统；以及联合国内部管理。他还承诺实现联合国系统内的性别均等，并促进联合国工作的问责文化。

联合国常务副秘书长阿米纳·J·穆罕默德（2017年1月1日，联合国图片/Mark Garten）

常务副秘书长 1998年，来自加拿大的路易丝·弗雷歇特被任命为联合国第一任常务副秘书长。2006年，马克·马洛赫·布朗（英国）接任；2007年，阿莎-罗斯·米基罗（坦桑尼亚）接任；2012年，扬·埃利亚松（瑞典）接任。现任常务副秘书长为阿米纳·J·穆罕默德（尼日利亚），她的任期从2017年开始。

部门和办事处

经济和社会事务部

副秘书长：刘振民（中国）

经济和社会事务部（经社部，www.un.org/development/desa/zh/）旨在促进和支持国际合作，追求惠及所有人的可持续发展。经社部致力于应对一系列影响人类生命和生计的跨部门问题，例如社会政策、消除贫困、就业、社会包容、不公平现象、人口、土著权利、宏观经济政策、发展筹资和合作、公共部门创新、森林政策、气候变化和可持续发展等。为此，经社部：

- 分析、制作和汇编范围广泛的发展问题数据和信息；
- 促使国际社会齐聚各种会议和峰会，以应对经济和社会挑战；
- 为制定发展政策、全球标准和规范提供支助；
- 为国际协定的落实提供支助，包括《2030年可持续发展议程》；
- 通过各种能力建设倡议，协助各国应对各自在发展方面的挑战。

在开展工作的过程中，经社部与遍及全世界的各种利益攸关方交流和协作，包括非政府组织、民间社会、私营部门、研究和学术机构、慈善基金、政府间组织，以及联合国系统内的伙伴组织。

外勤支助部

副秘书长：阿图尔·哈雷（印度）

外勤支助部（外勤部，www.un.org/zh/peacekeeping/about/dfs/）负责为国际和平行动提供服务，包括维持和平、特殊政治任务及其他外勤工作。外勤部与联合国和非联合国伙伴合作，通过快速、有效、高效和负责的支助解决方案，规划、动员和持续开展上述外勤工作。外勤部的核心工作是处理预算、财务、人员、采购、后勤、技术和基础设施、供应链和资产管理方面的事务。2016—2017年，外勤部凭借近168 000名被授权人员和约85亿美元的总预算，为部署在30多个国家的36项联合国和非联合国维持和平行动提供支持，协助为实现可持续的和平与稳定创造条件。外勤部在全球共有14 520名被授权的外勤支助人员，其中有13 200人被分配到外地特派团，900多人在全球和共享服务中心工作，420人在纽约外勤部工作。

大会和会议管理部

副秘书长：凯瑟琳·波拉德（圭亚那）

大会和会议管理部（大会部，www.un.org/zh/hq/dgacm/）向大会、安理会、经社理事会、上述机构的委员会和其他附属机构及不在联合国总部召开的会议提供技术和秘书处支持服务。大会部负责在总部处理和印发所有用联合国正式语文编制的正式文件，并为政府间会议提供所有正式语文的口译服务。此外，大会部还负责编制关于联合国的正式记录，包括会议纪要和会议逐字记录。大会部副秘书长负责联合国会议管理政策和会议程序，并就与大会工作有关的所有事项向大会主席提出建议，以及协调全秘书处的多种语文使用。

管理事务部

副秘书长：简·比格尔（新西兰）

管理事务部（管理部，www.un.org/zh/aboutun/structure/dm/）为联合国全球秘书处提供财务、人力资源和支援服务方面的服务和业务。以上职责由方案规划、预算和财务厅、人力资源管理厅、中央支助事务厅、信息和通信技术厅以及“团结”企业资源规划项目履行。管理部还为大会第五委员会（行政和预算委员会）以及方案和协调委员会提供服务。管理部副秘书长代表秘书长处理有关人力资源、信通技术、联合国预算编制和监督、货物和服务采购、会计和财务管理、旅行和运输，以及设施管理等方面的问题，并为联合国内部司法系统提供支持。管理部正领导多方力量，致力于将秘书处从一个主要面向总部的机构发展成一个全球性、灵活和高效的机构。具体举措包括实施国际公共部门会计准则、部署新的企业资源规划解决方案，以及制定整个联合国的信通技术管理战略。

政治事务部

副秘书长：罗斯玛丽·安妮·迪卡洛（美国）

政治事务部（政治部，www.un.org/undpa/zh）在联合国预防和解决世界各地冲突以及巩固和维持冲突后和平的过程中起核心作用。为此，政治部：

- 监测、分析和评估世界各地的政治发展；
- 查明联合国可预防或解决的潜在或实际冲突；
- 向秘书长建议适当的行动，并执行经秘书长批准的政策；
- 协助秘书长开展由秘书长、大会和安理会决定的政治活动，包括预防性外交、缔造和平和建设和平等活动；
- 就会员国提出的选举援助请求，向秘书长提供咨询意见，并协调应上述请求而建立的各个方案；
- 协调联合国预防恐怖主义和暴力极端主义的工作；
- 就秘书长与会员国之间的政治关系，向秘书长提供咨询意见和支助；
- 为安理会及其附属机构，以及巴勒斯坦人民行使不可剥夺权利委员会和24国非殖民化特别委员会服务。

政治部副秘书长也负责与和平解决争端有关的协商和谈判，是联合国选举援助事务的协调人。

新闻部

副秘书长：艾利森·斯梅尔（英国）

新闻部（www.un.org/zh/sections/department-public-information）负责培养公众的全球意识，增进公众对联合国工作的理解；与不同的受众互动与合作；以及支持和平、发展和人权。新闻部通过广播、电视、出版物、网络、视讯会议、外联方案、宣传活动和社交媒体平台完成上述使命。新闻部举办展览、音乐会和研讨会等活动，纪念重要的国际事件。新闻部还提供图书馆和知识共享服务。除在联合国总部工作的员工外，新闻部还在世界各地设有59个联合国新闻中心（新闻中心，unic.un.org），其中包括服务中心、办事处以及一个设在布鲁塞尔的区域新闻中心（西欧新闻中心，www.unric.org）。

新闻部下设三个司：

- 战略传播司：制定传播策略和开展传播运动，以促进联合国优先事项的进展，管理新闻中心，以及制作有关和平与安全、发展、巴勒斯坦和非洲的新闻材料，包括《非洲复兴》杂志（www.un.org/africarenewal/zh）。
- 新闻和媒体司：制作并发布联合国新闻，包括由秘书长发言人办公室发布的每日新闻简报和秘书长发言人声明、联合国网站、广播节目和电视节目内容（www.unmultimedia.org/tv/unifeed/）等。
- 外联司：下设达格·哈马舍尔德图书馆，负责出版《联合国年鉴》等图书和《联合国纪事》杂志，与非政府组织和教育机构开展合作，通过导游带领的参观以及有关优先事项的特别活动和展览加强公众参与，并为来自发展中国家的记者提供一年一度的培训。外联司还与私营和公共部门建立伙伴关系，以推动实现联合国的目标。

自1997年以来，历任秘书长已任命多位知名人士担任**联合国和平使者**和**联合国亲善大使**（outreach.un.org/mop/zh），最初任期均为两年。这些从艺术、文学、音乐和体育领域精挑细选的杰出人士甘愿奉献自己的时间、才智和热忱，让全世界关注联合国的工作。2017年4月11日，诺贝尔和平奖得主马拉拉·优素福扎伊因倡导女童教育而成为有史以来最年轻的联合国和平使者。来自巴基斯坦的马拉拉在2012年遭塔利班枪击后，受到了全世界的关注。**大屠杀与联合国外展方案**（www.un.org/zh/holocaustremembrance）旨在提醒全世界要从大屠杀中吸取教训，防止灭绝种族行为的发生。**联合国记住奴隶制方案**（www.un.org/zh/events/slaveryremembranceday/）缅怀奴隶制的受害者。

维持和平行动部

副秘书长：让–皮埃尔·拉克鲁瓦（法国）

维持和平行动部（维和部，www.un.org/zh/peacekeeping）致力于为会员国和秘书长维护、实现以及维持国际和平与安全的努力提供协助。为实现上述目标，维和部应会员国的委托，计划、筹备并实施联合国维和行动。

为此，维和部：

- 为可能的新维和行动制定应急规划；
- 通过与会员国谈判，获得完成任务所需的文职人员、军事人员、警察、设备和军队；
- 为维和行动提供政治和行政指导、领导与支持；
- 与冲突各方和安理会成员国就安理会决议的执行保持接触；
- 通过管理统筹行动小组，指导并监督所有维和行动；
- 为安理会和会员国就关键维和议题提供建议，包括安全部门改革、法治以及前战斗人员的解除武装、复员和重返社会等；
- 分析维和工作中新出现的政策问题和最佳实践方案，制定政策、程序和一般性维和准则；
- 协调所有与地雷有关的联合国活动，在维和和紧急情况下开展并支持地雷行动方案。

维和部主管代表秘书长指挥维和行动，为行动制定政策和指导原则，并就所有维和及地雷行动相关事务向秘书长提供建议。

安全和安保部

副秘书长：彼得·托马斯·卓尔能（澳大利亚）

联合国安全和安保部（安保部，www.un.org/zh/aboutun/structure/dss/）成立于2005年1月1日，旨在提供专业的安全和安保服务，确保联合国能够在全世界开展方案。安保部负责领导联合国安全管理系统，提供行动支助并监督其执行，确保以安全和可靠的方式在世界各地开展联合国系统授权的方案和活动。安保部的职能为：对所有安保威胁和其他紧急状况做出一贯和及时的反应；在整个联合国系统内建立协调一致的安全威胁和风险评估机制，切实减少风险；在整个联合国系统内制定最佳的安保政策、标准和业务程序，提供支持并监测其遵守情况；以及确保安保人员的雇佣和配备最具成本效益。目前，将原来由政治部、外勤部和维和部三个部门分别监管的所有外地特派团的安全和安保资源进行整合，统一纳入安保部的全面管理和统辖之下，旨在形成一个向联合国总部及外派的所有客户提供安保服务的部门，使该部门集管理权责于一体，拥有一支机动的全球秘书处安保队伍的努力正在进行之中。

人道主义事务协调厅

主管人道主义事务副秘书长兼紧急救济协调员：马克·洛科克（英国）

人道主义事务协调厅（人道协调厅，www.un.org/zh/issues/humanitarian）与国家和国际人道主义行为体合作，动员和协调人道主义行动，确保在冲突或自然灾害导致人道主义紧急状况时，最需要援助的人们能够得到援助。人道协调厅通过公共渠道和私营渠道呼吁关注需要帮助的人群的权利，促进防灾和备灾，提供全球信息管理工具和平台以支持人道主义人士，制定及协调人道主义政策以指导行动，促进人道主义问题的可持续解决方案的实施。人道协调厅还协调全球人道主义筹资，为人道主义应对行动提供资金。其授权行动的开展遵照四项人道主义核心原则：

- 人道：无论何处只要发现有人遭遇苦难，都必须给予救助；
- 中立：人道主义行为体不得偏袒敌对中的任何一方；
- 公正：人道主义行动的开展必须只能以满足需求为基础；
- 独立：人道主义行动必须独立于政治、经济或军事等目的之外。

截至2016年6月，人道协调厅拥有在全球60多个国家工作的2 300名职员。人道协调厅的年度预算不到3亿美元，其中6%来自联合国经常预算，94%来自40多个捐助国政府的自愿捐款。2015年，人道协调厅的预算中有71%用于外勤业务，29%用于总部和全球协调工作。

联合国裁军事务厅

主管裁军事务副秘书长兼裁军事务高级代表：中满泉（日本）

联合国裁军事务厅（裁军厅，www.un.org/disarmament/zh/）致力于促进核裁军及核不扩散，其他大规模毁灭性武器裁军制度的加强，以及常规武器，特别是小武器和轻武器领域的裁军行动。裁军厅还促进联合国系统预防冲突和冲突后和平建设工作中的裁军及信心建设措施。

裁军厅通过大会及其第一委员会、裁军审议委员会、裁军谈判会议和其他机构，为制定裁军准则提供实质性和组织支助。裁军厅通过军事领域对话、透明度的增加以及信心建设强化裁军措施，促进区域裁军行动，包括建立联合国常规武器登记册及举办区域论坛。

裁军厅还为联合国会员国、多边协定的缔约国、政府间组织机构、联合国系统部门及机构、科研及教育机构、民间社会团体，尤其是非政府组织、媒体和公众提供有关多边裁军问题和活动的客观、全面、及时的信息。

联合国人权事务高级专员办事处

高级专员：米歇尔·巴切莱特（智利）

联合国人权事务高级专员主要负责联合国的人权活动，领导人权事务高级专员办事处（人权高专办，www.ohchr.org/CH/Pages/Home.aspx），致力于促进和保护所有人的所有人权。人权高专办是联合国在人权领域的带头机构，提供技术专长和能力发展等方面的帮助，支持国际人权标准的落实。人权高专办还帮助承担人权保护主要责任的各国政府履行义务，并支持个人争取权利，在人权遭到侵犯的情况下客观发声。2016年，人权高专办的预算需求为3.186亿美元，其中1.013亿美元来自联合国经常预算，2.173亿美元来自自愿捐款。人权高专办拥有约1 165名工作人员（44%为外勤工作人员），下设三个司。

人权理事会和条约机制司下设人权条约处、人权理事会处和普遍定期审议处。人权条约处为10个人权条约机构的工作提供支持，帮助独立专家监督人权条约义务的落实，处理指称侵犯人权行为的来文，以及落实条约机构通过的建议和决定。人权理事会处为人权理事会及其机制提供支持。普遍定期审议处支持每四年半对193个会员国的人权记录进行一次审议工作，负责能力建设活动，以及各个信托和自愿基金的工作。

专题活动、特殊程序和发展权司负责编写从人权行动中获得的经验，就人权专题制定政策主张和策略，开发以人权为主题的工具与学习材料，推动将人权列为联合国系统所有工作的主流。基于2030年可持续发展议程制定指标，是人权高专办人权主流化工作的关键部分。该司还协助开展专题授权任务；围绕人权议题开展研究，撰写报告，组织小组会议和专家讨论会；支持由人权理事会指定的基于专题的独立特殊程序。

外勤业务和技术合作司通过咨询服务和技术合作等方式，监督和支持人权高专办在国家和区域层面的工作。人权高专办与各国人权机构携手合作，加强各国人权保护系统的建设，支持采取各种措施，为实现人权扫清障碍。出现人道主义紧急情况时，人权高专办通过快速为当地联合国行动部署监察团或增援力量，来应对不断恶化的人权状况和新危机的早期迹象。2016年末，人权高专办拥有60个实地机构，帮助联合国系统的其他机构应对各个区域新出现的人权问题。

内部监督事务厅

副秘书长：海迪·门多萨（菲律宾）

内部监督事务厅（监督厅，www.un.org/zh/aboutun/structure/oios/）提供独立、专业与及时的内部审计、监督、检查、评估与调查服务，推进资源合理管理，鼓励推行问责制，提高透明度，完善项目执行情况。监督厅协助联合国及其会员国保护联合国资产，确保方案活动符合各类条例、法规和政策，保证联合国各项活动更高效、有效地完成，并警惕欺诈、浪费、滥用、渎职与管理不善的行为。负责该厅的副秘书长由秘书长任命，经联合国大会批准，任期五年，不得连任。

法律事务厅

主管法律事务副秘书长兼联合国法律顾问：米格尔·塞尔帕·苏亚雷斯（葡萄牙）

法律事务厅（法律厅，www.un.org/ruleoflaw/zh/un-and-the-rule-of-law/office-of-legal-affairs/）是联合国的中央法律服务机构，也致力于推动国际公法和贸易法的逐步发展及编撰。法律厅的主要职责包括：

- 为秘书长、秘书处各部厅、联合国主要机关和附属机关提供国际公法和私法领域的法律服务；
- 代替涉及国际公法、海洋法和国际贸易法的法律机构执行实质性和秘书处职能；
- 代秘书长行使秘书长作为多边条约保存人的职能。

法律厅的其他活动还包括处理以下领域的法律问题：国际和平与安全；联合国的地位、特权与豁免权；会员国的全权证书与代表权。法律厅还起草国际公约、协定、联合国机构和会议的议事规则以及其他法律文书，并就国际私法和行政法的问题以及联合国决议和条例提供法律服务和咨询。

非洲问题特别顾问办公室

非洲问题秘书长特别顾问：贝尼斯·加瓦纳斯（纳米比亚）

非洲问题特别顾问办公室（非洲顾问办，www.un.org/chinese/africa/osaa）成立于2003年5月，通过宣传、报道、监测和分析工作加强国际社会对非洲发展与安全的支助，帮助秘书长增进联合国系统支助非洲工作的合作与协调。非洲顾问办的主要职责包括：

- 促进在全球层面就非洲问题，特别是涉及新伙伴关系的问题进行政府间审议；
- 牵头起草与非洲有关的报告，包括冲突的原因、新伙伴关系和影响非洲的重要问题；
- 召集非洲事务部门间工作队，确保联合国以协调的方式支助非洲；促进非洲区域协调机制，以便在2030年可持续发展议程及非洲联盟（非盟）2063年议程实施期间与非盟和其他区域组织构建合作伙伴关系；

- 监测旨在实现非洲可持续发展承诺的进展；撰写秘书长的两年期联合国监测机制报告；
- 围绕和平、安全和可持续发展等领域关键和新出现的议题组织高级别部长级会议和专家组会议。

非洲顾问办每年还举办“非洲周”，展示非洲在社会、经济、政治和环境发展方面的进展，动员国际社会对非洲的支助。2016年“非洲周”于10月10日至14日举办，2016年是实施2030年可持续发展议程及非盟2063年议程的第一年，其主题为“加强伙伴关系，促进非洲的包容性可持续发展、良政、和平与稳定”。

建设和平支助办公室

助理秘书长：奥斯卡·费尔南德斯–塔兰科（阿根廷）

建设和平支助办公室（支助办公室，www.un.org/zh/peacebuilding/pbso/）设立于2005年，通过争取国际社会支持受冲突影响国家自主和领导的建设和平努力维持和平。支助办公室为建设和平委员会提供战略性咨询和政策指导，管理建设和平基金，帮助秘书长制订联合国系统建设和平政策，协调联合国各个机构开展建设和平工作。

负责儿童与武装冲突问题秘书长特别代表办公室

特别代表：弗吉尼亚·甘巴（阿根廷）

负责儿童与武装冲突问题秘书长特别代表办公室（儿童与冲突问题特代办，childrenandarmedconflict.un.org/zh/）是联合国保护受武装冲突影响的儿童并关怀其福祉的主要倡导者。1996年，在关于“武装冲突对儿童的影响”的全面报告出版之后，大会通过了第51/77号决议，创设了负责儿童与武装冲突问题秘书长特别代表的使命。报告全面介绍了儿童兵的情况，突出强调了战争对儿童的极大影响，将儿童认定为武装冲突的首要受害者。特别代表致力于加强对受到武装冲突影响的儿童的保护，提高公众意识，促进收集有关受战争影响儿童的困境的信息，向联合国大会和人权理事会提交年度报告，以及将儿童在战争中面临的挑战提交包括安理会及相关国家政府在内的政治机构。2014年3月，儿童与冲突问题特代办与儿基会共同发起了“儿童不是士兵”运动（childrenandarmedconflict.un.org/children-not-soldiers），旨在结束和防止处于冲突局势的政府武装部队征召和使用儿童兵。

负责冲突中性暴力问题秘书长特别代表办公室

特别代表：扎伊纳布·哈瓦·班古拉（塞拉利昂）

负责冲突中性暴力问题秘书长特别代表（冲突中性暴力问题特代办，www.un.org/

sexualviolenceinconflict/zh/）是联合国关于冲突相关性暴力问题的发言人和政治倡导者，也是“立即制止强奸：联合国采取行动制止冲突中性暴力”网络（www.stoprapenow.org）的主席。该网络由13个联合国机构协调人组成，在更广泛的联合国议程中扩大有关冲突中性暴力问题的规划和宣传范围。冲突中性暴力问题特代办的六个优先事项是：结束冲突中性暴力罪行不受惩罚的现象；保护遭遇冲突中性暴力的平民，特别是保护那些过度成为该罪行施害目标的妇女和女童，并增强其权能；调动政治主人翁精神；提高对强奸这一战争手段和后果的认识；协调统一联合国对策，领导联合国制止武装冲突中性暴力行动；着重加强国家自主权。

负责暴力侵害儿童问题秘书长特别代表办公室

特别代表：玛尔塔·桑托斯·派斯（葡萄牙）

负责暴力侵害儿童问题秘书长特别代表（暴力侵害儿童问题特代办，violenceagainstchildren.un.org）致力于促进2006年秘书长关于暴力侵害儿童问题的深入研究报告所提的建议的传播，并确保其后续工作的有效开展。该研究由一名独立专家负责，与人权高专办、儿基会和世卫组织合作开展。作为全球努力的成果，报告详细阐述了暴力侵害儿童行为的性质、程度和根源，应对五种环境中的暴力侵害儿童行为：家庭、学校、监护机构和拘留所、工作场所以及社区。特别代表领导联合国暴力侵害儿童机构间工作组，并与联合国系统内外的多个伙伴进行合作。儿基会设立了一个信托账户，便于募集捐款，从而支持这一任务的落实。

联合国日内瓦办事处

主任：迈克尔·穆勒（丹麦）

联合国日内瓦办事处（日内瓦办事处，www.unog.ch/）是秘书长在日内瓦的代表办事处，负责与位于日内瓦的各个常驻代表团、东道国政府和其他国家政府、政府间和非政府组织、研究和学术机构以及联合国系统其他组织的联络。日内瓦办事处每年举行超过8 000场会议，是世界上最为忙碌的会议中心之一。办事处拥有超过1 600名工作人员，是除了联合国纽约总部以外规模最大的工作地点，为20多个设于日内瓦的组织和部门，以及位于德国波恩和意大利都灵的实体提供财务和支持服务。

最不发达国家、内陆发展中国家和小岛屿发展中国家高级代表办事处

联合国副秘书长，最不发达国家、内陆发展中国家和小岛屿发展中国家高级代表：费基塔莫埃洛拉·卡托阿·乌托伊卡马努（汤加）

最不发达国家、内陆发展中国家和小岛屿发展中国家高级代表办事处（最不发达等国家高代办，www.un.org/ohrlls）由大会于2001年设立，任务是协助动员和协调支援最不发

达国家、内陆发展中国家和小岛屿发展中国家十年行动纲领的执行与后续工作。最不发达国家高代办还致力于确保这些行动纲领的后续工作与《2030年可持续发展议程》以及聚焦于发展筹资问题的《2015年亚的斯亚贝巴行动议程》的审查措施之间的联系。高代办为最不发达国家、内陆发展中国家和小岛屿发展中国家提供支持，推动确立共同立场并有效参与政府间谈判，还与联合国系统的实体、其他国际和区域组织、民间社会、媒体、学术界和基金会合作，推动全球进一步关注影响最不发达国家、内陆发展中国家和小岛屿发展中国家的问题。

联合国内罗毕办事处

执行主任：汉娜·特塔赫（加纳）

联合国内罗毕办事处（内罗毕办事处，www.unon.org）于1996年设立，是联合国在非洲的总部，也是秘书长在内罗毕的代表办事处，负责与在内罗毕的各个常驻代表团、东道国和其他国家政府、组织以及肯尼亚境内联合国系统其他组织的联络。内罗毕办事处为联合国与各区域组织的合作提供便利，为环境署和人居署提供行政和支助服务，管理和实施行政、会议服务和新闻方案，并为联合国工作人员和设施提供安全和安保服务。

联合国维也纳办事处

执行主任：尤里·费多托夫（俄罗斯联邦）

联合国维也纳办事处（维也纳办事处，www.unov.org）于1980年1月设立，是继纽约和日内瓦之后的第三个联合国总部，作为联合国的代表，负责与在维也纳的各个常驻代表团、东道国政府以及政府间组织和非政府组织进行联络。维也纳办事处还负责：管理联合国和平利用外层空间方案；为设在维也纳国际中心的各个组织提供共同事务服务；与毒品和犯罪问题办公室分享共同事务服务以及财务、人力资源、信息技术和通信等服务。

预　算

联合国的经常预算每两年编制一次，由大会批准。预算最初由秘书长提交，随后由行政和预算问题咨询委员会审查。咨询委员会由16名专家组成，这些专家由各国政府提名并由大会选举产生，以个人身份任职。预算的方案部分由方案和协调委员会审查，该委员会由大会选出的34名专家组成，各自代表本国政府的观点。预算反映在每个两年期战略框架中所载列的联合国优先事项。在两年期内，大会可根据不断变化的形势调整已批准的预算。

预算资金的主要来源是会员国缴纳的会费。其分摊比例以会费委员会的建议为依据并由大会批准。会费委员会由18名专家组成，这些专家以个人身份任职，由大会根据第五委员会（负责行政和预算问题）的建议选举产生。会费分摊额基于各国的支付能力，由该国占所有会员国国民生产总值的相对比例决定，并参考若干因素（包括人均收入）进行调整。第五委员会每三年依据最新的国民收入数据审查一次分摊份额，以保证分摊合理准确。会员国占预算的份额最高限度为22%。新分摊比例自2016年1月1日起实施。

已批准的2016—2017年两年期经常预算达54.08亿美元，其中包括预计将在该两年期期间延长或核准的特别政治任务的经费。2016—2017年，由安理会和/或大会授权的特别政治任务的预算达5.758亿美元。预算还包括在发展、公共信息、人权和人道主义事务等领域的联合国方案的开支。截至2016年12月8日，联合国的财务状况总体稳健。约138个会员国已缴纳当年和过去年度的全部经常预算摊款。未缴摊款达5.32亿美元。

经常预算不包括维和行动或国际法庭的开支。这两方面的预算由会员国另外分摊。维和预算由大会批准，为期一年，预算财年自7月1日起。大会按照适用于维和行动的特殊分摊比率表分摊维和费用。该分摊比率表考虑了各会员国的相对经济实力，但安理会常任理事国须支付较大份额，因为它们对维护国际和平与安全负有特殊责任。2016—2017年批准的全球维和预算为74亿美元。联合国组织刚果民主共和国特派团、非洲联盟-联合国达尔富尔混合行动和联合国南苏丹共和国特派团的预算共计33亿美元，约占2016—2017年维和预算的45%。

截至2016年12月，维和行动的未缴摊款共计20.5亿美元。拖欠缴纳摊款造成应付给提供部队、设备及后勤支助的会员国的费用延迟支付。应拨付给国际法庭的未缴摊款为5 000万美元。

联合国的各个方案、基金和办事处拥有独立的预算，大部分预算资金由各国政府自愿提供，也有部分预算资金来自个人和机构。联合国专门机构也拥有独立的预算，并由各会员国的自愿捐助进行补充。

联合国 2016—2017 年两年期预算

主要支出类别	美　元
1. 通盘决策、领导和协调	735 550 200
2. 政治事务	1 382 135 000
3. 国际司法和法律	94 821 600
4. 国际发展合作	464 597 500
5. 区域发展合作	542 599 900
6. 人权和人道主义事务	364 098 600
7. 公共信息	188 021 900
8. 共同支助事务	589 587 900

（续表）

主要支出类别	美　元
9. 内部监督	40 213 800
10. 共同出资的行政活动和特别费用	164 693 000
11. 资本支出	97 091 100
12. 安全与安保	234 295 400
13. 发展账户	28 398 800
14. 工作人员薪金税	482 614 800
总计	5 408 719 500

联合国系统

联合国系统（www.unsystem.org/directory）是由不同联合国组织构成的大家庭，包括秘书处、联合国各个基金和方案、专门机构以及其他相关组织。各基金、方案和办事处是大会的附属机构。专门机构通过单独与经社理事会和/或大会签署协定，以及向经社理事会和/或大会提交报告，与联合国进行合作。相关组织，包括原子能机构、移民组织和世贸组织，都有各自的立法机构和预算。联合国系统的所有成员齐心协力，共同应对文化、经济、科学和社会等所有领域的问题。

联合国系统行政首长协调理事会（首协会，www.unsceb.org）是联合国系统中历史最悠久、最高级别的协调机制。首协会由秘书长主持，成员由联合国系统主要机构的负责人组成。首协会每年召开两次会议，其工作得到方案问题高级别委员会、管理问题高级别委员会和联合国发展集团（发展集团，undg.org）的支持。首协会有31个成员，分别为联合国、粮农组织、原子能机构、国际民航组织、农发基金、劳工组织、基金组织、海事组织、移民组织、国际电联、贸发会议、开发署、环境署、教科文组织、人口基金、人居署、难民署、儿基会、工发组织、毒品和犯罪问题办公室、项目厅、近东救济工程处、妇女署、世旅组织、万国邮联、粮食署、世卫组织、知识产权组织、气象组织、世界银行和世贸组织。

非首协会成员的联合国系统其他实体（http://www.unsystem.org/other-entities）包括：各区域委员会、研究培训机构以及接受共同资助的机构，例如联合检查组（联检组），联检组是联合国系统唯一的独立外部监督机构，任务是进行全系统的评价、检查和调查；国际公务员制度委员会（公务员制度委员会），负责涉及工作人员雇佣条件的所有方面。

联合国与诺贝尔和平奖　联合国系统及其附属机构曾多次被授予诺贝尔和平奖，以表彰其对世界和平事业所做的贡献（www.un.org/zh/sections/nobel-peace-prize/united-nations-and-nobel-peace-prize/）。自联合国成立以来，与联合国相关的诺贝尔和平奖获得者有：

- 科德尔·赫尔——美国国务卿，在创建联合国的过程中发挥了巨大作用（1945年）；
- 约翰·博伊德·奥尔——联合国粮农组织的创始人及首任总干事（1949年）；
- 拉尔夫·邦奇——联合国托管事务司司长、联合国巴勒斯坦委员会首席秘书、中东巴勒斯坦问题调解专员（1950年）；
- 莱昂·儒奥——国际劳工组织创始人之一（1951年）；
- 联合国难民事务高级专员办事处（1954年）；
- 莱斯特·鲍尔斯·皮尔逊——1952年任大会主席，因通过联合国为结束苏伊士运河危机并解决中东问题做出贡献而获奖（1957年）；
- 秘书长达格·哈马舍尔德——诺贝尔奖仅有过两次身后追授，这是其中一次（1961年）；
- 联合国儿童基金会（1965年）；
- 国际劳工组织（1969年）；
- 肖恩·麦克布赖德——联合国纳米比亚专员、人权的捍卫者（1974年）；
- 联合国难民事务高级专员办事处（1981年）；
- 联合国维持和平部队（1988年）；
- 联合国及秘书长科菲·安南（2001年）；
- 国际原子能机构及总干事穆罕默德·巴拉迪（2005年）；
- 政府间气候变化专门委员会和美国前副总统小艾伯特·阿诺·戈尔（2007年）；
- 禁止化学武器组织（2013年）。

有许多诺贝尔和平奖获得者未在本名单中列出，但他们在为世界和平做出贡献的过程中曾与联合国密切合作，或与联合国拥有共同的目标。

各基金、方案、研究与培训机构和其他联合国实体

国际贸易中心

国际贸易中心（国贸中心，www.intracen.org）是由世贸组织和联合国合办的机构，设立于1964年，致力于帮助中小型企业实现国际化。中小型企业已被证明是工作岗位的主

要创造者和包容性增长的引擎。国贸中心与转型中的发展中国家和经济体合作，以实现“良好的贸易影响”，并致力于通过贸易实现可持续发展目标。国贸中心为决策者、私营部门和贸易与投资支持机构提供贸易和市场资讯、技术支持和能力建设，并加强他们与市场的联系。赋予妇女经济权利、关注青年企业家、支持贫困社区以及促进可持续的绿色贸易，也是国贸中心的优先事项。

国贸中心的预算由经常预算和预算外资金两部分构成。经常预算由世贸组织和联合国平均分摊，共计每年约3 700万美元。预算外资金来自资助者的自愿捐款，达5 000万美元。国贸中心总部约有300名工作人员，另有约600名顾问和个体订约人提供专业技术知识。

执行主任： 阿兰嘉·冈萨雷斯（西班牙）
总部地址： Palais des Nations, CH–1211 Geneva 10, Switzerland
电话： +41 22 730 0111 | **传真：** +41 22 733 4439
电子邮箱： itcreg@intracen.org
Twitter： @itcnews | **Facebook：** www.facebook.com/internationaltradecentre

联合国艾滋病毒/艾滋病联合规划署

联合国艾滋病毒/艾滋病联合规划署（艾滋病署，www.unaids.org）是倡导开展全面、协调的全球行动以遏制艾滋病毒/艾滋病蔓延的联合国实体，自1996年以来一直积极开展活动。自疫情到达高峰期以来，艾滋病署在减少新的艾滋病毒感染和减少艾滋病致死中发挥了重要作用，并确保艾滋病是一种可控的慢性疾病，不一定会致死。艾滋病署领导并鼓舞全世界为实现零新发感染、零歧视、零致死的共同愿景而努力。艾滋病署联合难民署、儿基会、粮食署、开发署、人口基金、毒品和犯罪问题办公室、妇女署、劳工组织、教科文组织、世卫组织和世界银行共11个联合国机构，并与全球和国家伙伴通力合作，力争在2030年之前消灭艾滋病疫情，进而全面实现可持续发展目标。

执行主任： 米歇尔·西迪贝（马里）
总部地址： 20 Avenue Appia, CH–1211 Geneva 27, Switzerland
电话： +41 22 791 3666 | **传真：** +41 22 791 4187
电子邮箱： communications@unaids.org
Twitter： @unaids | **Facebook：** www.facebook.com/unaids

联合国贸易和发展会议

联合国贸易和发展会议（贸发会议，unctad.org）成立于1964年，总部位于日内瓦，是附属于联合国大会的一个常设政府间机构，也是联合国综合处理贸易和发展、金融、投资、技术和可持续发展领域相关问题的协调中心。贸发会议的主要目标是帮助发展中国家和转型中的经济体将贸易与投资作为实现发展、减轻贫困、融入世界经济的引擎。贸发会议主要在三个方面开展工作：研究与分析；通过政府间审议达成共识；与各合作伙伴开展技术合作项目。贸发会议还通过重要报告、政策概要和促进国际会议来推动关于发展中国家和世界经济的新兴问题的国际辩论。

贸发会议的最高决策机构是部长级会议。在该会议上，194个会议成员国就国际经济问题进行辩论，确定贸发会议的任务。2016年第十四届贸发会议的主题是"从决定到行动：走向包容性和公平的国际经济环境，促进贸易和发展"。在2015年，贸发会议拥有489名工作人员，年度经常预算为7 400万美元。贸发会议目前正在145个国家开展约229个技术援助项目，这类技术合作活动由预算外资金支持，总计超过3 950万美元。贸发会议的主要出版物有《贸易与发展报告》《世界投资报告》《非洲经济发展报告》《最不发达国家报告》《贸发会议统计手册》《信息经济报告》和《海运回顾》。

秘书长：穆希萨·基图伊（肯尼亚）

总部地址：Palais des Nations, 8–14, Av.de la Paix, 1211, CH–1211 Geneva 10, Switzerland

电话：+41 22 917 1234 | **传真：**+41 22 917 0057 | **电子邮箱：**info@unctad.org

Twitter：@unctad | **Facebook：**www.facebook.com/unctad

联合国开发计划署

联合国开发计划署（开发署，www.undp.org）领导着联合国的全球发展网络。开发署在全球170个国家开展活动，广纳发展中国家，旨在帮助其实现发展目标。开发署的任务是与各国合作，进而减少贫困，推动民主治理，预防与摆脱危机，保护环境并应对气候变化。开发署网络旨在保障发展中国家能够获得实现可持续发展目标所需的资源和知识。

开发署由其执行局管理，而执行局则由36个代表发展中国家和发达国家的成员组成。开发署的旗舰出版物是年度《人类发展报告》。这一报告关注核心发展问题，并提供衡量工具、创新性分析和政策建议。开发署的资金全部来自会员国的自愿捐款，年度预算约为50亿美元。

署长：阿希姆·施泰纳（德国）

总部地址：1 UN Plaza, New York, NY 10017, USA

电话：+1 212 906 5000 | **传真：**+1 212 906 5364

Twitter：@undp | **Facebook：**www.facebook.com/undp

联合国资本发展基金

联合国资本发展基金（资发基金，www.uncdf.org）是为支持全世界47个最不发达国家而设立的联合国资本投资机构，通过增加获得小额贷款和投资资本的渠道，为贫困人口及其企业创造新的机会。资发基金重点关注非洲，尤其是那些刚刚摆脱冲突或危机的国家。资发基金为小额信贷机构提供原始资本（赠款和贷款）和技术支持，以促进其向更多的贫困家庭和小企业伸出援手。资发基金还帮助当地政府筹集资本，投资于当地的供水系统、道路、学校、灌溉系统，从而改善贫困人口的生活。资发基金支持的小额信贷机构的客户有65%以上为女性。资发基金的所有资助都是根据2005年《援助实效问题巴黎宣言》通过国家系统提供的。资发基金的各方案旨在进一步增加来自私营部门、发展伙伴和国家政府的投资流量。资发基金是大会于1966年设立的，总部在纽约，是一个从属于开发署的联合国自治组织。2012年资发基金总收入约为5 700万美元。资发基金有150名工作人员。

执行秘书： 朱迪思·卡尔（美国）
总部地址： 2 UN Plaza, New York, NY 10017, USA
电话： +1 212 906 6565 | **传真：** +1 212 906 6479 | **电子邮件：** info@uncdf.org
Twitter： @uncdf | **Facebook：** www.facebook.com/uncdf

联合国志愿人员组织

联合国志愿人员组织（志愿人员组织，www.unv.org）是通过世界范围的志愿服务促进和平与发展的联合国机构。志愿人员组织通过合作伙伴招募资质良好、积极性高的联合国志愿人员，大力支持他们参与发展规划。志愿人员组织每年在120多个国家动员近7 000名志愿人员。超过80%的志愿人员来自发展中国家，超过30%的志愿人员在本国参与志愿服务。志愿人员协助联合国各组织机构在实现可持续发展目标方面取得进步。志愿人员不仅提供基本社会服务，还为可持续环境、气候变化、危机预防与复原、人道主义援助以及建设和平等领域的工作提供支持。此外，有12 000名在线志愿人员通过互联网开展志愿服务，推动联合国机构、各国政府和民间社会组织的和平与发展活动。

志愿人员组织是大会于1970年设立的，由开发署管理，向开发署执行局报告。志愿人员组织2014—2015两年期资金总额降至4.02亿美元，上一个两年期的资金总额则为4.3亿美元。志愿人员组织的资金来自开发署、伙伴机构以及特别志愿人员基金的捐助。

执行协调员： 奥利维尔·亚当（法国）
总部地址： UN Campus, Platz der Vereinten Nationen 1, 53113 Bonn, Germany

电话：+49 228 815 2000 | **传真：**+49 228 815 2001
电子邮箱：information@unv.org
Twitter：@unvolunteers | **Facebook：**www.facebook.com/unvolunteers

联合国环境规划署

联合国环境规划署（环境署，www.unep.org/zh-hans）成立于1972年，领导环境保护工作，鼓励各方建立保护环境的合作关系，促使各国及其人民在不损害子孙后代生活质量的前提下提高生活质量。作为联合国在环境领域的主要机构，环境署负责制定全球环境议程，协助政策制定者，推动联合国系统落实可持续发展环境层面的工作，在提倡全球环境保护方面具备权威和公信力。

2014—2017年，环境署致力于七个优先事项：

- 气候变化：加强各国，尤其是发展中国家，将气候变化应对办法纳入国家发展进程的能力；
- 生态系统管理：确保各国以促进保护和可持续利用的方式，综合管理土地资源、水资源和生物资源；
- 环境治理：确保环境治理与交流在国家、区域和全球层面得以加强，以优先处理环境事项；
- 化学物质、废物和空气质量：尽量减少化学物质和废物对环境和人类的影响；
- 灾难与冲突：尽量减少环境因素以及自然和人为灾害对人类福祉造成的威胁；
- 资源效率：确保以环境友好型的方式生产、加工和消耗自然资源；
- 环境审查：提供开放的网络平台和渠道，以便全球、区域和国家层面的利益攸关方及时获取准确的知识，从而增强他们的权能。

环境署的任务和工作重点曾由包括58个成员的理事会决定，现由其理事机构联合国环境大会（环境大会）决定。第一届环境大会于2014年6月举行，主要处理了非法野生动植物贸易、空气质量、环境法治、为绿色经济筹资以及可持续发展目标等问题。第二届环境大会于2016年5月举行，主题为“落实《2030年可持续发展议程》中的环境目标”。

环境署2016—2017年的核定预算为6.729亿美元，其中1.183 7亿美元来自全球环境基金（全环基金）。环境署的主要自愿筹资机制为全环基金。其他资金来自联合国常规预算以及环境署通过信托基金和专用捐款筹集的资金。环境署在全球共有约840名工作人员。

执行主任：埃里克·索尔海姆（挪威）

总部地址：United Nations Avenue, Gigiri, P.O. Box 30552, 00100, Nairobi, Kenya

电话：+254 20 762 1234 | **传真：**+254 20 762 4489/4490

电子邮箱：unepinfo@unep.org

Twitter：@unep | **Facebook：**www.facebook.com/unep

联合国人口基金

联合国人口基金（人口基金，www.unfpa.org）于1967年由大会发起成立，并于1969年开始运作，是向发展中国家和经济转型国家提供人口援助的最大的国际资助机构。人口基金帮助一些国家在个人选择的基础上完善生殖健康和计划生育服务。人口基金是大会附属机构，接受开发计划署执行局的管理。人口基金的总部设在纽约，在全球设有132个办事处，为世界上155个国家、领土和地区的优先发展事项提供支持。2015年，人口基金总收入达到9.92亿美元，其中5.48亿美元来自政府和私营部门的自愿捐款。人口基金投入4.77亿美元用于生殖健康援助，包括安全孕产、计划生育和性健康，以改善青少年生殖健康保护，减少产科瘘等孕产妇疾病，应对艾滋病毒/艾滋病，以及提供紧急救助。人口基金还投入1.13亿美元用于促进性别平等和增强妇女权能，1.04亿美元用于制定循证人口和发展战略，另有6 000万美元用于解决青少年问题。2015年，人口基金拥有超过2 600名正式职工。

执行主任：娜塔莉亚·加奈姆博士（巴拿马）

总部地址：605 Third Avenue, New York, NY 10158, United States

电话：+1 212 297 5000 | **传真：**+1 212 370 0201 | **电子邮箱：**hq@unfpa.org

Twitter：@unfpa | **Facebook：**www.facebook.com/unfpa

联合国人类住区规划署

联合国人类住区规划署（人居署，cn.unhabitat.org）成立于1978年，通过宣传、制定政策、建设能力、创造知识以及增强政府与民间社会的合作来推动可持续人类住区发展。作为推动可持续城市化和人类住区发展的协调中心，人居署与其他联合国实体合作，共同协调《新城市议程》的落实、跟进和审议。人居署和其他利益攸关方一道，制定了循证、可行的准则，以实现《新城市议程》和可持续发展目标中与城市发展相关的目标。人居署还负责协调各种标准的制定和能力建设工具的开发，以有效实施《新城市进程》并监测其进展。人居署的技术方案和项目的重点是贫民窟改造、城市减贫、灾后重建、城市供水、卫生设施供给以及筹集国内资金提供住房。

人居署受由58个成员组成的管理委员会的管理。2016—2017年度的核定预算支出共

4.831亿美元，其中4.403亿美元（91%）用于方案活动，4 280万美元用于支助活动和履行管理职能。人居署还出版《世界城市状况报告》(wcr.unhabitat.org/main-report)。

执行主任：迈穆娜·穆赫德·谢里夫（马来西亚）
总部地址：P.O. Box 30030, GPO, Nairobi, 00100, Kenya
电话：+254 20 762 3120 | **传真：**+254 20 762 3477
电子邮箱：infohabitat@unhabitat.org
Twitter：@unhabitat | **Facebook：**www.facebook.com/unhabitat

联合国难民事务高级专员办事处

联合国难民事务高级专员办事处（难民署，www.unhcr.org）成立于1951年1月1日，旨在为二战后100多万名流离失所的人提供帮助，起初被委以三年任期，后连续多次被委以五年任期。2003年，大会将其任期延长，直至“解决所有难民问题为止”。难民署的主要宗旨是保护并保障难民、寻求庇护者、回返者、无国籍人和被迫流离失所者的权利，并确保没有人被迫遣返至其有理由担心自身会遭到迫害的国家。难民署与包括政府、非政府组织、民间社会、宗教团体及其他联合国机构在内的许多伙伴合作，共同监督政府遵守国际法，呼吁保护难民权利，并向受难民署庇护的难民提供紧急援助和物资援助。难民署通过自愿遣返、定居于第一避难国或重新安置到第三国的方式，寻求难民问题的长期解决办法。近年来，气候变化和对稀缺资源的竞争使得冲突和迫害加剧，导致被迫流离失所的人数达到了前所未有的规模。截至2015年底，全球约有6 530万人流离失所，即每113个人中就有一位流离失所者。

截至2016年10月，难民署共有10 700名员工，在全球128个国家的461个地点工作。其中：87%的工作人员在实地工作，保护当地最脆弱的流离失所者；7%在日内瓦总部工作；另有6%在匈牙利布达佩斯、丹麦哥本哈根和约旦安曼的全球服务中心工作。其执行委员会由98个会员国组成。难民署的资金几乎全部来自自愿捐款，其中86%来自各国政府和欧盟，6%来自其他政府间组织和集合筹资机制，6%来自私营部门。另外，难民署从联合国经常预算中获得一定的补贴（2%）作为管理经费。难民署还接受实物捐赠，包括帐篷、药物、卡车和空运机等救济物资。难民署2016和2017年的最初拟议预算分别为65亿美元和64亿美元。

高级专员：菲利波·格兰迪（意大利）
总部地址：Case Postale 2500, 1211 Geneva 2, Switzerland
电话：+41 22 739 8111 | **传真：**+41 22 739 7377
Twitter：@refugees | **Facebook：**www.facebook.com/unhcr

联合国儿童基金会

联合国儿童基金会（儿基会，www.unicef.org/chinese）于1946年由大会创立，为在二战中受到重创的国家的儿童提供应急粮食和医疗。儿基会还为发展中国家的妇女和儿童提供长期的人道主义和发展援助。儿基会已经从紧急救济基金会转变成发展机构，致力于保护每一个儿童生存、发展和受保护的权利。儿基会与各国政府、民间社会和其他国际组织携手保护每一个儿童的权利，尤其关注最弱势、最遭排斥的儿童、家庭和社区。儿基会倡导建立有利于保护儿童的环境（尤其是在紧急情况下），并进一步预防和应对针对儿童的暴力、剥削和虐待。儿基会的工作指导方针是得到196个缔约国批准的《儿童权利公约》。

儿基会执行局由来自36个联合国会员国的代表组成。儿基会拥有超过12 000名正式雇员，在150多个国家和地区工作。儿基会的资金全部来自自愿捐款。儿基会2015年的方案支出为45亿美元，总收入为50亿美元。总收入中有35亿美元来自公共部门，包括来自136个国家政府的捐款。

儿基会还从私营部门和非政府组织获得14.6亿美元捐款，其中超过530万美元由定期捐助者通过34个国家委员会捐助。儿基会的旗舰出版物是《世界儿童状况报告》，每年出版一期。

执行主任：亨丽埃塔·H·福尔（美国）

总部地址：UNICEF House, 3 United Nations Plaza, New York, NY 10017, United States

电话：+1 212 326 7000 | **传真：**+1 212 888 7465

电子邮箱：www.unicefusa.org/about/contact/email

Twitter：@unicef | **Facebook：**www.facebook.com/unicef

联合国区域间犯罪和司法研究所

联合国区域间犯罪和司法研究所（犯罪司法所，www.unicri.it）为世界各国预防犯罪并促进刑事司法提供支持。犯罪司法所成立于1965年，负责拟定司法、预防犯罪和控制犯罪政策并加以执行。犯罪司法所的工作领域涉及预防犯罪、司法、安全治理、打击恐怖主义和增强社会凝聚力。犯罪司法所通过开展研究和实地活动，建设技术援助能力，帮助制定包括新形式犯罪和跨国犯罪在内的社会关注问题的相关政策，为《2030年可持续发展议程》做出贡献。犯罪司法所还为社会经济发展、安保及人权保护开发可行的模式和体系。犯罪司法所的资金全部来自自愿捐款，没有来自联合国经常预算的补贴。

所长：贝蒂娜·图斯·巴尔蒂斯奥塔斯（美国）

总部地址：Viale Maestri del Lavoro, 10, 10127 Turin, Italy

电话： +39 011 6537 111 | **传真：** +39 011 6313 368
电子邮件： publicinfo@unicri.it
Twitter： @unicri | **Facebook：** www.facebook.com/unicri.it

联合国裁军研究所

联合国裁军研究所（裁研所，www.unidir.org）是成立于1980年的自主智库，致力于创造知识和推进行动，以完善裁军和安全问题的政策、方案与实践。裁研所对新出现的问题提出新观点，通过基于事实的分析引领思想，并在多边裁军相关事务中扮演重要角色，因而在联合国系统中占据重要而又独特的地位。裁研所的职责也包括思考当下及未来的安全问题，研究主题多样，包括战术核武器、核风险、网络冲突、自主武器系统、空间安全、爆炸性武器和武器弹药管理等。裁研所还组织专家级会议及研讨会，开展研究和分析，并出版书籍、报告和论文。2015年，裁研所开展了22个单项工程，举办了34场会议和研讨会，出版了21份刊物。裁研所的资金主要来自政府和私人资助者的自愿捐款。2015年，裁研所收到了近300万美元捐款。裁研所共有15名在日内瓦总部工作的员工，另有一些访问研究员和顾问从事辅助工作。

所长： 蕾娜塔·德万（爱尔兰）
总部地址： Palais des Nations, 1211 Geneva 10, Switzerland
电话： +41 22 917 1234 | **传真：** +41 22 917 0176 | **电子邮箱：** unidir@unog.ch
Twitter： @unidir | **Facebook：** www.facebook.com/unidirgeneva

联合国国际减少灾害战略

联合国国际减少灾害战略（减灾战略，www.unisdr.org）又称联合国减少灾害风险办公室，于1999年由大会设立，是联合国系统和区域组织中专门协调减灾相关事务的机构。减灾战略为《2015—2030年仙台减少灾害风险框架》(《仙台框架》) 的实施与审议提供支持。《仙台框架》是《2005—2015年兵库行动纲领》的后续公约。《仙台框架》是一个为期十五年的自愿性协议，为减少灾害风险规划了一条开阔的、以人为本的道路。减灾战略致力于培养减少灾害风险的全球意识，倡导为减轻灾害风险进行更多的投资，并通过提供指南及工具，帮助人们和利益攸关方获取信息，同时将他们都联系起来。减灾战略的旗舰出版物是《全球减轻灾害风险评估报告》，每两年出版一期，研究减少灾害风险的现状。减灾战略还主办两年一度的“全球减少灾害风险平台”论坛，为众多利益攸关方提供了一个全球性平台，就减轻灾害风险进行商议，并提供战略性指导。减灾战略由负责减少灾害风险问题秘书长特别代表领导，总部设于日内瓦，并在世界各地设有区域办事处。

减少灾害风险问题秘书长特别代表：水鸟真美（日本）
总部地址：9–11 Rue de Varembé , CH1202, Geneva, Switzerland
电话：+41 22 917 8907 8 | **传真：**+41 22 917 8964 | **电子邮箱：**isdr@un.org
Twitter：@unisdr | **Facebook：**www.facebook.com/unisdr

联合国训练研究所

联合国训练研究所（训研所，www.unitar.org）是一个成立于1963年的联合国系统内自主性机构，旨在通过外交训练提高联合国的效率，并通过增进公众意识、对制定公共政策的官员进行教育和培训，来提高国家行动的影响力。训研所通过培训和能力建设为发展中国家提供援助，特别关注最不发达国家、小岛屿发展中国家以及其他最弱势群体和社区。训研所还开展针对创新型学习方式、方法和工具的研究，以及解决关键问题的应用研究。2015年，训研所共开展487项活动，包括训练、学习和知识分享活动，惠及近40 000名参与者，其中80%来自发展中国家。训研所78%的活动是面对面的活动，其他22%的活动则通过训研所的网上学习平台开展。这些活动由其日内瓦总部及位于纽约和广岛的办事处组织，其中大部分活动在国家层面开展。训研所由一个董事会治理，资金完全来自各国政府、联合国实体、国际和政府间组织、基金会、非政府组织和私营部门的自愿捐款。训研所2016—2017年度的订正预算为5 130万美元。训研所拥有40名正式员工以及19名有薪酬的研究员。

执行主任：尼基尔·赛思（印度）
总部地址：International Environment House, Chemin des Anémones 11–13, 1219 Châtelaine, Geneva, Switzerland
电话：+41 22 917 8400 | **传真：**+41 22 917 8047
Twitter：@unitar | **Facebook：**www.facebook.com/unitarhq

联合国毒品和犯罪问题办公室

联合国毒品和犯罪问题办公室（毒品和犯罪问题办公室，www.unodc.org）成立于1997年，是应对非法药物及跨国有组织犯罪的全球领导者。毒品和犯罪办公室致力于为全人类带来健康、安全和公正，并提供法律和技术支持以预防恐怖主义。毒品和犯罪办公室旨在促进协调一致的国际行动，以进一步推动法治。毒品和犯罪办公室的任务包括：进行研究分析，发布具有权威性的报告；为各国在批准和实施有关毒品、犯罪和恐怖主义的国际条约方面提供技术支持；帮助各国在国内制定与上述条约相一致的法律；以及培训司法官员。毒品和犯罪办公室关注的其他领域还包括预防、治疗和重返社会，并为种植毒品的农民创造可持续的替代生计。这些措施旨在减少非法活动的诱因，应对毒品滥用问题、艾滋病毒和艾滋病的传播问题以及毒品犯罪问题。

毒品和犯罪办公室共有1 600多名工作人员，有60多个实地和项目办事处，在纽约和布鲁塞尔设有联络处。在2016—2017两年期的预算中，大会向毒品和犯罪办公室划拨3 820万美元，占毒品和犯罪办公室总收入的6.6%。2015年，毒品和犯罪办公室得到承诺的自愿捐款达2.387亿美元。2014—2015两年预算期收到的自愿捐款总计达5.265亿美元。

执行主任：尤里·费多托夫（俄罗斯联邦）

总部地址：Vienna International Centre, Wagramerstrasse 5, P.O. Box 500, 1400 Vienna, Austria

电话：+43 1 26060 | **传真：**+43 1 263 3389

电子邮箱：unodc@unodc.org

Twitter：@unodc | **Facebook：**www.facebook.com/unodc

联合国项目事务厅

联合国项目事务厅（项目厅，www.unops.org）旨在帮助人们建设更美好的生活，促进各国实现可持续发展。项目厅的愿景是，人人都能通过享有合适、可持续且抗灾能力强的基础设施和在采购和项目管理中高效、透明地利用公共资源而过上充实、完满的生活。过去20年里，项目厅共有5 000名工作人员，工作地点遍布130多个国家，每年帮助合作伙伴开展价值超过10亿美元的项目。项目厅还提供最优质的产品和服务，帮助各国建立新型伙伴关系，并获取有创意的供资来源。项目厅自筹全部资金，与众多合作伙伴（包括政府、非政府组织和私营部门）共同开展发展、人权和维和方面的工作。2016—2017年两年期的管理预算约为1.256亿美元。

执行主任：格蕾特·法雷莫（挪威）

总部地址：Marmorvej 51, P.O. Box 2695, 2100 Copenhagen, Denmark

电话：+45 4533 7500 | **传真：**+45 4533 7501 | **电子邮箱：**info@unops.org

Twitter：@unops | **Facebook：**www.facebook.com/unops.org

联合国社会发展研究所

联合国社会发展研究所（社发所，www.un.org/zh/aboutun/structure/unrisd）旨在确保社会公平、包容和正义成为发展思维、政策和实践的核心。社发所成立于1963年，是联合国系统中的一个自主研究所，致力于对当代发展问题的社会层面进行跨学科研究和政策分析，如性别平等、社会政策和可持续发展。社发所与世界各地的个人及机构紧密合作，开展研究、交流和政策参与活动，旨在共同创造和分享知识，塑造和修订联合国系统内外的政策。社发所的资金完全来自自愿捐款，年均运行预算约为300万美元。社发所的研究项目和预算由独立专家委员会负责批准，该委员会的成员由联合国社会发展委员会提名并由经社理事会确认。

所长：保罗·拉德（英国）

总部地址：Palais des Nations, 1211 Geneva 10, Switzerland

电话：+41 22 917 3020 | **传真：**+41 22 917 0650

电子邮箱：info@unrisd.org

Twitter：www.twitter.com/unrisd | **Facebook：**www.facebook.com/unrisd

联合国近东巴勒斯坦难民救济和工程处

联合国近东巴勒斯坦难民救济和工程处（近东救济工程处，www.unrwa.org）于1949年由大会成立，负责巴勒斯坦难民的救济工作，于1950年5月1日开始运作。因未对难民问题达成一致的解决方案，近东救济工程处的任务期限定期得到延长，最近一次延长至2017年6月30日。近东救济工程处向中东地区已登记的500多万巴勒斯坦难民提供基本服务，其中超过150万难民居住在位于约旦、黎巴嫩、叙利亚、加沙地带及包括东耶路撒冷在内的约旦河西岸的58个难民营中。近东救济工程处的服务包括教育、卫生保健、救济和社会服务、难民营基础设施建设和改善、小额融资以及紧急援助（包括武装冲突期间）。自2000年以来，近东救济工程处坚持向加沙和约旦河西岸最脆弱的难民提供紧急人道主义援助，以减轻当地持续的危机所造成的影响。自2006年以来，近东救济工程处开始向黎巴嫩境内受冲突影响的难民提供紧急救助。为应对叙利亚局势，近东救济工程处迄今为止一直在向叙利亚境内及逃至黎巴嫩和约旦的难民提供紧急和日常服务。

近东救济工程处的行动由位于加沙和约旦安曼的两个总部提供支助，主任专员向大会提交报告，咨询委员会协助其工作。咨询委员会成员分别来自澳大利亚、比利时、巴西、加拿大、丹麦、埃及、芬兰、法国、德国、爱尔兰、意大利、日本、约旦、科威特、黎巴嫩、卢森堡、荷兰、挪威、沙特阿拉伯、西班牙、瑞典、瑞士、叙利亚、土耳其、阿拉伯联合酋长国、英国和美国27个国家。欧盟、阿拉伯国家联盟和巴勒斯坦是咨询委员会的观察员。近东救济工程处现有约3万名当地工作人员及170名国际工作人员。近东救济工程处2016—2017年方案预算达24亿美元，其中8.846亿美元用于项目支持。近东救济工程处的资金几乎完全来自各国的自愿捐款。在其当前的两年期预算中，只有不到3%的总预算由联合国经常预算提供。自愿捐款多数为现金，少数为实物，且实物多为难民所需的粮食。

主任专员：皮埃尔·克雷恩布尔（瑞士）

总部地址（约旦安曼）：Bayader Wadi Seer, P.O. Box 140157, Amman 11814, Jordan

电话：+962 6 580 8100 | **传真：**+962 6 580 8335

总部地址（加沙）：Gamal Abdul Nasser Street, Gaza City, P.O. Box 371 Gaza City

电话：+972 8 288 7701 | **传真：**+972 8 288 7699

Twitter：@unrwa | **Facebook：**www.facebook.com/unrwa

联合国大学

联合国大学（www.unu.edu）于1975年在东京成立，是一所致力于科研、政策研究、机构和各国的能力建设以及知识传播的国际学术机构，旨在推动联合国实现和平与进步的目标。联合国大学在全球范围内设立了14个研究和培训中心及项目，旨在促进解决当前全球最为紧迫的人类生存、发展和福利问题。联合国大学的资金完全来自各个国家、机构、基金会以及个人的自愿捐款。联合国大学的开支并未包含在联合国预算之中，因此，其运营资金均来自投资捐赠基金的利得收入。联合国大学的2016—2017两年期预算约为1.176亿美元。联合国大学共有652名教职人员，来自发达国家和发展中国家。联合国大学的管治机构为联合国大学理事会，由12名任期为三年或六年的理事、一名大学校长和三名校外官员（秘书长、教科文组织总干事和训研所执行主任）组成。

校长：戴维·M·马隆（加拿大）

总部地址：5-53-70 Jingumae, Shibuya-ku, Tokyo 150-8925, Japan

电话：+81 3 5467 1212 | **传真：**+81 3 3499 2828 | **电子邮箱：**mbox@hq.unu.edu

Twitter：@ununiversity | **Facebook：**www.facebook.com/unitednationsuniversity

联合国促进性别平等和增强妇女权能署

联合国促进性别平等和增强妇女权能署（妇女署，www.unwomen.org/en）于2010年由大会成立，合并了四个联合国机构和办事处的任务和职能，即：联合国妇女发展基金、提高妇女地位司、性别平等问题特别顾问办公室以及提高妇女地位国际研究训练所。妇女署致力于加快全世界妇女和女孩实现权利并满足需求的进程，从而落实2030年可持续发展议程。妇女署支持妇女地位委员会和其他政府间机构制定政策，支持会员国执行性别平等和妇女赋权的相关标准，并主张联合国系统履行对性别平等和妇女赋权的承诺，定时监测相关进展。

执行主任： 普姆齐莱·姆兰博-努卡（南非共和国）
总部地址： 220 East 42nd Street, New York, NY 10017, USA
电话： +1 646 781 4400 | **传真：** +1 646 781 4444
Twitter： @un_women | **Facebook：** www.facebook.com/unwomen

联合国世界粮食计划署

联合国世界粮食计划署（粮食署，cn.wfp.org）是领导抗击全球饥饿的人道主义组织，致力于提供紧急粮食援助，并与各社区合作，帮助人们改善营养状况，增强抵御能力。粮食署每年向约80个国家的约8 000万人提供帮助，其中三分之二的工作在受冲突影响国家开展，这些国家的人们遭受营养不良影响的可能性是未受冲突影响国家的三倍。粮食署平均每天派遣20艘船只、70架飞机和5 000辆卡车，向有需要的人提供粮食和其他援助。2015年，粮食署为1 740万名学童提供了学校供餐、零食和"可带回家的口粮"，为610万难民、1 640万境内流离失所者和130万回返者提供了粮食援助。为满足人们的粮食需求，粮食署越来越多地采用现金转账的方式，使他们能够在当地选择和购买自己的食物。约有960万人已通过诸如电子卡、纸币、凭单或手机信贷等形式获得粮食援助。除提供粮食援助以外，粮食署还惠及180万人，帮助他们接受营养和粮食安全方面的培训，或帮助小户农民寻找合适的粮食市场。粮食署的资金完全来自自愿捐款，2015年筹资近50亿美元。粮食署拥有14 000名工作人员，其中超过90%在其提供援助的国家工作。粮食署的管治机构是执行局，由36个会员国组成。粮食署与总部位于罗马的联合国粮食及农业组织和联合国国际农业发展基金是姐妹机构，在工作上开展紧密合作；也与1 000多个非政府组织建立伙伴关系，携手提供粮食援助，从根源上解决饥饿问题。

执行主任： 戴维·比斯利（美国）
总部地址： Via Cesare Giulio Viola 68, Parco de' Medici, 00148, Rome, Italy
电话： +39 06 65131 | **传真：** +39 06 6590632
电子邮箱： wfpinfo@wfp.org
Twitter： @wfp | **Facebook：** www.facebook.com/worldfoodprogramme

专门机构及相关组织

联合国粮食及农业组织

联合国粮食及农业组织（粮农组织，www.fao.org/home/zh）是联合国系统内致力于粮食安全和营养，包括种植业、畜牧业、林业、渔业和水产业在内的农业，以及农村发展的牵头机构。粮农组织成立于1945年10月16日，因此，每年10月16日被定为世界粮食日，以强调与粮食和农业相关的议题。粮农组织为194个成员国提供支助，致力于消除饥饿和贫穷，确保自然资源得到可持续使用。粮农组织的五个工作重点与2030年可持续发展议程紧密相连：帮助人们消除饥饿、粮食不安全和营养不良；提高农业、林业和渔业的生产率和可持续性；减少农村贫困；推动建设包容、有效的农业和粮食系统；以及增强生计能力以抵御威胁和危机。粮农组织的办事处遍及130多个国家，致力于为各国政府提供政策和规划建议，收集和传播信息。粮农组织同时也为有关粮食和农业问题的辩论提供了国际化平台。粮农组织设立了特别方案，帮助各国为应对紧急粮食危机做好准备，并为各国提供救灾援助。粮农组织十分重视与合作伙伴的关系，以携手共建"实现无饥饿世界"的共识。2016年，粮农组织共管理1 942个实地项目，总价值达34亿美元，其中92.5%来自信托基金的自愿捐款。粮农组织每年可筹集的自愿捐款约8.5亿美元，占预算的60%以上。

粮农组织的管治机构为由成员国组成的粮农组织大会；大会选举产生49个理事，组成理事会，在休会期间承担管治责任。粮农组织在总部和办事处共有11 000名工作人员，2016—2017年的经常方案预算为10亿美元。

总干事：若泽·格拉济阿诺·达席尔瓦（巴西）

总部地址：Viale delle Terme di Caracalla, 00153 Rome, Italy

电话：+39 06 57051 | **传真：**+39 06 570 53152 | **电子邮箱：**FAO-HQ@fao.org

Twitter：@unfao | **Facebook：**www.facebook.com/unfao

国际民用航空组织

国际民用航空组织（民航组织，www.icao.int/Pages）致力于促进全世界国际民航业安全、有序发展。民航组织制定必要的标准和规章制度，以确保航空的安全、高效、规范和环保。民航组织与其191个成员国合作，共同实现民航业的安全、稳定和可持续发展。民航组织的决策机构为国际民航组织大会，由来自所有缔约国的代表组成；大会选举出36个成员国作为理事，组成理事会，作为执行机构，执行大会的指令。

理事会主席：奥卢穆伊瓦·贝纳德·阿留（尼日利亚）

秘书长：柳芳（中国）

总部地址：999 Robert Bourassa Boulevard, Montreal, Quebec H3C 5H7, Canada

电话：+1 514 954 8219 | **传真：**+1 514 954 6077

电子邮箱：icaohq@icao.int | **Twitter：**@icao

Facebook：www.facebook.com/internationalcivilaviationorganization/

国际农业发展基金

国际农业发展基金（农发基金，www.ifad.org）致力于帮助贫困农村人口改善粮食和营养安全，增加收入并增强适应力。农发基金调集176个成员国的资源，为农村发展提供低息贷款和赠款。农发基金为无力偿还债务的贫困国家提供赠款而非贷款，以确保最需帮助的国家在获得必要的财政援助的同时，不会面临过重的财政负担。农发基金与各国政府、其他联合国机构、双边及多边发展机构、国际农业研究中心和私营部门开展合作；与民间社会组织联系紧密，特别是由小户农民、农村居民构成的组织；同时与非政府组织、政策研究机构和大学也保持着紧密的联系。农发基金的资金来自各国政府自愿捐款、特殊捐款、还贷和投资收益。自创立起至2016年底，农发基金共调集261亿美元，此外另有185亿美元用于农业和农村发展。截至2016年12月31日，农发基金共支助了96个国家的209个计划和项目。农发基金的投资方案减少了5.6%—9.9%的贫困，同时，现金转账方案减少了3%—7%的贫困。农发基金理事会由全部成员国组成，其执行局由18个当选成员国和18个候补成员国组成，负责监督农发基金运作及审批贷款和赠款。

总裁：吉尔贝·F·洪博（多哥）
总部地址：Via Paolo di Dono 44, 00142 Rome, Italy
电话：+39 06 54 591 | **传真：**+39 06 504 3463 | **电子邮箱：**ifad@ifad.org
Twitter：@ifadnews | **Facebook：**www.facebook.com/ifad

国际劳工组织

国际劳工组织（劳工组织，www.ilo.org/beijing/lang-zh）致力于促进工作权利，鼓励创造体面的就业机会，增强社会保护，并就工作相关问题加强对话。根据“唯有以社会公平为基础，才能建成广泛、长久的和平”的前提，劳工组织成立于1919年，1946年成为联合国的首个专门机构。劳工组织制定劳工标准，制定和修订可促进所有女性和男性都享有体面工作的政策与方案，其制定的《国际劳工标准》是各国有关部门制定和实施劳工政策的指导方针。劳工组织还推动广泛的技术合作，帮助各国有效落实政策，并同时开展培训、教育和研究项目，以进一步助力上述努力。劳工组织与其他世界组织的不同之处在于，在制订政策的过程中，工人代表和雇主代表享有与政府代表平等的发言权。劳工组织由国际劳工大会、理事会和国际劳工局三大机构组成：

- 国际劳工大会每年召开一次，由来自各成员国的政府、雇主和工人代表参加，制定国际劳工标准，并作为讨论对全球具有重要意义的社会和劳工问题的论坛；

- 理事会负责指导劳工组织的运作，编制项目方案和预算，以及调查不遵守劳工组织标准的案例；
- 国际劳工局是劳工组织的常设秘书处。

此外，劳工组织还通过位于意大利都灵的国际培训中心提供学习和培训机会。劳工组织出版关于关键劳动政策领域的前沿研究，是世界上主要的劳工统计数据提供者。劳工组织在日内瓦总部和40个办事处共有2 700名工作人员。劳工组织的2016—2017两年期预算为7.974亿美元。

总干事：盖伊·莱德（英国）

总部地址：4 route des Morillons, CH-1211, Genève 22, Switzerland

电话：+41 22 799 6111 | **传真：**+41 22 798 8685 | **电子邮箱：**ilo@ilo.org

Twitter：@ilo | **Facebook：**www.facebook.com/ilo.org

国际货币基金组织

国际货币基金组织（基金组织，www.imf.org/external/chinese）于1944年由布雷顿森林会议成立，旨在：推动国际货币合作；促进汇率稳定，保持有序的汇价安排；协助建立多边支付体系，消除外汇管制；以及为成员国提供临时财政资源，帮助其解决收支不平衡问题。基金组织有权通过特别提款权（基金组织的记账单位）的形式，创建并向成员国分配国际财政储备。基金组织的资金主要来自189个成员国的认缴份额（“份额”按一定公式计算，主要基于各成员国在世界经济中的相对规模）以及与多个成员国签订的双边协议，截至2016年9月，共计6 680亿美元。基金组织的核心职责是为面临收支平衡问题的国家提供贷款。这种财政援助可以帮助这些国家重建国际储备，稳定本国货币，维持进口支付能力，并重铸经济强劲增长所需的条件。同时，向基金组织借款的成员国同意开展政策改革，解决造成收支不平衡局面的各种问题。成员国的借款限额与其认缴份额成正比。基金组织还为低收入成员国提供优惠贷款。

基金组织的理事会成员包括所有成员国，日常工作由执行董事会负责，执行董事会由24名成员组成。基金组织共有约2 700名工作人员，来自超过148个国家，总裁为最高行政长官，由执行董事会推选。基金组织2016财年的行政预算为10.5亿美元，资本预算约为4 210万美元。基金组织还出版《世界经济展望》和《全球金融稳定报告》等一系列研究刊物。

总裁：克里斯蒂娜·拉加德（法国）

总部地址：700 19th Street NW, Washington, D.C. 20431, USA

电话：+1 202 623 7000 | **传真：**+1 202 623 6220

电子邮箱：publicaffairs@imf.org

Twitter：@imfnews | **Facebook：**www.facebook.com/imf

国际海事组织

国际海事组织（海事组织，www.imo.org）于1959年开始运作，负责国际贸易中的航运安全和安保，并防止船舶造成海洋和大气污染。海事组织是国际航运安全、安保和环境绩效的全球标准制定机构，主要职责是为航运业建立一个公平、有效、可广泛适用和全球实施的监管框架。海事组织还通过航运促进贸易流通。海事组织已通过了约50份公约和协议及超过1 000份规范和建议。1983年，海事组织在瑞典马尔默成立了世界海事大学，为航运业的高级管理人员、教师和其他从业人员提供高级培训。1989年，海事组织还成立了国际海商法学院（马耳他瓦莱塔），主要培养国际海事法律专业的律师。海事组织的管治机构为海事组织大会，由全部174个成员国和三个联系成员组成；大会选举出40个成员国组成理事会，作为执行机构。海事组织拥有约300名工作人员，2016年的预算总计32 618 000英镑。

秘书长：林基泽（韩国）

总部地址：4, Albert Embankment, London SE1 7SR, United Kingdom

电话：+44 207 735 7611 | **传真：**+44 207 587 3210

电子邮箱：info@imo.org

Twitter：@imohq | **Facebook：**www.facebook.com/IMOHQ

国际电信联盟

国际电信联盟（国际电联，www.itu.int/zh/pages）是主管信息通信技术事务的联合国专门机构。国际电联负责分配全球的无线电频谱和卫星轨道，制定技术标准以确保网络和技术的无缝衔接，并努力为全世界的欠发达社区提供信息通信技术接入，以保护和支持人们进行通讯的基本权利。信息通信技术有助于管理和控制应急服务、供水、电力网络和粮食分配链，同时为医疗保健、教育、政府服务、金融市场、交通系统、电子商务平台和环境管理提供支持。国际电联的前身是于1865年在巴黎创立的“国际电报联盟”，后于1932年改用现名，并于1949年成为联合国专门机构。国际电联拥有193个成员国和700多个部门成员和联系成员，包括科学和工业机构、上市和私有企业、区域和国际组织、民间社会组织以及学术机构。国际电联的管治机构为全权代表大会，负责选举国际电联的高级官员和代表世界所有地区的48名国际电联理事。国际电联总部设在日内瓦，拥有700名来自116个国家的工作人员，2016—2017两年期预算为3.21亿瑞士法郎。

秘书长： 赵厚麟（中国）
总部地址： Place des Nations, 1211 Geneva 20, Switzerland
电话： +41 22 730 5111 | **传真：** +41 22 733 7256 | **电子邮箱：** itumail@itu.int
Twitter： @itu | **Facebook：** www.facebook.com/itu

联合国教育、科学及文化组织

联合国教育、科学及文化组织（教科文组织，zh.unesco.org）成立于1946年，致力于在尊重共同价值观以及促进可持续发展、和平文化、尊重人权和减轻贫困的基础上，为不同文明、文化和民族之间开展对话创造条件。教科文组织的具体工作目标包括：让人人拥有接受教育的机会；推动自然和社会科学研究；支持文化身份的表达；保护世界自然和文化遗产；促进信息自由流通，保障新闻自由；以及加强发展中国家的交流能力。教科文组织还关注另外两个全球优先事项：非洲问题和性别平等。2015年5月，随着韩国世界教育论坛通过了《仁川宣言》，教科文组织又承担了新的职责，负责2030年全球教育议程的协调和监督，这一议程已纳入可持续发展目标4。

教科文组织维持着一个由199个国家/地区委员会构成的体系，并得到遍布100多个国家的约4 000个教科文组织协会、中心和俱乐部的支持。教科文组织与数百个非政府组织和一系列基金及类似机构保持正式关系，并与全世界128个国家的10 000多所学校和700所高等教育及研究机构进行合作。教科文组织的治理机构为教科文组织大会，由195个会员国组成；大会选举出58名理事，组成理事会，以负责监督落实大会通过的方案。教科文组织有来自约170个国家的2 000多名工作人员，其中700多名在世界各地的65个办事处、机构和中心工作。2016—2017年间，教科文组织获批准的预算上限为6.67亿美元。

总干事： 奥黛丽·阿祖拉（法国）
总部地址： 7, place de Fontenoy, 75007 Paris 07-SP, France
电话： +33 14568 1000 | **传真：** +33 14567 1690
电子邮箱： info@unesco.org
Twitter： @unesco | **Facebook：** www.facebook.com/unesco

联合国工业发展组织

联合国工业发展组织（工发组织，www.unido.org）致力于通过工业发展来减轻贫困，推动包容性全球化及环境可持续发展。工发组织于1966年由大会成立，1985年成为联合国的专门机构。如2013年工发组织大会通过的《利马宣言》所述，工发组织的任务在于促进和加快发展中国家和经济转型期经济体包容与可持续工业发展。包容与可持续工业发展的恰当性得到了2030年可持续发展议程和相关可持续发展目标（包括目标9）的承认，尤其是旨在建设抗灾能力强的基础设施，促进包容与可持续工业化并推动创新的目标。工发组织关注三个优先专题事项：创建共同繁荣、提高经济竞争力和保护环境。工发组织与各国政府、私营部门、商业协会及其他利益攸关方合作，共同应对工业发展中的复杂挑战。工发组织的资源库不仅包括在维也纳从事工程、工业和经济政策、技术与环境领域的专家工作人员，也包括在56个国家的各投资和技术促进办事处、国际技术中心及国家洁净生产中心的专业工作人员。

工发组织有170个成员国，所有成员国组成工发组织大会，负责批准预算和制定工作方案。工发组织理事会（即工业发展理事会）由53个成员国组成，负责就有关方案与预算的规划和执行提供建议。2015年，工发组织维也纳总部及47个区域和国家办事处共有超过663名工作人员。同年，工发组织可用于未来实施方案的资金达4.76亿美元，技术合作交付的价值升至1.747亿美元。

总干事：李勇（中国）

总部地址：Vienna International Centre, Wagramerstrasse 5, P.O. Box 300, 1400 Vienna, Austria

电话：+43 1 26026 0 | **传真：**+43 1 269 2669 | **电子邮箱：**unido@unido.org

Twitter：@unido | **Facebook：**www.facebook.com/unido.hq

世界旅游组织

世界旅游组织（世旅组织，www.unwto.org）致力于推动发展可持续和人人可享有的旅游。世旅组织成立于1975年，于2003年成为联合国专门机构。作为旅游领域的主要国际组织，世旅组织通过促进旅游业推动经济增长、包容性发展、环境可持续发展，并为全球旅游行业提高认识和改进旅游政策提供领导和支持。世旅组织鼓励落实2001年大会通过的《全球旅游业道德守则》，以将旅游的社会经济贡献最大化，同时使可能的负面影响最小化。世旅组织致力于让旅游成为实现可持续发展目标的手段。世旅组织创造市场知识；促进制定有竞争力、可持续的旅游政策和设备；开展旅游教育和培训；以及努力通过分布于100多个国家的技术援助项目，使旅游成为推动发展的有效工具。世旅组织拥有163个成员国和联系成员、两个常驻观察员以及超过500个代表地方政府、教育机构、旅游协会和私营部门企业的附属成员。2015年，大会将2017年定为“可持续旅游业促进发展国际年”，并授权世旅组织部署安排。

世旅组织的最高权力机构为世旅组织大会，由成员国、联系成员和附属成员组成，负责批准本组织的预算和工作方案，并就旅游业主要议题进行辩论。大会选举产生32个成员国，与常驻成员国西班牙（即世旅组织总部所在国）一起组成执行理事会，作为世旅组织的管治机构。2016—2017两年间，世旅组织共有106名工作人员，预算为2 700万欧元。

秘书长： 祖拉布·波洛利卡什维利（格鲁吉亚）
总部地址： Calle Capitán Haya 42, 28020 Madrid, Spain
电话： +34 91 567 8100 | **传真：** +34 91 571 3733 | **电子邮箱：** omt@unwto.org
Twitter： @unwto | **Facebook：** www.facebook.com/worldtourismorganization

万国邮政联盟

万国邮政联盟（万国邮联，www.upu.int）是一个拥有192个成员国的国际政府间组织，旨在确保全球都能获得最高标准、可负担的公共邮政服务。万国邮联成立于1874年，于1948年成为联合国专门机构。除维持一个包括实体、金融和电子层面的全球邮政网络以外，万国邮联还为成员国之间的国际邮件交换制定规则，为产品和服务的现代化提供建议，刺激邮件量增长，并提高客户服务质量。全球邮政网络是一个强大的基础设施，为数以百万计的公民和企业提供基本的公共服务，使邮政部门在推动国家社会和经济发展方面能发挥关键作用。邮政经营者还为无数客户提供金融、物流和电子商务服务，以满足不断变化的需求。万国邮联的年度预算约为3 700万美元，其最高权力机构为万国邮联大会。万国邮联国际局位于瑞士伯尔尼，有来自60个国家的约250名工作人员在此工作。

总干事： 比莎尔·A·侯赛因（肯尼亚）
总部地址： Weltpoststrasse 4, Case Postale 312, 3000 Berne 15, Switzerland
电话： +41 31 350 3111 | **传真：** +41 31 350 3110 | **电子邮箱：** info@upu.int
Twitter： @universalpostal | **Facebook：** www.facebook.com/universalpostalunion

世界卫生组织

世界卫生组织（世卫组织，www.who.int/zh/）成立于1948年，是联合国系统内卫生问题的指导和协调机构，领导全球卫生事务，拟定卫生研究议程，制定规范和标准，阐明循证政策方案，向各国提供技术支持，以及监测和评估卫生趋势。世卫组织的决策机构为世界卫生大会，大会每年召开一次，由全部194个会员国派代表出席。执行委员会由34名具有卫生专门技术资格的委员组成。世卫组织拥有来自150多个国家的约7 000名工作人员，工作地点包括分布于150个国家的世卫组织办事处，位于日内瓦的世卫组织总部，以及位于刚果共和国布拉柴维尔、华盛顿哥伦比亚特区、埃及开罗、丹麦哥本哈根、印度新德里和菲律宾马尼拉的六个世卫组织区域办事处。世卫组织2016—2017两年期方案预算超过45亿美元，其中9.29亿美元来自会员国的分摊会费（经常预算），其余资金来自自愿捐款。

总干事： 谭德塞博士（埃塞俄比亚）
总部地址： Avenue Appia 20, 1211 Geneva 27, Switzerland

电话：+41 22 791 21 11 | **传真：**+41 22 791 31 11
电子邮箱：www.who.int/about/contact_form/zh/
Twitter：@who | **Facebook：**www.facebook.com/who

世界知识产权组织

世界知识产权组织（知识产权组织，www.wipo.int/portal/zh/）是关于知识产权服务、政策、信息与合作的全球论坛。知识产权组织的使命是牵头建立公正、有效的国际知识产权制度，让创新和创造惠及每个人。知识产权组织创立于1970年，1974年成为联合国专门机构，拥有189个成员国，管理26个国际条约。知识产权组织和成员国一起帮助各国政府、企业和社会实现知识产权的益处。知识产权组织提供：促进政府协商并塑造全球知识产权规则来满足不断变化的社会需求的政策论坛；跨境保护知识产权和解决争议的全球服务；提高知识产权制度有效性并共享知识的技术基础设施；使各国能够运用知识产权促进经济、社会和文化发展的合作和能力建设计划；知识产权信息的全球参考源；以及解决全球问题（例如公共卫生和气候变化）的公私伙伴关系。与联合国其他机构不同，知识产权组织是几乎完全自筹资金的联合国机构，2016—2017两年期预算为7.07亿瑞士法郎，其中约94%来自知识产权组织为国际知识产权申请体系（专利合作条约、马德里、海牙和里斯本体系）的用户提供服务的收入所得。

总干事：弗朗西斯·高锐（澳大利亚）
总部地址：34 chemin des Colombettes, 1211 Geneva 20, Switzerland
电话：+41 22 338 9111 | **传真：**+41 22 733 5428
Twitter：@wipo | **Facebook：**www.facebook.com/worldipday

世界气象组织

世界气象组织（气象组织，public.wmo.int/zh-hans）自1951年起成为联合国专门机构，主要负责发布有关天气、气候和水的权威科学信息。气象组织在以下方面协调国际合作：观察并监测地球大气的状态和变化；大气与陆地和海洋的相互作用；大气造成的天气和气候；以及由此形成的水资源分布。气象组织191个会员国和会员地区的国家气象水文部门全年工作，提供每日天气预报和高影响天气及气候事件的可靠预警。这些预警有助于挽救无数生命，保护财产和环境，促进规划和决策，并最大限度地降低天气、气候和水灾害给社会经济发展造成的伤害。气象组织共有约300名工作人员，2016—2019年的预算为2.662亿瑞士法郎。

秘书长：佩特里·塔拉斯（芬兰）

总部地址： 7 bis, Avenue de la Paix, Case postale 2300, 1211 Geneva 2, Switzerland
电话： +41 22 730 8111 | **传真：** +41 22 730 8181
电子邮箱： wmo@wmo.int | **Twitter：** @wmo

政府间气候变化专门委员会

政府间气候变化专门委员会（气专委，www.ipcc.ch）是牵头评估气候变化的组织，由环境署和气象组织联合组建，旨在针对气候变化现状及其潜在的环境和社会经济影响提供清晰的科学观点。气专委负责审查和评估全世界有关理解全球气候的科学、技术和社会经济信息，不开展研究，也不监测数据。气专委秘书处设在气象组织在瑞士日内瓦的总部，现有13名工作人员。气专委对联合国和气象组织的所有会员国开放，现有195个会员国。气专委主席团和主席由气专委全会选举产生。

主席： 李会晟（韩国）
秘书处负责人： 阿卜杜拉·莫克西（摩洛哥）
秘书处地址： c/o World Meteorological Organization, 7 bis, Avenue de la Paix, C.P. 2300, 1211 Geneva 2, Switzerland
电话： +41 22 730 8208 | **传真：** +41 22 730 8025
电子邮箱： IPCC-Sec@wmo.int
Twitter： @ipcc_CH | **Facebook：** www.facebook.com/ipcc

世界银行集团

世界银行集团（www.worldbank.org.cn）由以下五个机构组成：

- 国际复兴开发银行（俗称“世界银行”，1944年成立）；
- 国际金融公司（金融公司，1956年成立）；
- 国际开发协会（开发协会，1960年成立）；
- 国际投资争端解决中心（1966年成立）；
- 多边投资担保机构（1988年成立）。

狭义的“世界银行”特指其中两个机构：国际复兴开发银行和国际开发协会。世界银行集团旨在：加强贫穷国家经济发展，减少全球贫困；推动经济增长和发展，提高人民生活水平。2015年，世界银行集团预测，全球极端贫困人口比例首次降至10%以下。世界银行集团为全世界设定了到2030年要实现的两大目标：日收入少于1.90美元的极端贫困人口占比降低至3%，消除极端贫困；提高各国占人口40%的最贫困人群的收入水平，促进共享繁荣。世界银行集团主要将贷款和能力建设活动向发展战略的“两大支柱”倾斜，即为投资、就业和可持续增长创造良好的环境，以及投资于贫困人口使其能参与发展。

世界银行集团由理事会管理，理事会则由189个成员国共同组成。理事会下设执行董事会，负责集团内部日常运营，执董会主席由世界银行集团行长担任。截至2016财年年底，世界银行集团拥有来自约174个国家的约11 000名全职员工，包括专业和行政人员。2016财年，世界银行集团以贷款、赠款、股权投资和担保的形式，向伙伴国和私营企业提供了642亿美元。自成立至2017年1月31日，世界银行集团已参与173个国家的共计12 773个借贷项目。年度《世界发展报告》和《全球营商环境报告》为世界银行集团的主要出版物。

行长：金墉（美国）
总部地址：1818 H Street NW, Washington, D.C. 20433, USA
电话：+1 202 473 1000 | **传真：**+1 202 477 6391
电子邮箱：pic@worldbank.org
Twitter：@worldbank | **Facebook：**www.facebook.com/worldbank

国际复兴开发银行

国际复兴开发银行（世界银行，www.shihang.org/zh/who-we-are/ibrd）是世界银行集团的初始机构，通过提供贷款、担保、风险管理产品、分析和咨询服务，促进中等收入国家和资信良好的较贫困国家的可持续发展，从而减少贫困。世界银行架构类似合作社，是由189个成员国为所有成员的利益而共同拥有和运营的合作机构。世界银行的大部分资金通过国际金融市场筹集。多年来的收入使世界银行能够为发展活动提供资金，确保自身的资金实力，从而保证有能力以低成本借款，并以优惠条件向客户提供贷款。各成员国加入世界银行所缴纳的费用约占世界银行认缴资本的5%。自成立以来，世界银行已提供了数千亿美元的发展贷款。2016财年，世界银行新增承诺贷款297亿美元，涉及114个项目。

国际开发协会

国际开发协会（开发协会，ida.worldbank.org）是世界银行集团向最贫困国家提供资金的机构。开发协会是全球最主要的援助来源之一，目前有173个成员国，面向卫生、教育、基础设施、农业、经济和制度建设等领域，为世界上最贫困的77个国家提供援助，其中39个为非洲国家。开发协会通过创造就业机会、提供清洁水源、改善粮食安全状况、改善教育环境、修建道路和增加电力供应等方面的援助，使数亿人摆脱了赤贫状态。开发协会提供条件优惠的贷款，贷款利息为零或非常低，还贷期限长达25到40年，还包括

5到10年的宽限期。开发协会还向面临债务受困风险的国家提供赠款，也大幅度地减免其债务。自1960年成立以来，开发协会已为112个国家提供了3 120亿美元投资。2016财年，开发协会新增承诺资金162亿美元，涉及161个项目，包括144亿美元信贷、13亿美元赠款及5亿美元担保。开发协会每三年补充一次资金，资金来源包括发达国家和发展中国家的捐款，以及世界银行集团的另外两个机构：世界银行和金融公司。

国际金融公司

国际金融公司（金融公司，www.ifc.org）是面向发展中国家私营部门的全球最大发展机构。金融公司通过为私营部门提供资金、调动国际金融市场的资本以及为企业和政府提供咨询服务，帮助发展中国家实现可持续增长。金融公司有184个成员国，只有在与市场投资者实现互补的情况下才会参与投资，提供特别供款。金融公司还在以下方面发挥催化作用：帮助实施创新方案以应对发展挑战；协助影响发展政策并提高环境和社会标准；证明在有风险的市场中投资有利可图；以及改善人们的生活。2016财年，金融公司的长期投资承诺总计188亿美元，其中包括来自投资伙伴的77亿美元投资。金融公司在脆弱和受冲突影响地区的投资增至近10亿美元，比上年增加超过50%。

多边投资担保机构

多边投资担保机构（www.miga.org）旨在向投资者和贷款人提供担保（政治风险保险），从而推动外国直接投资流入发展中国家。多边投资担保机构的资金来自181个成员国的认缴资本。2016财年，多边投资担保机构为各种投资项目提供了总价值达43亿美元的政治风险和信用增级担保，当前投资组合中有45%为符合开发协会信贷条件的国家，10%为受冲突影响的国家和脆弱国家。

国际投资争端解决中心

国际投资争端解决中心（icsid.worldbank.org）有153个成员国，致力于为解决政府与外国投资者之间的争端提供公正的国际论坛，从而促进国际投资流的不断增加。如争端双方中的投资东道国和投资者母国都是其成员国，国际投资争端解决中心即可执行争端解决程序，也可应其他争端解决程序相关各方或法庭的要求执行程序。国际投资争端解决中心委派仲裁员，依据《联合国国际贸易法委员会仲裁规则》执行程序。国际投资争端解决中心还出版外国投资法律方面的刊物。

全面禁止核试验条约组织筹备委员会

《全面禁止核试验条约》于1996年通过并开放供签署。《条约》禁止任何人在任何地区进行任何形式的核爆炸试验。截至2016年9月，有183个国家签署了《条约》，其中166

个国家批准了《条约》。《条约》需要44个核技术持有国批准方能生效，目前还有以下八个国家未批准：中国、朝鲜民主主义人民共和国（朝鲜）、埃及、印度、伊朗、以色列、巴基斯坦和美国。印度、朝鲜和巴基斯坦还未签署《条约》。总部设在维也纳的全面禁止核试验条约组织筹备委员会（禁核试组织筹委会，www.ctbto.org）致力于建立《条约》核查制度，使委员会在《条约》生效时即可进入全面运作状态。委员会的任务还包括促进《条约》的签署和批准。《条约》核查机制包括：由337个核爆炸迹象监测设施组成的全球网络；负责处理和分析数据的国际数据中心；以及针对可疑事件收集现场证据的现场视察。禁核试组织筹委会的年度预算约为1.3亿美元，拥有来自80多个国家的270多名工作人员。

执行秘书：拉辛纳·泽博（布基纳法索）

总部地址：Vienna International Centre, P.O. Box 1200, 1400 Vienna, Austria

电话：+43 1 26030 6200 | **传真：**+43 1 26030 5823

电子邮箱：info@ctbto.org

Twitter：@ctbto_alerts | **Facebook：**www.facebook.com/ctbto

国际原子能机构

国际原子能机构（原子能机构，www.iaea.org）是世界核领域合作的中心，致力于防止核武器扩散，并帮助所有国家（特别是发展中国家）受益于安全、可靠与和平利用核科学和核技术。原子能机构也是全球加强核安全和核安保的平台。原子能机构核查成员国履行核不扩散义务的情况。2015年，原子能机构视察员视察了181个国家的1 200多个现场，完成了2 118次实地核查任务，以核实核材料未被从和平用途移作他用。原子能机构向168个成员国传递核知识和专门知识，从而确保这些国家能够获取更多能源，改善人民的健康水平，提高粮食产量，更好地获取清洁水并保护环境。原子能机构成立于1957年，是联合国系统的自主机构。

原子能机构的治理机构是大会和理事会。原子能机构大会由其全体成员国组成，每年召开一次会议，理事会则由35个成员国组成，每季度举行一次会议并做出主要决策。秘书处由总干事领导，有2 500多名员工，总部设在奥地利维也纳。原子能机构的经常预算资金主要来自成员国的年度会费分摊额，2016年的经常预算为3.61亿欧元。此外，原子能机构还筹集自愿捐款补充资金来源，为技术合作资金供资，2016年获得自愿捐款的目标为8 450万欧元。

总干事：天野之弥（日本）

总部地址：P.O. Box 100, Wagramerstrasse 5, 1400 Vienna, Austria

电话：+43 1 2600 0 | **传真：**+43 1 2600 7
电子邮箱：Official.Mail@iaea.org
Twitter：@iaeaorg | **Facebook：**www.facebook.com/iaeaorg

国际移民组织

国际移民组织（移民组织，www.iom.int）成立于1951年，是移民领域的主要政府间组织，认定坚持人道和有序的移民原则既对移民有利，又对侨居国有利。移民组织为政府和移民提供服务和建议，与国际社会的合作伙伴共同完成以下任务：协助应对移民领域不断增长的操作层面的挑战；推进全世界对移民问题的认识；鼓励通过移民促进社会和经济发展；以及维护移民的福祉和人权。移民组织有166个成员国，另有八个国家具有观察员地位。移民组织在100多个国家设有办事处。2015年，全世界的国际移民（居住在非出生地国家的人）人数达到2.44亿，创历史新高。

总干事：安东尼奥·曼纽尔·卡瓦略·费雷拉·维托里努（葡萄牙）
总部地址：17, Route des Morillons, CH–1211 Geneva 19, Switzerland
电话：+41 22 717 9111 | **传真：**+41 22 798 6150 | **电子邮箱：**hq@iom.int
Twitter：@unmigration | **Facebook：**www.facebook.com/unmigration

禁止化学武器组织

禁止化学武器组织（禁化武组织，www.opcw.org/cn/）是一个独立的国际组织，与联合国保持密切的工作关系，负责监督《关于禁止发展、生产、储存和使用化学武器及销毁此种武器的公约》的执行情况。《公约》于1997年生效，是首个促进在全球范围内销毁一整类大规模毁灭性武器的多边裁军与不扩散协定，实施严格的国际核查制度。

禁化武组织有192个成员国。自1997年起，禁化武组织的成员国经核查已销毁超过6.7万吨的化学剂，约占全球已公布的7.2万吨化学剂总量的93%。禁化武组织视察员已在86个成员国的领土范围内进行了6 194次视察，确保化学武器生产设施已经停用或销毁，或经核查已被改装用于被允许的目的，并防止再度出现新型化学武器。视察员还亲自前往销毁设施，核查化学武器是否已真正被销毁。若有禁化武组织的成员国受到化学武器的威胁或攻击，所有成员国必须施以援助。为处理上述意外事件，禁化武组织定期进行试验并增强自身能力，从而在面临紧急事件时能够协调各国为保护生命做出快速有效的应对，并能就使用化学武器或把有毒化学品作为武器的指控展开高效的调查。禁化武组织还开展了一系列国际合作方案，旨在促进和平利用化学。禁化武组织技术秘书处设在荷兰海牙，拥有来自约70个国家的超过450名员工，2016年的预算约为6 700万欧元。

总干事： 费尔南多·阿里亚斯（西班牙）

总部地址： Johan de Wittlaan 32, 2517 JR, The Hague, The Netherlands

电话： +31 70 416 3300 | **传真：** +31 70 306 3535

电子邮箱： media@opcw.org

Twitter： @opcw | **Facebook：** www.facebook.com/opcwonline/

世界贸易组织

世界贸易组织（世贸组织，www.wto.org）是唯一一个负责处理全球国家间贸易规则的国际组织，成立于1995年，其目标是使国际贸易在所有成员国签署的多边协定所形成的贸易体系内开展得更为顺利，解决各成员间的贸易争端，审议成员和全球的贸易政策，并为贸易协商提供平台。世贸组织的核心是世贸组织协定，这些协定由世界主要贸易国协商并签署通过，为国际贸易提供了法律依据。这些协定的基本原则包括非歧视性原则、透明原则、贸易自由原则、公平竞争原则以及较不发达国家优惠待遇原则等。

世贸组织是其成员协商的平台，通过降低贸易壁垒和修改贸易规则实现国际贸易体系的改革。国际贸易体系的重大改革包括《贸易便利化协定》《信息技术协定》以及一项取消农产品出口补贴的成果，该成果涉及联合国可持续发展目标中的一个重要目标。同时，世贸组织于2001年发起的多哈发展议程仍在进行中。世贸组织还将继续监督1986—1994年乌拉圭回合谈判所达成的协议的执行情况。自1995年起，世贸组织争端解决机制已处置了500多件贸易争端案件。

世贸组织有164个成员，拥有647名员工。世贸组织的治理机构为部长级会议，日常工作由总理事会负责，2016年度的预算为1.97亿瑞士法郎。

总干事： 罗伯托·阿泽维多（巴西）

总部地址： Centre William Rappard, Rue de Lausanne 154, 1211 Geneva 21, Switzerland

电话： +41 22 739 5111 | **传真：** +41 22 731 4206

电子邮箱： enquiries@wto.org

Twitter： @wto | **Facebook：** www.facebook.com/worldtradeorganization

国际和平与安全

一名来自尼泊尔特遣队的女宪兵军官在中非稳定团举行的联合国维持和平人员国际日（5月29日）纪念活动上。截至2017年2月，共有4 097名女性在世界各地参与联合国和平行动。（2016年5月28日，联合国图片/Nektarios Markogiannis）

联合国的宗旨之一是维护国际和平与安全。自成立之日起，联合国即应请求实施干预，以防止争端升级为战争，说服对立当事方通过和平手段解决争端而不诉诸武力，或在武装冲突爆发后帮助恢复和平。几十年来，联合国帮助预防或结束了无数次冲突并促进和解，其中包括发生在柬埔寨、哥伦比亚、萨尔瓦多、危地马拉、几内亚、利比里亚、莫桑比克、纳米比亚、尼泊尔、塞拉利昂、塔吉克斯坦和东帝汶的冲突。安理会是联合国处理国际和平与安全事务的主要机构，大会和秘书长也发挥着重要的补充作用。联合国的活动主要涉及以下五个领域：预防冲突、建立和平、维持和平、强制执行和建设和平（www.un.org/zh/sections/what-we-do/maintain-international-peace-and-security/index.html）。

21世纪初出现了新的全球性威胁。国际社会应如何妥善应对国家内部冲突已引发出许多复杂问题，包括如何为冲突中的平民提供最佳保护。联合国重新重视预防性外交，重塑并增强了维持和平能力以应对新的挑战，加强了与区域和次区域组织合作，扩大利用了致力于预防和解决冲突或促进政治过渡的特别政治任务，并加强了冲突后建设和平的能力。为应对国家内部冲突，安理会部署了复杂且创新的维持和平和特别政治任务。这些做法为奠定持久和平的基础提供了时间和空间，帮助数十个国家的数以百万计的人民参与了自由公平的选举，仅过去十年间，帮助解除武装的前战斗人员就达50万。

20世纪90年代末，中非共和国、刚果民主共和国、科索沃、塞拉利昂和东帝汶发生持续不断的危机，促使安理会设立了五个新的特派团。维持和平行动在2009—2010年达到高潮，其间，超过10万名联合国维和人员（即“蓝盔部队”）被部署在世界各地。近年来反复出现的冲突使联合国越来越重视预防冲突和建设和平的工作，有针对性地降低各国陷入或重新陷入冲突的风险。要建设持久的和平，必须整合所有资源，帮助有关国家推动经济发展，促进社会正义，尊重人权，建立负责任的政治和安全机构，并促进善治。联合国具有其他机构难以比拟的全球合法性、多边经验、胜任能力、协调能力和公正性来开展上述工作。联合国在许多国家设立了特别政治任务和办事处，包括阿富汗、布隆迪、哥伦比亚、塞浦路斯、几内亚比绍、伊拉克、黎巴嫩、利比亚、索马里、叙利亚和也门，还在中非、中亚、西非和萨赫勒地区部署了区域特派团。

联合国维护国际和平与安全的努力也以应对国际恐怖主义和大规模毁灭性武器带来的挑战和危险为目标。会员国经由大会和安理会，通过联合国系统各个方案、办公室和机构开展的相关活动，协调反对恐怖主义的努力。联合国始终高度重视多边裁军。通过持续努力，国际社会已达成了多项关于裁军和军备限制的多边协议，包括关于裁减并最终消除核武器、销毁化学武器、禁止生物武器以及遏制小武器和轻武器扩散的条约和议定书。随着国际环境的演变，这些谈判的范围不断变化，带来了更多新的安全挑战。

主要机关的作用

安理会

《联合国宪章》作为国际公约，规定会员国有义务通过和平手段解决争端，不得危及国际和平、安全和公正。会员国不得对任何国家使用或威胁使用武力，并应将争端提交对维护国际和平与安全负有首要责任的联合国机构——安理会。根据《宪章》，会员国有义务接受和执行安理会的决定。联合国其他机构的建议不具备安理会决定的强制性，但也能通过表达国际社会的意见产生影响。

有争端提请安理会注意时，安理会通常会敦促当事方和平解决争端。安理会可为当事方就和平解决争端提供建议，任命特别代表，请秘书长进行斡旋，或进行调查和调解。当争端升级为战争时，安理会首先力求尽快结束战争。安理会通常会发出停火指令，有效防止敌对行动的扩大。为支持和平进程，安理会可以在冲突地区部署军事观察员或维和部队。

根据《宪章》第七章，安理会有权采取措施强制执行其各项决定。安理会可以实施禁运和制裁，或授权使用武力来确保完成任务。在特定情况下，安理会曾授权通过会员国联盟、区域组织或区域安排使用武力。然而，只有当和平解决争端的方法已经用尽，并且认定确实存在威胁和平、破坏和平或侵略行为时，安理会才会授权使用武力，将其作为最后手段。许多最近组建的维和行动已经获得安理会的这种授权，即维和人员在必要时可使用武力来执行任务。此外，根据《宪章》第七章，安理会设立了多个国际法庭，起诉那些被控严重侵犯人权和严重违反国际人道主义法（包括实施灭绝种族行为）的个人。

大　会

《联合国宪章》第十一条规定，大会有权“考虑关于维持国际和平及安全之合作之普通原则”，以及“向会员国或安理会或兼向两者提出……建议”。大会为各方就棘手问题达成共识提供渠道，为公开表达不满和进行外交往来提供论坛。为了推动维护和平，大会就裁军、巴勒斯坦问题和阿富汗局势等问题召开了特别会议或紧急特别会议。大会将和平与安全问题归由第一委员会（裁军与国际安全委员会）和第四委员会（特别政治和非殖民化委员会）审议。多年来，大会以通过和平宣言、和平解决争端以及国际合作的方式，促进各国间的和平关系。

1980年，大会批准在哥斯达黎加圣何塞创办**和平大学**（www.upeace.org），这是一所学习、研究和传播涉及和平相关问题知识的国际学院。大会把每年的9月21日定为**国际和平日**。

预防冲突

《宪章》开篇提到的“欲免后世再遭惨不堪言之战祸”，从未像现在这样紧迫和富有挑战性。酝酿已久的争端业已升级或再度沦为战争，而一些曾经被认为稳定的国家和区域却发生了新的冲突。暴力危机引发国际社会前所未有的大规模介入。目前，联合国特别政治任务和维持和平行动共在39项行动中部署了12.8万多人，创下历史最高纪录。然而，冲突的扩散速度超过了联合国努力的步伐。各政治任务都在努力应对不断蔓延和加剧的冲突，会员国之间的团结比以往任何时候都更为重要。

和平行动问题高级别独立小组的2015年报告为联合国应对这些重大挑战奠定了坚实的基础。报告呼吁将和平政治解决办法重新置于联合国各项努力的中心位置，以便预防和解决冲突，保护平民；强调为实现这些目标而与区域组织、东道国政府和地方社区建立伙伴关系；并强调需要采取新办法，在暴力发生前预防冲突和调解争端。

预防冲突是联合国的核心使命。预防性外交是联合国利用秘书长的斡旋职能开展预防冲突或防止冲突升级行动的基石，可采取调解、调停或谈判的形式。预警是预防的重要组成部分。联合国密切监测全球发展动态，以便发现国际和平与安全所面临的威胁，使安理会和秘书长可以采取预防性行动。秘书长特使和特别代表（包括许多特别政治任务的首长）在全世界范围内参与调解和预防性外交。有经验的特使经常能帮助预防紧张局势升级。这项工作通常与区域或次区域组织合作开展。

秘书长在建立和平的过程中起着核心作用，可以亲自或派遣特使或特派团执行特定的任务，例如谈判或调查真相。根据《宪章》，秘书长可以将可能威胁维护国际和平与安全的任何事件提请安理会注意。联合国政治事务部（政治部，www.un.org/undpa/zh）是开展这些工作的主要支持机构，负责规划和支持和平特使的工作，提供冲突分析，以及监督作为预防性外交主要平台的十几个外地特别政治任务。训研所建立和平和预防冲突方案（unitar.org/pmcp）在谈判和调解方面提供创新培训，并致力于提高联合国预防和解决冲突努力的有效性。

政治部与联合国发展行为体（包括开发署和联合国驻地协调员）合作，确保联合国实地方案活动对冲突具有敏感性，并有助于提升各国预防冲突的能力。为确保女性被纳入并参与有关预防和解决冲突的工作，政治部做出了15项具体的妇女、和平与安全议程承诺，包括有关调解、妇女政治参与和解决冲突中性暴力的承诺。

维 持 和 平

联合国维持和平行动（www.un.org/zh/peacekeeping）是国际社会促进和平与安全的一个重要手段。虽然《宪章》没有对维持和平事宜提出具体构想，但联合国于1948年首次开展了维和行动，在中东设立了联合国停战监督组织。自1948年起，联合国共部署了71个维和行动。截至2016年12月，有16个行动仍在进行中。

维和行动须经安理会授权，并经东道国政府与/或冲突主要当事方同意方可部署。维和行动原本是一种在国家间战争爆发后观察停火和隔离部队的首要军事模式。如今，维和行动已发展成为一种融入多种要素的复合型模式，军事人员、警察人员以及文职人员共同努力，为持久和平奠定基础。

近年来，在授权部署某些联合国维和行动或授命其执行需要使用武力的任务（例如为面临人身危险的平民提供保护）时，安理会开始援引《宪章》第七章的强制执行规定。联合国维和人员原本只能在自卫时使用武器，但现在，在执行援引《宪章》第七章的更“强有力”的任务（例如保护平民）时，维和人员也可以使用武力。

联合国没有自己的军队。维和行动的军事人员由会员国自愿提供，费用由会员国承担。维和行动通常由秘书长通过一位特别代表指挥。根据具体任务，部队指挥官负责维和行动的军事事务，而军事特遣队向派遣国的国防部门报告。维和人员身着各自国家的制服，头戴一顶联合国蓝色钢盔或贝雷帽，并佩戴一枚证章。特派团的文职人员由来自世界各地的应召人员和志愿者组成。

维和行动涉及许多国家的军队，资金由各国根据维和预算提供。联合国根据维和预算对会员国进行评估，并按照一个标准比例对派遣部队的国家予以补偿。大会通过的2016—2017两年期维和预算约为79亿美元，不足全球军事总支出的0.5%。全世界“分担费用”可以显著提高人员、财务和政治方面的效率。

正在进行的维和行动　截至2016年12月31日，来自125个国家的100 376名军事人员和警察人员正在开展以下16项维和行动：

- 联合国停战监督组织（停战监督组织，设立于1948年），执行地区：中东（148名军事观察员，234名文职人员）；
- 联合国驻印度和巴基斯坦军事观察组（印巴观察组，设立于1949年；44名军事观察员，72名文职人员）；
- 联合国驻塞浦路斯维持和平部队（联塞部队，设立于1964年；862名部队人员，67名警察人员，151名文职人员）；
- 联合国脱离接触观察员部队（观察员部队，设立于1974年），执行地区：叙利亚戈兰高地（787名军事人员，140名文职人员）；

- 联合国驻黎巴嫩临时部队（联黎部队，设立于1978年；10 497名部队人员，848名文职人员）；
- 联合国西撒哈拉全民投票特派团（西撒哈拉特派团，设立于1991年；23名部队人员，193名军事观察员，241名文职人员，4名联合国志愿人员）；
- 联合国科索沃临时行政当局特派团（科索沃特派团，设立于1999年；8名军事观察员，7名警察人员，328名文职人员，19名联合国志愿人员）；
- 联合国利比里亚特派团（联利特派团，设立于2003年；1 171名部队人员，62名军事观察员，570名警察人员，1 159名文职人员，138名联合国志愿人员）；
- 联合国科特迪瓦行动（联科行动，设立于2004年；2 601名部队人员，142名军事观察员，759名警察人员，961名文职人员，93名联合国志愿人员）；
- 联合国海地稳定特派团（联海稳定团，设立于2004年；2 360名部队人员，2 326名警察人员，1 245名文职人员，83名联合国志愿人员）；
- 非洲联盟–联合国达尔富尔混合行动（达尔富尔混合行动，设立于2007年；13 608名部队人员，162名军事观察员，3 293名警察人员，3 412名文职人员，141名联合国志愿人员）；
- 联合国组织刚果民主共和国稳定特派团（联刚稳定团，设立于2010年；16 797名部队人员，475名军事观察员，1 392名警察人员，3 470名文职人员，364名联合国志愿人员）；
- 联合国阿卜耶伊临时安全部队（联阿安全部队，设立于2011年；4 403名部队人员，128名军事观察员，15名警察人员，202名文职人员，30名联合国志愿人员）；
- 联合国南苏丹共和国特派团（南苏丹特派团，设立于2011年；12 099名部队人员，188名军事观察员，1 454名警察人员，2 002名文职人员，404名联合国志愿人员）；
- 联合国马里多层面综合稳定团（马里稳定团，设立于2013年；10 358名部队人员，39名军事观察员，1 295名警察人员，1 246名文职人员，145名联合国志愿人员）；
- 联合国中非共和国多层面综合稳定团（中非稳定团，成立于2014年；10 242名部队人员，149名军事观察员，2 022名警察人员，760名文职人员，154名联合国志愿人员）。

自1948年以来，已有3 520名维和人员殉职。

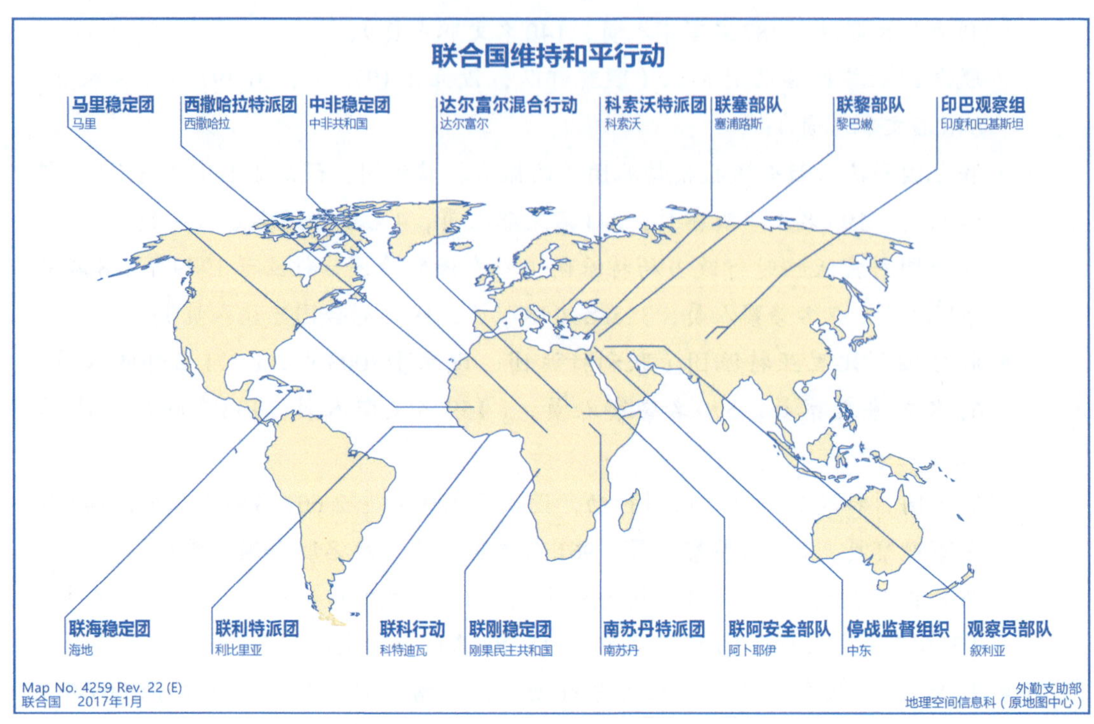

如今，受武装冲突影响的人数之多前所未有，有6 500万人被迫流离失所。据估计，30%至40%的政治暴力针对平民，其中儿童和妇女受到的影响尤甚。2007—2014年间，内战数量增长了两倍，尤其在中东和西非地区，导致全球与冲突有关的死亡人数激增。与此同时，新一代武装团体趁局势动荡之机扩展自己的力量。这些武装团体虽然彼此独立运作，但又同属于跨越边界和利用跨国有组织犯罪开展行动的网络。因此，以国家为基础的传统应对措施已无法有效遏制它们。在这种背景下，对于国际社会，尤其是对于联合国维和行动来说，实现持久的政治解决是一项长期的挑战。

在新旧冲突局势中，冲突的区域化持续带来严重挑战。信息技术助长了冲突跨越边界蔓延，且通常与犯罪网络相联系。在近来的冲突中，内乱和钻石、文物、军火等资源的非法进出口交织在一起，让形势更为严峻。对此，应对措施必须相应涉及诸多层面。在南苏丹和叙利亚等国家的局势中，区域和全球行为体追求相互对立的利益，因而国际社会难以达成解决和管理冲突的统一策略。因此，国际社会还应做出更大的努力，制定和实施区域策略，来应对跨国威胁的不确定性和流动性。例如，为应对非法贩运冲突矿产，大会于2000年建立《金伯利进程证书制度》(《金伯利制度》，www.kimberleyprocess.com/en/about)，致力于消除通过钻石买卖为冲突和侵犯人权行为提供资金支持的行为。《金伯利制度》旨在防止“冲突钻石”进入主流市场。

联合国维和行动作为解决冲突的一种方法，因其所具有的普遍性，而为解决冲突提供了独一无二的合法性。维和人员来自冲突当事方以外的国家，能够促进交战各方的沟通，并使全球社会聚焦当地关切的问题，创造共同努力建立和平的机会。维和行动取得成功的先决条件包括：敌对双方和平解决争端的真诚意愿；明确的维和授权；国际社会有力的政治支持；以及达成行动目标所需的资金、军队和人力资源。最重要的是，维和行动必须和政治进程协同进行；维和行动不可替代政治进程。

由于情势不断变化，维和行动也在不断发展之中。多年来，维和人员所完成的任务包括：

- 维持停火和部队隔离；
- 保护人道主义行动；
- 执行全面和平解决方案；
- 引导国家或地区过渡到遵循民主原则、推崇善治和致力于经济发展的稳定政府；
- 保护平民。

和平行动问题高级别独立小组 维和行动不断变化且日益复杂的角色需求，以及部署维和行动的环境日益危险和严峻，对联合国安全有效地执行任务构成了巨大的挑战。2014年，秘书长设立和平行动问题高级别独立小组（高级别独立小组，un.org/zh/peacekeeping/operations/reform.shtml）来全面审议联合国和平行动，包括维和行动和特别政治任务。高级别独立小组于2015年6月发布的报告，为联合国维和行动更有效、高效地开展并更积极地响应特派团所服务的民众的需求奠定了基础。报告提出了四项必需的转变：

- 将政治置于首要位置：联合国所有和平行动都必须以政治解决办法为指针；
- 提高行动的灵活应变性：联合国特派任务应该针对具体情况加以调整；
- 建设更强大的伙伴关系：应建设更具有复原力的全球和区域架构，来维护国际和平与安全；
- 开展侧重实地和以人为本的行动：联合国总部必须更注重为实地任务提供支持，联合国的工作人员必须更坚决地服务和保护民众。

报告强调了许多正在进行的改革议程，包括改善维和行动的表现，更好地使用技术，加强保护平民的努力，以及加强社区参与。报告还提出要继续努力，加强对联合国人员行为和纪律的管理和问责制。

该报告被看作一份为联合国和平行动、维持和平和特别政治任务重新确定方向的文件。高级别独立小组呼吁重申集体承诺，开展以人为本的和平行动，认定政治解决方案必须是联合国和平与安全策略的核心，引起了国际社会的共鸣。为此，秘书长在2015年9月的报告中提出了实施高级别独立小组上述建议的行动议程，由维和部和外勤部与联合国系统下的伙伴合作执行。秘书处的工作主要围绕三大主题：预防、合作以及改善和平行动的规划和执行。

与区域和集体安全组织的合作 根据《宪章》第八章的规定，联合国与维和所在地区和专题领域的区域组织及机构建立了越来越密切的合作，例如非盟（www.au.int）、欧盟（europa.eu）、北大西洋公约组织（北约，www.nato.int）、欧洲安全与合作组织（欧安组织，www.osce.org）和美洲国家组织（美洲组织，www.oas.org）。联合国已就广泛的专题问题加强了与这些组织的合作，包括快速反应、安全部门改革、训练和演习、现代技术、后勤支持、妇女、和平与安全以及其他许多问题。由于目前全球对和平行动的需求超出了任何一个行为体（包括联合国）的能力，因而建立伙伴关系具有越来越重要的意义。联合国还在布鲁塞尔、维也纳和亚的斯亚贝巴设立了专门的联络处，支持和加强伙伴协作，并精简秘书处在区域组织总部的存在。

强制执行

根据《宪章》第七章，安理会可以采取强制执行措施维护或恢复国际和平与安全，其中包括经济制裁和国际军事行动。

制裁

根据《宪章》第七章第四十一条，制裁办法包括一系列不涉及使用武力的强制措施（www.un.org/sc/suborg/zh/sanctions/information）。自1968年以来，安理会建立了30个制裁委员会来监督制裁制度，其中13个仍在运行中，分别针对：中非共和国；朝鲜民主主义人民共和国；刚果民主共和国；几内亚比绍；伊拉克；“伊黎伊斯兰国”（“达伊沙”）和基地组织及相关的个人、团体、企业和实体；发生在黎巴嫩的事件；利比亚；索马里和厄立特里亚；南苏丹；苏丹；塔利班；以及也门。

联合国的制裁措施采取不同的形式，包括全面经济和贸易禁运、具体商品禁令、武器禁运以及针对被指认个人和实体的措施（例如旅行禁令和资产冻结）。安理会实施制裁旨在支持和平过渡，防止违宪政府更迭，打击恐怖主义，保护人权以及推动核不扩散。与制裁是惩罚性措施的想象相反，许多制裁制度是维持和平、建设和平及促进和平综合战略的一部分，旨在支持政府和区域开展和平过渡工作。

关于全面经济制裁可能对平民中最弱势群体造成不利影响的忧虑，促使制裁的设计和实施得到了改进。自2003年以来，所有新制定的制裁制度均具有针对性。制裁措施都针对被专门指定的个人和实体。同样，2003年后实施的贸易限制范围也仅为某些特定商品。

安理会日益认识到在实施制裁时需对被制裁方采取正当程序，并需确保实行和解除制裁以及给予人道主义豁免的程序达到公正、明确。设立除名协调人以及建立“伊黎伊斯兰国”（“达伊沙”）和基地组织制裁委员会监察员办公室就是采用这一做法的实例。

授权采取军事行动

建立和平的努力失败后，会员国可在《宪章》第七章的授权下采取更加强有力的行动。安理会曾授权由会员国组成的联盟采取包括军事行动在内的“一切必要手段”来处理冲突，例如帮助遭伊拉克入侵的科威特恢复主权（1991年），在索马里为人道主义救援行动创建一个安全的环境（1992年），帮助海地恢复民选政府（1994年），在阿尔巴尼亚保护人道主义行动（1997年），帮助东帝汶恢复和平与安全（1999年和2006年），以及保护利比亚平民（2011年）。这些行动虽然得到了安理会的授权，却完全在参与国的控制之下，不属于由安理会设立并由秘书长指导的联合国维和行动。

建 设 和 平

联合国通过一系列措施建设和平，旨在通过加强国家各级管理冲突的能力来降低暴力冲突的风险，为持久的和平与发展奠定基础。联合国特别关注各国自身战胜可能引起暴力冲突影响的能力。虽然建设和平的确切性质取决于每个国家的不同情况，但建设和平的努力一般包括加强安全、安保、司法和公共行政，支持对话与和解，提供基本服务，以及振兴经济。大会、安理会和经社理事会，以及联合国系统内众多机构和办事处（包括外勤业务机构、专门机构和国际金融机构）均参与建设和平行动。特别政治任务和建设和平特派团分为三类：外地特派团、特使，以及安理会制裁小组和监察小组。

在以下地区的联合国行动中，建设和平发挥了显著的作用，包括阿富汗、波斯尼亚和黑塞哥维那、柬埔寨、萨尔瓦多、危地马拉、伊拉克、利比里亚、利比亚、莫桑比克和塞拉利昂。联合国驻埃塞俄比亚和厄立特里亚特派团是国家间建设和平的一个范例。

建设和平架构

联合国建设和平架构包括：一个政府间咨询机构——建设和平委员会；一个独特的筹资机制——建设和平基金；以及一个分析和协调机构——建设和平支助办公室。

建设和平委员会（www.un.org/zh/peacebuilding/）是一个由31个成员国组成的联合国

政府间咨询机构，致力于帮助各国建设和平。委员会汇集所有相关的建设和平行为体，包括国际捐助方、国际金融机构、各国政府、部队派遣国以及民间社会的代表；提出建设和平与恢复综合战略；协助确保为早期恢复工作提供可预测的资金支持以及持续的金融投资；促使国际社会长期关注；制定良好做法，以应对需要政治、军事、人道主义以及发展行为体之间合作的问题。

建设和平基金（www.unpbf.org）是由自愿捐款供资，用于建设和平的多年常设基金。基金为超过25个国家的120多个项目提供支持，并成为刚摆脱冲突的国家的第一求助投资者。当面临陷入暴力冲突危险的国家还未能从其他基金获取资金时，建设和平基金可立即提供援助。基金的专家还可提供指导，确保拟定协调一致、对冲突敏感及具有政治睿智的规划。2015年，建设和平基金收到的捐款总额达5 350万美元；截至2017年1月，承付资金累计达7.324亿美元。

建设和平支助办公室（www.un.org/zh/peacebuilding/pbso/）支持建设和平委员会，管理建设和平基金，帮助秘书长制定联合国系统的建设和平政策并协调联合国各实体开展建设和平工作。

当前政治和建设和平特派团　截至2017年1月31日，共有4 823名工作人员在下列11个外地特别政治任务和建设和平特派团工作：

- 联合国中东和平进程特别协调员办事处（中东和平进程协调员办事处，成立于1999年；58名文职人员）；
- 联合国西非和萨赫勒办事处（西萨办，成立于2001年；63名文职人员和2名军事顾问）；
- 联合国阿富汗援助团（联阿援助团，成立于2002年；1 618名文职人员，12名军事顾问，5名警务顾问，66名联合国志愿人员）；
- 联合国伊拉克援助团（联伊援助团，成立于2003年；驻伊拉克、约旦以及科威特工作人员包括873名文职人员，245名警卫人员，5名军事顾问，4名警务顾问）；
- 联合国黎巴嫩问题特别协调员办公室（联黎协调办，成立于2007年；82名文职人员）；
- 联合国中亚地区预防性外交中心（中亚预防外交中心，成立于2007年；32名文职人员）；
- 联合国几内亚比绍建设和平综合办事处（联几建和办，成立于2010年；137名文职人员，2名军事顾问，13名警察人员，6名联合国志愿人员）；
- 联合国中部非洲区域办事处（中部非洲区域办，成立于2011年；38名文职人员，2名军事顾问，1名警务顾问）；

- 联合国利比亚支助团（联利支助团，成立于2011年；197名文职人员，7名警察人员，3名联合国志愿人员）；
- 联合国索马里援助团（联索援助团，成立于2013年；265名文职人员，530名警卫人员）；
- 联合国哥伦比亚特派团（成立于2016年；277名文职人员，现有280名非武装军事观察员，预计增至450名）。

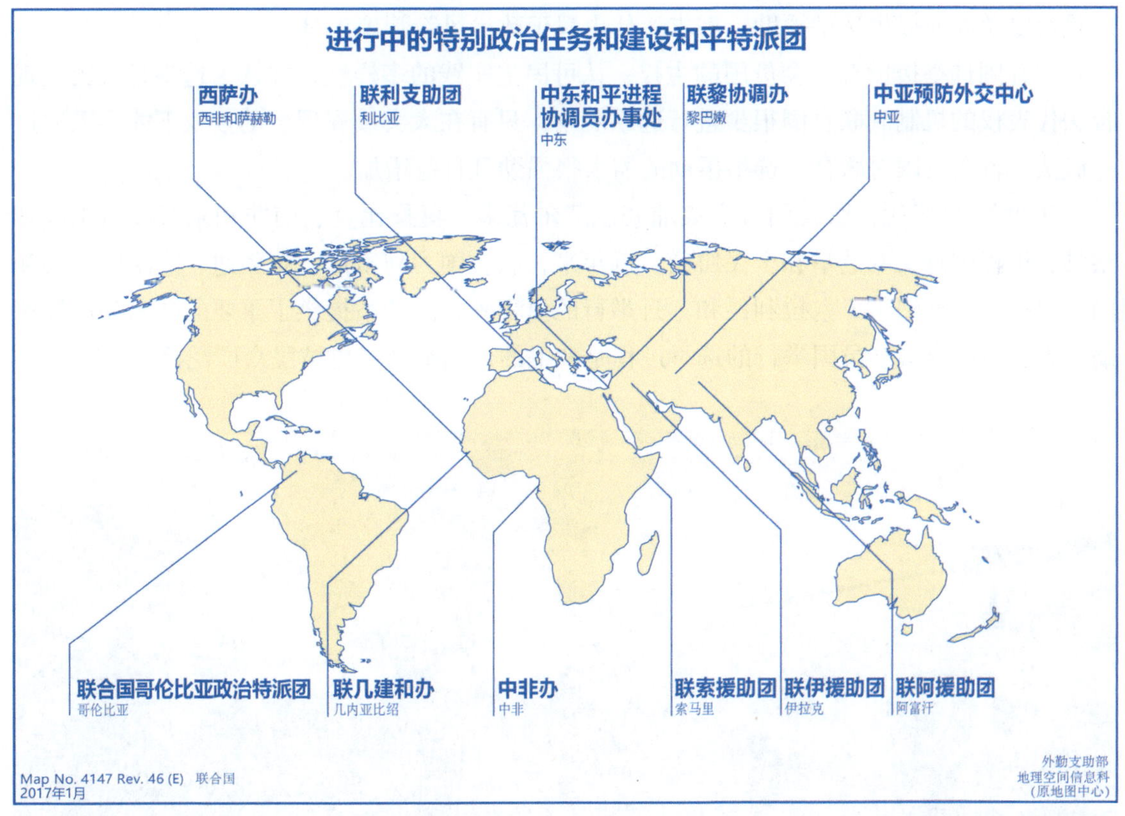

有关已结束的政治和建设和平特派团，请访问政治事务部网站（www.un.org/undpa/zh/node/183599）。

选举援助

选举援助是联合国最受瞩目、最具政治敏感性的活动之一（www.un.org/undpa/zh/elections）。目前，联合国正在为近70个会员国提供选举援助，其中对八个会员国的援助是经安理会授权开展的。1991年，大会设立了现行的体制和政策框架，包括任命主管政治事务的副秘书长兼任联合国系统内选举援助事务协调人。迄今为止，共有100多个国家向联合国请求并获得了选举援助。联合国的选举援助包括多种活动，但通常采取技术援助的形式，即为民主选举提供法律、技术、行政以及人权方面的建议和援助。选举援助也包括财政或物质支持，以及通常在维持和平行动中提供的后勤、安保和交通支持。

参与选举援助的联合国实体包括政治事务部、维和部、人权高专办、开发署、项目厅、妇女署和联合国志愿人员方案。只有当会员国提出请求或有法定授权的前提下，联合国才提供选举援助。选举援助事务协调人根据**政治事务部选举援助司**的需求评估结果，决定是否以及如何提供选举援助。需求评估也属于政治风险管理工具。

联合国选举援助尊重会员国的主权，认可民主实践的多样性，并认为选举是人民实现合法代表权的机制。联合国很少进行选举观察，只有在大会或安理会的授权下才会采取这一做法。各会员国对联合国选举援助的需求很强劲且日益增加。

20世纪90年代，联合国曾在柬埔寨、萨尔瓦多、莫桑比克、南非和东帝汶组织或观察具有里程碑意义的选举和全民协商。近年来，联合国为阿富汗、布隆迪、刚果民主共和国、伊拉克、尼泊尔、塞拉利昂和苏丹举行的里程碑式的选举提供了重要的技术和后勤援助。大多数联合国会员国举行的选举过程是和平的，选举结果也被民众广泛接受。

2016年11月20日总统大选后，联海稳定团的智利籍维和人员收集来自海地首都太子港附近的一个山区小镇安茹的选举材料。（2016年11月22日，联合国图片/Nektarios Markogiannis）

通过发展建设和平

稳健、平衡的发展是预防冲突的最佳方式。联合国致力于通过援助发展来巩固和平。开发署、儿基会、难民署和粮食署等联合国机构在为流离失所者提供机会及恢复对国家和地方机构的信任至关重要的恢复阶段发挥着关键作用。联合国可帮助难民回返，清除地雷，维修基础设施，调动资源并促进经济复苏。

和平行动

目前，联合国在全球范围内开展维持和平、政治和建设和平特派团活动，覆盖非洲、亚太（包括中东）、美洲和欧洲等区域。当前的和平行动将在下文结合历史背景逐一介绍。过去和当前的所有维和特派团一览表，请参见第273页。

非　洲

非洲是联合国关注并采取行动的重点地区（www.un.org/chinese/africa/osaa/）。在非洲，冲突旷日持久，争端持续不断，造成了诸多的挑战。联合国采取了创新手段，在最高层面上应对这些挑战。秘书长特使和特别代表（包括许多特别政治任务的负责人）参与调解、预防性外交及其他与和平和安全有关的活动（www.un.org/sg/zh/content/africa）。联合国也在支持非洲联盟（非盟）巩固非洲的和平、安全和善治中发挥了关键作用。

大湖区

2013年2月，11个国家签署了《刚果民主共和国和该区域的和平、安全与合作框架》，对制止刚果民主共和国东部和区域内暴力周期性循环所需的国家、区域和国际层面的关键行动进行了概述。《框架》的目的还在于帮助解决冲突的根源。2014年，肯尼亚和苏丹成为《框架》的签署国。**秘书长大湖区问题特使办公室**（ungreatlakes.unmissions.org）为《框架》的签署国及框架的实施提供支持。

布隆迪

布隆迪长达十年的内乱（1993—2003年）曾导致25万至30万人死亡，数十万人流离失所。2003年上半年，布隆迪三个主要派别团体签署了停火协定。非盟授权部署由3 500支部队组成的非洲驻布隆迪特派团。2003年4月底，布隆迪过渡期过半，胡图族总统恩达伊泽耶和图西族副总统阿方斯–马里·卡德盖宣誓就职。然而，布隆迪首都布琼布拉依然不断发生致命袭击，联合国被迫撤离在布琼布拉的非必要工作人员。在南非及大湖区其他国家的不断努力之下，一项停火协议于11月达成。非洲驻布隆迪特派团的设立在建设和平的过程中发挥了重要的作用。然而，由于特派团严重缺乏资金和后勤支持，非盟请求联合国接管特派团的职能。2004年，安理会授权部署联合国布隆迪行动（联布行动）。联布行动最初由2 000余名原隶属于非洲驻布隆迪特派团、后改称联合国部队的士兵组成。2005年，布隆迪就过渡期后的宪法举行了全民公投，随后，市镇选举于6月举行，过渡期后首次总统选举于8月举行。一项停火协定于9月签署，联合国为该协定的执行提供援助。

2007年1月，联合国布隆迪综合办事处（联布综合办）取代了联布行动，支持布隆迪巩固和平进程，为布隆迪政府提供帮助。2011年1月，**联合国布隆迪办事处**（**联布办事处**）取代了联布综合办。2013年2月，安理会将联布办事处的授权延期至2014年2月15日，并要求其在以下方面支持布隆迪政府：促进国家行为体之间的对话；加强国家机构；打击有罪不罚；促进和保护人权；支持女性和青年的社会经济发展，帮助受冲突影响的民众重返社会；以及加强布隆迪的区域一体化。应布隆迪政府的请求，联布办事处于2014年12月31日结束了使命。2015年1月1日，**联合国布隆迪选举观察团**（**联布观察团**）成立，任务为期一年。

4月，皮埃尔·恩库伦齐扎总统宣布谋求连任的计划，引发政治纷争和暴力事件。危机虽然围绕选举而形成，但却有更深的政治根源。11月，秘书长任命贾迈勒·比诺马尔（英国）为预防冲突（包括在布隆迪预防冲突）特别顾问，并向布隆迪派遣一个工作小组，通过支持区域调解工作，帮助政府寻求和平解决危机的方法。秘书长还就联合国今后在布隆迪的存在格局提交了备选方案。联布观察团于2015年11月18日完成任务，于同年12月31日结束行动。

2016年7月，安理会授权在布隆迪部署一支在特别顾问办公室领导下、由228名警官组成的联合国警察队伍，旨在监测布隆迪的安全和人权状况，初步任务期限为一年。

刚果民主共和国

1994年，卢旺达境内发生种族灭绝大屠杀，随后建立新政府，之后，约120万卢旺达胡图人（包括一些大屠杀参与者）逃到邻近的刚果民主共和国［刚果（金），旧称扎伊尔］基伍地区。1996年，该地区发生叛乱。由洛朗–德西雷·卡比拉领导的武装力量在卢旺达和乌干达的帮助下，于1997年攻占首都金沙萨，恢复“刚果民主共和国”国名。1998年，刚果争取民主联盟在基伍地区发动反卡比拉政府的武装叛乱。在卢旺达和乌干达的支持下，叛军控制了刚果民主共和国的大片领土。安哥拉、乍得、纳米比亚和津巴布韦承诺向卡比拉总统提供军事支持，但叛军仍牢牢控制东部地区。联合国安理会呼吁各方停火，并要求外国军事力量撤离该地区。1999年初，刚果民主共和国与安哥拉、纳米比亚、卢旺达、乌干达和津巴布韦五国签署了《卢萨卡停火协定》，为“刚果人对话”的举行做好准备。8月，刚果争取民主联盟和刚果解放运动均在《协定》上签字。之后，安理会设立联合国组织刚果民主共和国特派团（联刚特派团），协助各方执行《协定》。

2001年1月，卡比拉总统遇刺身亡，其子约瑟夫·卡比拉继任。10月，“刚果人对话”在埃塞俄比亚首都亚的斯亚贝巴举行。2002年7月，刚果民主共和国与卢旺达签署协定，要求卢旺达从刚果民主共和国撤出全部部队。9月，刚果民主共和国与乌干达签署类似协定。当年年底，在联合国和南非的调解下，冲突各方同意组建过渡政府。安理会将联刚特派团的军事人员增至8 700人，并向东部增派人员，但随后南基伍省爆发武装冲突，造成大批难民流离失所。2003年5月，冲突各方终于签署伊图里地区停火协定。之后，安理会批准向伊图里省首府布尼亚派遣临时紧急多国部队，协助稳定局势。6月，卡比拉政府与国内主要反对派就军事和安全安排签署协定。随后，权力分享的全国团结和过渡政府建立，仍由卡比拉总统领导。安理会将联刚特派团的军事人员增至10 800人，并根据《宪章》第七章采取行动，授权联刚特派团使用武力手段在伊图里和南、北基伍省履行使命。9月，临时紧急多国部队将安全责任转交给联刚特派团。

2006年7月，刚果民主共和国举行该国46年来第一次自由公平的选举，选民投票选出500席位的国民议会。10月，约瑟夫·卡比拉在决胜选举中获胜，当选总统。此次选举是联合国协助组织过的投票过程最为复杂的活动之一。

联合国委派联刚特派团积极参与解决政府军与持异见武装力量在北基伍省的冲突。2010年7月，联刚特派团更名为**联合国组织刚果民主共和国稳定特派团（联刚稳定团，**monusco.unmissions.org），表明该国发展进入新阶段。安理会决定，联刚稳定团除文职、司法人员外，最多可有19 815名军事人员、760名军事观察员、391名警务人员和1 050名建制警察部队人员。其后，联刚稳定团的编制将视情形演变重新确定，包括南、北基伍省和东方省军事行动的结束，国家政府保护民众能力的提升，以及国家权力在全国各地的巩固。2012年6月，安理会决定，联刚稳定团要为省级和地方选举的组织和举行提供技术与后勤支持。

2012年11月20日，“3·23”运动（前全国保卫人民大会）与政府军和联刚稳定团发生激烈战斗，叛军占领戈马，之后于12月2日撤离该市。由于“3·23”运动武装分子进一步加强对北基伍省相当部分地区的控制，东部地区局势仍非常紧张。

2013年2月，大湖区11个国家的代表、非盟、大湖区问题国际会议、南部非洲发展共同体和联合国秘书长在埃塞俄比亚首都亚的斯亚贝巴签署了《刚果民主共和国和该区域的和平、安全与合作框架》。2013年3月，为加强维和行动，安理会将联刚稳定团的任务期限延长至2014年3月31日，并在联刚稳定团授权兵力范围内设立一个“干预旅”，初步任务期限为一年。

2015—2016年，为了支持改革、对话和选举进程，安理会加强联刚稳定团的政治任务，强调其应发挥斡旋作用，鼓励刚果各利益攸关方之间进行对话，并为举行和平、有公信力和透明的选举创造有利条件。安理会将联刚稳定团的任务期限延长至2017年3月31日，强调保护平民仍是一项优先任务。

西　非

2001年，秘书长决定设立**负责西非问题的秘书长特别代表办事处（西非办）**，推进涉及联合国与其合作伙伴的综合性次区域战略，以应对西非国家所面临的错综复杂的政治、经济和社会问题。2002年，位于塞内加尔达喀尔的西非办开始运作。西非办是联合国第一个区域建设和平办事处。2016年1月，对秘书长萨赫勒问题特使办公室进行战略审查之后，安理会要求将两个办事处合并为一个新的实体，即**联合国西非和萨赫勒办事处（西萨办**，unowas.unmissions.org），由负责西非和萨赫勒问题秘书长特别代表领导。西萨办与西非和萨赫勒地区的联合国系统协作，支持西非国家经济共同体（西非经共体）、非盟、乍得湖流域委员会、萨赫勒五国集团、几内亚湾委员会和马诺河联盟等区域和次区域组织的工作，促进和平、稳定和善治，包括把性别问题纳入预防冲突倡议的主流。西萨办也帮助西非和萨赫勒地区的国家应对广泛的和平与稳定挑战，例如日益严重的社会经济不平等问题、不断加剧的跨国有组织犯罪、非法贩毒，以及乍得湖流域“博科圣地”活动和萨赫勒地区武装和恐怖团体活动造成的持续不安全状况。特别代表鼓励有关成员国和区域组织在联合国的支持下进一步合作，帮助消除与缺乏发展、社会排斥和治理不善有关的冲突根源。特别代表兼任尼日利亚问题高级代表，继续动员国际和区域伙伴支持尼日利亚当局，找到应对“博科圣地”威胁的持久解决办法。

特别代表也担任**喀麦隆-尼日利亚混合委员会（喀尼混委会**，unowas.unmissions.org/cameroon-nigeria-mixed-commission）主席。喀尼混委会由秘书长应尼日利亚和喀麦隆两国总统的要求设立，以期在执行国际法院2002年10月两国边界问题裁决的过程中，可以综合考虑到各个方面。喀尼混委会迄今为止取得的成就包括：尼日利亚从乍得湖地区（2003年）、陆地边界沿线（2004年）和巴卡西半岛（2008年进程结束）撤离，并将权力移交给喀麦隆；结束为期五年的特殊过渡期（2006年）；海洋标界（2007年）；以及喀麦隆对巴卡西区行使充分的主权（2013年）。目前，喀尼混委会专注于完成剩余的划界工作，例如支柱建设、绘制最终边界图和为受影响民众开展建立信任的措施。

“博科圣地”袭击　2014年4月13日和14日，伊斯兰极端团体“博科圣地”（前译“博科哈拉姆”）在尼日利亚发动的恐怖主义袭击导致大量人员伤亡，随后安理会予以谴责。“博科圣地”的基地位于尼日利亚东北部，在喀麦隆北部、乍得和尼日尔地区也十分活跃。截至2016年11月，“博科圣地”在长达六年的叛乱中已造成至少2万人死亡，260万人流离失所。2016年5月，安理会赞扬喀麦隆、乍得、尼日尔和尼日利亚政府在从“博科圣地”手中收复领土方面取得的进展，包括通过多国联合特遣部队取得的进展。截至2017年1月，有1 070万人急需人道主义援助，240万人流离失所。即便如此，2017年仍有望成为受危机影响的人民的转折点。冲突的性质在发生改变，此外，越来越多的地区回归政府的控制之下。在喀麦隆，难民署确保主要来自中非共和国和尼日利亚的约37万名难民和寻求庇护者得到保护和援助。

科特迪瓦

2002年9月，军事人员企图在科特迪瓦发动政变，占领了北部地区。除在阿比让失败外，政变在其他地方取得成功，造成了国家实际上的分裂，总统洛朗·巴博领导的政府仅仅控制科特迪瓦南部地区。战争还造成大量人口流离失所。西非国家经济共同体（西非经共体）在科特迪瓦组建了一支维和部队（西非驻科团），以监察政府和其中一个反叛团体的停火协议。2003年5月，政府和其余反叛团体同意停火。当月，安理会设立联合国科特迪瓦特派团（联科特派团）以促进协议的履行。各方最终达成和平协议，总统巴博在2004年3月建立了一个民族和解政府。两个月后，政府军和由三个反叛团体组成的“新生力量”签署了停火协议。

为了应对这一局势，安理会在2004年初设立**联合国科特迪瓦行动**（**联科行动**，onuci.unmissions.org），要求秘书长将联科特派团和西非经共体的权力转移给联科行动，并授权在科特迪瓦的法国部队运用一切必要手段支持新的特派团。特派团军事人员的核定人数最多为6 240名，任务范围广泛。

2005年4月，政府和叛军“新生力量”开始从前线两边的“信任区”撤出武器，该区域由联科行动的维和人员及联合国授权的法国部队控制。2007年3月，总统巴博和“新生力量”的秘书长纪尧姆·索洛签署了《瓦加杜古政治协议》。《协议》呼吁建立一个新的过渡政府；举行自由、公平的总统选举；合并“新生力量”与政府国防军；解散民兵；取消将政府控制的南部和叛军控制的北部分隔开的信任区，以联科行动监管的“绿线”代替。

总统选举于2010年11月举行，独立选举委员会宣布阿拉萨纳·瓦塔拉当选。然而，宪法委员会主席宣布选举结果无效，并宣布巴博才是当选者。两位候选人都宣称当选并宣誓就任总统。联合国、非盟、西非经共体、欧盟以及大多数国家都承认瓦塔拉当选总统，并要求巴博下台。巴博拒绝下台，并命令联合国维和部队撤出科特迪瓦。安理会将联科行动的任务期限延长至2011年6月底，并决定增派2 000名维和人员。世界银行停止向科特迪瓦拨放贷款，巴博及其盟友也受到旅行限制。

2011年4月，当选总统瓦塔拉的军队、联科行动及法国军队采取军事行动后，巴博遭到逮捕并被政府羁押。宪法委员会批准总统选举的结果有效，承认瓦塔拉当选，并撤销了其在2010年做出的关于巴博当选的决定。2011年5月，瓦塔拉宣誓就任总统。11月，国际刑事法院以危害人类罪向巴博发出逮捕令，科特迪瓦当局将其移交至位于海牙的国际刑事法院拘留中心。

2016年4月，安理会将联科行动的任务期限最后延长至2017年6月30日。

几内亚比绍

2009年6月，**联合国几内亚比绍建设和平综合办事处**（**联几建和办**，uniogbis.unmissions.org）成立。联几建和办取代了联合国几内亚比绍建设和平支助办事处，后者在该国经历了一段时间的冲突后于1999年3月设立。2010年4月，几内亚比绍再次爆发动乱，总理和陆军参谋长被士兵短暂扣押。2012年4月，几内亚比绍发生军事政变，进入过渡期。自2014年举行议会和总统选举以来，总统、国民议会议长和先后四任总理就半总统宪制下的权力分立争执不休，国家管理陷入瘫痪。在这个紧要关头，负责几内亚比绍问题的秘书长特别代表兼联几建和办主任一直对由西非经共体领导的调解进程予以协助和支持。2016年9月，主要政治利益攸关方签署了由西非经共体调解形成的"六点路线图"和旨在实施路线图的"10月协定"(《科纳克里协定》)，呼吁任命一位总理并组建包容性政府，并设想在2018年大选之前进行全国对话，以及通过宪法、选举、司法和安全部门的改革计划。除了支持路线图的实施，联几建和办与联合国建设和平委员会还着力加强国家机构维护宪法秩序并促进法治的能力；支持建立执法和刑事司法系统；支持安全部门改革战略的制定和实施；普遍促进人权，尤其是妇女的权利。联几建和办与非盟、葡萄牙语国家共同体（葡共体）、西非经共体、欧盟以及其他合作伙伴开展合作。

2017年2月，安理会将联几建和办的任务期限延长至2018年2月28日。

利比里亚

1997年，在经历八年内战后，利比里亚成立了通过民主选举产生的政府。同年，联合国利比里亚建设和平支助办事处（联利办事处）设立。但在1999年，政府军和利比里亚人和解与民主团结会爆发冲突。2003年初，新的武装团体争取利比里亚民主运动（利民运）出现。截至5月，叛军控制了全国60%的地区。6月4日，有关各方在加纳阿克拉聚集，参加由西非经共体主持的和平谈判。其间，由利比里亚政府和联合国共同设立的塞拉利昂问题特别法庭起诉利比里亚总统查尔斯·泰勒，指控其在塞拉利昂十年内战中犯有战争罪。随后，总统泰勒同意下台并离开利比里亚。两周后，利比里亚政府、利比里亚人和解与民主团结会以及利民运签署了一份停火协议，以期在30天内达成全面和平协定，并组建不包括总统泰勒在内的过渡政府。尽管进展令人乐观，但因战斗升级，西非经共体部署了一支超过1 000名官兵的先锋部队（西非经共体利比里亚特派团）。

总统泰勒于8月中旬辞职，并离开利比里亚前往尼日利亚寻求庇护；副总统摩西·布拉继任，领导临时政府。几天后，在秘书长特别代表的努力下，各方签署了一份协定，以确保人道主义援助能不受任何阻碍地进入各方控制的所有地区，并保障援助人员的安全。此外，各方还签署了一份全面和平协定。

2003年9月，安理会设立**联合国利比里亚特派团**（**联利特派团**，www.un.org/zh/peacekeeping/missions/unmil/），有15 000名军事人员和1 000多名警务人员，负责接管西非经共体的部队并取代联利办事处。联利特派团的任务包括：监察停火情况；协助武装派别开展裁军、复员、重返社会和遣返工作；为重要的政府设施和基础设施提供安全保障；保护联合国工作人员、设施及平民；协助人道主义援助和维护人权；以及帮助过渡政府巩固制度，以便在2005年10月前举行自由、公平的选举。2003年10月，3 500名西非经共体士兵"换盔"，由联利特派团接管。全国过渡政府成立，查尔斯·久德·布赖恩特担任主席。前总统布拉向联合国维和人员移交了大量武器。2004年底，在联利特派团总部举行的仪式上，利比里亚各交战民兵团体正式解散。

2005年10月，在经历了15年冲突之后，利比里亚人民在联合国的援助下举行了首届战后选举，埃伦·约翰逊-瑟利夫当选总统。约翰逊-瑟利夫于2006年1月就任，成为非洲国家第一位女总统。截至2月底，超过30万名流离失所的利比里亚民众重返家园。2007年，利比里亚获得接受联合国建设和平基金援助的资格，并于2010年被纳入建设和平委员会的议程。援助资金用于巩固和平，应对安全问题和促进国家更全面的发展。

2016年12月，安理会将联利特派团的任务期限最后延长至2018年3月30日；命令裁减剩余军事部门的人员，减至434名，并在2017年2月28日前把警官人数减至310名；并要求秘书长最迟于2018年4月30日撤出所有军警和文职部门，特派团清理结束工作所需的人员除外。

马 里

2012年，马里成为国际社会的重点关注对象。1月中旬，"阿扎瓦德民族解放运动"、伊斯兰武装团伙（"伊斯兰卫士""伊斯兰马格里布基地组织"和"西非统一和圣战运动"）以及马里武装部队的逃兵袭击了马里北部地区的政府军队。3月，由战败部队心怀不满的士兵发动的一次兵变演变为军事政变。军政府夺取政权，中止宪法并解散了政府机关。3月27日，西非经共体任命布基纳法索总统布莱斯·孔波雷调解此次危机。4月6日，军政府与西非经共体签署框架协议，促使时任总统阿马杜·图马尼·杜尔于4月8日辞职，迪翁昆达·特拉奥雷于4月12日被任命为临时总统。4月17日，谢赫·莫迪博·迪亚拉被任命为临时总理。

"阿扎瓦德民族解放运动"在基达尔、加奥和廷巴克图地区击败政府军，并在4月宣称建立独立阿扎瓦德国。此后，北部地区的武装团体之间出现意识形态紧张局势。截至11月18日，"伊斯兰卫士"和"西非统一和圣战运动"将"阿扎瓦德民族解放运动"从主要城镇基达尔、加奥和廷巴克图驱逐出去。之后，这些团体控制了马里三分之二的领土。这场危机导致约43万人流离失所。

2012年12月，安理会授权部署由非洲主导的马里国际支助团（马里支助团），其主要任务包括支持马里国防军保护民众并协助稳定活动。联合国秘书长应要求在马里部署多部门联合国力量，以支持政治和安全进程。然而，2013年1月，“伊斯兰卫士”“伊斯兰马格里布基地组织”和“西非统一和圣战运动”向南推进并占领孔纳，过渡当局请求法国支援。

1月21日，**联合国马里办事处（联马办事处）**开始在马里首都巴马科部署工作。联马办事处帮助马里民众实现广泛的全国对话，最终实现全国大选。1月29日，马里议会批准了一份过渡时期路线图。4月25日，安理会设立**联合国马里多层面综合稳定团（马里稳定团**，www.un.org/zh/peacekeeping/missions/minusma/）。6月18日，过渡政府和武装团体签署《瓦加杜古初步协议》，内容包括停止敌对行动并开展包容性对话。在联马办事处并入马里稳定团后，稳定团又于7月1日接管了马里支助团，保留了许多支助团的人员。7月底，马里举行总统选举。在8月举行的第二轮选举中，易卜拉欣·布巴卡尔·凯塔当选总统。

2014年5月，马里总理访问基达尔时发生暴力冲突。随后，武装团体击退马里武装部队，迫使武装部队从马里北部撤离。毛里塔尼亚总统（时任非盟主席）和秘书长特别代表共同努力，促使冲突双方于5月23日签署了停火协议。6月，武装团体为迎接和平谈判组成了两个联盟，即阿扎瓦德运动协调会（协调会）和纲领会武装团体联盟（纲领会）。从2014年7月开始，由阿尔及利亚政府领导、马里邻国组成的国际调解小组和包括马里稳定团在内的国际组织介入，促成马里政府和两个联盟间的马里人之间的对话。对话期间多次爆发敌对行动，马里稳定团为遏制当地的敌对行动并化解紧张局势做出了贡献。2015年6月20日，三方签署《马里和平与和解协议》，涵盖机构和安全部门的改革、发展方案以及司法与和解方面的努力。

因各方延迟执行《协议》中有关政治和体制的条款（特别是有关建立临时行政当局和违反停火协议的条款），拖延了《协议》的落实，包括重新部署马里国防和安全部队，导致安全环境严重恶化，包括对维和人员的不对称攻击增多。2016年1月1日至12月31日，共有27名维和人员死于敌对攻击，相比之下，这一数字在2015年为12人。

2016年6月，安理会将马里稳定团的任务期限延长一年，以支持《协议》的实施，逐步恢复并拓展国家权力，将其作为战略优先事项。安理会要求马里稳定团采取更积极有力的姿态，并授权将军事人员和警察人员分别增至13 289名和1 920名。

中部非洲和东非

2011年3月，联合国在加蓬首都利伯维尔设立**联合国中部非洲区域办事处（中部非洲区域办**，unoca.unmissions.org），初始任务期限为两年，致力于帮助会员国和次区域组织巩固和平，预防潜在冲突。中部非洲区域办由秘书长中部非洲问题特别代表弗朗索瓦·隆塞尼·法尔（几内亚）领导。根据中部非洲区域办2015年的战略审查以及其后由秘书长提出的建议，安理会批准了中部非洲区域办的下述几项工作目标：监测中非的政治发展；代表秘书长开展斡旋和特殊任务；提高次区域预防冲突能力和调解次区域国家关系的能力；支持联合国的次区域努力，推动区域和次区域和平与安全的倡议；提高联合国次区域和平与安全工作的一致性和协调性；并为秘书长和该区域的联合国实体就中非地区的重要进展提供咨询建议。2015年7月，安理会将中部非洲区域办的任务期限延长至2018年8月31日。

中非共和国

中非共和国的冲突始于20世纪90年代中期由武装部队人员发动的一系列兵变。1998年，为改善安全状况，安理会成立了联合国中非共和国特派团（中非特派团）。2000年，联合国中非共和国建设和平支助办事处（中非支助处）取代了中非特派团。

2003年3月，反叛武装团体推翻当选总统，夺取政权。安理会谴责这一政变，强调当局应当制订一份包括选举时间表在内的民族对话计划。2005年，在民族对话进程的推动下，中非共和国成功举行了两轮立法选举和总统选举。政变领导人弗朗索瓦·博齐泽在最后一轮总统选举中获胜，当选总统。2006年年中，新一届国民议会召开了第一次常会。

中非支助处在推动中非政府与国内三个主要反叛团体签署2008年《全面和平协议》中起到了重要作用。2008年12月，中非支助处还促进中非共和国政府与反叛团体领导人、流亡的政治反对派、民间社会及其他利益攸关方开展包容性政治对话。

2009年，联合国中非共和国建设和平综合办事处（中非建和办）取代了中非支助处，在安理会的授权下帮助中非共和国政府巩固和平与民族和解，通过加强民主制度促进法制建设，为国家重建与经济复苏争取国际政治支持并调集资源。同时，中非建和办还致力于增进公众对人权问题的认识。

2012年年底，反政府武装塞勒卡联盟攻占全国大部分地区。2013年1月，在中非国家经济共同体的主持下，交战各方在加蓬首都利伯维尔签署了解决危机的协议。中非建和办为交战双方进行谈判提供了后勤和技术支持。然而，在随后几个月中，中非共和国的安全形势恶化。2013年12月，安理会授权法国部队（“红蝴蝶”）和由非盟主导的中非共和国国际支助团（中非支助团）实施干预。2014年4月，安理会授权设立**联合国中非共和国多层面综合稳定团**（**中非稳定团**，minusca.unmissions.org），并将中非建和办并入其中。2014年7月，在中非稳定团的支持下，交战双方在布拉柴维尔签署了停止敌对行动协议。作为中非共和国的国际调解人，刚果总统德尼·萨苏-恩格索主持了协议签署仪式。该协议启动了一项涉及所有政治利益攸关方和武装团体的政治进程，旨在通过和平过渡停止暴力活动并恢复国家稳定。2014年9月，安理会将中非支助团的权力移交给中非稳定团。

中非稳定团协助中非共和国实现了过渡进程的重要里程碑，包括：2015年12月13日举行立宪公民投票，其中93%的选民同意通过新《宪法》；同年12月30日举行第一轮总统选举和立法选举；之后，于2016年2月14日举行第二轮总统选举。3月30日，福斯坦-阿尔尚热·图瓦德拉就任总统，过渡期正式结束。中非稳定团的任务期限延长至2017年11月15日，旨在持续削减武装团体，同时继续执行保护平民、为人道主义援助提供便利以及保护人权的核心任务。

索马里

自1991年索马里政府倒台、内战爆发以来，索马里一直处于军阀武装割据的状态，政府无法正常运转。武器、弹药和炸药自由进出索马里边境，这违反了联合国禁运条例。由秘书长组织的谈判使索马里首都摩加迪沙实现停火。1992年4月，安理会设立了第一期联合国索马里行动，以监督停火，保护并保障联合国人员、设备及供给的安全，并护送人道主义救助物资的运送。然而，随着安全形势不断恶化，12月，安理会授权会员国设立联合特遣部队（特遣队），确保人道主义援助的安全进行。1993年3月，安理会设立了第二期联合国索马里行动，帮助特遣队完成和平恢复工作，但由于部落间战斗升级，该行动于1995年3月撤回。

1995年4月，秘书长设立联合国索马里政治事务处（联索政治处），帮助其通过与索马里领导人、民间组织以及相关政府和组织进行沟通，加速和平进程并达成和解。2000年，联索政治处支持吉布提倡议，成立全国过渡政府，但其权威性不断遭到索马里南部地区领导人、东北部“邦特兰”和西北部“索马里兰”地区当局的挑战。

2002年，由政府间发展组织（伊加特）资助的索马里民族和解会议举行，各方一致同意停止敌对行动，并确立了管理民族和解进程的结构与原则。2004年，索马里领导人同意成立一个国际社会广泛承认的索马里联邦政府——过渡联邦政府，以及一个过渡联邦议会。《索马里共和国联邦过渡宪章》（2004年）明确规定了上述两个机构的职责。《宪章》提出了一个为期五年的过渡计划。在过渡计划的指导下，索马里制定了新宪法，并举行了全国选举，建立了具有代表性的政府。2004年10月，“邦特兰”总统阿卜杜拉希·优素福·艾哈迈德当选过渡联邦政府总统，其余25位总统候选人承诺支持当选总统并解除各自的民兵武装。然而，2006年5月，“恢复和平与反恐联盟”和“伊斯兰法院联盟”的民兵武装在首都摩加迪沙发生冲突。7月，效忠“伊斯兰法院联盟”的部队向拜多阿推进。2006年，“伊斯兰法院联盟”控制了索马里南方大部分地区。过渡联邦政府在埃塞俄比亚军队和非盟维和人员的协助下，终于击退了“伊斯兰法院联盟”武装。不久，该联盟武装发生分裂。青年党等激进派别在重组之后继续对抗过渡联邦政府，并抵制埃塞俄比亚驻军索马里。

2006年12月，安理会授权伊加特和非盟成员国设立索马里保护和培训特派团。但是，由于摩加迪沙的激烈战斗迫使数十万人外逃，2007年2月，安理会授权非盟在索马里设立任务范围更广的非洲联盟驻索马里特派团（非索特派团，amisom-au.org），取代伊加特设立的特派团。非索特派团获得授权采取一切必要措施营造安全的环境。安理会数次延长非索特派团的任务期限，并批准了关于联合国日后可能采取的行动的应急规划。

2008年，青年党控制了包括拜多阿在内的主要区域。2008年12月，总统阿卜杜拉希·优素福·艾哈迈德辞职。2009年1月，谢里夫·艾哈迈德当选为总统，任命奥马尔·阿卜迪拉希德·阿里·舍马克为总理。同月，埃塞俄比亚从索马里撤军。在非盟军队的支持下，过渡联邦政府军队于2009年2月发动反攻，以期重新取得南方地区的控制权。

2009年1月，联合国非索特派团支助办事处（非索特派团支助办）在内罗毕成立，为非盟的行动提供后勤与技术支持。2010年，战斗持续了一整年。2010年末，联合国秘书长潘基文认为，索马里的安全形势不适合部署联合国行动。因此，联合国着力鼓励过渡联邦政府和反对团体开展对话，同时强化非索特派团。

接连不断的冲突导致索马里海域海盗猖獗。为打击海盗，安理会通过了多项决议。2008年，一支多国部队设立了亚丁湾海上安全巡逻区。2011年，该海域的海盗活动达到空前猖獗的程度，2012年，局势得到了极大的改善，这得益于国际社会和私营部门的共同努力。

2011年2月，政府军在非索特派团的支持下，开始对青年党武装展开重大军事打击行动，收复了摩加迪沙的大片土地。8月中旬，政府军控制了摩加迪沙90%以上的地区。于是，2012年1月24日，负责索马里问题的秘书长特别代表将办公地点转移到摩加迪沙。

2012年8月20日，新联邦议会成立，索马里成功结束了长达八年的政治过渡期。新议会选举哈桑·谢赫·马哈茂德为总统。联索政治处为索马里结束其政治过渡期提供了斡旋和政治支持。尽管有报道称出现了恫吓和干预，但这一进程不仅成就了索马里20年危机爆发以来最为透明和最具代表性的选举，也使索马里产生了首个在国内举行的选举。不过，虽然摩加迪沙的安全形势有所好转，但前景仍不明朗。在索马里国家安全部队和非索特派团继续控制摩加迪沙的同时，青年党经常发动武装袭击。

2013年3月，安理会授权非盟成员国将非索特派团的任务期限延长至2014年2月28日。非索特派团旨在协助索马里联邦政府完成以下任务：减少青年党及其他武装反对派团体的威胁；扩大联邦政府对收复地区的管辖权；保护联邦政府及参与和平与和解进程的人士；为提供人道主义援助创造安全环境。秘书长评估认为联索政治处已经完成了任务，应当解散，并且应尽快设立职权更大的新特别政治任务来取代联索政治处。安理会对此表示认同。2013年5月，安理会决定于6月3日之前设立**联合国索马里援助团**（**联索援助团**，unsom.unmissions.org），初步的任务期限为12个月。联索援助团应在联索政治处的任务期限于6月2日结束后接替其工作。联索援助团旨在提供斡旋，支持联邦政府的和平与和解进程，并为联邦政府和非索特派团提供战略性政策咨询。此后，安理会数次延长联索援助团的任务期限，最近一次延长是在2016年3月。联索援助团在摩加迪沙和其他地区设有办事处，协助联邦政府协调国际捐助者的支助，提高联邦政府的能力，以改善人权，赋权妇女，保护儿童，促进公正，并打击冲突中的性暴力和性别暴力行为。联索援助团也将监测、协助调查并阻止恶性事件，并向安理会报告包括虐待妇女儿童、滥用或违反适用于索马里的人权法或国际人道主义法的事件。2015年11月，**联合国索马里支助办公室**（**联索支助办**，unsos.unmissions.org）取代了非索特派团支助办。联索支助办与非索特派团共同开展行动，为非索特派团、联索援助团、索马里国民军和索马里警察部队提供支持。

2016年10月，索马里联邦议会和政府结束了四年的任期。在联合国和其他国际合作伙伴的支持下，索马里启动了选举进程，准备将权力移交给新的联邦议会和政府（unsom.unmissions.org/electoral-support）。虽然索马里的安全和人道主义局势仍然脆弱，且青年党的威胁尚未消除，但对于历经数十年无政府状态和冲突的索马里来说，此次权力的和平过渡具有里程碑式的意义。

南苏丹共和国

南苏丹共和国的成立，是签订和平协议后六年和平进程的成果。自1983年以来，因资源、权力、宗教在国家中的角色以及自决等问题，苏丹政府与南部的主要叛军苏丹人民解放运动/解放军（苏人解）持续发生冲突。2005年1月，双方签署了《全面和平协定》。至此，已有200多万人丧生，400多万人流离失所，约60万人逃亡他国。《协定》规定由过渡机构管理苏丹六年半，之后将在国际社会的监督下举行全民投票，决定苏丹人民是统一还是分裂。

2005年3月，安理会设立了联合国苏丹特派团（联苏特派团），旨在完成以下任务：为实施《全面和平协定》提供支持；促进并协调人道主义援助工作，帮助难民和境内流离失所者自愿返回家园；协助各方的排雷行动；保护和促进人权；以及协助国际社会保护平民。2005年9月，苏丹成立民族团结政府。

2011年1月，苏丹南部地区就该地区是否从苏丹分离举行全民投票。本次全民投票由苏丹南方全民投票委员会组织，同时，联合国为准备此次全民投票提供了技术和后勤援助。绝大多数的投票者（98.8%）支持苏丹南部独立。7月9日，《全面和平协定》规定的过渡期结束，苏丹南部正式宣布独立，成立南苏丹共和国。南苏丹总统萨尔瓦·基尔宣誓就职，签署了该国的《过渡宪法》。

2011年7月9日，联苏特派团的任务结束，安理会设立**联合国南苏丹共和国特派团**（**南苏丹特派团**，unmiss.unmissions.org），帮助为南苏丹共和国的发展创造条件，以期提高政府的行政效率，并同邻国建立良好关系。南苏丹特派团包括不超过7 000名军事人员、不超过900名民警和适量的文职人员。2011年7月14日，大会接纳南苏丹共和国为联合国第193个会员国。

在非盟高级别执行小组的主持下，南苏丹和苏丹就未决的问题继续展开谈判。然而，2012年3月，南苏丹和苏丹的关系开始恶化，两国边境的暴力冲突显著增加。4月10日，苏丹人民解放军夺取并占领了石油资源丰富的黑格里格，中断了苏丹超过50%的石油生产，这使得冲突进一步升级。迫于包括联合国在内的国际社会所施加的压力，4月20日，南苏丹宣布苏丹人民解放军无条件从黑格里格撤军。

黑格里格危机过后，苏丹和南苏丹重启和平对话。此后两国边境冲突事件锐减。2012年9月27日，经与秘书长特使继续保持密切合作的非盟高级别执行小组数月的调解后，两国签署了九项协议，涉及诸多重要事项，包括有关债务的经济安排、石油开采和现有石油基础设施的使用、对方国家公民在本国的地位，以及边境安全等。

2013年12月15日，南苏丹首都朱巴爆发暴力事件，蔓延至该国其他地区，导致南苏丹陷入严重的政治和安全危机。由于总统萨尔瓦·基尔和副总统里克·马沙尔之间存在分歧（前者指控后者图谋政变），且受族裔动机的影响，南苏丹的苏丹人民解放运动/解放军（苏人解）分裂为不同派别，其中苏人解反对派忠于副总统。据南苏丹特派团估计，成千上万的人在敌对行动期间被杀害，冲突双方都针对特定族裔的平民发动了袭击。大量平民涌入联合国房舍，平民安置问题带来了独特的挑战，也使得南苏丹特派团的资源承受了巨大的压力。

安理会通过特派团间的合作，从现有的维持和平行动中短期借调人员，将南苏丹特派团的部队人数增至12 500人，警察部分增至1 323人。2014年5月，安理会重新确定了南苏丹特派团任务的优先事项，即保护平民，监测人权，以及为人道主义援助提供支持。安理会还授权在南苏丹特派团框架下成立伊加特工作队，以对保护平民的工作和根据2014年1月23日《停止敌对行动协定》成立的监督核查机制予以支持。

2015年8月，在冲突持续了20个月后，在伊加特工作队的调解下，双方签署了《关于解决南苏丹共和国冲突的协议》。协议规定了过渡期的治理事项，过渡政府应落实权力共享和重要安全安排，包括苏丹人民解放军进驻营地和重返社会问题。2016年3月，秘书长任命尼古拉斯·海索姆（南非）为苏丹和南苏丹特使。

尽管苏人解反对派领导人里克·马沙尔返回朱巴，且民族团结过渡政府于2016年4月底成立，但《关于解决南苏丹共和国冲突的协议》从未得到充分落实。南苏丹国内苏人解执政派和反对派之间的紧张局势一触即发。7月，苏人解及其反对派在朱巴重新爆发敌对行动，导致数百人死亡和受伤，性暴力事件屡见不鲜，成千上万平民流离失所，援助人员遭到袭击，以及两名联合国维和人员死亡。南苏丹的安全、人道主义和人权状况急剧恶化。南苏丹第一副总统里克·马沙尔逃离朱巴。7月25日，总统萨尔瓦·基尔任命前苏人解反对派首席谈判代表兼矿业部部长塔班·邓·盖担任第一副总统。

8月12日，安理会授权在南苏丹特派团框架下部署4 000人的区域保护部队，以增强南苏丹特派团保护朱巴平民的能力。南苏丹的整体安全局势仍然极为动荡，族裔间暴力事件日益增多，政治前景不明朗。2016年12月，安理会将南苏丹特派团的任务期限延长一年，维持其17 000人的核定兵力上限，其中包括区域保护部队4 000人，并将警察部分核定人数上限增至2 101人。然而，恢复包容各方和可信的政治进程才是永远结束这场危机的唯一解决办法。

苏　丹

自1956年1月1日独立后，苏丹连年冲突不断。2005年1月，苏丹政府与苏丹南部主要叛军苏人解签署《全面和平协定》，结束双方的冲突。2011年1月，全民投票举行，决定南苏丹共和国成为独立国家。阿卜耶伊地区和达尔富尔地区的紧张局势尚待解决。

阿卜耶伊　2010年底，苏丹阿卜耶伊地区紧张局势加剧，成为苏丹南部自决问题全民投票的导火索。2011年1月，该地区的紧张局势引发了一系列暴力事件，并造成北方和南方军队在这一地区集结。由于双方未能就边界划分和公民身份问题达成一致，原本应当同时在阿卜耶伊举行的一项有关是否将该地区划入南苏丹的全民投票被推迟。虽然2005年《全面和平协定》的缔约方已先后于2011年1月和3月签署《卡杜格利协定》与《阿卜耶伊协定》，就临时安全安排达成共识，然而，上述协定并未得到充分实施，并且双方或其代理人之间在4月和5月间发生了一系列安全事件。5月19日，一支负责护送苏丹武装部队联合整编部队的联合国苏丹特派团车队在由南部地区警察控制的多库拉地区遭到袭击。5月21日，在苏丹武装部队占领了阿卜耶伊之后，苏丹政府单方面解散了该地区的行政委员会。随着暴力在当地不断蔓延，超过10万名阿卜耶伊居民南逃。

2011年6月20日，苏丹政府和苏人解签署了《苏丹共和国政府与苏丹人民解放运动关于阿卜耶伊地区临时行政和安全安排的协定》。协定做出以下规定：成立阿卜耶伊地区行政当局，由一名行政长官、一名副行政长官组成，行政长官由苏人解提名，副行政长官由苏丹政府提名；成立阿卜耶伊联合监督委员会；所有武装人员全部撤出阿卜耶伊地区，该地区应全面实现非军事化，并由新设立的联合军事观察员委员会进行监督；以及成立阿卜耶伊警察局。联合国应部署一支临时安全部队，为以上部署安排提供支持，并保障当地安全。

2011年6月27日，安理会设立**联合国阿卜耶伊临时安全部队**（**联阿安全部队**，unisfa.unmissions.org），最初任务期限为六个月，任务包括：监测并核查苏丹武装部队和苏人解在阿卜耶伊地区重新部署的情况；参与阿卜耶伊地区相关机构的工作；提供排雷援助和技术咨询；为人道主义援助提供便利；加强阿卜耶伊警察局的能力；并与阿卜耶伊警察局合作，为石油基础设施提供安保服务。6月29日，苏丹和南苏丹签署了《苏丹政府与南苏丹政府关于边界安全与联合政治和安全机制的协议》，约定建立一个非军事化边界安全区，并请求联阿安全部队为国际边界监督核查团提供保护。12月，安理会扩大了联阿安全部队的任务范围，将协助边界关系正常化纳入任务范畴。

因对立法委员会主席人选存在分歧，苏丹和南苏丹政府在成立联合临时机构，即阿卜耶伊地区行政当局、委员会和警察局方面并未取得更多进展。2013年5月4日，恩哥克-丁卡族最高酋长被米塞里亚族武装民兵杀害一事成为一个转折点——通过阿卜耶伊联合监督委员会会议和其他机制，在加强互信和加强联系方面所取得的成果因此付诸东流，恩哥克-丁卡族和米塞里亚族社区间的关系也彻底破裂。

自5月4日起，恩哥克-丁卡族禁止米塞里亚族人或来自苏丹的人进入阿卜耶伊镇及以南地区。阿卜耶伊联合监督委员会也停止举行会议。恩哥克-丁卡族拒绝接受任何联合机制，并于2013年10月单方面举行社区全民投票，宣称99.99%的合法选民选择同意阿卜耶伊地区并入南苏丹，因此，即日起，阿卜耶伊地区将成为南苏丹的一部分。南苏丹方面官员不仅继续拒绝参与任何有关阿卜耶伊联合行政当局的讨论，还不断重申该地区的自决权。

尽管身处缺乏治理和法治机构的政治困境中，联阿安全部队仍继续执行任务。在没有达成任何协议的情况下，联阿安全部队继续进行监测和预警评估，在当地族群间维持隔离区，进行威慑性日夜巡逻和空中监测，通过联合安全委员会不断与当地族裔进行接触，并不断与苏丹和南苏丹当局进行接触。联阿安全部队继续对小武器采取零容忍政策，并为建立全员解除武装有效机制与两个族群进行交涉。联阿安全部队继续巩固其作为该地区唯一安全保障机构的地位，在必要时采取行动打击暴力行为。

2016年11月，安理会将联阿安全部队的任务期限延长至2017年5月15日。安理会指出，尽管双方都声明愿意再召开一次阿卜耶伊联合监督委员会会议，但会议尚未举行。联合国敦促双方召开更多会议。

达尔富尔 由于在政治、经济和社会方面的边缘化，达尔富尔于2003年爆发冲突。苏丹政府军及其同盟民兵与武装反叛团体的激烈交战长达三年，对平民造成严重影响。在经历了一系列失败的调解进程后，苏丹政府和苏丹解放军于2006年签署《达尔富尔和平协议》。由于其他主要武装团体不接受该协议，因此，尽管协议约定了共享权力和财富、全面停火和安全安排等事项，但未能结束达尔富尔冲突。

2007年7月，安理会授权部署**非洲联盟-联合国达尔富尔混合行动**（**达尔富尔混合行动**，unamid.unmissions.org），以取代非洲联盟驻苏丹特派团，其任务包括保护平民，为人道主义援助提供便利，以及支持实施该协议等。达尔富尔混合行动是首个由联合国和其他区域实体共同参与的混合行动。

2011年，在卡塔尔政府的推动和非盟及联合国的支持下，苏丹政府与伞形组织——解放与正义运动签署了《多哈达尔富尔和平文件》。文件规定了一系列解决冲突根源问题的措施，包括权力和财富共享、安全安排、境内流离失所者和难民的赔偿和回返、公正与和解，以及开展内部对话进程。达尔富尔几个主要武装运动不接受该文件，且该文件的落实面临政治和筹资挑战，因此，尽管该文件条款涵盖范围广泛，但未能结束达尔富尔冲突。

2014年，安理会与非盟和安会核可了达尔富尔混合行动战略审查的成果文件，成果文件明确了该行动的三大战略优先事项：为苏丹政府和非签署方武装运动之间的谈判提供支持，同时考虑全国对话进程；保护平民；以及协助提供人道主义援助。非盟和联合国共同努力，通过推动苏丹政府和非签署方武装运动之间的谈判，提高政治进程的包容性，为各个武装运动参与自2015年10月启动的全国对话进程创造条件。

不过，上述努力并未达成一个包容各方的政治办法来解决达尔富尔危机。2014年初，苏丹政府军发起了打击叛乱的军事运动，旨在将所有武装运动逐出达尔富尔，但导致了平民流离失所。2016年，打击叛乱的军事行动全部集中于将苏丹解放军/阿卜杜勒·瓦希德派赶出位于杰贝勒迈拉山区的据点。由于达尔富尔全面冲突，族群间的暴力事件以及犯罪团体和民兵针对平民的袭击事件长期存在，超过260万名平民流离失所，另有30万名难民滞留在乍得。

因受杰贝勒迈拉地区战斗的影响，成千上万平民前往达尔富尔混合行动队部寻求避难，该行动就此加强了其附近队部的存在。混合行动还邀请重要的政府和族群利益攸关方共同防止族群间暴力升级，遏制敌对行动，并携手联合国国家工作队共同解决导致达尔富尔冲突的根源问题。2016年，非盟和安理会核可了有关达尔富尔混合行动的建议，确认混合行动的工作重点应在于保护境内流离失所者和解决日益严重的族群间暴力危机。

达尔富尔混合行动和人道主义行为体在执行各自的任务时仍然面临相当大的挑战，包括武装袭击、通行自由和行动自由被拒（尤其是在如杰贝勒迈拉等冲突地区），以及行动受到苏丹政府当局的限制。

达尔富尔混合行动的任务期限被延长至2017年6月30日。应安理会的要求，达尔富尔混合行动和联合国国家工作队正在规划任务交接，前者分批逐步将授权任务移交给后者。根据安理会和非盟和安会核可的达尔富尔混合行动战略优先事项和相应基准，非盟、联合国和苏丹政府参与了有关达尔富尔混合行动撤出策略的讨论。

北　非

利比亚

2011年2月初，在“阿拉伯之春”不断蔓延扩大的背景下，发生在当时的阿拉伯利比亚民众国（利比亚前身）的一场内部危机升级为内战，交战双方为忠于利比亚领导人穆阿迈尔·卡扎菲上校和力图推翻卡扎菲政府的力量。国际社会发起了若干外交倡议以结束上述危机。2月26日，安理会将利比亚局势移交国际刑事法院检察官处理，并对卡扎菲上校及其圈内人士实行军火禁运、旅行禁令和资产冻结。3月1日，大会暂停了利比亚在人权理事会的成员资格，这是首次出现现任成员国被取消成员资格的情况。

3月19日，在安理会授权会员国采取一切必要措施保护平民之后两天，美国和欧洲部队发动空袭，以期在利比亚设立禁飞区并保护平民。同时，秘书长利比亚问题特使努力开展调解工作以实现停火。经过数月激战，10月，反对派势力占领了苏尔特，卡扎菲上校被杀。10月23日，反卡扎菲运动政治领导组织全国过渡委员会宣布利比亚全面解放，并掌控了利比亚全国。

9月，安理会设立**联合国利比亚支助团**（**联利支助团**，unsmil.unmissions.org），以支持利比亚新的过渡当局开展冲突后工作。然而，全国范围的暴力和动乱在2014年演变成新一轮内战。2015年12月，内战各方在宣布停火后签署了《利比亚政治协议》，并组建民族团结政府。2016年12月，安理会授权联利支助团进行调解和斡旋，以支持《利比亚政治协议》的落实，巩固政府的治理、安全和经济安排，以及跟进利比亚过渡进程的后续阶段。联利支助团为利比亚重要机构的工作提供支持，并提供基本服务和人道主义援助。联利支助团的任务期限延长至2017年9月15日。

美　洲

联合国为促进中美洲地区和平发挥了举足轻重的作用，包括在哥斯达黎加、萨尔瓦多、危地马拉、洪都拉斯和尼加拉瓜等中美洲国家开展最为复杂和成功的行动。此外，联合国为哥伦比亚和海地的和平与安全事业所提供的支持仍在进行之中。应萨尔瓦多政府2016年的要求，秘书长于2017年1月16日《萨尔瓦多和平协定》25周年之际，任命贝尼托·安迪翁（墨西哥）为特使，协助开展萨尔瓦多对话，以期就萨尔瓦多面临的挑战达成协议。

哥伦比亚

2015年7月，哈瓦那和平谈判的双方——哥伦比亚政府和哥伦比亚革命武装力量（哥人民军）请求联合国为谈判进程提供支持。2015年8月，让·阿尔诺（法国）被任命为出席哥伦比亚和平进程停止冲突问题小组委员会的秘书长代表，之后他又被任命为秘书长特别代表，与双方的谈判团队密切合作。2016年1月，应双方的新要求，安理会设立了**联合国哥伦比亚特派团**（colombia.unmissions.org），作为非武装国际观察员特别政治任务，旨在监督和核查双方在签署和平协议后放下武器、落实双边停火和停止敌对行动的情况。

6月23日，双方签署了《双方最后停火和停止敌对行动及放弃武器协定》，标志着哥伦比亚历时最长的冲突终于结束，并为哥伦比亚特派团执行任务提供了相关依据。哥伦比亚特派团的人员包括450名观察员和一名文职人员，分别部署于40个地点。截至7月22日，共有80名观察员被部署到波哥大。9月26日，双方签署了《结束冲突和建设持续稳定和平的最终协议》，哥伦比亚特派团开始监督和核查双方的停火情况，但10月2日反对票在全民投票中的胜出，使哥伦比亚政府在法律上已不可能实施《最终协议》。为达成新的和平协议，总统胡安·曼努埃尔·桑托斯·卡尔德隆主导了谈判，与包括反对票运动领导人在内的各方开展全国性对话。总统桑托斯因致力于解决哥伦比亚持续50年的冲突，于

10月7日获诺贝尔和平奖。

11月24日，双方签署了修订后的《最终协议》，协定于11月30日获得哥伦比亚国会批准，并于2016年12月1日生效，随后，《最终协议》中有关停火、停止敌对行动和放下武器的条款按照时间表执行。哥伦比亚特派团与哥伦比亚各方加强努力，以达到落实《最终协议》的要求。12月2日，哥伦比亚成立了全国重返社会委员会，并于30日通过了大赦法。截至2017年2月18日，共有6 900名哥人民军武装人员在未发生意外的情况下转移至26个商定的区域和地点。放下武器进程于3月1日开始进行，这是一个重大的里程碑事件。截至3月29日，哥伦比亚特派团已经登记了营地内85%（7 000件）的武器。哥伦比亚将于2018年5月举行大选，准备大选的政治氛围日益浓郁，和平协议在这种氛围中继续实施。

海　地

2004年1月，正值海地庆祝建国200周年之际，一场威胁到国家稳定的严重政治危机爆发。亲政府武装和反政府武装之间发生激烈冲突，之后，国内暴力事件不断升级，最终迫使总统让–贝特朗·阿里斯蒂德（于2001年开始第二届任期）辞职并离开海地。海地新总统博尼费斯·亚历山大向联合国寻求援助，安理会授权立即部署多国临时部队。由美国领导的多国临时部队很快部署到位。2004年4月，安理会成立了**联合国海地稳定特派团**（**联海稳定团**，minustah.unmissions.org），支持海地在安全稳定的环境中继续推进和平与宪政进程。随后几年内，为适应海地国内不断变化的情势，满足政治、安全及社会经济实际情势提出的各种要求，安理会几次调整联海稳定团的任务、行动构想及核定人数。

2010年1月，海地发生毁灭性地震，随后安理会增加了联海稳定团的总兵力，以支持海地开展灾后恢复、重建及稳定工作。联海稳定团与人道主义事务协调厅和联合国国家工作队合作，共同提供人道主义和恢复援助。联海稳定团还支持举行总统大选。2011年，米歇尔·马尔泰利当选，其任期已于2016年2月结束，然而，当时尚未举行继任总统的选举，国家元首一职由海地国民议会主席代理。在海地临时政府正准备举行被延迟的总统选举之际，2016年10月灾难性的飓风“马修”袭击该国，使选举工作再次停滞。2016年11月20日，总统大选如期举行，海地特卡勒党的若弗内尔·莫伊兹当选，并于2017年2月7日宣誓就职。安理会将联海稳定团的任务期限延长至2017年4月15日，兵力总数维持在2 370人，警察部分为2 601人。预计，安理会届时将决定在海地部署新的联合国派遣人员。

亚洲及太平洋

中　东

自成立之初，联合国一直密切关注中东问题，为和平解决争端制定了一些原则，并采取了各种维和行动。如今，联合国继续支持寻求公正、持久和全面的解决方案，以解决根源性政治问题。

巴勒斯坦地位问题是中东问题的根源。1922年，国际联盟将部分奥斯曼帝国领土置于英国的委任统治之下，巴勒斯坦就是其中之一。除巴勒斯坦外，这些领土最终都获得了完全独立。在1922年至1947年对巴勒斯坦实施委任统治期间，英国除了“协助管理和提供建议”，还要执行1917年的《鲍尔弗宣言》，该宣言支持“在巴勒斯坦地区建立一个犹太国”。因此，在英国委任统治期间，大批犹太移民（主要来自东欧）涌入巴勒斯坦。但是，阿拉伯人要求独立，抵制犹太移民，导致1937年爆发反抗运动。从此，阿拉伯人和犹太人之间的冲突持续不断。

1947年，英国将巴勒斯坦问题移交联合国处理。当时，巴勒斯坦约有200万人口，其中三分之二为阿拉伯人，三分之一为犹太人。1947年11月29日，拥有57个会员国的联合国大会通过了联合国巴勒斯坦特别委员会为1948年5月英国委任统治结束之后的领土划分制订的计划。计划提出在巴勒斯坦分别建立一个阿拉伯国家和一个犹太国家，并将耶路撒冷置于特殊的国际制度下，由托管理事会代表联合国管理。但是，巴勒斯坦的阿拉伯人、阿拉伯国家和其他国家拒绝接受该计划。巴勒斯坦问题在中东地区迅速引发了这些国家与以色列之间的冲突。1948年5月14日，英国结束对巴勒斯坦的委任统治，巴勒斯坦犹太机构宣布建立以色列国。次日，在阿拉伯国家的协助下，巴勒斯坦的阿拉伯人针对这个新成立的国家开展敌对行动。双方的军事对峙由于安理会的停战呼吁而暂时停止，并受到由大会指派的调解人的监督。调解人得到军事观察小组，即后来的**联合国停战监督组织**（**停战监督组织**，untso.unmissions.org）的协助，停战监督组织是有史以来第一个联合国观察团。

冲突造成大约75万名巴勒斯坦阿拉伯人流离失所并沦为难民。为了援助这些难民，大会于1949年成立了**联合国近东巴勒斯坦难民救济和工程处**（**近东救济工程处**，www.unrwa.org）。从此，工程处成为该地区主要的援助提供者和维护稳定的力量。今天，有500万名巴勒斯坦难民受益于近东救济工程处在约旦、黎巴嫩、加沙地带、阿拉伯叙利亚共和国和包括东耶路撒冷在内的约旦河西岸提供的服务。

然而，冲突仍未得到解决，阿以战争于1956年、1967年和1973年多次爆发，每一次爆发战争后，会员国都请求联合国开展调解与维和行动。在1956年的冲突中，联合国部署了第一支正式的维和部队，即联合国紧急部队（紧急部队一），以监督撤军并维护该地区的和平与稳定。

1967年，以色列与阿拉伯国家埃及、约旦和叙利亚之间爆发战争。在此次战争期间，以色列占领了西奈半岛、加沙地带、包括东耶路撒冷在内的约旦河西岸地区和叙利亚戈兰高地的部分地区。安理会发出停战呼吁，并随后派出观察员，监督埃及和以色列交界地区的停战情况。

安理会通过第242（1967）号决议确定了在该地区实现公正及持久和平应遵循的原则，

即："以色列军队撤离其于最近冲突所占领之领土"，"终止一切交战地位之主张或状态，尊重并承认该地区每一国家之主权、领土完整及政治独立，与其在安全及公认之疆界内和平生存、不受威胁及武力行为之权利"。决议还确认了"难民问题之公正解决"的必要性。

在以色列同埃及、叙利亚的1973年战争结束之后，安理会通过了第338（1973）号决议。决议重申了第242（1967）号决议的原则，并呼吁各方开展谈判，以求"建立公正和持久的和平"。上述决议至今仍然是全面解决中东问题的基础。

为监督1973年的停火，安理会设立了两支维和部队：一支为第二期紧急部队（紧急部队二），职责是监督埃及和以色列之间的停火；另一支为**联合国脱离接触观察员部队**（**观察员部队**，undof.unmissions.org），成立于1974年，至今仍驻扎在戈兰高地。观察员部队负责监督以色列和叙利亚部队在隔离区和限制区内执行脱离接触协定的情况，尽全力维持停火状态，确保停火协定得到严格遵守。自2012年以来，叙利亚的持续冲突严重影响了观察员部队及其执行任务的方式。2014年8月和9月，针对观察员部队维和人员的袭击尤其显著。观察员部队将大部分部队暂时调离隔离区，根据实际情况调整了行动。2016年秋天，观察员部队开始有计划、分批返回之前撤离的部分驻军点。尽管叙以双方都曾多次严重违反《部队脱离接触协定》，但双方还是一再表达继续履行该协定的承诺，并表示将支持观察员部队。

1973年停火之后，在联合国的主持下，大会召集举行了一次中东和平国际会议。1974年，大会邀请巴勒斯坦解放组织（巴解组织）作为观察员参加大会的工作。第二年，大会成立了**巴勒斯坦人民行使不可剥夺权利委员会**（unispal.un.org/DPA/DPR/unispal.nsf/com.htm）。该委员会作为大会的附属机关，旨在促进巴勒斯坦人民不可剥夺的权利，并致力于和平解决巴勒斯坦问题，由28个成员国和24个观察员组成。每年11月29日，大会都会延长该委员会的任务期限，以作为联合国庆祝声援巴勒斯坦人民国际日活动的一部分。该委员会还负责组织国际会议，与民间社会组织合作，出版、发布大量与巴勒斯坦问题相关的刊物和信息。

中东和平进程（1987—2016年） 1987年，以色列占领的约旦河西岸和加沙地带爆发巴勒斯坦起义，要求巴勒斯坦独立并建立国家。1988年，巴勒斯坦全国委员会宣布巴勒斯坦国成立，并获得大会的确认。大会还决定在联合国系统内以"巴勒斯坦"的名称取代"巴勒斯坦解放组织"，但不影响其观察员地位。

1993年9月，在马德里会议及其后挪威调停谈判后，以色列和巴解组织相互承认，并签署了《关于临时自治安排的原则声明》。联合国任命了一名**联合国援助特别协调员**（unsco.unmissions.org），并于1999年扩大了其任务范围，增加了为中东和平进程提供斡旋援助的使命。后来，中东和平进程特别协调员又成为秘书长中东问题四方会谈特使（四方即欧洲联盟、俄罗斯联邦、美国和联合国），从而进一步塑造了中东和平进程协调员办事处的角色。

1994年，以色列开始将其在加沙和杰里科地区的权力移交给巴勒斯坦权力机构。次年，以色列和巴解组织就约旦河西岸的巴勒斯坦自治问题签订了协议，约定以色列部队从该地区撤离，并将民事权力移交给选举产生的巴勒斯坦委员会。1996年，亚西尔·阿拉法特当选巴勒斯坦权力机构主席。1999年临时协议签订之后，以色列进一步从约旦河西岸调离部队，就囚犯问题达成协议，在西岸和加沙地带开放安全通道，恢复关于永久地位问题的谈判。在美国的调解下，巴以双方在2000年举行高级别和平会谈，但未取得明确的成果。未决事宜包括耶路撒冷地位问题、巴勒斯坦难民问题、安全问题、边境问题，以及以色列定居点问题。

2000年9月，新一轮暴力活动爆发。安理会多次呼吁双方停止暴力活动，肯定了以色列和巴勒斯坦在安全和公认的边界内毗邻共存的愿景。为使巴以双方重新回到谈判桌上，国际社会通过中东问题四方会谈开展的努力日渐增多。

2003年4月，四方会谈提出“永久性两国解决方案路线图”。路线图具有明确的阶段和基准，呼吁双方采取平行和对等的步骤，到2005年解决冲突。四方会谈还提出了全面解决中东冲突问题的设想，包括解决叙利亚–以色列问题和黎巴嫩–以色列问题。安理会通过第1515（2003）号决议，批准实施该“路线图”，巴以双方对此表示接受。但是，2003年下半年暴力活动愈演愈烈。

2005年，以色列单方面从加沙地带撤回军队，并撤除定居点。2月，以色列总理阿里埃勒·沙龙与阿巴斯主席在埃及会晤，双方宣布为停止暴力冲突而将采取的具体步骤；6月，双方再次会晤；9月，以色列正式完成了从加沙地带的撤军工作。尽管取得了上述进展，但2006年1月发生的两起重大事件改变了巴以政治形势的走向：以色列总理沙龙因中风陷入昏迷；与此同时，在立法选举中，巴勒斯坦人选举激进的哈马斯派上台掌权。

尽管四方会谈和其他各方多次呼吁，哈马斯当时仍未正式承认以色列的生存权。由埃胡德·奥尔默特总理领导的以色列政府认为整个巴勒斯坦权力机构已完全演变成恐怖实体，从而冻结了以巴勒斯坦名义征收的税款。暴力冲突持续升级，包括从加沙向以色列境内发射火箭弹，以及以色列人的大规模反击行动。只要哈马斯不放弃暴力，承认以色列的生存权，并遵守所签署的协议，国际援助方就在为以哈马斯为首的巴勒斯坦政府提供资金方面踯躅不前。西岸和加沙地带的人道主义局势恶化。

2007年5月，巴勒斯坦发生内部冲突，造成了治理权的变更，巴勒斯坦权力机构治理西岸，哈马斯治理加沙地带。2008年底，在发生了一系列来自加沙的火箭弹袭击后，以色列发动了军事行动，并最终演变为一场地面入侵。军事行动使加沙的人道主义局势进一步恶化，并强化了针对加沙的已持续了三年的封锁和口岸关闭。军事行动也造成了包括联合国设施在内的基础设施大量受损，以及成百上千的平民死亡，其中大部分是巴勒斯坦人。2009年，安理会通过了第1860（2009）号决议，呼吁立即停火，要求以色列部队从加沙撤离，并对暴力和恐怖主义行为予以谴责。经过紧张的外交努力，以色列于1月中旬宣布单方面停火，随后，哈马斯也宣布单方面停火。联合国人权理事会在南非前法官理查德·戈德斯通的领导下进行冲突调查，并在2009年9月提交的一份报告中得出结论表示，双方均犯下可构成危害人类罪的违反国际法的行为。

2010年3月，四方敦促以色列停止所有修建定居点的活动，并且重申单边行动得不到国际社会的承认。四方强调耶路撒冷地位问题仍有待解决。9月，美国在华盛顿哥伦比亚特区启动以色列-巴勒斯坦直接谈判，时限为一年。然而，当以色列在西岸的部分暂停建造定居点禁令（限建令）到期后，谈判即宣告结束。如果以色列不延长限建令的期限，巴勒斯坦就拒绝谈判。

2011年9月，四方敦促立即无条件重启以色列-巴勒斯坦双边直接谈判，为使谈判取得成功，还就重建信任的切实措施提出了建议。

2011年10月，联合国教科文组织大会接纳巴勒斯坦为其成员。2012年4月，四方对2012年初在安曼举行的以色列-巴勒斯坦探索性对话表示支持。然而，11月，以色列与加沙之间爆发新一轮的暴力冲突，最终在埃及的调解下达成停火。

2012年11月29日，大会决定在联合国给予巴勒斯坦非会员观察员国地位，但不影响巴勒斯坦解放组织作为巴勒斯坦人民代表在联合国获得的各项权利、特权和角色。

2013年3月，巴以直接会谈在美国的推动下重启。2014年4月，直接会谈因巴勒斯坦宣布巴勒斯坦内部成立全国共识政府统一协议，以及以色列拒绝释放之前提出的最后一批巴勒斯坦在押人员而中断。

2014年7月8日，为应对来自加沙数量激增的火箭弹和迫击炮攻击，以色列发起了“坚壁行动”。该行动在加沙三次军事对抗中历时最久且最为暴力。8月26日，经过数次尝试，双方在埃及的调解下实现了开放式停火。“坚壁行动”使加沙的人道主义局势进一步恶化。尽管联合国设立了加沙重建机制，但以色列和埃及的封锁以及国际捐助方的行动迟缓，给加沙重建工作造成了阻碍。

2015年1月2日，秘书长收到巴勒斯坦交存的16份由阿巴斯主席签署的加入书，包括《国际刑事法院罗马规约》。

2016年7月，四方报告了两国解决方案所面临的威胁，并就双方为最终返回谈判，结束占领状态，解决所有最终地位问题所应采取的措施提出了建议。

12月，安理会通过第2334（2016）号决议，宣称在巴勒斯坦境内建设定居点的做法没有任何法律效力，该行为公然违反国际法，严重阻碍落实两国解决方案。安理会还呼吁立即采取行动，阻止伤害平民的暴力行为，包括恐怖行为、挑衅行为和破坏行为。

黎巴嫩

1975年4月至1990年10月，黎巴嫩因内战而支离破碎。此前，黎巴嫩南部已成为巴勒斯坦团体与以色列部队及其在黎巴嫩当地的辅助力量之间展开敌对行动的战区。1978

年，在一支巴勒斯坦突击队袭击了以色列后，以色列部队入侵黎巴嫩南部。此后，安理会通过了第425（1978）号和第426（1978）号决议，呼吁以色列撤军，并且成立了**联合国驻黎巴嫩临时部队**（**联黎部队**，unifil.unmissions.org），旨在确认以色列撤军，恢复国际和平与安全，并且协助黎巴嫩在该地区重新行使其权力。1982年，在黎巴嫩南部以及跨越以色列-黎巴嫩边境发生密集交火之后，以色列部队进入黎巴嫩，到达并包围了贝鲁特。1985年，以色列从黎巴嫩大部分地区撤军，但仍然控制着黎巴嫩南部的一个狭长地带，以色列部队及其在黎巴嫩的当地辅助力量留守在该区域，而该区域有部分地区同联黎部队部署地区重叠。黎巴嫩团体和以色列部队之间的敌对持续存在。2000年5月，以色列部队遵照安理会1978年的决议撤出。安理会支持联合国秘书长协助黎巴嫩在该地区重新行使其权力的计划。然而，在作为以色列从黎巴嫩南部撤军界线的“蓝线”附近，局势仍不稳定。

2005年2月，黎巴嫩前总理拉菲克·哈里里遭到暗杀，紧张局势进一步升级。11月，安理会支持成立特别法庭，审判那些被指控参与暗杀事件的嫌疑人。2005年4月，联合国对叙利亚从黎巴嫩撤出军队、军事物资及停止情报活动进行了核查。5月到6月，在联合国的帮助下，黎巴嫩举行了议会选举。2005到2006年，以色列和黎巴嫩真主党之间不时爆发冲突，侵犯“蓝线”的行为持续发生。2006年7月，真主党逮捕了两名以色列士兵，以色列以发动空袭作为回应，而真主党则以火箭弹袭击进行报复。持续了34天的冲突在安理会于同年8月通过第1701（2006）号决议后结束。决议呼吁立即停止敌对行动，部署黎巴嫩军队；大幅增加在黎巴嫩南部的联黎部队的维和兵力（从2006年8月的2 000名增至最多15 000名）；以及以色列从该地区撤军。自1978年以来，联黎部队已有312人牺牲。冲突遗留的未爆弹药最多可达100万件，严重威胁联黎部队的安全。

第1701（2006）号决议通过以后，据报以色列和黎巴嫩双方均有侵犯“蓝线”的行为。2016年6月，联合国秘书长指出，尽管双方不断重申对该决议的承诺，但他们并未在履行决议规定的各自义务方面取得实质性的进展。

2008年10月，黎巴嫩与叙利亚建交。2009年6月，在和平举行了议会选举后，新任总理萨阿德·哈里里在11月组建了新一届民族团结政府。

2007年，**联合国黎巴嫩问题特别协调员办事处**（**联黎协调办**，unscol.unmissions.org）成立，继续代表秘书长处理涉及黎巴嫩政治和协调的联合国工作。2015年3月，特别协调员向安理会汇报，事项包括真主党拥有的武器数量、叙利亚冲突对黎巴嫩的影响，以及难民危机。黎巴嫩境内约有120万已登记的叙利亚难民。截至2016年5月，黎巴嫩总统职位空缺达两年，此事备受关注，对黎巴嫩应对其面临的日益严峻的安全、经济、社会和人道主义挑战的能力造成了影响。11月1日，安理会对米歇尔·奥恩当选总统表示欢迎，并敦促他和其他领导人快速组建新政府，采取措施促进国家的稳定。安理会将联黎部队的任期延长至2017年8月30日。

叙利亚

2011年3月，叙利亚政府与武装反对派爆发内战，造成长达六年的毁灭性冲突，导致数十万人死亡，650万人流离失所，480万人逃往邻国避难。内战还加剧了地区和国际的两极分化，造成了新的极端主义威胁（www.un.org/undpa/zh/node/183340）。2012年4月，联合国设立联合国阿拉伯叙利亚共和国监督团（联叙监督团），监督叙利亚各方停止武装暴力，并支持执行联合国和阿盟联合特使、前联合国秘书长科菲·安南提出的结束冲突六点建议。2012年6月，武装冲突在全国范围内愈演愈烈，联叙监督团被迫暂停活动。因安理会规定的允许联叙监督团监察员执行任务的叙利亚安全条件得不到满足，监督团的任务于2012年8月19日终止。

由秘书长和联合特使安南召集的国际和区域关键利益攸关方于2012年6月举行会议，并发表成果文件《日内瓦公报》。《公报》就实施六点建议和政治过渡提供了指导意见，包括在互相同意的基础上建立拥有完全行政权的过渡管理机构。2012年8月，在安理会未能通过认可《日内瓦公报》并对违反六点建议的各方实施制裁的决议后，联合特使表示任务期限结束后不希望再继续工作。同月，联合国秘书长和阿盟宣布任命拉赫达尔·卜拉希米（阿尔及利亚）为叙利亚问题联合特别代表。

在有报告称大马士革姑塔地区于2013年8月21日出现使用相当规模的化学武器的指控之后，秘书长于同年9月向安理会汇报有关化武调查的发现时表示，专家组已证实，叙利亚明确、客观地存在使用化学武器的情况。9月27日，安理会通过了第2118（2013）号决议，授权设立禁化武组织和联合国联合特派团，致力于消除叙利亚的化学武器，并认可《日内瓦公报》。

2014年1月至2月，联合特别代表卜拉希米就《日内瓦公报》的落实在日内瓦召集叙利亚内部谈判。各方就以下四点议程达成共识：暴力和恐怖主义；过渡管理机构；国家机构；以及和解。然而，各方无法就协商这些事项的先后顺序取得一致，因此，卜拉希米暂停了谈判。5月，卜拉希米辞职。2014年7月，秘书长任命斯塔凡·德米斯图拉（意大利/瑞典）为**叙利亚问题特使**。8月至9月，安理会通过了关于打击叙利亚恐怖组织的决议，尤其针对"伊黎伊斯兰国"和"努斯拉阵线"。2014年9月到2015年2月，特使的工作侧重于实现北部城市阿勒颇的停火。

2014年9月30日，禁化武组织和联合国联合特派团宣布已经完成销毁叙利亚已申报的库存化学武器的任务，接着将销毁其剩余的化学武器生产设施。11月，大会第三委员会通过了针对叙利亚的决议，鼓励安理会采取适当的行动来确保追究责任，并注意到国际刑事法院在这方面应起的作用。

2015年5月，特使德米斯图拉宣布开启日内瓦磋商。8月，安理会通过了第2235（2015）号决议，要求确定将化学品用作武器的个人、实体、组织或者政府，并要求设立一个联合国与禁化武组织联合调查机制，对叙利亚化学武器的使用进行追责。9月，秘书长呼吁将叙利亚局势移交国际刑事法院。

叙利亚国际支持小组召开多次会议，讨论如何结束叙利亚冲突，会议由美国和俄罗斯召集，有来自17个国家、阿盟和欧盟的外交部部长参加，并以安理会在2015年12月通过第2254（2015）号决议告终。安理会重申以往对《日内瓦公报》的认可，并为政治过渡制定时间表，包括就建立可信、包容各方和没有宗派色彩的治理体系进行协商；制定起草新宪法的进程和时间表；以及在联合国监督下，于18个月内举行自由、公平的选举。决议指出，一旦各方着手采取步骤进行政治过渡，全国性停火就立即生效。

2016年1月到4月，特使德米斯图拉调解了数轮叙利亚政府和反对派代表之间的叙利亚内部谈判。2月，在联合国的主持下，叙利亚国际支持小组组建了停火工作队，由俄罗斯和美国担任共同主席。2月26日，安理会通过了第2268（2016）号决议，要求交战各方遵守美国和俄罗斯就叙利亚有关各方停止敌对行动达成的一项协议中的条款。被列为恐怖组织的“伊黎伊斯兰国”和“努斯拉阵线”不是停止敌对行动的有关方，在停止敌对行动制度下，允许各方对其采取行动。暴力冲突在经过了3月至4月间的降低之后，在夏季激增至停火前水平。2016年9月19日，一支联合国与叙利亚阿拉伯红新月会人道主义运输队遭到袭击，导致约30人伤亡。秘书长设立了一个联合国总部调查委员会来调查此次袭击。10月，特使向安理会汇报，强调阿勒颇东部面临在数月内被完全摧毁的危险。若干份旨在让阿勒颇实施停火并提供人道主义援助的决议草案都未能在安理会获得通过。

在经历了长年累月的冲突和围困后，阿勒颇战役于2016年12月22日结束，叙利亚政府宣布完全夺回阿勒颇的控制权。安理会要求联合国和其他相关机构对反对派控制地区的撤离进程开展中立的监测和观察。

12月29日，土耳其和俄罗斯宣布，叙利亚政府和叙利亚的武装反对派团体之间实现全国性停火。安理会决议认可停火，呼吁各方允许人道主义机构进入叙利亚各地，并对在阿斯塔纳举行的叙利亚问题国际会议表示欢迎，称其不仅是联合国主导的政治进程的重要部分，也是在联合国主持下恢复谈判的一个步骤。

2017年4月4日，有报告称，针对叙利亚伊德利卜省南部汉谢洪镇的一次空袭被指使用了化学武器，此次空袭导致包括许多儿童在内的叙利亚平民死伤。秘书长指出，安理会此前曾认定，在任何地方使用化学武器都构成对国际和平与安全的威胁，以及对国际法的严重违反。

也　门

自也门于2011年爆发起义以来，联合国一直通过秘书长开展斡旋以帮助也门人民寻找和平解决方案。联合国为也门政府和反对派之间的谈判提供支持，促成2011年11月23日在利雅得签署海湾合作委员会倡议及其执行机制。

秘书长设立了**秘书长也门问题特别顾问办公室**（osesgy.unmissions.org），负责与也门各政治团体接洽，为海湾合作委员会倡议及其执行机制的有效落实提供支持。特别顾问办公室设立以来，联合国为也门人民主导的政治过渡进程提供支持，促进包容性参与，纳入了原先被边缘化的群体，例如妇女、青年、胡塞武装组织和南部运动。2014年1月，也门举行全国对话大会，来自也门所有区域和政治团体的565名代表到会。大会的成果文件支持善治、法治和人权，为建立联邦制和民主的新也门奠定了基础。

虽然在政治过渡方面取得重大进展，但政府军、胡塞运动和其他武装团体之间的持续冲突导致军事暴力在2014年年中升级。胡塞运动和同盟部队在2014年9月以及其后几个月中，夺取了萨那和也门其他一些地区的控制权。

为解决政治僵局，联合国推动了多轮谈判，仍未能有效制止军事对抗进一步升级。2015年初，军事对抗仍在持续进行。3月26日，应也门总统阿卜杜拉布·曼苏尔·哈迪的要求，由沙特阿拉伯主导的国家联盟对也门进行军事干预，以期帮助政府夺回控制权。随后的冲突引发了人道主义紧急情况。阿拉伯半岛基地组织和其他恐怖组织利用混乱局势，扩大自己控制的重要地区，并在许多地方频繁攻击政府目标和平民目标。

2015年4月，安理会请求秘书长加强斡旋，以恢复由也门人主导并包容各方的和平有序的政治过渡。同月，秘书长任命伊斯梅尔·乌尔德·谢赫·艾哈迈德（毛里塔尼亚）为新的也门问题特使。为了结束冲突并恢复政治过渡进程，特使接连推动了多轮谈判，包括2015年6月和12月在瑞士以及2016年4月至8月在科威特举行的直接会谈。尽管如此，也门全国各方之间的战斗仍在继续，包括沙特阿拉伯与也门之间的边界地带。与此同时，由阿伯半岛基地组织和"伊黎伊斯兰国"声称实施的袭击，以及针对这些团体的反叛乱行动在也门南部持续。

2016年4月10日和21日，和平会谈再次举行，4月25日，安理会呼吁也门各方按照海合会倡议及其执行机制和全国对话大会的成果文件制定一份路线图，以执行临时安全措施，进行撤离，移交重型武器，恢复国家机构和恢复政治对话等。安理会还要求秘书长提交一份计划，概述**秘书长也门问题特使办公室**（osesgy.unmissions.org）如何支持安理会下一阶段针对也门各方的工作。2016年5月，秘书长提交了该计划。秘书长也门问题特使办公室的总体目标是支持也门和平进程，停止敌对行动，以及落实和平进程中达成的各项协议，从而恢复由也门人主导的和平有序的过渡。

阿富汗

1995年9月，阿富汗内战中的塔利班派别在占领了全国大部分地区后，夺取了首都喀布尔。阿富汗总统布尔汉努丁·拉巴尼逃离喀布尔，加入控制阿富汗北部地区的"北方联盟"。1998年8月，在美国驻肯尼亚内罗毕使馆和驻坦桑尼亚达累斯萨拉姆使馆遭到恐怖分子炸弹袭击之后，安理会重申对阿富汗国内恐怖分子持续存在的关注。12月，安理会要求塔利班（国际社会从未承认其为阿富汗合法政权）停止向国际恐怖分子及组织提供庇护和训练。对此，塔利班没有做出回应。

1999年10月，安理会根据《宪章》中的强制执行条款，对阿富汗实施广泛制裁，并要求塔利班集团把奥萨马·本·拉登移交有关当局。美国指控本·拉登为炸弹袭击大使馆事件负责。

2001年9月11日，本·拉登的基地组织成员在美国劫持了四架商用客机，并将其中两架撞向纽约的世贸大厦，一架撞向首都华盛顿的五角大楼，第四架则在乘客试图阻止劫机时，坠毁在宾夕法尼亚州的田野里。袭击事件导致将近3 000人死亡。在随后的几天内，美国政府向塔利班发出最后通牒，要求其交出本·拉登，停止阿富汗境内的恐怖主义活动，否则将会面临大规模军事打击。塔利班对此予以拒绝。10月，美英联军对塔利班的军事目标和本·拉登在阿富汗的训练营进行了导弹袭击。持续两周的轰炸结束后，美国部署了地面部队。安理会对阿富汗人民推翻塔利班政权的努力予以支持。联合国推动阿富汗各方进行对话，旨在建立一个基础广泛的包容性政府。在联合国的组织下，阿富汗政治领袖在德国波恩举行会议，会议于12月结束，达成了《关于在阿富汗重建永久政府机构之前的临时安排的协定》(《波恩协定》)。阿富汗临时政府宣告成立，随后安理会授权设立国际安全援助部队（安援部队），帮助阿富汗当局维护喀布尔及周边地区的安全。12月下旬，国际公认的拉巴尼政府将权力移交给由哈米德·卡尔扎伊领导的新的阿富汗临时当局，第一批安援部队也部署到位。

2002年1月，援助阿富汗重建国际会议召开，共获得超过45亿美元的捐款承诺。安理会对于阿富汗在塔利班政权垮台后发生的积极变化表示欢迎，并将制裁对象调整为基地组织及其支持者。3月，安理会组建了**联合国阿富汗援助团**（**联阿援助团**，unama.unmissions.org），履行《波恩协定》规定的联合国在人权、法治和性别领域应承担的工作。联阿援助团由秘书长特别代表领导，在与阿富汗临时当局及其继任者合作开展联合国所有人道主义行动的同时，还致力于促进民族和解。

2002年6月，为期九天的紧急支尔格大会（即“大理事会”，部族长老集中议事的传统论坛）由提名哈米德·卡尔扎伊担任国家领导人的阿富汗前国王查希尔·沙阿宣布开幕。随后，卡尔扎伊当选为阿富汗国家元首，在其后两年中领导过渡政府。2004年1月，立宪支尔格大会就阿富汗宪法草案达成一致。同年10月，800多万阿富汗人参加投票，选举哈米德·卡尔扎伊为阿富汗总统。这是阿富汗有史以来第一位民选总统。2005年9月，阿富汗人民选举产生了国民议会和省议会成员，尽管塔利班在选举过程中发动了一系列致命袭击。

2006年1月，阿富汗政府与国际社会签订《阿富汗契约》，这是一项五年期议程，旨在巩固民主制度，遏制不安全局势，控制非法毒品贸易，刺激经济，执行法律，为阿富汗人民提供基本服务并保护其人权。次月，安理会核可该契约，认为契约为阿富汗政府与国际社会之间构建伙伴关系提供了框架。2008年6月，用于资助《阿富汗契约》落实的捐款承诺总额达约200亿美元，包括用于支持阿富汗2009年和2010年选举的准备工作。通过选举，卡尔扎伊总统获得连任。

2008年至2009年，尽管阿富汗在政治上取得了进展，但暴力仍在升级。2009年10月，塔利班袭击了联合国在喀布尔的一个宾馆，造成五名外籍联合国工作人员和三名阿富汗人死亡。2010年的多次会议强调，有必要在2011年前将安全事务责任移交给阿富汗当局，并就安援部队在2014年前将阿富汗各省的控制权转移给阿富汗国家安全部队的事项展开讨论。会议还审议了善治、司法系统的公正、人权以及由毒品贩运造成的持续问题等事项。

2011年9月20日，前总统拉巴尼在一次自杀性爆炸袭击中身亡。拉巴尼之死标志着针对前北方联盟成员或与北方联盟关系亲密人士的一系列高调刺杀行动的高潮，加剧了国内政治角力，削弱了派系和种族群体之间的信任。2012年10月，北大西洋公约组织（北约）各成员国的国防部长召开会议，要求安援部队着手计划2014年之后的训练任务。11月15日，阿富汗与美国根据双方的战略伙伴关系协议就双边安全协定展开谈判。2013年3月，安理会呼吁联合国支持阿富汗的《国家优先方案》，涉及的主要问题包括安全、治理、司法、经济、社会发展以及《国家毒品管制战略》的实施。

2014年4月5日，阿富汗举行了总统和省议会选举，尽管塔利班和其他极端主义及恐怖主义团体进行威胁和恫吓，参与投票的阿富汗民众数量打破了历史纪录。9月29日，阿什拉夫·加尼举行就职典礼，成为阿富汗的新总统，安理会对此表示欢迎。这标志着阿富汗历史上首次以民主方式进行权力移交。

2014年12月，阿富汗与北约达成协议，决定组建2014年后坚定支持特派团，安理会对此表示欢迎，在安援部队12月28日完成任务后，坚定支持特派团成为安援部队的后续特派团。2015年6月，尽管阿富汗在政治进程方面取得进展，所有内阁成员都得到任用，但随着外国恐怖主义作战人员的渗入，国家安全局势仍面临挑战。2015年9月，毒品和犯罪问题办公室执行主任强调，阿富汗的非法毒品助长了不稳定状况、反叛运动、腐败现象和有组织犯罪，并削弱了国家机构以及阿富汗促进和平与善治的总体能力。禁毒工作持续进行。

2016年9月14日，安理会呼吁国际社会继续协助阿富汗的民政与发展工作。

阿富汗的安全局势仍然动荡不安。联阿援助团团长曾在2013年告知安理会，尽管阿富汗安全部队的能力不断增强，但其仍需至少五年的国际支助，才能具备必要的能力。2014年至2016年间，恐怖袭击持续发生。其中仅2016年4月19日塔利班在喀布尔发动的恐怖袭击，就造成28人死亡，300多人受伤。2017年1月，安理会对发生在喀布尔、赫尔曼德省和坎大哈省的袭击事件予以谴责，上述袭击事件导致超过161人死伤。同年3月，安理会通过第2344（2017）号决议，决定将联阿援助团的任务期限延长至2018年3月。

伊拉克

联合国对1990年伊拉克入侵科威特，以及2003年萨达姆·侯赛因政权倒台后形势的应对，反映出联合国在寻求恢复国际和平与安全过程中所面临的各种挑战。1990年8月，安理会要求伊拉克从科威特撤军，并对其实施包括贸易和石油禁运在内的制裁。1991年1月16日，经安理会授权，但并非由联合国指挥或控制的多国部队对伊拉克发动军事打击行动。同年2月，伊拉克从科威特撤军，敌对行动告一段落。

安理会决定，应销毁伊拉克拥有的大规模毁灭性武器，成立关于解除伊拉克武装的联合国特别委员会（特委会）。特委会具有进行突击检查的权力，并委托原子能机构在核领域执行相似的核查任务。特委会和原子能机构发现了大量伊拉克违禁武器项目以及在核、化学和生物领域的能力，并对其加以消除。1998年，伊拉克在要求安理会解除石油禁运，并声明不再拥有违禁武器后，便中止了同特委会的合作，特委会于12月执行了最后一次任务。同月，美国和英国对伊拉克进行空袭。

1999年12月，安理会设立了联合国监测、核查和视察委员会（监核视委），取代特委会的职能。2002年11月，安理会通过了第1441（2002）号决议，建立了更加严格的视察制度，并为伊拉克提供了遵守安理会决议的最后机会。联合国视察员重返伊拉克，监核视委执行主席和原子能机构总干事也持续向安理会汇报伊拉克的状况。在与伊拉克进行谈判的过程中，在安理会框架之外，西班牙、英国和美国均要求伊拉克于2003年3月17日前彻底解除武装。3月17日，秘书长下令将联合国国际工作人员撤离伊拉克，并命令暂停一切行动。2003年3月，以英国和美国为首的多国部队对伊拉克展开了联合军事行动，萨达姆·侯赛因政权瓦解，之后，安理会于5月通过了第1483（2003）号决议，强调伊拉克人民有权自主决定本国的政治前景。决议还承认联盟驻伊拉克临时管理当局（管理当局）的权力、责任和义务，直至国际承认的政府宣誓就职。决议解除了对伊拉克实施的国际制裁，为联合国在伊拉克继续开展行动提供了法律基础。

2003年8月，安理会设立了**联合国伊拉克援助团**（**联伊援助团**，www.uniraq.org），任务是协调对伊拉克的人道主义援助及战后重建援助，并协助伊拉克建立得到国际承认的主权政府。8月19日，联合国驻巴格达总部遭受恐怖袭击，22人死亡，150多人受伤，遇难者当中有15人是联合国工作人员，包括秘书长伊拉克问题特别代表塞尔吉奥·维埃拉·德梅洛。随后，秘书长命令大部分联合国国际工作人员撤离巴格达，只留下一支主要由伊拉克工作人员组成的小团队，负责提供食物、水、卫生保健等必要的人道主义救援。

2004年，联伊援助团根据安理会第1546（2004）号决议返回伊拉克（该决议还涉及由美国主导的多国部队的使命），任务是支持2005年1月30日的过渡议会选举。2004年6月，伊拉克独立选举委员会成立，尽管面临严峻的国内安全局势，但仍在联合国的支持下，进行了两次全国选举和一次立宪公民投票。2005年10月，伊拉克的宪法草案经全民

在伊拉克巴格达附近的阿尔塔克亚·卡兹那扎尼亚境内流离失所者营地，儿基会帐篷教室里的一名学生。截至2017年2月，伊拉克各地已有近150万人返回原籍地。(2015年8月23日，儿基会图片/Khuzaie)

投票通过。12月，伊拉克举行了议会选举。2006年6月，伊拉克新政府成立。尽管伊拉克成功地实现了政治转型，但派别暴力恶化。到2007年末，已有约220万名伊拉克公民逃离本国，另有近240万名境内流离失所者。为此，联合国带头解决伊拉克难民及境内流离失所者的问题。联合国国家工作队重新部署了正在伊拉克开展活动的20个联合国机构，在提供援助方面起到了关键性作用。

根据2008年美国与伊拉克签订的部队地位协定，2011年12月18日，美国军队完成从伊拉克撤军。

2007年6月，安理会正式结束监核视委和原子能机构在伊拉克的任务。同年8月，安理会扩大了联伊援助团的任务范围，并将其从多国部队的任务中分离出来。自此，联伊援助团的任务期限每年都获得延长，当前的任务期限延长至2017年7月31日。联伊援助团在伊拉克行动的优先事项包括加强更有效的包容各方的治理，促进民族和解，并支持国家在政治、选举和人道主义层面的发展努力。

印度–巴基斯坦

持续了数十年之久的克什米尔争端一直困扰着印度和巴基斯坦之间的关系。这一争端要追溯至20世纪40年代，当时，根据一项分治计划和1947年的《印度独立法案》，查谟和克什米尔土邦可以自由加入印度或巴基斯坦。查谟和克什米尔土邦的大多数人口为穆斯林，但身为印度教徒的该邦王公却签署了并入印度的文书。

由于印度抱怨称，在巴基斯坦的支持和参与下，部落成员和其他人入侵查谟和克什米尔土邦，导致战乱不断，针对这一情况，安理会在1948年首次讨论查谟和克什米尔问题。巴基斯坦方面否认该指控，并声称查谟和克什米尔地区并入印度是非法的。**联合国驻印度和巴基斯坦军事观察组**（**印巴观察组**，www.un.org/zh/peacekeeping/missions/unmogip）成立于1949年，旨在监督印度和巴基斯坦之间的停火，并为安理会1948年设立的联合国印度巴基斯坦委员会（印巴委员会）的军事顾问提供援助。1971年底，印度与巴基斯坦爆发敌对行动，同年12月17日签署停火协议，之后，印巴观察组的任务是观察查谟和克什米尔控制线沿线的停火情况，并提交报告。联合国也致力于促进印巴两国间的和谐关系。

2003年，印度总理和巴基斯坦总统开始采取一系列互惠措施来改善双边关系。11月，巴基斯坦主动在查谟和克什米尔控制线实施单边停火，印度方面做出积极的回应。在这些努力的推动下，印巴首脑会议于2004年召开，印度总理阿塔尔·比哈里·瓦杰帕伊和巴基斯坦总统佩尔韦兹·穆沙拉夫及总理扎法鲁拉·汗·贾迈利会面。2005年，双方开通了一条跨越停火线的巴士客运线，这不仅是一个和平姿态，也给许多分离近60年的家庭提供了重聚的机会。

2007年2月，德里–拉合尔“友谊快车”遭到袭击，导致67人罹难、近20人受伤，双边关系受到考验。秘书长和安理会谴责这起恐怖爆炸事件，呼吁将罪犯绳之以法。2008年11月，巴基斯坦恐怖组织“虔诚军”极端分子对印度金融中心孟买实施了一波有组织的恐怖袭击。此次袭击持续了三天，造成173人罹难、300人受伤。印度武装部队开展军事行动，造成数名袭击者死于泰姬陵酒店，一名袭击者被当场擒获。巴基斯坦方面也对袭击表示谴责，但印巴两个邻国之间的关系再度紧张。

2016年，一名年轻的分离主义激进分子在斯利那加被印度部队杀死，导致印巴控制线交火频率上升，强度升级。然而，印巴控制线沿线的总体安全状况相对稳定。印巴观察组将继续观察印巴控制线沿线的停火情况并提交报告。这表明联合国从未忘记查谟和克什米尔的人民，以及该争议领土上尚未解决的冲突。

中　亚

2007年12月，**联合国中亚地区预防性外交中心**（**中亚预防外交中心**，unrcca.unmissions.org）开始运作。该中心设在土库曼斯坦的阿什哈巴德市，旨在帮助所在区域的各国政府开展合作，和平地应对诸多共同的挑战和威胁，包括恐怖主义、毒品走私、有组织犯罪、跨界水管理和环境退化。中亚预防外交中心为该区域各国政府提供如下援助：建设预防冲突的能力；促进对话；促进国际对特定项目和举措的支持。中心与联合国在中亚的方案和机构、区域组织以及其他合作伙伴开展密切合作。2015至2017年间，中亚预防外交中心的工作重点包括：应对跨国威胁和挑战；管理共有自然资源；影响地区稳定的国内因素；建设国家或地区预防冲突的能力。

柬埔寨

柬埔寨于20世纪50年代脱离法国殖民统治，之后，该国在60—70年代因越战波及、毁灭性的国内冲突和波尔布特的极权统治而备受蹂躏。1975—1979年间，在波尔布特领导的“红色高棉”政权的统治下，近200万柬埔寨人死于谋杀、疾病或饥饿，其中很多发生在臭名昭著的“杀戮场”。1993年，在柬埔寨过渡时期联合国权力机构的协助下，柬埔寨举行了首次民主选举。此后，联合国各机构和方案为柬埔寨政府加强和解与发展提供了持续的帮助。2003年，柬埔寨与联合国达成协议，由联合国帮助柬埔寨政府设立并协助管理一个特别法庭，审判红色高棉政权时期犯下的罪行。

2005年，**柬埔寨法院特别法庭**（www.eccc.gov.kh/en）宣告成立，法庭于2007年7月提起了第一项危害人类罪的指控，并临时羁押了若干嫌疑人。2008年，遭受红色高棉政权迫害的柬埔寨人民通过其委托的律师第一次参与了庭审。

2010年，康克由成为第一个在柬埔寨法院特别法庭接受审判的人并被认定有罪。2012年2月，最高法庭判处康克由终身监禁，这是柬埔寨法律规定的最严厉的刑罚。2010年，民主柬埔寨政权当时还在世的头四号人物——英沙里、英蒂迪、乔森潘和农谢——被控犯有如下罪行：危害人类罪；对占族和越南族群体进行种族灭绝；严重违反《日内瓦公约》；违反1956年柬埔寨刑法的罪行，包括谋杀、酷刑和宗教迫害。

2012年9月，审判庭确认英蒂迪因健康原因不宜接受审判，所以解除临时羁押，将其释放。此后，英蒂迪一直处于司法监督之下，直至2015年8月去世。2013年3月14日，英沙里去世，当日审判庭终止对他的诉讼。

2014年8月，审判庭判定农谢和乔森潘在1975年4月17日至1977年12月间犯下危害人类罪，判处二人终身监禁。2016年11月23日，最高法庭驳回农谢和乔森潘的上诉，对多项罪名维持原判，并认定对二人判处终身监禁是适当的。对农谢和乔森潘的二审仍在进行，二审将根据新证据对两人提出新的指控。

缅　甸

自缅甸军政府废弃1990年的民主选举结果之后，联合国始终致力于推动包容各方的民族和解进程，帮助缅甸回归民主，改善该国的人权状况。1993年，联合国大会敦促缅甸加快恢复民主，并要求秘书长协助缅甸政府推进这一进程。秘书长积极利用其斡旋职能，连续派出特使与各方开展对话。

自1993年以来，大会每年都会延长秘书长的斡旋任务期限。通过秘书长的斡旋，联合国致力于推进四个关键领域的进展：释放政治犯；使政治进程更具包容性；停止边界地区的敌对状态；为提供人道主义救援创造更有利环境。

2009年，秘书长访问缅甸，要求缅甸政府：释放所有政治犯，包括受到软禁的反对党全国民主联盟（民盟）领导人昂山素季；恢复政府和反对党之间的实质性对话；创造利于开展有公信力、合法选举的环境。但在同年8月，昂山素季被判处三年劳役，后来又减刑为18个月软禁，秘书长对这一判决表示严重关注。

2010年3月，政府通过了新的选举法。政党登记法严禁监狱服刑人员投票或成为政党成员，从而有效阻止了昂山素季参与选举。秘书长称，新出台的选举法并不符合"国际社会对包容性政治进程的要求"。

5月，纳尔吉斯气旋重创伊洛瓦底江三角洲，导致数万人死亡或失踪。据估计，120万—190万人受到影响而无家可归，面临疾病和饥荒。联合国各机构提供了救援，但缅甸政府只接受有限的援助，并限制外国救援人员的入境。缅甸政府应对危机迟缓，秘书长对此表示关切，同时前往缅甸劝说政府接受国际援助。最终，缅甸政府允许人道主义救援人员入境，救援人员于6月初开始进入缅甸。此外，缅甸政府同意由东南亚国家联盟（东盟）领导救援工作，由此形成了东盟-联合国-缅甸三方机制。

2010年11月，缅甸举行选举，这是缅甸20年来首次，也是独立60多年来的第三次多党制选举。秘书长指出这次选举的包容性、参与性和透明度都不够充分，并呼吁缅甸政府释放所有政治犯。11月13日，昂山素季被解除软禁。

2011年8月19日，新任总统吴登盛会见昂山素季并展开对话，旨在寻求共同立场。10月，总统实行大赦，缅甸政府释放了为数可观的政治犯。

2012年4月，民盟等不同政党的众多候选人自由参与了议会补选，昂山素季在此次选举中当选为议会议员。联合国团队在多个选区见证了此次投票。4月30日，联合国和缅甸政府就联合国协助缅甸开展2014年人口普查签署协定，这是缅甸30年来首次进行人口普查。尽管取得了上述积极的进展，10月，秘书长仍呼吁缅甸政府结束国内法纪缺失的状态，尤其对近来在若开邦北部地区爆发的暴力冲突"深表忧虑"。

2013年1月，秘书长注意到对克钦邦内目标实施空袭的报告，呼吁缅甸政府停止一切可能危及该区域民众生命或进一步激化当地冲突的行动。3月，联邦和平工作委员会和克钦邦独立组织就以停火为目标而努力达成协定，秘书长对此表示欢迎，并鼓励双方加倍努力，寻求一个公平、真正、持久的解决方案。

2014年3月30日至4月10日，缅甸展开全国人口普查，联合国为其提供技术援助，旨在帮助决策者获取制订规划和提供公共服务所需的信息，尤其是面向最贫穷和最脆弱的人群。2014年，缅甸成功担任东盟主席国，并与联合国携手推动联合国-东盟合作。

2015年10月15日，缅甸政府与17个武装团体中的八个团体正式签署了《全国停火协议》(《停火协议》)。2015年12月8日，缅甸议会批准了《停火协议》。双方进一步采取措施以推动《停火协议》的实施，如设立联合监测委员会和初步阐明政治对话框架。2016年1月，联邦和平对话联合委员会成立。1月12日，联邦和平会议在内比都正式召开第一次会议。

2015年11月8日，民盟在缅甸大选中取得了压倒性的胜利。联合国为联邦选举委员会举办选举提供了物质和技术援助。2016年3月30日，缅甸第一位文职总统吴廷觉及其领导的文职政府正式就职。被宪法中一项条款禁止担任总统的昂山素季出任外交部部长，并于2016年4月6日兼任国务资政（类似于政府首脑）。新一届缅甸政府致力于推动政治对话，从而将各方汇聚到统一的轨道，并为开展更具包容性的谈判铺平道路。

若开邦　在2015年11月大选中，缅甸许多少数民族社区的选民被剥夺了投票权，特别是罗辛亚人。此外，一些候选人被取消了参选资格。他们的生活状况仍然有待改善。2016年8月，为解决若开邦问题，昂山素季任命了由前联合国秘书长科菲·安南领导的若开邦事务顾问委员会（www.rakhinecommission.org）。

2016年10月9日，罗辛亚人团体袭击边防警察局，杀害数名警察并抢劫武器和军火。随后，在若开邦展开的安保行动引发了人们对人道主义人员准入和尊重人权的关切。12月，联合国人权事务高级专员对发生在10月的边防警察局被袭事件予以谴责，并对针对罗辛亚穆斯林已持续两个多月、导致约2.7万人跨过边境逃到孟加拉国的报复行为表示关切。他强调，人权高专办随时准备为缅甸政府提供咨询、培训及援助，以改善所有缅甸人民的人权状况。

2016年12月，将于月底结束任务期限的秘书长缅甸问题特别顾问南威哲（印度）敦促缅甸当局采取措施，保护当地平民，允许人道主义人员进入冲突地区。他也呼吁昂山素季有效解决影响若开邦居民的一些根源性问题，即公民身份和地位问题，并向2012年以来的境内流离失所者提供救济。

欧　洲

联合国继续致力于解决欧洲的和平与安全相关问题，包括通过秘书长特别代表和特使的活动（https://www.un.org/sg/zh/content/europe）。此外，成立于2011年，总部设在比利时布鲁塞尔的**联合国和平与安全联络处**（unlops.unmissions.org），代表了协助会员国和秘书长维护和平与安全的三个联合国部门（维和部、政治部与外勤部），为联合国–欧盟伙伴关系，以及其他总部设在布鲁塞尔或维也纳的和平与安全事务相关组织提供支持，同时也为加强机构间对话，以及增强政策与行动规划和实施的协调性做出贡献。

塞浦路斯

联合国驻塞浦路斯维持和平部队（**联塞部队**，unficyp.unmissions.org）成立于1964年，旨在防止塞浦路斯希腊族与塞浦路斯土耳其族之间再次爆发战斗，并协助维持和恢复法律与秩序，使局势恢复到正常状态。1974年，希族塞人以及支持与希腊合并的希腊人在塞浦路斯发动政变，随后土耳其进行了军事干预，造成大量人口流离失所，塞浦路斯实际上进入分裂状态。自1974年以来，联塞部队负责监督于1974年8月16日生效的停火。此外，联塞部队还维护着塞浦路斯国民警卫队与希腊部队位于南部的停火线和土耳其部队与塞浦路斯土耳其族部队位于北部的停火线之间的缓冲区。

在联塞部队维持和平的同时，安理会派出一名调解员协助寻求解决方案，任期延续至今，并通过设在尼科西亚的**塞浦路斯问题特别顾问办公室**来执行任务（unficyp.unmissions.org/about-good-offices）。自1974年以来，塞浦路斯问题范围不断扩张，原为治理和权力分享问题，后来也包括财产、领土和安全问题。1977年和1979年，全面解决塞浦路斯问题纲要在两个高级别协定下成型，并且仍然是当前谈判的目标，即建立政治平等、具有单一主权和国际人格的两族、两区联邦制。

1999年，获得欧盟成员国地位的前景促使塞浦路斯共和国重新致力于实现岛内统一。秘书长再次于1999年、2000年和2002年展开斡旋，促进和平进程，但未能达成一致，谈判于2003年中止。2004年，双方恢复谈判，同意接受秘书长提出的详细提议，即《塞浦路斯问题全面解决计划》，呼吁建立一个两族两区联邦制的塞浦路斯联合共和国，其中包括一个土族塞人组成国和一个希族塞人组成国。这一进程首次汇集了希族塞人领导人，土族塞人领导人，以及希腊、土耳其和英国三个担保国。希族塞人的全民投票有76%的选民反对该计划，但土族塞人的全民投票则有65%赞成该计划。因未能获得双方的批准，该计划最终失败，塞浦路斯作为一个分裂的、军事化的岛屿加入了欧盟。

2008年3月，希族塞人领导人和土族塞人领导人达成一致，重启由联合国主持的全面谈判。秘书长重新开展斡旋任务，任命亚历山大·唐纳（澳大利亚）为特别顾问。2014年8月，埃斯彭·巴尔特·艾德（挪威）接任塞浦路斯问题特别顾问，并促进由领导人组织的、塞浦路斯人参与的谈判（www.uncyprustalks.org）。经过八年努力，2016年9月，时任希族塞人领导人和土族塞人领导人重申，他们决心在正在进行的谈判中竭尽全力，在2016年内达成2014年2月11日联合声明所述的全面解决的既定目标。

在此背景下，自2004年以来，塞浦路斯各方在获得更大的安全感的同时，也在一定程度上恢复了正常化。自土族塞人当局开始开放过境点后，成千上万名希族塞人和土族塞人近三十年来首次得以穿越联合国巡逻的缓冲区。这种状况延续至今，目前，沿着180公里长的缓冲区共有七个过境点。在欧盟的资金支持下，联合国进行大范围排雷，清除了超过2.7万枚地雷。失踪人员调查委员会挖掘出超过1 200具遗骸，经过DNA鉴定后，超过650人的遗骸已归还其家庭。

尽管取得了上述积极进展，双方当局在和平进程以外的直接接触仍然有限。在缺乏政治解决途径的情况下，联塞部队的促进和调解作用对于解决敌对双方部队之间产生的日常问题、法律和秩序要素，以及就平民问题进行联络仍然至关重要。如达成解决计划，联塞部队仍将致力于支持双方实施计划。

南高加索

联合国继续监测南高加索的政治发展和冲突相关事态。自2008年8月格鲁吉亚与俄罗斯联邦签署六点协议以终止在南奥塞梯的敌对行动，以及2009年联合国格鲁吉亚观察团（联格观察团）结束任务以来，联合国一直支持关于安全与稳定以及境内流离失所者和难民回返的日内瓦国际讨论。秘书长代表安迪·图鲁宁（芬兰）作为联合国代表参加由欧洲安全与合作组织（欧安组织）、欧盟和联合国共同主持的日内瓦国际讨论（www.un.org/undpa/zh/node/183751）。

希腊与前南斯拉夫的马其顿共和国

自1999年以来，秘书长个人特使马修·尼米兹（美国）一直在促成希腊和前南斯拉夫的马其顿共和国之间的谈判，以解决关于后者国名的争议。在1995年9月13日的《临时协议》中，两国同意根据安理会有关决议在秘书长主持下继续进行谈判。虽然还未达成解决方案，但双方继续在该进程中合作，并表示希望秘书长和秘书长个人特使继续参与。

科索沃

1989年，南斯拉夫联盟共和国取消了科索沃地方自治。在历史上对塞尔维亚人有着重要意义的科索沃是南斯拉夫南方的一个省份，其90%以上的人口为阿尔巴尼亚族人。科索沃阿族人对此表达了不满，联合抵制塞尔维亚国家机构和当局，并寻求自治。随着紧张局势进一步加剧，通过武装叛乱寻求独立的科索沃解放军（科军）于1996年出现。科军向塞尔维亚官员以及与其合作的阿族人发动袭击，塞尔维亚当局则以大规模逮捕作为回应。1998年3月，塞尔维亚警方以搜捕科军成员为名，扫荡了德莱尼卡地区，引发了战斗。安理会对包括科索沃在内的南斯拉夫实行武器禁运，但局势仍然不断恶化，演变成公开战争。

1999年，在向南斯拉夫发出警告后，并在塞尔维亚进攻科索沃的情况下，北约对南斯拉夫实施空袭。南斯拉夫对科军发起大规模进攻，并从科索沃大量驱逐阿族人，造成了史无前例的85万名难民外流。难民署及其他人道主义机构紧急前往阿尔巴尼亚和前南斯拉夫的马其顿共和国对难民提供援助。南斯拉夫接受由八国集团（包括西方七个工业国和俄罗斯）提出的和平计划。安理会认可了这项计划，并授权会员国在科索沃部署国际安全存在，以遏制敌对行动，解除科军武装，协助难民返回家园。该计划还请求秘书长设立临时国际民事行政当局，使人们可以享受实质上的自治，建立自治政府。南斯拉夫军队撤离后，北约停止了轰炸行动，由五万人组成的驻科索沃多国部队（驻科部队）进驻科索沃维护安全。

联合国科索沃临时行政当局特派团（科索沃特派团，www.unmikonline.org）立即进驻当地。安理会授予科索沃特派团对科索沃领土和人民的管理权，包括所有的立法权、行政权和司法管辖权。在战争期间逃亡的近85万难民中，有84.1万人返回家园。科索沃特派团在帮助科当地重建正常生活方面取得了重大进展。科军于1999年底前完全解除武装，其成员重返社会。随后的几个月中，约有21万非阿族科索沃人离开了科索沃，前往塞尔维亚和黑山。剩余的非阿族少数民族居住在孤立的飞地内，由驻科部队负责守卫。

2001年，前南斯拉夫问题国际法庭指控前南斯拉夫总统斯洛博丹·米洛舍维奇及另外四人犯有危害人类罪，“针对科索沃地区的阿尔巴尼亚平民进行有系统的攻击。”2006年，米洛舍维奇在羁押期间自然死亡。他被控在波斯尼亚和黑塞哥维那、克罗地亚和科索沃犯下66项灭绝种族罪、危害人类罪和战争罪。

2001年，安理会解除对南斯拉夫的武器禁运。11月，科索沃完成议会选举。2002年，议会选举出该自治省的首任总统和总理。12月，科索沃特派团将责任转交给当地临时机构，但保留了维护安全、处理外交关系、保护少数民族和管理能源的权力，而该省的最终地位待定。

在各方进行了四轮直接谈判，塞尔维亚和科索沃最高领导人于2006年举行首次高级别会谈，秘书长个人特使于2007年提出关于科索沃最终地位计划之后，科索沃的阿族政府和塞尔维亚之间仍然相持不下。秘书长个人特使在随后的报告中指出，对于科索沃来说，唯一可行的选择就是独立，但该方案始终遭到塞尔维亚的反对。2007年晚些时候，由欧盟、俄罗斯和美国组成的“三驾马车”同意领导关于科索沃未来地位的进一步谈判，然而各方一直未能达成协议。

2008年，科索沃议会通过了一份独立宣言。2010年，国际法院就独立宣言发布咨询意见指出，独立宣言不违反国际法。与此同时，秘书长重申联合国随时与欧盟密切协调，为推动贝尔格莱德和普里什蒂纳之间的对话进程做贡献的意愿。对话于2011年启动并持续到2012年。

2012年10月19日，在欧盟的主持下，科塞双方首次高级别会议在布鲁塞尔召开，塞尔维亚总理伊维察·达契奇和科索沃总理哈希姆·萨奇出席会议。截至2013年3月22日，双方总理已经进行了七轮对话。2013年4月19日，双方签署了具有里程碑意义的《关于关系正常化原则的第一份协定》，坚定对关系正常化的承诺。对话持续到2015年9月，期间双方继续执行对话协议，其中包括将北部塞族人占多数的城市及当地受贝尔格莱德资助的警察和保安人员纳入科索沃管理框架。双方的对话促成了欧盟与科索沃在2015年10月签署《稳定与结盟协定》，塞尔维亚加入欧盟的第一个“章节谈判”于2015年12月启动。然而，2016年，当双方开始就能源、电信以及有关成立塞族人占多数的市镇协会/共同体的协议（2015年8月25日）的落实等难点问题进行磋商时，谈判进展放缓。

截至2016年7月，已有113个会员国承认科索沃是一个独立国家。

裁　　军

自联合国成立以来，多边裁军和军备限制一直是联合国确保国际和平与安全的核心工作（www.un.org/zh/disarmament）。联合国始终将裁减并最终消除核武器、销毁化学武器，以及加大禁用生物武器的力度作为最高优先——这些武器都可对人类造成严重威胁。多年来，这一目标始终保持不变，而审议和磋商的范围则随着政治局势和国际形势的变化而变化。国际社会正日益关注小武器和轻武器的过量积存和扩散及其对社会稳定造成的威胁，积极动员反对大量布置地雷，因为这些武器对经济和社会结构造成了威胁，甚至致死或致残平民，其中大量受害者为妇女和儿童。联合国也关注新的信息、电信技术以及其他新兴技术对国际安全造成的影响。

2001年悲剧性的"9·11"事件在美国发生后不久，又有许多国家遭受了恐怖袭击，这些事件凸显了非国家行为体获取大规模毁灭性武器的潜在威胁。一旦恐怖分子获得化学武器、生物武器或核武器，此类袭击将会造成更具有毁灭性的后果。针对这些问题，大会于2002年通过了首个防止恐怖分子获得大规模毁灭性武器及相关运载工具的第57/83号决议。

2004年，安理会首次就大规模毁灭性武器扩散（特别是落入非国家行为体之手）的危险做出正式决定。安理会在《联合国宪章》中有关强制执行的条款下采取行动，一致通过了责成各国不得向开发、获取、制造、拥有、运输、转移或使用核生化武器及其运载工具的非国家行为体提供任何形式的支持的第1540（2004）号决议。根据决议，各国须在国内制定措施以防止上述武器的扩散，包括对相关武器进行适当的管制。随后，大会通过了《制止核恐怖主义行为国际公约》,《公约》于2007年生效。

除了在裁军和核查义务履行方面发挥作用，联合国还协助各会员国制定多边裁军的新准则，以及加强并巩固现有协议。

裁军机制

《宪章》赋予大会考虑"关于维持国际和平及安全之合作之普通原则，包括军缩及军备管制之原则"（第十一条）的首要责任。大会有两个负责裁军和国际安全问题的附属机构：第一委员会（裁军与国际安全委员会）于大会常规会议期间召开会议，商议大会议程上的所有裁军问题；裁军委员会，作为关注具体问题的专门议事机构，每年召开为期三周的会议。

裁军谈判会议是国际社会唯一的多边裁军谈判论坛。裁军谈判会议及其前身经过谈判达成了《生物武器公约》《化学武器公约》《全面禁止核试验条约》和《不扩散核武器条约》。但是，自1997年以来，由于会议各成员国对裁军优先事项意见不一致，裁谈会一直未能通过并执行任何工作方案，尽管2016年会议进行了密集的讨论并对工作方案提出了几项建议。由于裁谈会处理的问题涉及各国的国家安全利益，所以其工作必须严格建立在取得共识的基础之上。裁谈会目前有65个成员国，与大会保持独特的关系。裁谈会确定自身的议事规则和议程，也会参考大会的建议，并每年向大会提交报告。

联合国裁军事务厅（裁军厅，www.un.org/disarmament/zh/）执行大会有关裁军事项的决定。**联合国裁军研究所（裁研所）**对裁军及相关问题（特别是国际安全问题）开展独立研究。**裁军事项咨询委员会**作为裁研所的董事会，向秘书长就军备限制和裁军事项提供咨询意见。委员会也对**联合国裁军宣传方案**各项建议的执行情况提供咨询意见。

多边协定

在多边和区域论坛上达成的重要国际裁军和武器管制措施包括：

- 1925年《日内瓦议定书》：禁止首先使用化学武器和生物武器。
- 1959年《南极条约》：禁止在南极地区进行任何具有军事性质的活动，或试验任何类型的武器。
- 1963年《禁止在大气层、外层空间和水下进行核武器试验条约》（《部分禁试条约》）：禁止在地下以外的任何区域进行核试验。
- 1967年《拉丁美洲和加勒比禁止核武器条约》（《特拉特洛尔科条约》）：禁止该地区的国家试验、使用、制造、储存或获取核武器。
- 1967年《关于各国探索和利用包括月球和其他天体在内外层空间活动的原则条约》（《外空条约》）：规定外层空间仅用于和平目的，禁止在外层空间放置或试验核武器。
- 1968年《不扩散核武器条约》：无核武器的国家同意永远不获取核武器；作为交换，有核武器的国家承诺帮助无核武器的国家获取并和平使用核能。有核武器的国家许诺就停止核军备竞赛和核裁军问题开展协商，承诺不以任何方式将核武器转让给无核武器国家。
- 1971年《禁止在海床洋底及其底土安置核武器和其他大规模毁灭性武器条约》（《海底条约》）：禁止在海床或洋底安置核武器和其他大规模毁灭性武器。
- 1972年《关于禁止发展、生产和储存细菌（生物）及毒素武器和销毁此种武器的公约》(《生物武器公约》):禁止发展、生产或储存生物制剂及毒素制剂,并规定销毁一切此类武器及其运载工具。

- 1980年《禁止或限制使用某些可被认为具有过分伤害力或滥杀滥伤作用的常规武器公约》(《某些常规武器公约》):禁止使用某些被认为具有过分伤害力或滥杀、滥伤作用的常规武器;《第一议定书》禁止使用爆炸后能以碎片伤人且碎片在人体内无法用X射线检测的任何武器。修正的《第二议定书》(1995年)限制使用特定种类的地雷(水雷)、诱杀装置以及其他装置。《第三议定书》禁止使用燃烧武器。《第四议定书》禁止使用激光致盲武器。
- 1985年《南太平洋无核区条约》(《拉罗汤加岛条约》):禁止在南太平洋无核区部署、获取或测试任何核爆炸装置,禁止在该地区倾倒核废物。
- 1990年《欧洲常规武装力量条约》:限制从大西洋至乌拉尔山脉地区各类传统武器的数量。
- 1992年《开放天空条约》:基于合作和开放原则,允许缔约国相互进行空中侦察,该条约用于核查各方执行若干武器控制协议的情况,也用于其他监测机制。
- 1993年《关于禁止发展、生产、储存和使用化学武器及销毁此种武器的公约》(《化学武器公约》):禁止发展、生产、储存和使用化学武器并要求销毁此类武器。
- 1995年《东南亚无核武器区条约》(《曼谷条约》):禁止在缔约国领土范围内发展或部署核武器。
- 1996年《非洲无核武器区条约》(《佩林达巴条约》):禁止在非洲大陆发展或部署核武器。
- 1996年《全面禁止核试验条约》:在全球范围内禁止在任何环境下进行任何核武器试验爆炸。
- 1997年《关于禁止使用、储存、生产和转让杀伤人员地雷及销毁此种地雷的公约》(《禁雷公约》):禁止使用、储存、生产或转让杀伤人员地雷并规定销毁此类武器。
- 2005年《制止核恐怖主义行为国际公约》:制定有关核恐怖主义具体行动的纲要,旨在保护广泛的可能目标,将罪犯绳之以法,并加强各国之间的合作。
- 2006年《中亚无核武器区条约》:建立由哈萨克斯坦、吉尔吉斯斯坦、塔吉克斯坦、土库曼斯坦和乌兹别克斯坦中亚五国组成的无核武器区。
- 2008年《集束弹药公约》:禁止使用、发展、生产、获取、储存、保留或转让集束弹药。

- 2010年《中部非洲管制小武器和轻武器及其弹药和一切用于制造、维修或组装此类武器的零部件公约》(《金沙萨公约》)：限制生产和国家之间转让小武器和轻武器，限制平民拥有此类武器；要求为武器做上标记，要求监管军火中介活动和军火中介者，要求各国限制可携带武器进入该国领土的入境点数量。
- 2013年《武器贸易条约》：监管常规武器的国际贸易。

（关于上述协定的批准情况，请访问www.un.org/disarmament/zh/和treaties.un.org/Pages/Treaties.aspx?id=26&subid=A&lang=en）

大规模毁灭性武器

核武器

通过持续努力，国际社会达成了为数众多的多边协议，致力于削减核武库，防止在特定区域和环境（如外层空间和洋底）部署核武器，限制核扩散，以及终止核试验。虽然取得了诸多成就，但全世界仍有超过1.5万枚核武器存在，而这些核武器的扩散不仅对和平构成了主要威胁，也给国际社会带来了巨大挑战。在此领域广泛关切的问题包括：削减核武器的必要性；支持实施核不扩散体系；以及防止弹道导弹和导弹防御系统的研发和扩散。

核武器双边协定 在国际社会继续通过不同的论坛为控制核武器做出努力的同时，核武器大国对维持稳定的国际安全环境负有特殊责任这一观点得到了普遍认同。在冷战期间和冷战后，两个主要大国达成了若干协议，这极大地减少了核战争的威胁。

核武器及核不扩散的多边协定 《不扩散核武器条约》在所有多边裁军条约中最具普遍性，于1968年开放供签署，1970年开始生效。共有191个国家加入了该条约。《不扩散核武器条约》是全球核不扩散体系的基石，也是寻求核裁军的基础。朝鲜民主主义人民共和国（朝鲜）于2003年1月决定退出条约，这是条约生效33年来首次有国家做出这样的决定，引发国际社会极大关切。

《不扩散核武器条约》缔约国在2010年的审议大会上通过了一个22点核裁军行动计划，为核裁军、安全保证、核试验和裂变材料领域制定了具体步骤。大会还认可了于2012年召开一个会议的决定，该会议的参与方包括所有中东国家，其主题是商讨在该地区建立一个无核武器区。然而由于中东地区爆发政治动乱，会议未能如期举行。2015年，《不扩散核武器条约》审议大会举行，但与会者未能就实质性成果达成一致，主要是因为对在中东地区建立一个无核武器及其他大规模毁灭性武器区的前进方向存在分歧。

为核查缔约国对《不扩散核武器条约》的落实状况，缔约国必须接受原子能机构的核保障监督。截至2015年底，已有与181个国家达成的核保障监督协定生效，其中173个国家缔结了全面保障监督协定。共有127个国家批准了核保障监督协定附加议定书。除《不扩散核武器条约》之外,《曼谷条约》《佩林达巴条约》《拉罗汤加岛条约》和《特拉特洛尔科条约》以及《中亚无核武器区条约》都要求无核武器国家也落实原子能机构的核保障措施。

1996年，大会以压倒性多数票通过了《全面禁止核试验条约》，禁止在任何地区进行任何核爆炸试验。该条约最先于1954年提出，历时40多年才得以通过，在1963年的局部禁止核试验的基础上扩大到全面禁止。从1945年美国进行人类历史上第一次核弹试验，到1996年禁止核爆炸试验的《全面禁止核试验条约》公开供签署，有记录的核爆炸试验超过2 000次。目前《全面禁止核试验条约》尚未生效。截至2017年1月31日，共有183个国家签署了《全面禁止核试验条约》，其中166个国家批准了条约。条约将在附件二所列的44个国家全部批准后180天生效。附件二所列的国家在1994年到1996年间参与了《全面禁止核试验条约》的谈判，并且在那时就拥有核反应堆或核研究反应堆。截至2017年1月31日，附件二所列的国家中仍有八个尚未批准条约：中国、朝鲜、埃及、印度、伊朗、以色列、巴基斯坦和美国。秘书长行使其保存《全面禁止核试验条约》的职能，于1999年、2001年、2003年、2005年、2007年、2009年、2011年、2013年和2015年为推动该条约生效召开了一系列会议。1997年设立的临时技术秘书处继续工作，以确保在条约生效时有一个国际监督系统处于运行状态。一经完成，这一监督系统将包括337个监督设施，以补充干预性现场视察体系。条约一旦生效，这一体系也会付诸应用。

无核武器区 随着区域武器控制新运动的发展，1967年《拉丁美洲和加勒比禁止核武器条约》(《特拉特洛尔科条约》）的签署，标志在世界上有人口居住的地区首次建立了无核武器区。2002年，古巴递交批准书，拉丁美洲和加勒比的无核武器区得到了加强，涵盖了该地区所有国家。此后，另有四个无核武器区已建立：南太平洋（《拉罗汤加岛条约》，1985年）、东南亚（《曼谷条约》，1995年）、非洲（《佩林达巴条约》，1996年）和中亚（《中亚无核武器区条约》，2006年）。同时，在中欧和南亚建立无核武器区，在中东建立无核武器和所有其他大规模毁灭性武器区的建议也已提出。1998年，大会支持蒙古国自行宣布其无核武器区地位，自此单一国家作为无核武器区的概念获得国际社会承认。

防止核扩散

国际原子能机构（原子能机构，www.iaea.org/zh/）核查各国履行国际法律义务的情况，确保各国仅出于和平目的使用核材料和技术。原子能机构开展独立核查工作，在防止核武器扩散方面发挥着不可或缺的作用。根据各国所缔结的协议，原子能机构视察员定期检查核设施，核查各国核材料和核相关活动报告的准确性和完整性。视察员审计操作记录，并将其与提交给原子能机构的报告相对比，核查库存和库存变化，采集环境样本，应用密封设备并安装监视设备。2015年，原子能机构专家就落实保障监督协定开展了2 118次实地核实，涉及181个国家，以确保1 200多个核设施中的核材料没有从和平使用转用于军事目的。

与原子能机构缔结的保障监督协定可分为三类，具体取决于一个国家是否是《不扩散核武器条约》的缔约国，以及该缔约国是无核武器国家还是核武器国家。保障监督协定以《附加议定书》为补充，《附加议定书》包括了各国完整的核燃烧循环活动。保障监督协定也适用于《曼谷条约》《中亚无核武器区条约》《佩林达巴条约》《拉罗汤加岛条约》和《特拉特洛尔科条约》等无核武器区条约。原子能机构保障监督措施是国际核不扩散体系不可或缺的一部分，确保了《不扩散核武器条约》的实施。

2015年7月14日，原子能机构和伊朗签署了《澄清以往和现有未决问题的路线图》，此外，欧洲三国/欧盟+3（英、法、德三国/欧洲联盟+美、中、俄）和伊朗达成《联合全面行动计划》(《全面行动计划》)。2015年7月20日，安理会要求原子能机构总干事“根据《全面行动计划》，在伊朗的核相关承诺的整个有效期内对这些承诺进行必要的核查和监测”。

自2009年以来，原子能机构一直未能在朝鲜开展核查活动，但持续密切关注朝鲜核问题。2016年11月，安理会对朝鲜实行更严厉的制裁，以回应朝鲜多次进行核试验和导弹试验。

化学武器和生物武器

1997年，《化学武器公约》(《化武公约》) 的生效，完成了始于1925年《日内瓦议定书》的禁止使用毒气武器的进程。《化武公约》在国际武器控制历史上开创了严格的国际核查制度，涵盖了化学设施的信息收集和例行全球检查，致力于监督各缔约国对《化武公约》各项义务的履行情况。为实现这个目的，**禁止化学武器组织**（**禁化武组织**，www.opcw.org/cn/）在海牙成立，并积极开展相关工作。2015年，安哥拉和缅甸加入《化武公约》后，禁化武组织的缔约国（截至2016年10月）增至192个，覆盖超过98%的世界人口。

1972年通过的《关于禁止发展、生产和储存细菌（生物）及毒素武器和销毁此种武器的公约》(《生物武器公约》，www.opbw.org）于1975年生效。但与《化武公约》不同的是，《生物武器公约》并未建立核查机制。作为一项建立信任措施，缔约国每年都要就关于各自国内的高风险生物研究设施的详细信息进行交换。2006年，《生物武器公约》缔约国第六次审议大会决定设立一个执行支助股，以协助缔约国履行公约。与原子能机构为《不扩散核武器条约》提供支持，以及禁化武组织为《化武公约》提供支持不同，没有任何机构组织为《生物武器公约》提供支持。《生物武器公约》缔约国会议在联合国定期召开，第八次审议大会于2016年11月举行。

常规武器、建立信任和透明度

小武器、轻武器和实际裁军　各国拥有单独或集体进行自卫的固有权利，并可在符合《宪章》规定的情况下使用武力。除武装本国的武装部队和安全部队以外，在某些情况下，大多数国家通常会允许私人安全公司和公民拥有枪械和其他武器，并合法使用。世界上有数亿支获得许可的枪械，其中，约三分之二在平民手中。每年的武器合法贸易额超过数十亿美元，而非法贸易额据信超过十亿美元。控制非法武器的扩散是朝着改善国际、区域和国家控制小武器问题的全方位努力的必要步骤。

2001年，联合国召开小武器和轻武器非法贸易各方面问题大会。根据会议产生的行动纲领，会员国同意改进立法和控制措施，加强对小武器的标识、记录保存和追踪。减

马里稳定团尼泊尔特遣队的一名成员在评估马里北部基达尔机场跑道的炸药威胁。（2015年9月15日，联合国图片/Marco Dormino）

少非法武器贩运的目标已列入《2030年可持续发展议程》，明确了非法小武器及其引发的武装暴力是发展相关问题。同时，联合国已制定了一套《国际小武器控制标准》（www.smallarmsstandards.org），为国家控制小武器和轻武器的整个生命周期提供了最新实践指导，从而减少这类武器落入罪犯、武装团伙、恐怖分子以及其他可能误用的人之手的风险。

弹药 过去十年来，有60多个国家的弹药库存因储存不当而意外爆炸（https://www.un.org/disarmament/zh/常规军备/弹药），导致数千人死亡，多个社区的生计遭到破坏。国家弹药库存保管或监控不善也会导致弹药大规模流入非法市场。流入非法市场的常规弹药越来越多地被用来组装简易爆炸装置。在安理会建议将加强储存安全、妥善管理武器和弹药作为紧急重点事项之后，大会要求联合国制定弹药管理准则，于是，联合国安全保管方案（www.un.org/disarmament/un-saferguard）应运而生。方案监督《国际弹药技术准则》的宣传，为自愿使用该准则提高弹药存储地安全的国家提供详细准则。准则有助于国家当局、产业和其他各方提高弹药储存的安全性，与《国际小武器控制标准》协调一致。

《武器贸易条约》 世界上几乎所有地区都制定了贸易规定，各国的贸易行为都要遵循商定的规则，但对于常规武器贸易却缺乏全球性的规则。2013年，大会通过《武器贸易条约》（https://www.un.org/disarmament/zh/常规军备/武器贸易条约/）。签署国必须为各自有关武器转让的决定承担责任。这意味着在批准武器的国际转让之前，各国政府应评估武器转让的风险，判断每一宗武器转让是否会加剧冲突或违反国际人道主义法和人权法。

杀伤人员地雷 联合国尤其关注全球杀伤人员地雷的扩散及滥用问题。1995年，联合国审议了《特定常规武器公约》，又称《非人道武器公约》，通过了《第二议定书》。议定书于1998年生效，加强对杀伤人员地雷的使用、转让及类型（自毁和可探测型）的限制。截至2016年12月31日，已有102个国家接受该议定书的约束。《特定常规武器公约》附有五个议定书，除了明令禁止使用地雷和诱杀装置之外，也禁止使用无法检测的碎片、燃烧武器、激光致盲武器及战后遗留爆炸物。随后，各国共同商讨了一项协议，即《关于禁止使用、储存、生产和转让杀伤人员地雷及销毁此种地雷的公约》（《禁雷公约》），全面禁止使用杀伤人员地雷。公约于1997年开放供各国签署，1999年正式生效。截至2016年12月31日，已有162个缔约国。

上述两项公约的落实，销毁了杀伤人员地雷的库存，清理了受影响国家的雷区，减少了地雷受害者的人数。2014年，因地雷、遗留集束弹药和其他战争遗留爆炸物导致的伤亡为3 678人，平均每天约有10人死亡，与1999年的平均每天约25人相比，有显著下降。联合国的12个部门和办事处、专门机构、方案和基金积极参与了在30个国家和三个地区开展的地雷行动项目。

联合国地雷行动处（**地雷行动处**，www.un.org/zh/peace/mine/index.shtml）与11个联

合国实体合作，确保对地雷问题和包括集束弹药在内的战争遗留爆炸物做出积极、协调的回应。联合国地雷行动处的活动曾仅限于排雷，如今包括三大类：降低风险和清除地雷；武器和弹药管理；减少简易爆炸装置的威胁。联合国地雷行动处在安理会的授权下，或在秘书长及受影响国家的请求下，开展各种努力来减少这些威胁，通常是应对人道主义紧急情况。联合国地雷行动处在各国设立和管理地雷行动协调中心，参与执行维和行动以及应对人道主义紧急情况或危机。在上述情况下，联合国地雷行动处计划并开展地雷行动项目，统筹地方和国际地雷行动服务提供者的工作，并确定清除地雷、地雷风险教育以及地雷行动其他方面的优先顺序。联合国地雷行动处还协调联合国的倡议，支持与地雷和战争遗留爆炸物相关的条约和国际法律文书。

常规武器的登记 为了建立各会员国的信心和增加安全感，大会于1991年设立了《联合国常规武器登记册》(www.un.org/disarmament/zh/常规军备/联合国常规武器登记册/)。该自愿申报制度能促使参与国提供包括军舰、作战坦克和作战飞机在内的主要常规武器系统的进出口信息，也提供小武器的信息。此外，联合国还邀请会员国提供有关本国生产采购情况和军事财产的资料。联合国每年都会编辑出版上述资料，作为正式文件供公众查询，也在联合国网站公示。据估计，《登记册》包括了95%以上的主要常规武器全球贸易信息。

军事支出透明化 另一个提高军事透明度的全球机制是1980年起生效的《联合国军事支出报告》(www.un.org/disarmament/zh/常规军备/军事-支出/)。该自愿申报系统覆盖各国用于军事人员、作战与维护、采购与建设、研究与发展的费用。这些信息由联合国收集并公开发布。

战争遗留爆炸物和非杀伤人员地雷 尽管世界在消除杀伤人员地雷方面取得了很大的进展，但仍有许多平民因其他爆炸性弹药而死亡或受伤。这些弹药会因无意的接触或有意的擅动对人造成潜在危险，尤其在危险未得到充分认识的情况下。此类爆炸物即使数量很少也会造成严重危害。如果放置在战略性地点，一枚地雷就能造成公路封闭，破坏正常的活动。结合非杀伤人员地雷的其他可能特性，如防排装置和最低金属含量等，此类地雷可造成十分严重的人道主义影响。

根据《特定常规武器公约》第五议定书，参与武装冲突的国家必须采取行动清除、排除或销毁战争遗留爆炸物，记录、保存并转交有关使用或弃置战争爆炸物的资料。参与武装冲突的国家还有义务采取一切可行的预防措施，保护平民与人道主义人员和组织。此外，有条件的国家还应提供合作和援助，以标示、清除、排除和销毁战争遗留爆炸物，并为受害者提供援助。第五议定书于2006年生效。

2010年生效的《集束弹药公约》禁止使用、储存、生产和转让集束弹药。此外，公约还建立了合作和援助框架，确保受害者及其所在社区能够获得足够的关怀和复原，也建立了清理受污染地区、进行减轻风险教育和销毁储存的框架。

防止外层空间的军备竞赛　在国际论坛上，外层空间相关事项的探讨一直沿着两个独立的方向进行：空间技术的和平利用；防止外层空间军备竞赛。大会、和平利用外层空间委员会（外空委）及其分支机构，以及裁军谈判会议一直在就上述问题展开讨论。为拓展当前获取空间应用益处的途径，开发可能带来更多利益的新技术，有必要保护外层空间环境供后代使用。为此，外空委于2010年设立了外层空间活动长期可持续性工作组，其活动在两年期内得到了加强。

2013年，外层空间活动中的透明度和建立信任措施政府专家组在其发布的报告中提出了在各种论坛促进国际外层空间的透明度和建立信任措施的具体建议，根据专家组的建议，中国、俄罗斯和美国在联合国裁军委员会2016年实质性会议上提出了一个相关的议程项目。

第一委员会第七十届会议在关于防止外层空间军备竞赛的众多议题上依然存在分歧，包括外层空间禁止部署武器。然而，中国、俄罗斯和美国三大主要航天国家在落实透明度和建立信任措施方面再次展现团结一致。

区域性裁军方式　联合国支持区域和次区域性裁军倡议，致力于促进区域内各国采取安全和建立信任的措施。联合国还帮助各国执行裁军、军备控制和防扩散的国际准则和标准。为促进区域性裁军，联合国与各政府组织和区域团体携手合作，包括非盟、欧盟、阿盟、美洲国家组织、伊斯兰合作组织、欧洲安全与合作组织、东盟、太平洋岛屿论坛和加勒比共同体，以及其他国际、区域和地方非政府组织。此外，非洲（unrec.org）、亚太（unrcpd.org）、拉丁美洲和加勒比（www.unlirec.org）三个裁军与和平区域中心也为各会员国促进区域安全和裁军的努力提供了支持。

裁军宣传和教育活动　联合国在裁军宣传方案框架内，通过有关裁军和不扩散问题的出版物、专题活动、研讨会、小组讨论和展览，以及一个综合性网站，开展有关裁军和不扩散问题的信息发布和教育活动（www.un.org/disarmament/education/zh/index.html）。自1979年设立以来，联合国裁军研究金方案已为来自160多个国家的近960名公职人员提供了培训，其中有许多人目前在国家裁军领域身居要职。

裁军问题中的性别视角　冲突和武装暴力对男女产生了不同形式的影响。联合国采取了一系列行动，让人们意识到性别问题在裁军中的重要性，包括收集和销毁武器、扫雷、执行调查任务，以及参与决策和和平进程。从非法武器贸易对加入性别因素的社会和经济影响，到核武器对性别的生物学影响，裁军问题的各个领域都需要性别视角。2000年10月，安理会在具有里程碑意义的第1325（2000）号决议中鼓励“所有解除武装、复员和重返社会规划的参与者，要考虑女性和男性前战斗人员的不同需求”。2015年发布的《安理会第1325号决议全球研究报告》（wps.unwomen.org）强调了小武器、暴力和性别之间的联系，认识到基于性别的暴力和武器贸易之间的联系，并呼吁各国加入《武器贸易条约》，条约第7（4）条要求缔约国考虑武器被用于性别暴力的风险。

和平利用外层空间

联合国致力于确保和平利用外层空间以及所有国家共享外层空间活动所带来的益处。在苏联于1957年成功发射第一颗人造卫星“斯普特尼克”之后不久，和平利用外层空间的问题就引起了国际社会的关注，随着时间的推移，这一关注始终与空间技术的发展保持同步。联合国在制定国际空间法和促进空间科学技术领域的国际合作方面发挥了重要作用。**联合国和平利用外层空间委员会**（**外空委**，www.unoosa.org/oosa/en/ourwork/copuos）是空间领域的主要政府间机构。外空委由大会于1959年设立，负责审查和平利用外层空间领域国际合作的范围，制定方案和指导联合国技术合作，鼓励研究与信息传播，以及协助制定国际空间法。该委员会有84个成员国，还有许多享有观察员地位的国际组织，包括政府间组织和非政府组织。该委员会设有两个小组委员会：科学技术小组委员会是国际空间技术与研究合作的协调中心；法律小组委员会致力于制定一套与快速发展的空间技术同步的法律框架。和平利用外层空间委员会与两个小组委员会每年召开一次会议，考虑联合国大会提出的问题，审议各会员国提交的报告，并商讨各会员国提出的议题。在协商一致的基础上，委员会还向大会提出建议。

法律文书

和平利用外层空间委员会及其法律小组委员会促使联合国大会通过了五份法律文书，均已生效：

- 1966年《关于各国探索和利用包括月球和其他天体在内外层空间活动的原则条约》(《外空条约》) 规定，空间探索活动应造福所有国家，不论其发展程度如何。条约致力于确保全体人类共同享有外层空间，规定各国可自由探索和利用外层空间，空间探索活动仅限和平目的，各国不得私自侵占外层空间资源。
- 1967年《营救宇宙飞行员、送回宇宙飞行员和送回投入外层空间的物体的协定》(《营救协定》) 规定，若航天员发生意外或需紧急降落，各国应给予援助。协定还确立相关程序，指引各国将在发射国境外发现的空间物体归还给发射国。
- 1971年《空间物体所造成损害的国际责任公约》(《责任公约》) 规定，如空间物体对地球表面，飞行中的飞机和他国空间物体、所载人员或财产造成损害，发射国应负责。

- 1974年《关于登记射入外层空间物体的公约》(《登记公约》) 规定，发射国应对其发射的空间物体进行登记，并与联合国共享登记信息。《公约》规定，射入外层空间物体登记册由外层空间事务厅负责管理。各发射国与发射组织均已提供相关信息。外层空间事务厅的官方网站www.unoosa.org提供关于射入外层空间物体登记信息的索引。
- 1979年《指导各国在月球和其他天体上活动的协定》(《月球协定》) 阐明了1966年《外空条约》中关于探索和利用月球和其他天体的原则，为监管各国未来探索和利用这些天体上的自然资源建立了基础。

基于和平利用外层空间委员会及其法律小组委员会的工作，大会通过了一系列关于开展空间活动的原则：

- 《各国探索与利用外层空间活动的法律原则宣言》(1963年) 确立了外层空间的探索与利用应造福全人类的基本原则。
- 《各国利用人造地球卫星进行国际直接电视广播所应遵守的原则》(1982年) 指出此类活动具有国际政治、经济、社会和文化影响，应当促进信息与知识的传播与交流，推动发展，并尊重各国主权，包括遵循不干涉内政的原则。
- 《关于从外层空间遥感地球的原则》(1986年) 规定，遥感活动应造福所有国家，尊重所有国家和民族对自然资源的主权，并符合其他国家的权利和利益。遥感技术还将用于保护环境，降低自然灾害的影响。
- 《关于在外层空间使用核动力源的原则》(1992年) 承认核动力源对某些空间飞行任务至关重要，但指出核动力源的使用应经过全面的安全评估。《原则》还确立各国安全使用核动力源的相关准则，并要求在空间物体发生故障导致放射性物质可能重返地球时，应及时发布告知。
- 《关于开展探索和利用外层空间的国际合作，促进所有国家的福利和利益，并特别考虑到发展中国家的需要的宣言》(1996年) 规定国家可在公平和互相认可的基础上自由决定参与国际空间合作的相关事宜，并规定合作方式应是参与国家认为最有效、最合适的方式。

外层空间事务厅

位于维也纳的**联合国外层空间事务厅**（**外空厅**，www.unoosa.org）是和平利用外层空间委员会及其两个小组委员会的秘书处，致力于推动和平利用外层空间的国际合作，并促进利用空间科学技术推动经济和社会的可持续发展。外空厅向会员国传播与空间相关的信息，并履行秘书长的国际空间法责任，包括管理射入外层空间物体登记册。通过联合国空间应用方案（www.unoosa.org/oosa/en/ourwork/psa/），外空厅致力于改进空间科学技术的利用，从而推动所有国家，特别是发展中国家的发展。通过该方案，外空厅为成员国就开展试验项目提供技术咨询服务，并在遥感、卫星通信、卫星气象学、卫星导航、基础空间科学和空间法等领域开展培训和研究金方案。

外空厅是《空间和重大灾难国际宪章》的合作机构。联合国各机构可通过《国际宪章》这一机制获取卫星图像，帮助其应对灾害。外空厅也是全球导航卫星系统国际委员会的秘书处。该委员会属于非正式机构，致力于增强民用卫星定位、导航、计时和增值服务，以及全球导航卫星系统的兼容性和协调性等方面的合作，并致力于拓展这些空间技术的应用范围，从而为各国，特别是发展中国家的可持续发展提供支持。外空厅还是空间飞行任务规划咨询小组的秘书处（www.cosmos.esa.int/web/smpag），该咨询小组的主要目的是准备应对近地天体的威胁。

外空厅管理**联合国灾害管理和应急天基信息平台**（**天基信息平台**，www.un-spider.org）。天基信息平台由大会于2006年12月设立，旨在向各国及相关国际和区域组织提供各类空基信息和服务，为整个灾害管理周期提供支持。通过该平台，更多的国家通过利用天基信息进行灾害管理规划，降低风险和采取应急措施，还可以就天基技术的利用获得咨询意见。

外空厅为空间科学和技术教育区域中心以及联合国附属空间科学和技术网络提供技术帮助。各区域中心与成员国合作，增强成员国的空间科学技术能力，并帮助科学家和研究人员开发利用空间科技促进可持续发展的技能和知识。现有六个区域中心：位于摩洛哥和尼日利亚的两个非洲区域中心；位于中国和印度的两个亚太区域中心；位于约旦的西亚区域中心；以及位于墨西哥和巴西的拉丁美洲和加勒比联合区域中心。

外空厅也是外层空间活动机构间会议的秘书处。该机构间会议自1975年开始每年召开一次，旨在增强联合国各机构之间的空间相关合作，协调外层空间活动，形成协同效应，以及考虑新倡议。该会议负责编纂秘书长关于协调联合国系统内部空间相关活动的工作报告。

外空会议　联合国就探索与和平利用外层空间的议题组织了三次重要会议，三次会议都在维也纳召开。第一次会议于1968年召开，探讨空间研究和探索的实际利益，并评估不从事空间活动的国家的受益程度。第二次会议（1982年外空会议）评估空间科技的发展现状，审议空间技术在发展方面的应用，并探讨国际空间合作。第三次外空会议于1999年召开，提出了以下行动纲要：保护全球环境，管理自然资源；拓展空间应用以促进人类安全、发展和福祉福利；保护空间环境；提高发展中国家利用空间科学并受益的程度；以及增加培训和教育机会，特别是针对年轻人。第三次外空会议还呼吁建立一个全球系统，致力于减少、缓解和预防自然灾难；改进教育方案和卫星相关基础设施以促进扫盲；呼吁国际社会加强协调近地天体相关活动。2018年6月，国际社会将举办“外空会议+50”，庆祝外空会议50周年纪念日。“外空会议+50”是每年在维也纳举办的外空委会议的特别部分，旨在为未来国际空间合作制定线路图。

非殖民化

自1945年联合国成立以来，已有近100个其人民以往曾处于殖民统治或托管安排之下的国家作为独立的主权国家加入了联合国。此外，其他许多非自治领土也通过与一个独立的国家进行政治联合或合并的方式实现了自决。联合国激发了非自治领土人民的愿望，并通过设定目标和标准帮助他们加快实现独立，从而在这一历史性的转变过程中发挥了至关重要的作用。联合国特派团监督了使得多哥兰（1956年和1968年）、西萨摩亚（1961年）、纳米比亚（1989年）和东帝汶（2002年）获得独立的全民投票。虽然反殖民主义取得了巨大的进展，但世界上仍有近两百万人处于殖民统治之下，联合国将继续努力帮助剩余的非自治领土实现自决（www.un.org/zh/decolonization）。

联合国的非殖民化工作遵照《宪章》“人民平等权利及自决”原则，以及《宪章》中关于非自治领土人民利益的三个具体章节（第十一章、十二章和十三章）所载的有关原则。1960年以来，联合国的非殖民化工作也一直以大会通过的《给予殖民地国家和人民独立宣言》，即《非殖民化宣言》为指导，各会员国在《宣言》中阐明了尽快终止殖民主义的必要性。

根据大会1960年第1541（XV）号决议，在以下情况下，非自治领土可以被称作实现了“充分自治”：

- 成为独立的主权国家；
- 与一个独立国家自由联合；
- 与一个独立国家合并。

国际托管制度

联合国根据《宪章》第十二章设立了国际托管制度，对通过与管理国签订单独协议而纳入该系统内的托管领土进行监督。国际托管制度适用于：第一次世界大战后国际联盟委任统治的领土；第二次世界大战后从“敌国”割离的领土；以及负管理责任的国家自愿置于该制度下的领土。托管制度的目标是促进托管领土的政治、经济和社会发展，最终实现自治和自决。

托管理事会根据《宪章》第十三章设立，主要任务是监督托管领土的管理，确保管理国政府采取适当的措施，为实现《宪章》中有关托管领土的目标做好准备。

联合国成立初期，共有11个托管领土。至今，11个托管领土或实现独立，或与某个独立国家自愿联合。最后实现独立的托管领土是由美国管理的太平洋岛屿（帕劳）。1993年，帕劳举行全民投票，决定与美国自由联合，随后，安理会于1994年终止了帕劳的联合国托管协定。帕劳在1994年实现独立，并加入联合国成为第185个会员国。随着所有托管领土实现了自治或自决，联合国托管制度完成了其历史使命。

非自治领土

《宪章》第十一章《关于非自治领土之宣言》规定，管理这些非自治领土的会员国应"以领土居民之福利为至上"，并履行义务，把提高该领土人民的福祉作为"神圣之信托"。为此，除了要确保托管领土的政治、经济、社会和教育发展，管理国还需帮助托管领土建立自治与民主政治体制。管理国有义务定期向秘书长汇报处于其管理之下的托管领土的经济、社会和教育状况。

1946年，澳大利亚、比利时、丹麦、法国、荷兰、新西兰、英国与美国八个会员国确认了在其管理下的非自治领土，共计72个，其中八个非自治领土于1959年前实现独立。1963年，大会批准了修订后的非自治领土名单，这份名单中所列的64个非自治领土适用1960年通过的《给予殖民地国家和人民独立宣言》。目前，全世界共有17个非自治领土，分别由法国、新西兰、英国和美国管理（www.un.org/en/decolonization/nonselfgovterritories.shtml）。

2005年，托克劳的全国性代表机构——长老大会通过了一项与新西兰自由联合的条约草案，随后又通过一部宪法草案。在2006年全民投票中，60%的托克劳注册选民支持自由联合，但没有达到所需的三分之二多数。2007年，托克劳举行了第二次全民投票，692名投票者中有446名支持自由联合，仅差16票就能达到所需的三分之二多数。决定托克劳未来地位的两次全民投票在联合国监督下举行。大会确认了2008年长老大会关于推迟审议托克劳未来的任何自决行动的决定，并确认新西兰和托克劳将继续加强托克劳各环礁的基本服务和基础设施建设，从而确保提高托克劳人民的生活质量。

《给予殖民地国家和人民独立宣言》

鉴于附属领土人民希望实现自决，并且国际社会认为《宪章》各项原则落实缓慢，大会于1960年通过了《给予殖民地国家和人民独立宣言》[联合国大会第1514（XV）号决议]。《宣言》指出，使人民受外国征服、统治和剥削构成对基本人权的剥夺，违反《宪章》，有碍促进世界和平与合作。“在托管领地和非自治领地以及还没有取得独立的一切其他领地内，应立即采取步骤，依照这些领地的人民自由表达的意愿和愿望，不分种族、信仰或肤色，无条件地和无保留地将所有权力移交给他们，使他们能享受完全的独立和自由。”在1541（XV）号决议中，大会界定了获得完全自治的合法政治地位的三种方式，即：与一个独立国家自由联合；与一个独立国家合并；以及独立。

仍适用《给予殖民地国家和人民独立宣言》的非自治领土

领　土	管 理 国	人　口
非洲		
西撒哈拉[1]	—	586,000
大西洋和加勒比		
安圭拉	英国	15,700
百慕大	英国	65,187
英属维尔京群岛	英国	28,200
开曼群岛	英国	58,238
福克兰群岛（马尔维纳斯）[2]	英国	2,500
蒙特塞拉特	英国	5,000
圣赫勒拿	英国	5,765
特克斯和凯科斯群岛	英国	36,689
美属维尔京群岛	美国	105,080
欧洲		
直布罗陀	英国	33,140
太平洋		
美属萨摩亚	美国	55,170
法属波利尼西亚	法国	271,800
关岛	美国	159,358
新喀里多尼亚	法国	268,767
皮特凯恩	英国	39
托克劳	新西兰	1,411

1 **西撒哈拉** 1976年2月26日，西班牙告知秘书长，即日起从撒哈拉领土内全面撤出。西班牙认为有必要正式声明，鉴于其终止参与该领土的临时管理，自此应免于有关西撒哈拉管理的一切国际责任。1990年，大会再次确认西撒哈拉问题是需要西撒哈拉人民解决的非殖民化问题。

2 **福克兰群岛** 阿根廷和英国两国政府之间存在关于福克兰群岛（马尔维纳斯）主权问题的争端。

1961年，大会设立一个特别委员会以审查《宣言》的落实情况，并对落实工作提供建议。该委员会全称为“**联合国给予殖民地国家和人民独立宣言执行情况特别委员会**”，通常称为“非殖民化特别委员会”或C-24（www.un.org/zh/decolonization/specialcommittee.shtml）。委员会每年召开一次会议，审议适用《宣言》的非自治领土名单，听取各非自治领土请愿者与代表的声音，向各非自治领土派遣视察团，并就非自治领土的政治、社会、经济和教育状况组织年度研讨会。

《宣言》通过后，居住着8 000多万人口的约60个殖民地领土先后获得独立，实现自决，并以主权国家的身份加入了联合国。大会号召管理国采取一切必要措施，使每个非自治领土的人民都能尽快充分行使自决和独立的权利。大会还重申决心继续采取一切必要步骤，迅速彻底铲除殖民主义，并使所有国家忠实遵守《宪章》《给予殖民地国家和人民独立宣言》和《世界人权宣言》的有关条款。

在第一个铲除殖民主义国际十年（1990—2000年）接近尾声之际，大会宣布2001—2010年为第二个铲除殖民主义国际十年，号召会员国再接再厉，争取彻底实现非殖民化。通过2010年12月10日第65/119号决议，大会宣布2011—2020年为**第三个铲除殖民主义国际十年**，号召会员国再接再厉，继续贯彻第二个十年的行动计划。

2016年，联合国新闻部与政治事务部共同出版了一份介绍性手册《在援助非自治领土方面联合国能做些什么》。

纳米比亚

1990年，联合国帮助纳米比亚取得独立（www.un.org/en/peacekeeping/missions/past/untagS.htm）。

纳米比亚原称西南非洲，是国际联盟委任统治制度下的七个非洲领土中唯一没有置于联合国托管制度之下的一个。1946年，大会建议南非将西南非洲纳入联合国托管制度。南非拒绝，并于1949年告知联合国，南非不再向联合国传递关于该领土的信息。1966年，大会终止南非对西南非洲的委任统治，并将西南非洲置于联合国西南非洲理事会的托管之下。1968年，理事会更名为联合国纳米比亚理事会。纳米比亚成为唯一一个由联合国，而非会员国负责管理的托管领土。1976年，安理会要求南非接受在联合国监督下为这个非自治领土举行选举。1978年，大会对纳米比亚人民的武装解放斗争表示支持，声明任何解决方案都必须与唯一代表纳米比亚人民的西南非洲人民组织（西南非民组）的意见一致。同年，加拿大、法国、联邦德国、英国和美国向安理会递交了解决提案，提出在联合国的主持下选举制宪大会，这个提案得到了安理会的认可。秘书长任命了一名负责纳米比亚问题的特别代表，安理会还设立了联合国过渡时期援助团（过渡时期援助团）。经过秘书长及其特别代表多年的谈判努力以及美国的调解，南非于1988年同意与秘书长合作，确保纳米比亚通过选举实现独立。

1989年，促进纳米比亚实现独立的行动开始。纳米比亚有关部门负责举行选举，过渡时期援助团负责监督和控制整个选举过程。过渡时期援助团还监测西南非民组与南非之间的停火以及所有武装人员的复员工作，确保选举平稳进行。

西南非洲人民组织在制宪大会选举中获得胜利。秘书长特别代表宣布，这次选举是“自由和公平”的。随后，南非从纳米比亚撤出剩余的部队。1990年2月，制宪大会通过了起草的新宪法，并选举西南非民组领导人萨姆·努乔马为国家总统，任期五年。3月，纳米比亚正式独立。在秘书长的主持下，纳米比亚的第一任总统宣誓就职。同年4月，纳米比亚加入联合国。

东帝汶

联合国取得的另一项成就是促成了东帝汶的独立。1999年，在东帝汶人民通过由联合国组织的全民协商投票支持独立后，一项重大的联合国维和行动监督了东帝汶的独立过渡。

帝汶岛位于澳大利亚以北、印度尼西亚岛链的中南部。帝汶岛西部曾经是荷兰殖民地，印度尼西亚独立后并入印度尼西亚。帝汶岛东部曾是葡萄牙殖民地。

1960年，大会将东帝汶列入非自治领土名单。1974年，葡萄牙承认东帝汶拥有自决权，寻求建立临时政府和公民大会决定东帝汶的地位。然而，1975年，非自治领土内的几个新建政治党派间爆发了内战。葡萄牙宣布无法控制局面，撤出东帝汶。内战一方宣布东帝汶成为一个独立国家，而另一方则宣布并入印度尼西亚。

同年12月，印度尼西亚出兵东帝汶并建立临时政府。葡萄牙因此与印度尼西亚断交，并将此事提交安理会，安理会呼吁印度尼西亚撤军，并敦促各国尊重东帝汶人民的自决权。1976年，临时政府举行议会选举，之后，议会要求东帝汶并入印度尼西亚。在印度尼西亚通过立法支持这一决定后，主张独立的一方开始武装抵抗。1983年，秘书长开始与印度尼西亚和葡萄牙进行对话，但直到1999年，双方才在秘书长的斡旋下达成协议，为全民协商奠定了基础。

根据已达成的各项协议，联合国东帝汶特派团（东帝汶特派团）组织并开展了选民登记和正式投票。1999年8月，在45万注册选民中的78.5%反对东帝汶并入印度尼西亚自治后，反对独立的民兵发动了大规模破坏和暴力活动，造成许多人死亡，20多万东帝汶人民被迫流离失所。经过多轮紧张谈判后，印度尼西亚同意在东帝汶部署一支经由联合国授权的多国部队。9月，安理会授权派遣国际部队进驻东帝汶，帮助东帝汶恢复和平与安全。10月，安理会建立了联合国东帝汶过渡当局（东帝汶过渡当局），授权其在东帝汶独立过渡期间全面行使行政与司法权力。

2001年8月，东帝汶超过91%的有资格选民前往投票站，投票选举出由88名成员组成的制宪议会。制宪议会负责草拟并通过新宪法，为未来选举和独立过渡建立框架。2002

年3月，经制宪议会签署，非自治领土第一部宪法生效。次月，夏纳纳·古斯芒赢得了82.7%的选票，被任命为总统。2002年5月20日，非自治领土正式获得独立。制宪议会转变为国家议会，新国家取名为东帝汶。同年9月，东帝汶成为联合国第191个会员国。

西撒哈拉

自1963年起，联合国始终努力解决有关西撒哈拉地区的持续争端。该领土位于非洲的西北海岸，与阿尔及利亚、毛里塔尼亚和摩洛哥毗邻。

1884年，西撒哈拉成为西班牙殖民地。1963年，毛里塔尼亚和摩洛哥均对该领土提出主张。根据大会1975年的意见，国际法院拒绝了毛里塔尼亚和摩洛哥对该领土的主权主张。

1976年，西班牙撤离西撒哈拉，"收复"该领土的摩洛哥与阿尔及利亚支持的萨基亚阿姆拉和里奥德奥罗人民解放阵线（波利萨里奥阵线）之间随即爆发战争，此后联合国一直努力寻求办法解决西撒哈拉问题。1979年，非洲统一组织（非统组织）呼吁组织全民投票，使该领土的人民行使他们的自决权。截至1982年，有26个非统组织成员国承认波利萨里奥阵线在1976年宣布成立的"阿拉伯撒哈拉民主共和国"。1984年，阿拉伯撒哈拉民主共和国出席非统组织首脑会议，摩洛哥退出非统组织。

秘书长和非统组织主席发起联合斡旋任务，在1988年提出解决方案，呼吁停火并通过全民投票选择独立或并入摩洛哥。各方原则上同意这一方案。根据第690（1991）号决议，安理会于1991年设立**联合国西撒哈拉全民投票特派团**（**西撒哈拉特派团**，minurso.unmissions.org），协助秘书长特别代表组织和开展西撒哈拉人民举行自决公民投票。根据1974年西班牙对该领土人口的普查数据，所有18岁及以上的西撒哈拉居民均有权投票。特派团成立一个身份查验委员会更新人口普查表，并对投票者身份进行验证。居住在领土之外的难民将在难民署的帮助下进行身份验证。

1991年9月，停火协议正式生效。在西撒哈拉特派团观察员的监督下，此后没有出现重大违反停火协议的情况。然而，双方就实施解决方案仍然存在分歧，尤其是有关确定公民投票选民资格标准等问题。1997年，在秘书长西撒哈拉问题个人特使的调解下，双方达成和解，1999年末，选民身份验证工作全部结束。尽管关于实施计划的磋商一直持续，但分歧仍然存在。

2004年，摩洛哥拒绝了秘书长个人特使提出的一项提案，也拒绝了整个解决方案。尽管僵局持续，但也取得了一些积极的进展。2005年8月，波利萨里奥阵线释放了剩余的摩洛哥战俘；2004年，难民署为居住在阿尔及利亚廷杜夫难民营的西撒哈拉难民及其在西撒哈拉领土上的亲属发起了一项"探亲"方案。其中一些人相互之间已有30年不曾见面。

2007年，秘书长个人特使发现只剩下两种可能：僵局无限期延长，或直接谈判。安理会呼吁各方无条件展开真诚的谈判。随后，秘书长个人特使促使各方在纽约召开谈判会议，阿尔及利亚和毛里塔尼亚也参加谈判。在第二轮会议上，各方认为现状是不可接受的，并且承诺继续展开有诚意的谈判。此次重启对话是各方七年多以来的首次直接谈判。

各方于2008年举行第三轮谈判，并在2009年、2010年、2011年和2012年举行了五次非正式会议。然而，关于西撒哈拉未来地位问题以及西撒哈拉人民通过何种方式实现自决全民投票这两个核心问题，仍然没有取得进展。

2013年、2014年和2015年，秘书长个人特使采用了一种新方法，与各方和邻国进行双边磋商，评估各方是否愿意灵活实施折中方案，以及邻国可提供何种援助。尽管取得了一些认识，立场分歧依然存在。

2016年3月，继秘书长访问该地区之后，摩洛哥政府宣布了影响西撒哈拉特派团行使职能能力的措施，包括急剧减少文职人员数量，尤其是在政治领域，以及取消摩洛哥对特派团行使职能的自愿捐助。为了防止撕毁停火协议以及恢复敌对行动，并考虑到秘书长个人特使的持续努力，秘书长建议将西撒哈拉特派团任务期限延长12个月。他还敦促就西撒哈拉和难民营的人权状况进行进一步接触，包括支持人权实体在该地区活动，并增加为难民营提供的人道主义援助。安理会将西撒哈拉特派团的任务期限延长至2017年4月30日。

经济和社会发展

在联合国可持续发展问题世界首脑会议举行之前，一部时长10分钟、介绍可持续发展目标的影片于9月25—27日在联合国总部的两面外墙上投影播放，展示了17个发展目标，以提升人们对于2030年可持续发展议程的认识。（2015年9月22日，联合国图片/Cia Park）

很多人都将联合国与和平安全问题联系在一起。事实上，联合国的大部分资源都用于实现《宪章》有关促进“较高之生活程度，全民就业，及经济与社会发展”的承诺。联合国为发展所做的努力极大影响了全世界数百万民众的生活和福祉。只有各国人民的经济和社会福祉得到保障，全球和平与安全才能得以持久。这正是联合国一贯秉持并为之奋斗的信念。

很多自1945年以来发生的经济和社会转型，其方向和形态都极大地受到联合国工作的引导和影响。作为建立共识的全球中心，联合国制定了国际合作的优先事项和目标，协助各国实现发展，并促进形成有利的全球经济环境。联合国通过召开一系列全球会议，为制定和促进发展议程的新目标提供了平台，包括认定有必要将提高妇女地位、维护人权及建立善治等特定事项纳入发展范例中。多年来，世界的发展观发生了变化。如今，各国一致认同，旨在促进繁荣和经济发展机会、提高社会福祉和保护环境的可持续发展是提高各国人民生活水平的最佳前进道路。

在2000年的千年首脑会议上，会员国通过了《联合国千年宣言》，该宣言被转化为在2015年之前实现八项有时限和可衡量目标的路线图，即**千年发展目标**。千年发展目标旨在：消灭极端贫穷和饥饿；实现普及初等教育；促进性别平等并增强妇女权能；降低儿童死亡率；改善孕产妇保健；抗击艾滋病病毒/艾滋病、疟疾和其他疾病；确保环境可持续性；以及建立促进发展的全球伙伴关系。

2012年，秘书长设立了一个高级别小组，该小组在考虑到2000年以来取得的成就的情况下，就2015年后发展议程提供建议。这些成就包括极端贫困人口减少了5亿，以及每年拯救300万儿童的生命等。高级别小组还与各界人士进行了磋商，包括120个国家的5 000个民间社会组织、30个国家的250名首席执行官、农民、移民、贸易商、青年、信仰团体、工会、学者和哲学家等。2013年5月，高级别小组报告称，经济增长、更完善的政策和对千年发展目标的全球承诺，共同推动了前所未有的进步，并得出结论指出，新的发展议程应秉承《宣言》的精神并延续千年发展目标的最佳实践，以贫困、饥饿、水、卫生、教育和医疗为切实焦点。2015年9月，世界领导人通过了《2030年可持续发展议程》及17个**可持续发展目标**。《2030年可持续发展议程》于2016年1月1日正式生效，标志着联合国走上了到2030年消除贫困、保护地球以及确保共同繁荣的新道路。2015年通过的另外三项协定——发展筹资问题《亚的斯亚贝巴行动议程》、气候变化《巴黎协定》以及《仙台减少灾害风险框架》也在全球发展议程中发挥着重要的作用。

协调发展行动

国际社会对经济和社会事务的辩论越来越表明各国（包括富国和穷国）对解决跨国境问题有着共同的关切和利益。解决难民问题、打击有组织犯罪和贩毒、抗击艾滋病毒和艾滋病以及应对气候变化都被视作全球性挑战，需要采取协调一致的行动。如果某一地区的贫困长期得不到好转，失业率居高不下，其影响会通过移民、社会混乱和冲突等渠道迅速波及其他地区。同样，在经济全球化时代，一个国家的金融不稳定也会给其他国家的市场造成影响。民主、人权、善治和增强人民权能（包括妇女、青少年、老年人、残疾人、土著人民和贫困人口）对于促进经济和社会发展的作用，得到了越来越广泛的共识。尽管许多方面都已取得了进步，但世界经济和社会结构在收入、财富和福祉方面仍存在较大的差距。减少贫困与解决国家内部和国与国之间的不平等问题，仍然是联合国的基本目标。

联合国发展系统由接受发展业务活动捐款的实体组成。为了实现共同的经济和社会目标，联合国系统采用了多种不同的方式，包括：提供政策分析，应对现有的及新出现的全球挑战；对各国政府的发展计划和战略提出建议；制定国际规范和标准；评估国际发展合作方面的趋势和进展；以及调动资金实施发展方案。通过各个基金、方案和专门机构的工作，联合国得以影响各地人民的生活，包括在教育、航空安全、环境保护和劳动条件等各个方面。

经社理事会（www.un.org/zh/ecosoc）是负责协调联合国及其业务部门的经济和社会工作的主要机构，也是讨论国际经济和社会事务并提出政策建议的中心论坛，其责任包括：提高生活水平，实现充分就业，促进经济和社会进步；确定经济、社会和卫生问题的解决方案；推动文化和教育合作；以及倡导对人权和基本自由的普遍尊重。

社会发展委员会作为经社理事会在社会政策和发展领域的筹备和咨询机构，就理事会商定的年度议题涉及的社会层面提交报告。该委员会还将通过支持高级别政治论坛的专题审查，为开展2030年可持续发展议程的后续行动做出贡献。

经社理事会的附属机构**发展政策委员会**由24名以个人身份任职的专家成员组成，就新出现的经济、社会和环境问题提供咨询意见。该委员会还负责制定最不发达国家的认定标准，并对最不发达国家名单进行审查。

2005年的世界首脑会议决定由经社理事会每两年举办一次高级别发展合作论坛，由所有相关利益攸关方参加，审议国际发展合作的趋势和进度。论坛旨在提供促进发展合作的政策指导和建议。

联合国发展集团（www.undg.org）由联合国系统内负有发展使命的32个基金、方案、机构、部门和办事处组成。作为执行机构，发展集团致力于促进决策实体与不同业务方案的合作。

经济和社会事务执行委员会（www.un.org/development/desa/ecesa/）由秘书处下属机构和各区域委员会组成，也是政策制定和管理机构，其目的是使在经济、社会领域中由经社部领导的从事规范性、分析性、技术性工作的联合国实体协调一致。

秘书处下属的**经济和社会事务部**（**经社部**，www.un.org/development/desa/zh/）帮助各国应对各自面临的经济、社会和环境挑战。经社部在国际公认的目标，也就是联合国发展议程的框架下运作。在这一框架下，经社部就经济、社会和环境事务向会员国提供分析性、实质性和技术性支持，并开展政策分析和协调。经社部还帮助各国制定规范和标准，促成各国商定应对全球挑战的共同行动方案。经社部既是全球政策与国家行动之间的关键连接点，也是联系研究、政策和业务活动的重要纽带。

五个区域委员会负责促进非洲（非洲经委会，www.uneca.org）、亚太（亚太经社会，www.unescap.org）、欧洲（欧洲经委会，www.unece.org）、拉丁美洲和加勒比（拉加经委会，www.cepal.org/en），以及西亚（西亚经社会，www.unescwa.org）分别进行类似的经济和社会信息交流和政策分析。联合国的多个基金和方案在方案国从事发展业务活动，有若干个专门机构负责为各国的发展活动提供支持和援助。在人力和财力资源日益紧张的时代背景下，强化联合国系统各部门间的协调与合作对实现发展目标有至关重要的作用。

大会通过**四年期全面政策审查**（www.un.org/ecosoc/zh/node/49687）为联合国的发展合作及国家层面的发展合作模式确定重要的全系统政策方向。全面政策审查每四年举行一次，是确定联合国发展系统如何运作以支持方案国发展的主要政策工具。最近一次四年期全面政策审查于2016年执行，并以通过第71/243号决议而结束，该决议为联合国发展系统支持2030年议程的落实提供指导。四年期全面政策审查尤其关注联合国发展系统在操作层面的跨部门和协调问题，适用于各基金、方案和大会直接授权的其他实体。

可持续发展

在联合国成立后最初的几十年里，国际议程很少出现环境问题。过去，联合国的相关工作强调自然资源的开采与利用，同时确保发展中国家保持对本国资源的控制。20世纪60年代，联合国制定了若干有关海洋污染，特别是溢油问题的协定。此后，越来越多的迹象表明环境恶化正在全球范围内蔓延，因此，对于发展给地球生态及人类福祉带来的影响，国际社会的担忧与日俱增。如今，联合国已成为环境关切的主要倡导者和可持续发展的重要支持者。

1972年在瑞典首都斯德哥尔摩举行的联合国人类环境会议上，经济发展与环境退化之间的关系被首次提上国际议程。会议结束后，各国成立了**联合国环境规划署**（**环境署**，www.unep.org/chinese）。如今，环境署已成为世界主要环境保护机构。

1973年，联合国苏丹–萨赫勒办事处成立（即现在的联合国开发计划署干旱地区发展中心），旨在带领各方力量扭转西非荒漠化蔓延的趋势。成立之后，该中心承担了一项更重要的任务。1996年，《联合国关于在发生严重干旱和/或荒漠化的国家特别是在非洲防治荒漠化公约》的生效，给该中心的工作增添了额外的动力。

20世纪80年代，会员国就环境问题展开了一系列里程碑式的谈判，达成了涉及保护臭氧层和控制有毒废物转移的若干条约。原世界环境与发展委员会（1983年由大会设立）就新型发展模式的重要性和紧迫性提出了新的理解，认为既要通过发展确保今世后代的经济福祉，也要保护全世界的环境资源。该委员会在1987年向大会提交的报告中提出了“可持续发展”的概念，取代以毫无节制的经济增长为基础的发展模式。大会在审议该报告后，呼吁于1992年在巴西里约热内卢召开联合国环境与发展会议，又称地球问题首脑会议。在规模、范围和影响力等方面史无前例的环发会议将可持续发展与人权、人口、社会发展和人类住区等议题联系起来。

可持续发展是在不损害后代满足自身需要能力的前提下满足当代需要，并呼吁为人类和地球创造一个包容、可持续和富有应变能力的未来。为此，经济增长、社会发展和环境保护这三个核心要素的协调至关重要，同时也必须协调促进个体和社会福祉的必要因素。联合国已采取行动，将可持续发展的理念融入所有相关政策和方案中。而且，发展援助方案比过去任何时候都更关注妇女，因为妇女既是商品和食品的生产者、服务提供者，也是环境的守护者。消除贫困是道德责任和社会责任，而随着人们认识到消除贫困和保证环境质量须同步进行，这两方面的责任显得格外重大。

峰会和会议

在1992年的地球问题首脑会议上，各国政府通过了《21世纪议程》。《21世纪议程》是一项全面的全球行动计划，内容涉及可持续发展的各个领域（www.un.org/chinese/events/wssd/agenda21.htm）。2002年，可持续发展问题世界首脑会议在南非约翰内斯堡召开，会议再次肯定了《21世纪议程》的执行情况，重申了议程的相关承诺。联合国可持续发展大会，又称“里约+20”峰会，于2012年6月在巴西的里约热内卢召开。

《21世纪议程》制定了详细的行动蓝图，旨在逐步改变原先不可持续的经济增长模式，转而保护和恢复经济增长与发展所依赖的环境资源。行动领域包括：保护大气层；制止砍伐森林、土壤流失及沙漠化；预防空气和水污染；防止鱼类种群的枯竭；以及加强对有毒废物的无害化管理。同时，《21世纪议程》还探讨了可造成环境压力的发展模式，包括：发展中国家的贫困和外债问题；不可持续的生产和消费模式；人口压力；以及国际经济结构。行动方案建议加强主要群体在实现可持续发展过程中的作用，这些群体有：妇女、工会、农民、儿童和青年、土著人民、科学界、地方当局、工商界和非政府组织。

“里约+20峰会”与1992年的地球问题首脑会议相隔20年，与2002年的世界首脑会议相隔10年。峰会通过了成果文件《我们希望的未来》，包含了实现可持续发展的实际措施。峰会产生了700多项自愿承诺。各国承诺采取一种自下而上的新方法来促使可持续发展取得切实的成果。会员国还发起了旨在制定一系列可持续发展目标的进程。

2030年议程

2000年9月，联合国千年首脑会议在纽约举行。会上，189位世界领导人核准了《千年宣言》。**千年发展目标**（www.un.org/zh/millenniumgoals/），即八项到2015年要实现的可衡量的目标，是实现《千年宣言》的路线图。千年发展目标为减少贫困、改善贫困人口生活的集体行动提供了框架。在八项明确的千年发展目标下，有21项有时限的具体目标，以衡量下列方面的进展：消除贫困和饥饿；改善健康和教育状况；改善生活条件；维护环境可持续性；以及促进性别平等。

截至2015年，由于协调一致的全球、区域、国家和地方层面的努力，所有千年发展目标都已取得重大的进展，数以百万计的民众的生活得到了改善。《2015年千年发展目标报告》的数据和分析（www.un.org/zh/millenniumgoals/pdf/MDG%202015-C-Summary_Chinese.pdf）表明，得益于有针对性的干预措施、正确的战略、充足的资源和政治意愿，即使是最贫穷的国家也能够取得巨大、空前的进步。然而，报告也承认所取得的成绩是不均衡的，很多领域还存在着差距。因此，千年发展目标的工作尚未完成，在新的发展时期还要继续。

在2015年9月25日至27日举行的旨在通过2015年后发展议程的联合国峰会上，基于千年发展目标和地球问题首脑会议已有成果和经验，会员国通过了大会第70/1号决议《变革我们的世界：2030年可持续发展议程》。在解决尚未实现的千年发展目标的同时，2030年议程还致力于以平衡、综合的方式在经济、社会和环境三个层面实现可持续发展。这是首个将联合国工作的三大支柱——和平与安全、人权和可持续发展——整合成一个单一议程的文件。这体现出一种从以往把对经济或社会结构的关注分别开来的发展方式的范式转变。与千年发展目标相比，2030年议程也更加强调环境。

雄心勃勃、具有变革性的2030年议程致力于到2030年消除贫困，实现可持续的未来。2030年议程是一项普遍议程，其组成包括：一个宣言；17个到2030年要实现的目标（见下文）；实现这些目标的方式（如重振全球伙伴关系）；以及评估与后续落实框架。世界面临着一系列巨大的挑战——普遍的贫困，不平等加剧，财富、机会和权力差距扩大，环境退化，以及气候变化带来的风险。2030年议程为消除所有层面的贫困、不让一个人掉队并首先帮助落在最后面的人制定了一个行动计划。议程借鉴了2015年气候变化会议、减少灾害风险大会和发展筹资问题国际会议所通过的成果文件。

高级别政治论坛

在2012年“里约+20”峰会上，会员国一致同意建立一个取代可持续发展委员会的论坛。该委员会于1992年设立，是经社理事会下的职司委员会，旨在确保《21世纪议程》得到全力支持，负责监测1992年和2002年首脑会议通过的协定和成果文件的执行情况。**可持续发展问题高级别政治论坛**（**高级别政治论坛**，sustainabledevelopment.un.org/hlpf）于2013年由大会建立，是2030年议程和可持续发展目标的主要后续落实与评估平台，与大会、经社理事会和其他联合国相关机构与论坛协调工作。高级别政治论坛提供政治领导和指导，在各级以综合、跨部门的方式加强对经济、社会和环境三个方面可持续发展的整合，并应对可持续发展面临的新挑战和正在出现的挑战。

自愿国别评估是高级别政治论坛的支柱，发达国家和发展中国家通过自愿评估，分享实现可持续发展目标进程中的成功经验、挑战和教训。高级别政治论坛旨在吸引并动员世界领导人、联合国系统以及包括民间社会和私营部门在内的主要群体和其他利益攸关方（sustainabledevelopment.un.org/aboutmajorgroups.html）参与实现可持续发展，将可持续发展列入国家、区域和全球议程。

每年，高级别政治论坛都会审议大量的重要文件，包括：一份全球可持续发展目标进展报告；一份科学、技术、创新促进可持续发展目标多利益攸关方论坛总结；发展筹资问题国际会议的成果文件；以及主要群体和其他利益攸关方的投入。

在大会的主持下，高级别政治论坛每四年召开一次国家元首和政府首脑峰会，论坛年会则由经社理事会主持。2017年高级别政治论坛于7月10日至19日召开，主题是“在不断变化的世界中消除贫困、促进繁荣”。截至2016年11月30日，已有31个国家加入2017年论坛的自愿国别评估。

可持续发展目标

被称作**可持续发展目标**（www.un.org/sustainabledevelopment/zh/sustainable-development-goals/）的17个有时限、可衡量的目标，是2030年议程的核心。可持续发展目标由169个具体目标和230项指标组成，可被视为一份人类和地球的“待办事项清单”，是实现可持续未来的蓝图。可持续发展目标将经济、社会和环境三个层面的可持续发展整合在一起。这些目标不是相互独立的，需要以综合的方式来实现。

可持续发展目标具有普遍性，因为这些目标适用于包括发达国家、发展中国家和中等收入国家在内的所有国家，考虑到了国家间在发展程度和能力上的差异。可持续发展目标承认，为了消除贫困，亟须制定战略来促进经济增长，满足教育、卫生、社会保护以及增加就业机会等一系列社会需求，同时应对气候变化和环境保护。2030年议程强调国家对议程的自主权以及在议程实施过程中的自主作用，但它也具有包容性。为成功落实2030年议程，全球、国家、区域和地方各级的所有人和利益攸关方都应采取行动。可持续发展目标要求所有人都同心协力，争取做出积极的改变。

17个可持续发展目标

目标1　在全世界消除一切形式的贫穷

目标2　消除饥饿，实现粮食安全，改善营养状况和促进可持续农业

目标3　确保健康的生活方式，促进各年龄段人群的福祉

目标4　确保包容和公平的优质教育，让全民终身享有学习机会

目标5　实现性别平等，增强所有妇女和女童的权能

目标6　为所有人提供水和环境卫生并对其进行可持续管理

目标7　确保人人获得负担得起的、可靠和可持续的现代能源

目标8　促进持久、包容和可持续经济增长，促进充分的生产性就业和人人获得体面工作

目标9　建造具备抵御灾害能力的基础设施，促进具有包容性的可持续工业化，推动创新

目标10　减少国家内部和国家之间的不平等

目标11　建设包容、安全、有抵御灾害能力和可持续的城市和人类住区

目标12　采用可持续的消费和生产模式

目标13　采取紧急行动应对气候变化及其影响

目标14　保护和可持续利用海洋和海洋资源以促进可持续发展

目标15　保护、恢复和促进可持续利用陆地生态系统，可持续管理森林，防治荒漠化，制止和扭转土地退化，遏制生物多样性的丧失

目标16　创建和平、包容的社会以促进可持续发展，让所有人都能诉诸司法，在各级建立有效、负责和包容的机构

目标17　加强执行手段，重振可持续发展全球伙伴关系

无贫穷

在全世界消除一切形式的贫穷 自2000年以来，随着许多发展中国家采取政策，为多种意外情况提供保护，全球的社会保护范围有所扩大。根据《2016年可持续发展目标报告》，生活在极度贫困线以下的世界人口比例在2002年至2012年间下降了一半，从26%下降至13%。以2011年美元购买力平价计算，极度贫困线为每人每天1.90美元或以下。然而，在撒哈拉以南非洲，贫困仍然普遍存在，2012年该地区超过40%的人口每日生活费不足1.90美元。

尽管消除贫困取得了进展，但在低收入国家，只有五分之一的人能获得某种形式的社会救济或社会保护福利，而在中等偏上收入国家，这个比例为三分之二。

2015年，全球工人与家人人均每天生活费低于1.90美元的比例从2000年的28%降至10%。根据《2016年可持续发展目标报告》，15至24岁的青年很可能成为在业穷人。2015年有16%的在业青年生活在贫困线下，而成年人中只有9%。

世界领导人通过可持续发展目标，尤其是可持续发展目标1，将减少贫困列为全球议程的首要任务，呼吁采取全球行动，消除一切形式的贫困（包括极度贫困），确保惠及所有人的和平与繁荣。**开发署**（www.undp.org）已将减贫列为工作的重中之重，致力于提高政府和民间社会组织消除导致贫困的一系列因素的能力，包括：加强粮食安全；创造就业机会；增加民众获得土地、信贷、技术、培训和市场的渠道；改善住所和基本服务的供应；以及让民众能够参与影响其生活的政治进程。开发署对抗贫困的工作核心在于增强贫困人口的权能。

农业和农村发展

世界仍有约一半人口生活在农村地区，其中大部分直接或间接以农业为生。事实上，世界绝大多数最贫困人口生活在农村地区。在工业化和城镇化的大潮中，农业部门得到的投资不足。联合国通过各种方式来应对这种不平衡的状况。

联合国粮食及农业组织（**粮农组织**，www.fao.org/home/zh/）致力于创建一个没有饥饿、没有营养不良和没有贫困的世界，使粮食和农业能以可持续的方式为提高所有人的生活水平做出贡献。粮食和农业是可持续发展的关键，对2030年议程至关重要。粮农组织致力于促进可持续和包容的农业和农村发展，利用更少的资源生产更多的粮食。粮农组织的可持续粮食和农业框架指出了落实可持续发展目标所需的五个因素：

- 提高资源的利用效率；
- 养护、保护和增强自然生态系统；
- 保护和改善农村生计、公平和社会福利；
- 增强民众、社区和生态系统的恢复力；

- 促进实施负责任的和有效的自然和人类系统治理机制。

粮农组织在世界各地开展的实地项目近2 000个，包括：综合土地管理项目；应急响应；以及为各国政府提供多个领域的政策和规划咨询意见，如林业和营销策略等。

粮农组织投资中心司和国际金融机构合作，协助各国规划促进农业和农村发展的投资活动。自1964年起，投资中心司及其国际金融机构合作伙伴共促成了2 100多个农业和农村发展投资项目，总价值超过1 150亿美元，其中，超过740亿美元由国际金融机构提供，其余由受惠国出资。

国际农业发展基金（**农发基金**，www.ifad.org）为帮助农村人口消除贫困的农业发展方案和项目提供资金，为促进经济发展和粮食安全的方案和项目提供贷款和赠款。农发基金支持的举措旨在帮助贫困农村人口获得：土地、水、财政资源，以及提高农业生产率所需的农业技术和服务；进入市场的渠道和创业机会，以帮助他们增加收入。

农发基金支持的计划和项目惠及世界最贫困的人口：小农户、无地劳工、游牧民、个体捕捞社区、土著人民以及所有群体中的农村贫困妇女。为落实可持续发展目标，基金特别致力于消除农村贫困和粮食不安全，包括：通过投资提高小农生产力，增加小农收入；支持增强农村妇女权能；促进包容性、多样化和生产性的农村经济；投资可持续农业和小农适应气候变化的能力；以及加强地方机构和自然资源管理。

自1978年开始运作起，农发基金在各国共调集了约253亿美元的农村发展资金，并额外提供了176亿美元的贷款和赠款。农发基金和123个受援国政府合作，支持了1 013个计划和项目，惠及约4.59亿人。

零饥饿

消除饥饿，实现粮食安全，改善营养状况和促进可持续农业 《2016年可持续发展目标报告》显示，全球饥饿人口比例从2000—2002年的15%下降至2014—2016年的11%。然而，世界各地仍有超过7.9亿人无法获得适足的食物。2015年，撒哈拉以南非洲有一半以上的成年人口面临中等或严重的粮食不安全。2014年，全球五岁以下儿童中有近四分之一（约1.59亿名）发育迟缓。儿童营养不良的另一个方面是超重儿童的比例不断增长，这个问题涉及几乎每个区域。2014年，全球大约有4 100万五岁以下儿童超重，其中近一半生活在亚洲。如果方法得当，农业、林业和渔业可以为所有人提供有营养的食物，并创造体面收入，同时支持以人为本的农村发展和环境保护。

抗击饥饿

自1945年联合国成立起，全球粮食产量以史无前例的速度增长。如今，地球上的粮食已足够养活每一个儿童、女性和男性。20世纪90年代初至2016年间，尽管全球人口增加了19亿，全球饥饿人口数量仍减少了2.16亿。粮农组织监测下的大多数国家实现了千年发展目标中到2015年让饥饿人口比例减半的具体目标。然而，2016年仍有7.93亿人口食不果腹。抗击饥饿正在取得进展，但仍常常受到冲突、政治不稳定或自然灾害的阻碍，导致危机长期存在。可持续发展目标2呼吁国际社会到2030年消除一切形式的饥饿和营养不良，并实现可持续的粮食生产。

联合国大多数负责抗击饥饿的实体都在实施社会保护方案，以提升世界贫困人口，特别是农村地区贫困人口的粮食安全。自成立以来，粮农组织一直致力于消除贫困与饥饿，所采取的措施包括促进可持续的农村和农业发展，改善营养和粮食安全，即人人随时都能从物质和经济途径获得充足、安全和富有营养的食物，满足饮食需求和口味，以便能过上积极健康的生活。

粮农组织下的世界粮食安全委员会负责监测和评估国际粮食安全状况，并就相关问题提出咨询意见。该委员会是一个国际性政府间平台，所有利益相关方通过这一平台共同努力，确保人人获得粮食安全和营养。委员会制订并通过政策建议和指导，涵盖粮食安全和营养领域的广泛议题。

粮农组织全球粮食和农业信息及预警系统（www.fao.org/giews/zh）利用卫星监测粮食供给和需求，以及评估世界各国总体粮食安全形势所需的其他主要指标，向各国政府和捐助者就潜在的粮食供应危机发布预警。粮农组织总部还设有农产品市场信息系统的秘书处，该系统是一个机构间平台，旨在增加粮食市场的透明度，采取行动应对市场的不确定性，以抗击对最脆弱人口冲击最大的粮食价格危机。

2009年，粮农组织举办的世界粮食安全首脑会议通过了一份宣言，各国承诺尽早消除饥饿，并就迎接气候变化给粮食安全带来的挑战达成一致。

农发基金为全球最穷困地区提供发展基金，以抗击饥饿。全球最贫困人口每天的生活费不到1美元，他们大多生活在发展中国家的农村地区，且以农业为生。为了确保发展援助用到最需要的人身上，农发基金动员农村贫困男女参与其自身发展，并与他们及其所在组织合作，创造机遇，使他们在社区内脱贫致富。

世界粮食计划署（粮食署，cn.wfp.org/）是联合国应对全球饥饿和营养问题的前沿机构，首先关注最需要帮助的人。2015年，粮食署为81个国家的7 670万世界最脆弱人口提供了直接援助，此外，还通过主要由东道国政府支持的信托基金方案帮助了160万人。粮食署每年购买超过200万吨粮食。粮食署的政策是尽可能在需要粮食援助的地区就近采购粮食，这意味着至少四分之三的粮食援助来自发展中国家。通过当地采购，粮食署节约了运输时间和成本，也帮助维系了当地经济。

粮食署致力于通过紧急援助、救济和恢复、发展援助和特殊行动等方式抗击饥饿。在发生战争、国内冲突、旱灾、洪灾、地震、飓风、作物歉收以及其他自然灾害等紧急情况时，粮食署通常会在第一时间赶赴现场，为灾民提供粮食援助。紧急状况缓解后，粮食署帮助受灾社区恢复遭到破坏的生活和生计。

很多发展中国家陷入了饥饿和贫困的恶性循环，而提供粮食以及与粮食相关的援助，则是打破这种循环最有效的方法。粮食署的发展项目通过学校供餐等方案，着力应对营养问题，尤其是母亲和孩子的营养问题。粮食署是世界范围内实施学校供餐方案的最大的人道主义援助机构，已坚持供餐50多年。粮食署每年在63个国家，通常是最偏远的地区，为2 000万至2 500万名学童提供学校餐。2015年，粮食署在62个国家的近6.3万所学校向1 740万名学童提供了餐食。粮食署向学童提供热饭、零食和/或可以带回家的食物，鼓励学童，尤其是女童上学。这样的学校餐通常是孩子们每天能吃到的唯一一顿饭，不仅为孩子们提供了专心学习所需的营养和能量，也鼓励家长将孩子送去学校，否则他们可能被迫留在家里干活。学校餐提高了入学率、在学率和毕业率，尤其是女童，否则她们可能被迫

粮食署位于哥伦比亚的仓库。瓜希拉省北部是哥伦比亚最贫困的地区之一，也是该国相当一部分土著人民的聚居地。自2010年起，粮食署一直在瓜希拉省开展救济和恢复活动，以满足当地人口的紧急需求。（2015年2月24日，粮食署图片/Mike Bloem）

早婚。只要有可能，粮食署就与地方社区和地方政府合作，向当地小农户采购供应学校餐的粮食。

2015年，粮食署获得的自愿捐款总额达到历史第二高，约48亿美元，其中：79%用于紧急支出；发放了约126亿份可以带回家的食物，每份食物平均成本约0.31美元；现金转账总额达6.8亿美元，资助了960万人，比2014年增长了8%。

良好健康与福祉

确保健康的生活方式，促进各年龄段人群的福祉 2000年至2015年，全球孕产妇死亡率，即每10万例活产孕产妇死亡人数下降了37%，降至约每10万名活产216例（2015年）。《2016年可持续发展目标报告》显示，几乎所有的孕产妇死亡都是在资源不足的情况下发生的，而且是原本可以避免的。2015年，全球每四例分娩中有三例得到熟练保健人员的协助。2000年至2015年，全球五岁以下儿童死亡率迅速下降了44%。然而，2015年仍有约590万名五岁以下儿童死亡，全球五岁以下儿童死亡率为每1 000名活产43例。

自2000年以来，全球范围内包括艾滋病毒、肺结核和疟疾在内的主要传染病发病率有所下降。然而，2015年新增了210万名艾滋病毒感染者和约2.14亿个疟疾病例。几乎一半的世界人口面临感染疟疾的风险，但89%的病例发生在撒哈拉以南非洲。

根据2012年的估算，非传染性疾病每年导致约3 800万人死亡，占全世界所有死亡人数的68%。近三分之二的70岁以下人群因非传染性疾病死亡的病因是心血管病和癌症。

不健康的环境条件增加了非传染性疾病和传染性疾病的患病风险。2012年，约有88.9万人死于主要因沾染粪便的水和土壤、洗手设施不足以及环卫服务薄弱或根本不存在而引起的传染病。同年，室内和环境大气污染导致约650万人死亡。

可持续发展目标3旨在：提升生育、孕产妇和儿童保健；消除主要传染性疾病的蔓延；减少非传染性疾病和环境疾病；实现全民健康覆盖；以及确保人人获得安全、负担得起、有效的药品和疫苗。

在世界的大多数地方，由于更多的民众能够获得基础卫生服务、免疫接种、清洁饮用水和卫生设施，民众的寿命得到了延长，婴儿死亡率不断下降，疾病得到了控制。联合国通过促进卫生服务，分发基本药品，让城市变得更加健康，在紧急事件发生时提供卫生援助，以及对抗传染病，为世界卫生进步做出了重要贡献。由传染病导致的患病、残疾和死亡对社会与经济造成了严重的影响。大多数传染病的病因和解决方法是为人类所知的，而且在大多数情况下，我们能以负担得起的成本避免由这些传染病导致的患病和死亡。目前，最主要的传染病是艾滋病毒/艾滋病、疟疾和肺结核。**全球抗击艾滋病、结核病和疟疾基金**（www.theglobalfund.org）在这些方面做出了主要贡献。

尽管自1981年报告首批艾滋病毒感染病例起，全球已有7 800万人感染艾滋病毒，

3 500万人因艾滋病并发症死亡，但是，世界在抗击艾滋病方面依然取得了巨大的进展。据**艾滋病署**（www.unaids.org）估计，截至2015年底，全球约有3 700万名艾滋病毒携带者。截至2016年6月，超过1 800万名艾滋病毒携带者获得拯救生命的抗逆转录病毒疗法治疗。消除母婴艾滋病毒传播的努力取得了成功，2010年至2015年间，新感染艾滋病毒的儿童数量减少了一半，从29万例减少至15万例。然而，大部分艾滋病毒携带者仍然无法获得治疗，艾滋病预防进展缓慢。2015年的新增艾滋病毒感染者为210万人，比2000年减少35%。但是，自2010年起，新增艾滋病毒感染者数量仅减少了6%。2015年，有110万人（含超过10万儿童）因艾滋病并发症死亡，其中约三分之一死于结核病。

艾滋病署采取生命周期疗法，为处于每个阶段的每一位艾滋病毒感染者寻求针对性的治疗方案。然而，要找到更有效、更可承受和更负担得起的治疗方案以及治愈方法和疫苗，还需要更多的研究投资。

2016年6月8日至10日，在纽约举行的关于终结艾滋病的高级别会议上，大会通过了《关于艾滋病毒/艾滋病问题的政治宣言》，各会员国承诺到2030年消除艾滋病疫情。会员国还承诺实现三个2020年具体目标：将新增艾滋病毒感染人数减少至50万人以下；将艾滋病并发症致死人数减少至50万人以下；以及消除与艾滋病毒有关的羞辱和歧视。

几十年来，联合国系统一直奋战在抗击疾病的第一线，出台政策，建立制度，应对由健康问题引发的社会问题。**儿基会**（www.unicef.org/zh）关注儿童和孕产妇保健；**人口基金**（www.unfpa.org）关注生殖健康和计划生育；负责协调全球行动，共同抵御疾病的联合国专门机构是**世卫组织**（www.who.int/zh/）。世卫组织制定了如下宏伟目标：人人享有健康；实现生殖健康；建立伙伴关系；以及促进健康的生活方式和环境。

世卫组织推动实现了多项历史性成就，包括经过十年努力，于1979年在全球范围内消灭了天花。在另一个联合国实体粮农组织的领导下，世界于2010年消灭了牛瘟。牛瘟自2001年以来不再出现，是首个被根除的动物疾病。

世卫组织与合作伙伴携手，帮助美洲（1994年）、西太平洋地区（2000年）、欧洲地区（2002年）和东南亚（2014年）消灭了脊髓灰质炎。如今，世卫组织仍在参与彻底消灭这种疾病的全球努力。从1988年**全球消灭脊髓灰质炎行动**（www.polioeradication.org）开展以来，脊髓灰质炎病例减少了99%以上，从当年的约35万例降至2015年报告的66例。1988年，脊髓灰质炎流行的国家超过125个，而到2016年，仅阿富汗、尼日利亚和巴基斯坦三个国家仍存在脊髓灰质炎流行。通过这一行动，全球超过25亿名儿童接种了脊髓灰质炎疫苗。消灭脊髓灰质炎节省了约400亿至500亿美元的公共卫生支出。

世卫组织、儿基会、开发署和世界银行于1998年联合发起**减疟伙伴关系**（www.rollbackmalaria.org），提供应对疟疾的全球性协调机制。减疟伙伴关系的参与者包括：疟疾流行国家及其双边和多边发展伙伴、私营部门、非政府组织、社区组织、基金会以及学

世卫组织水、卫生和保健小组考察了加德满都附近的丹奇和桑库。这两个镇是尼泊尔首都周边受灾最严重的建成区。2015年地震发生后，这两个镇约95%的人口居住在帐篷里。（2015年4月29日，世卫组织图片/Payden）

术机构。所有伙伴通力协作，努力创造一个更加美好的世界，使疟疾不再成为导致死亡的主要原因，也不再是经济和社会发展的障碍。减疟伙伴关系的整体战略旨在通过实现全面覆盖和加强卫生系统，减少疟疾发病率和死亡率。

杜绝结核病全球伙伴关系（stoptb.org）于2001年发起，任务是为每一个易感染结核病的人提供服务，并确保为所有有需要的人提供高质量的诊断、治疗和护理。该伙伴关系有来自100多个国家的1 500个合作伙伴，包括国际和技术组织、政府计划、研究和供资机构、基金会、非政府组织、民间社会、社区团体和私营部门。

2005年9月，**孕产妇、新生儿和儿童健康伙伴关系**（www.who.int/pmnch/zh/）成立，秘书处设在世卫组织。该伙伴关系联合了安全孕产和新生儿健康伙伴关系、健康新生儿伙伴关系和儿童生存伙伴关系三个组织的80个成员，任务是加强协调和共识建设，以支持千年发展目标的落实。目前，该伙伴关系已有来自77个国家的750多个组织加盟，分别来自性和生殖、孕产妇、新生儿、儿童和青少年卫生领域，以及对健康有影响的部门。该伙伴关系为"每个妇女每个儿童"运动以及《全球妇女、儿童和青少年健康战略（2016—2030）》做出贡献。

2003年，世卫组织通过了一项突破性的公共卫生公约来控制烟草的供应和消费，这是联合国取得的另一项重大成就。《世界卫生组织烟草控制框架公约》内容涵盖烟草税收、吸烟预防、烟瘾治疗、非法贸易、烟草广告、赞助和推销，以及烟草制品管制。《公约》是降低全球范围内烟草流行的关键环节。全球每年有将近500万人死于吸烟。世卫组织还在对抗肥胖症方面发挥领导作用。肥胖症已是全球性的健康问题。2014年，18岁及以上的成年人中有超过19亿人超重，其中超过6亿人肥胖。

世卫组织制定了**《2013—2020年预防和控制非传染性疾病全球行动计划》**（www.who.int/nmh/events/ncd_action_plan），旨在实现2011年《预防和控制非传染性疾病问题大会高级别会议政治宣言》的承诺。心脏病、中风、癌症、糖尿病、慢性肺病和精神疾病等非传染性疾病与暴力和伤害致死的总人数占全球死亡人数的70%以上。上述死亡人数中有80%发生在中低收入国家。《全球行动计划》将有利于朝着到2025年实现九项全球非传染性疾病的目标取得进展，包括使非传染性疾病导致的过早死亡相对降低25%，以及遏制全球肥胖率的上升，使其维持在2010年的水平。

1980年至1995年，儿基会和世卫组织共同努力，使白喉、麻疹、脊髓灰质炎、破伤风、肺结核和百日咳全球六大致命性疾病的免疫覆盖率从5%增加到80%，每年挽救了约250万名儿童的生命。与之相似的一项倡议——**全球疫苗和免疫联盟**（**免疫联盟**，www.gavialliance.org）于1999年发起，启动资金由比尔·盖茨和梅林达·盖茨基金会提供。自2000年起，免疫联盟通过提供防治乙型肝炎病毒、B型流感嗜血杆菌（乙型流感嗜血杆菌）和百日咳的常规免疫接种，以及对麻疹、脊髓灰质炎、黄热病的免疫做出一次性投资，已挽救了700万人的生命。免疫联盟包括世卫组织、儿基会、世界银行和其他的私营部门伙伴。

在传染病防治领域，世卫组织的优先事项包括：通过全球伙伴关系减少疟疾和肺结核的影响；加强对传染病的监控、监测与反应能力；加强常规预防和控制；以及开发面向发展中国家的新知识、干预方法、实施策略和研究技术。世卫组织与各国合作，扩大并维持对艾滋病、肺结核、疟疾和被忽视的热带疾病的防治和护理，减少疫苗可预防疾病的出现。世卫组织在推进初级卫生保健、提供必需药品、让城市变得更加卫生、提倡健康的生活方式和环境以及应对卫生紧急情况等方面，也发挥着关键的作用。

世卫组织的另一个优先事项是全民健康保障。世卫组织通过与政策制定者、全球卫生合作伙伴、民间社会、学术界和私营部门合作，支持各国制定、实施可靠的国家卫生计划，并监测实施情况。世卫组织在以下方面为各国提供支持：以负担得起的价格提供公平、以人为本的综合卫生服务；促进普及负担得起、安全有效的卫生技术；以及加强卫生信息系统和循证决策。

世卫组织还推动卫生研究。世卫组织与其伙伴合作携手，收集全球尤其是发展中国家当前卫生状况和需求的相关数据。收集的数据囊括从在偏远的热带雨林开展的流行病研究，到对基因研究进程的监测。世卫组织热带疾病研究方案注重研究疟原虫对最常用药物的耐药性，以及研发抗热带传染病的新药品与诊断方法。这样的研究也有助于在国家和国际层面加强对传染病的监控，制定针对新型疾病的预防策略。

世卫组织为生物制品和药品制定国际标准，提出“必需药品”是初级卫生保健的基础要素。世卫组织与各国合作，致力于确保安全、有效、公平地供应成本尽可能低廉的最有效药物。为此，世卫组织制定了一份“标准清单”，其中包含数百种可以预防或治疗80%以上健康问题的必需药品和疫苗。该清单每两年更新一次。世卫组织还与其成员国、民间社会和制药行业合作，研发新型的必需药品，以解决贫穷国家和中等收入国家的主要健康问题，同时维持清单所列的必需药品的生产。

世卫组织通过联合国的国际渠道监督全球传染病信息的采集，汇编有关卫生和疾病的可比较统计数据，为食品安全、生物制品和药品制定国际标准，同时为污染物致癌风险提供无可匹敌的评估，并且制定国际公认的全球艾滋病毒/艾滋病控制指南。

优质教育

确保包容和公平的优质教育，让全民终身享有学习机会 到2015年普及初等教育的千年发展目标尽管取得了进展，但并未在全世界得到实现。2013年，约5 900万小学适龄儿童失学，其中五分之一为辍学儿童。最近趋势表明，每五名失学儿童中有两名再也不会步入教室。2013年，仍有7.57亿成年人（15岁及以上）无法读写，其中三分之二为女性。相关估算显示，到2030年需要近2 600万名教师，因此，要兑现普及初等教育和中等教育的承诺，需要新的小学教师。在这方面，非洲面临着最严峻的挑战，每十个国家中有近七个严重缺乏受过培训的小学教师。

研究表明，教育的普及与各项社会指标的改善密切相关。接受教育对女性有倍增效应。受过教育的女性一般更加健康，生育子女较少，同时能获得更多增加家庭收入的机会。相应地，其子女死亡率更低，营养状况和整体健康状况也较好。因此，女童和妇女成为众多联合国机构的教育方案的关注焦点。

可持续发展目标4的重点包括：获得基础及较高层次的技能；公平得到技术、职业训练和高等教育的机会；终身教育；以及发挥个人作用和对社会做贡献所需的知识、技能与价值观。由于教育涉及的因素十分广泛，联合国系统中许多部门都参与了各项教育和培训项目的资助和开发。

教育领域的主导机构是**联合国教科文组织**（**教科文组织**，zh.unesco.org）。教科文组织与其他合作伙伴携手，致力于让所有儿童都入读由经过训练的老师提供优质教育的“爱生学校”。教科文组织的教育部门的工作重点是：为所有人提供接受各级教育的机会；帮助有特殊需求的人群和边缘化人群获得成功；促进师资培训；培养劳动人口的胜任能力；让人们接受教育从而获得成功；提供非正式学习和终身学习的机会；利用技术提高教学水平和扩大教育机会。教文科组织是联合国系统中唯一负责教育所有方面的机构。根据世界教育论坛于2015年5月通过的《仁川宣言》，教科文组织将在合作伙伴的协助下，负责领导和协调2030年教育议程的落实。于2015年11月通过的教育2030行动框架是落实可持续发展目标4下十项具体目标的路线图，该框架为政府和合作伙伴就如何将承诺转化为行动提供指导。

除了宣布优质教育是可持续发展目标中的第四项目标之外，联合国还发起了一系列教育倡议。每年，有成百上千场模拟联合国会议在各级教育以不同的形式开展，比如**全球模拟联合国会议**（www.un.org/zh/mun/index.shtml）。学生们通过这些项目扮演外交官，参与模拟联合国大会以及其他联合国机构的会议。

联合国学术影响（academicimpact.un.org/zh）是一项倡议，旨在促成高等教育机构和联合国的合作，在其共同的学术界承担社会责任的文化下，通过活动和研究，进一步实现联合国的目标和使命。联合国学术影响成员奉行以下与《宪章》相符的原则：人权，包括探究、意见和言论自由；人人享有教育机会，无论其性别、种族、宗教或族裔为何；每个人都有机会获得追求高等教育所需的技能和知识；高等教育的能力建设；鼓励全球公民意识；促进和平和解决冲突；应对贫穷问题；促进可持续性；以及促进文化间对话和了解。自2010年发起以来，联合国学术影响已吸引来自约120个国家的1 200多个机构参与。

性别平等

实现性别平等，增强所有妇女和女童的权能 虽然各国朝着落实千年发展目标中的性别平等和妇女增强权能方面取得了进步（包括初等教育中的男女平等），但世界各地的妇女和女童仍然遭受歧视和暴力。建立法律框架保障妇女权利是消除对妇女歧视的第一步。截至2014年，有143个国家的宪法保障男女平等；另有52个国家尚未做出这一重要承诺。2016年，全球妇女参加议会的人数增加到23%，十多年来增长了六个百分点。

在全球20至24岁的妇女中，自称在18岁生日之前结婚的比例从1990年前后的32%降至2015年前后的26%。在女性生殖器切割做法集中施行的30个国家中，15至19岁的青少年女性中有超过三分之一曾遭受生殖器切割。在每个地区，妇女和女童都承担了大部分无报酬工作，包括护理以及做饭和打扫卫生等家务。平均而言，妇女表示她们每天有19%的时间用于从事无报酬活动，而男性仅为8%。

可持续发展目标5致力于在世界范围内消除对妇女和女童的一切形式的歧视，包括消除伤害行为，并致力于使女性：享有生殖健康和生殖权利；因从事无偿工作而得到应有的认可；可充分获取生产资源；并与男性平等参与政治、经济和公共生活。

促进性别平等、增强女性权能在联合国工作中至关重要。实现性别平等、增强所有妇女和女童的权能被视为推进落实所有可持续发展目标的重要手段。平等获得优质教育的机会，以及从事工作、获得领导地位和参与各级决策的平等机会，是提高女性地位的关键因素。联合国积极倡导女性人权，致力于消除对女性的暴力行为，包括武装冲突和贩卖。联合国还制定了关于性别平等、妇女和女童赋权的全球性规范和标准，并通过发展援助活动，支持国家层面的后续行动和实施工作。

联合国墨西哥会议（1975年）、哥本哈根会议（1980年）、内罗毕会议（1985年）和北京会议（1995年）均推动各国为促进全球性别平等和妇女赋权工作做出承诺并采取行动。在1995年的第四次妇女问题世界会议上，189个国家的政府通过了《北京宣言》和《行动纲领》，致力于解决性别不平等和歧视问题，确保妇女在生活各个领域都充分享有权利。2015年，“北京+20”审评会议（beijing20.unwomen.org）对已取得的进展表示欢迎，但对进展的缓慢和不均衡，以及仍存在的差距和障碍表示关切。

联合国促进性别平等和增强妇女权能署（联合国妇女署，www.un.org/zh/aboutun/structure/unwomen/）致力于消除对妇女和女童的歧视；增加女性权能；使女性以平等伙伴的身份与男性一起参与发展、人权、人道主义行动、和平与安全等活动，并成为这些活动的受益者。联合国妇女署支持政府间机构（例如妇女地位委员会）制定相关政策、全球性标准和规范；通过在国家层面提供相应的技术和资金支持，以及与民间社会建立伙伴关系，来协助成员国落实这些标准；同时让联合国系统为其在性别平等方面的工作负责，包括定期监测系统内部的进展状况。

经济及社会理事会下属的**妇女地位委员会**（www.un.org/chinese/esa/women/csw.htm）通过审查1995年《行动纲领》的实施，监督世界范围内妇女平等运动的进程，并为过渡到2030年议程做出贡献。委员会为致力于提升妇女权利、消除所有领域内对妇女的歧视和不平等方面的进一步行动提供建议。委员会现有45个成员，60多年来所取得的主要成就如下：筹备四次世界妇女大会并跟进其后续工作；制定有关妇女人权的国际公约——《消除对妇女一切形式歧视公约》（1979年）和《任择议定书》（1999年）。委员会在2015年举行的会议回顾了1995年来取得的进展，审议了2015年后发展议程（unwomen.org/en/csw/csw59-2015）。

消除对妇女歧视委员会（www.ohchr.org/CH/HRBodies/CEDAW/Pages/CEDAWIndex.aspx）负责监督缔约国落实《消除对妇女一切形式歧视公约》的情况，并履行《任择议定书》授权的职能。由23名专家组成的委员会根据缔约国提交的报告，就缔约国落实《公约》的情况与其进行建设性对话。委员会提出的建议促使缔约国更好地理解妇女权利，以及如何确保妇女享有权利和消除对妇女的歧视。

除了秘书处，联合国的所有机构都在其政策和项目中对有关妇女和性别平等的问题加以解决。女性赋权对实现可持续发展目标至关重要。

清洁饮水和卫生设施

为所有人提供水和环境卫生并对其进行可持续管理　水资源紧张影响了全球20多亿人口，预计在未来该数字仍将增长。千年发展目标下的一项具体目标，即将无法获得安全饮用水和基本环卫设施的人口比例减半，已经取得了一定的进展。全球147个国家实现了关于饮用水的具体目标，95个国家实现了关于环卫设施的具体目标，77个国家在两个方面都已实现目标。2015年，全球有66亿人口，即全球人口的91%，用上了经改善的饮用水源，超过了千年发展目标中“将无法获得安全饮用水的人口比例减半”的具体目标（在2010年实现）；而在2000年，这一比例仅为82%。然而，在2015年，仍有约6.63亿人在使用未改善的饮用水源或地表水。2000年至2015年期间，使用改良卫生设施的全球人口比例从59%升至68%。然而，仍有24亿人被落下，其中9.46亿人没有任何环卫设施，只能随地便溺。

可持续发展目标6不仅关注饮用水、公共卫生和个人卫生，还关注水资源的质量和可持续性。要实现这个目标，需要扩大国际合作，在提高饮用水和卫生管理方面获取当地社区的支持。

水资源　获取足够供水的基本标准，是每人每天能从距离居住区一公里内（来回30分钟路程）的水源获取至少20升水。水源包括家庭自来水管、公共水管、钻孔、受保护的水井、受保护的泉水和雨水收集。联合国一直致力于解决由供水无法满足人类、商业、农业和基本环卫对水资源日益增长的需求而导致的全球水资源危机。国际饮水供应和卫生十年（1981—1990年）、水与环境问题国际会议（1992年）、地球问题首脑会议（1992年）和“里约+20”峰会（2012年）都关注这一重要资源，尤其是国际十年活动帮助约13亿生活在发展中国家的人口获得了安全饮用水。

供水不足的原因包括水资源使用效率低、水污染引起的水质退化和地下水开采过度。纠正行动旨在更好地管理稀缺的淡水资源。联合国系统活动的重点是在人口增长、污染以及农业和工业用水需求所带来的压力日益增强的情况下，使脆弱、有限的淡水资源得到可持续发展。

为使公众进一步认识明智开发淡水资源的重要性，大会宣布2003年为国际淡水年。

同年，首协会设立了**联合国水机制**（www.un.org/zh/waterforlifedecade/unwater.shtml），这是一个协调联合国系统行动的机构间机制，致力于实现《千年宣言》和2002年可持续发展问题世界首脑会议所提出的与水有关的目标。大会还宣布2005年至2015年为“生命之水”国际行动十年，起始日为2005年3月22日，这一天被定为**世界水日**。2016年和2017年，教科文组织分别出版了第七和第八版《联合国世界水发展报告》，副标题分别是《水与就业》和《废水：未利用的资源》。

2016年9月，水问题高级别小组（sustainabledevelopment.un.org/HLPWater）成立，每位成员的任期为两年，呼吁对世界看待水资源的方式做出根本改变。水问题高级别小组发布了一项行动计划，提出了有助于世界实现2030年议程的水资源管理新方法。

环卫设施　根据《2015年千年发展目标报告》，自1990年以来，全世界获得经改善的环卫设施的人口新增21亿，随地便溺的人口比例减少近一半。然而，仍有约24亿人缺乏基础环卫设施，包括公共排污系统或化粪系统、冲水厕所、简易坑式厕所或通风的改良坑式厕所。

经济适用的清洁能源

确保人人获得负担得起的、可靠和可持续的现代能源　全球用电人口比例稳步上升，从2000年的79%升至2012年的85%。但是，仍有11亿人无法享有这一重要服务。世界人口中获得厨用清洁燃料和技术的比例从2000年的51%增长到2014年的58%，但2010年之后取得的进展有限。依靠固体燃料和煤油等有污染的燃料和技术进行烹饪的绝对人数实际上有所增加，约达到30亿人。现代可再生能源的消费迅速增长，2010年至2012年的年增长率为4%。能源密集度（初级能源供应总量除以国内生产总值的计算值）显示一个单位的经济产出使用的能源量。2010年至2012年，全球能源密集度每年下降了1.7%。与1990年至2010年期间年均下降1.2%相比，这是很大的改进。能源消费是导致气候变化的主要原因，约占全球温室气体排放量的60%，因此，降低碳强度是实现长远气候目标的关键。

能源　世界上还有近15%的人口生活在没有电的环境下，甚至还有更多的人在做饭和取暖时用不上现代燃料。但是，尽管充足的能源供应对经济增长和消除贫困至关重要，传统能源系统对环境和人类健康的影响也令人关切。人均能源需求量的增加，加上世界人口的增长，使得在目前的能源系统下，已无法维持现有的能源消费水平。联合国系统开展活动，通过多种途径为发展中国家提供能源帮助，包括教育、培训和能力建设、协助政策改革，以及能源服务供应。然而，虽然污染程度低得多的可再生能源正得到大力发展，但仍然赶不上能源需求的增长速度。

2004年，首协会设立**联合国能源机制**（www.un-energy.org/），作为能源领域主要的机构间机制，主要任务是确保联合国系统能够一致应对全球能源挑战，并能吸引私营部门和非政府组织中的主要行为体参与执行2030年可持续发展议程中有关能源的决定。

安全、可靠、和平地使用核材料

2016年，共有位于30个国家的近450个核能反应堆处于运行状态，供应全球约11%的电能。能源对可持续经济增长和改善人类福祉至关重要。核能可提供清洁、可靠、负担得起的能源，减轻气候变化的负面影响。核能是全球能源结构的重要组成部分，预计在未来几十年内，核能的使用将继续增长。**国际原子能机构**（**原子能机构**，www.iaea.org/zh/）是联合国大家庭中的一员，负责推进核能的安全、可靠与和平使用，在确保利用核技术实现可持续发展方面发挥着重要的作用。原子能机构是世界在核领域推动科技合作的核心政府间论坛。

原子能机构作为协调中心，致力于促进核安全领域的信息交换及方针和规范的制定，并应各国政府的要求，就如何加强核反应堆安全和避免事故风险提供咨询。随着核电计划不断增多，原子能机构在核安全领域应发挥的作用也不断扩大。原子能机构制定了辐射防护标准，并提供了针对具体业务类型的标准和技术准则，其中包括安全运送放射性材料。

根据1986年通过的《核事故或辐射紧急情况援助公约》和《及早通报核事故公约》，如果发生核辐射事故，原子能机构将协助向成员国提供紧急援助。原子能机构还担负其他几项国际条约的保存任务，包括1987年的《核材料实物保护公约》及其于2005年通过、2016年5月生效的修正案，1963年的《关于核损坏民事责任的维也纳公约》，1994年的《核安全公约》和1997年的《乏燃料管理安全和放射性废物管理安全联合公约》。

原子能机构的技术合作方案通过以下方式为成员国提供帮助：国内项目、专家意见以及和平运用核技术的培训等，重点强调可持续发展。通过这些方式，成员国在水、健康、营养、医学和粮食生产等关键领域得到了帮助。例如：开展突变育种相关工作，即利用辐射技术成功培育优良品种的作物，从而提升粮食安全；利用同位素水文学绘制地下含水层地图，管理地下水和地表水，探测和控制污染，并且监控堤坝渗漏和安全问题，增加获取安全饮用水的机会。原子能机构也促进发展中国家和中等收入国家对癌症患者使用放射治疗，并对医务人员进行安全使用方面的培训。

原子能机构通过国际核信息系统（www.iaea.org/inis/）收集和传播关于核科学和技术的几乎所有方面的信息。原子能机构在奥地利和摩纳哥的实验室进行研究并提供培训。原子能机构也和其他联合国机构合作，包括：与教科文组织合作，运营位于意大利的里雅斯特的国际理论物理中心（www.ictp.it）；与粮农组织合作，将原子能应用于粮食与农业研究；以及与世卫组织合作，将辐射应用于医学和生物学研究。

联合国原子辐射影响问题科学委员会（**辐射科委**，www.unscear.org）设立于1955年，评估和报告电离辐射的照射水平及影响。世界各国的政府和组织将科学委员会的估算作为评价辐射风险、制定辐射防护和安全标准以及规范辐射源的科学依据。

体面工作和经济增长

促进持久、包容和可持续经济增长，促进充分的生产性就业和人人获得体面工作　世界人口中仍有近一半每天靠大约相当于两美元的花费维生。在许多地方，有工作并不意味着能够摆脱贫困。2014年，全球实际国内生产总值人均增长率增长了1.3%，与2010年的2.8%和2000年的3.0%相比大幅放缓。发展中区域的增长速度远远高于发达区域，2014年两类区域的年均增长率分别为3.1%和1.4%。虽然从2005年至2015年间，发展中区域的劳动生产率有所增长，但发达区域的劳动生产率仍然是发展中区域的两倍多，是撒哈拉以南非洲和南亚的约20倍。

2015年的全球失业率为6.1%，低于2009年6.6%的峰值，主要原因是发达区域的失业率下降。失业对不同人口群体造成了不同的影响。在全球范围内，妇女和青年（15岁至24岁）比男子和25岁及以上的成年人更有可能面临失业。可持续发展目标8旨在为所有人提供充分和生产性就业的机会，同时根除强制劳动、贩卖人口和童工。

《2015年千年发展目标报告》显示，随着全球经济进入增长缓慢、不平等加剧和充满动荡的新时期，就业增长的速度已赶不上劳动力的增加。全球人口就业率，即劳动年龄人口就业的比例，从1991年的62%下降到了2015年的60%，2008—2009年全球经济危机时出现了非常显著的下滑。根据劳工组织的数据，2015年有超过2.04亿人失业，比经济危机前多出3 400多万，比1991年多出5 300万。

青年就业方案　全球有7 100万名青年失业，1.56亿名青年就业者处于贫困状态，因此，青年就业仍是全球性的挑战和最大的政策关切。劳工组织长期致力于促进青年人获得体面的工作（www.ilo.org/global/topics/youth-employment）。在青年就业方面的活动包括宣传、知识发展和传播、政策和技术建议以及能力建设服务。

应对就业问题的努力还有：2016年9月，前秘书长潘基文任命维尔纳·法伊曼（奥地利）为**青年就业问题特使**。

更多关于就业的信息，请参见“劳工”部分。

产业、创新和基础设施

建造具备抵御灾害能力的基础设施，促进具有包容性的可持续工业化，推动创新　投资基础设施（例如交通、灌溉、能源、信息和通信技术等）对实现可持续发展、促进诸多国家社区发展至关重要。制造业是经济发展、就业和社会稳定的基础。2015年，制造业在发达区域的国内生产总值中所占比例约为13%，在过去十年中呈下降趋势，主要是因为发达区域的服务业作用越来越大。与此相对，在发展中区域的国内生产总值中，制造业所占比例相对停滞，从2005年的19%增至2015年的21%。可持续目标9的落实可以通过以下方式：增强财政、技术和技能支持；研究；以及增加获得信息和通信技术（信通技术）的机会等。

工业发展

随着世界经济结构向更少耗费能源的行业倾斜，且各国均实施了提高能源效率的政策，几乎所有区域的国内生产总值的碳强度都有所下降。1990年至2013年期间，全球人均二氧化碳排放增长值稳步下降，累计减少了约30%。

基础设施和经济发展也依赖信通技术。移动电话服务在全世界迅速普及，以前互不联通的地区的人们也融入了全球信息社会。到2015年，全球有69%的人口生活在移动宽带网络覆盖的地区。在农村地区，这个比例仅为29%。

工业全球化给发展中国家和经济转型期国家带来了前所未有的产业挑战和机遇。**联合国工业发展组织**（**工发组织**，www.unido.org）的使命，根据其2013年十五届会议通过的《利马宣言》所述，是促进和加快包容及可持续工业发展，致力于实现全世界的共同繁荣和环境可持续性。实现包容及可持续工业发展的概念已纳入可持续发展目标9，具体含义指：

- 每一个国家都在各自的经济中实现较高水平的工业化，并受益于工业产品和服务市场的全球化；
- 没有一个人被落下下，所有国家的女性和男性、青年和老年人、农村和城市居民都能共享繁荣；
- 在环境可持续的框架内支持更广泛的经济和社会发展。

工发组织专注于以下三个方案领域的活动，以支持发展中国家和经济转型期国家实现更高水平的包容及可持续工业发展：创造共同繁荣、提高经济竞争力和保护环境。每个领域的活动都包含若干具体方案，通过工发组织的四项职能加以实施：技术合作；分析和研究；标准和质量相关活动；以及知识转让、建立联系和工业合作伙伴关系。工发组织还实施一系列经选定的跨领域方案，包括：工业政策咨询、研究和统计；伙伴关系动员和南南合作；性别平等和妇女赋权；以及广泛的区域方案。

减少不平等

减少国家内部和国家之间的不平等 可持续发展目标10下有一项具体目标是确保每个国家最底层40%人口的收入增长率高于全国平均水平。在有2007年至2012年数据的94个国家中，有56个国家实现了这一目标。但是，这不一定意味着世界更加繁荣，因为有九个国家在同期经历了负增长。为发展中国家和**最不发达国家**提供贸易优惠待遇可创造更多的出口机会，有助于减少不平等。主要发达国家市场已向最不发达国家的大部分关税细目提供免关税市场准入。2000年至

2014年，最不发达国家和发展中区域享受免关税待遇的出口商品占总出口的份额增加，发展中国家达到79%，最不发达国家则达到84%。

可持续发展目标10要求减少国家内部及国家之间的收入不平等，以及基于性别、年龄、残疾、种族、阶级、族裔、宗教及机会方面的不平等，同时力求确保安全、有序及正常的移民。

最不发达国家、内陆发展中国家和小岛屿发展中国家

最不发达国家、**内陆发展中国家**和**小岛屿发展中国家**是全球面临最严重的可持续经济增长制约和发展制约的地区（www.un.org/ohrlls）。这些国家不仅易受经济、环境和健康相关的重大冲击，也最不具备抵御和管理这些风险的能力。因此，当最不发达国家、内陆发展中国家和小岛屿发展中国家遭受冲击时，有发展成果发生逆转的可能性。

最不发达国家是结构性障碍表现最严重的低收入国家，尤其是人力资本储备非常低，生产和出口基础非常狭窄。机构能力的不足削弱了最不发达国家制定、实施和维持国家发展政策或充分参与国际层面的政治讨论的能力。

内陆发展中国家和小岛屿发展中国家还面临着地理相关的挑战。内陆发展中国家没有直接的出海通道，必须依赖邻国和沿海国家的贸易和交通系统，而在大多数情况下，这些系统也和内陆发展中国家的系统一样不稳定。这样的依赖性，加上远离主要消费市场，导致内陆发展中国家的运输和其他交易成本过高，致使内陆发展中国家难以建立具有竞争力的生产和出口基础，参与全球市场竞争，维持有力的投资和经济增长以及促进社会和环境的可持续发展。小岛屿发展中国家的土地面积或人口规模很小，或者两方面都很小。小岛屿发展中国家也最可能遭遇生物多样性的丧失，还承受着气候变化和自然灾害的极大影响。小岛屿发展中国家身居生产和出口基础最狭窄的国家之列，经济增长波动激烈。

联合国承认最不发达国家、内陆发展中国家和小岛屿发展中国家面临种种特殊发展挑战，因此就这些国家的问题每十年举办一次专门会议，产生了一系列支持这些国家发展的协定。近年来通过的框架协定包括：伊斯坦布尔《2011—2020十年期支援最不发达国家行动纲领》《内陆发展中国家2014—2024年十年维也纳行动纲领》和《小岛屿发展中国家快速行动方式》（2014年）。这些十年行动纲领为这三类国家设立了目标并确认了行动优先事项，大多数都设定了目标和进展指标。

小岛屿　小岛屿发展中国家的生态系统脆弱，面积狭小，资源有限且远离市场，无法享受全球化的利益，这是其社会经济发展的主要障碍。关于小岛屿发展中国家可持续发展的已有会议成果文件包括《巴巴多斯行动纲领》（1994年）和《毛里求斯战略》（2005年）。《毛里求斯战略》应对的问题包括：气候变化和海平面上升；自然和环境灾害；废物管理；旅游业和生物多样性资源；运输和通讯；全球化和贸易自由化；可持续生产和消费；关于可持续发展的能力建设和教育；卫生；以及用于决策的知识管理和信息。

2014年9月，第三届小岛屿发展中国家问题国际会议在萨摩亚阿皮亚举行，主题是“通过真正和持久的伙伴关系推动小岛屿发展中国家可持续发展”。会议宣布了近300项伙伴关系。会议还通过了应对小岛屿发展中国家的关键领域问题的《小岛屿发展中国家快速行动方式》(《萨摩亚途径》，www.sids2014.org)，呼吁采取紧急行动，支持小岛屿发展中国家为落实可持续发展目标所做的努力。

可持续城市和社区

建设包容、安全、有抵御灾害能力和可持续的城市和人类住区　目前，全世界75亿人口中，有超过一半居住在城市。到2030年，预计每十人中将有六人是城市居民。然而，随着越来越多的人为改善生活而迁移到城市以及城市人口的增长，住房问题日益突出。2014年，全球30%的城市人口，即超过8.8亿人，居住在贫民窟，约一半的城市人口暴露在空气污染中，污染水平比世卫组织制定的安全标准高出至少1.5倍。

城市地区贡献了全球70%的国内生产总值，但产生的温室气体占全球的39%至49%，预计到2050年将增长至70%。城市化，即随着越来越多的人开始在中心地区生活和工作，城镇形成并壮大的过程，已经成为21世纪最重要的全球趋势之一。城市化是一种变革性力量，可用以提高经济生产力，促进包容性增长和增强环境可持续性。可持续发展目标11旨在重建和规划城市及人类居住地，以加强社区凝聚力和个人安全，同时激励创新和就业。

人类住区

联合国人类住区规划署（人居署，cn.unhabitat.org）是联合国系统内应对城市问题的牵头机构。人居署受大会委托，致力于促进城镇在社会与环境方面的可持续发展，实现人人都有适当的居所。1996年，第二届联合国人类住区会议（人居二）通过了《人居议程》。《人居议程》是一项全球行动计划，要求各国政府致力于实现人人皆有适当居所与城市的可持续发展。2016年10月20日，联合国住房和城市可持续发展大会（人居三）在厄瓜多尔的基多举行。与会代表通过了**《新城市议程》**(cn.unhabitat.org/new-urban-agenda-adopted-at-habitat-iii/)。这个新框架规定了应该如何规划和管理城市才能把促进可持续城市化的工作做到最好。人居三吸引了来自167个国家的约3.6万人参加。由人居三授权，人居署致力于建立并加强促进联合国系统行动的机制，以支持新城市议程的实施、跟进和评估。2016年12月，大会要求秘书长自2018年起，每四年报告一次新城市议程的实施状况。

人居署还协调组织了世界城市运动（www.worldurbancampaign.org）。世界城市运动是一个由136个伙伴和网络组成的全球性宣传与合作平台，旨在提高人们对积极的城市变革的认识，实现高效、安全、包容和规划良好的城市。其他促进新城市议程落实的网络和宣传平台包括世界城市论坛、世界城市日和世界人居日。为应对城市化不善带来的最普遍的挑战，人居署制定了一系列方案和倡议，具体包括：

- 城市繁荣项目，协助城市当局和其他利益攸关方设计高效的政策干预，为城市提供技术和实质性支持，以制定创新型解决方案。
- 参与式贫民窟改造方案，旨在解决以贫民窟为代表的不平衡、不平等的城市发展问题，主要通过提高关键城市利益攸关方和相关社区的能力，改善贫民窟居民的生活。
- “更安全城市”方案，在整个城市范围内面向社区实施，注重利益攸关方的融入与协作，确保所有人的安全和安保，方案基于地方政府的政策文件，解决城市和人类社区中的犯罪、暴力、冲突和不安全问题。
- 城市规划与设计实验室，应对地方、地区和国家政府对可持续城市规划援助的需求，利用空间规划，协调城市发展的各个方面，并把它们转化为能创造价值、促进经济发展和就业的具体项目。
- 国家城市政策，是各国政府用以指导、管理并改善城市化的工具，鼓励形成协调一致的决策，以实现促进变革、高效、包容和具备抵御灾害能力的城市发展的长期共同愿景。
- 有计划的城市扩展，定义和建立城市发展构架，为建设包括公共空间在内的功能更完善、更宜居的城市住区提供空间，致力于降低公共基本服务的成本，建立与现有城市的连通，拉近与现有城市的距离，为建设能抵御气候变化的紧凑、连通、综合及包容的城市奠定基础。
- 城市基本服务方案，关注四个领域：城市交通、城市能源、供水和卫生环境，以及城市废物管理。城市基本服务信托基金于2013年12月创立，以支持可持续发展目标在这四个领域的实施。
- 全球土地工具网络，是一个全球、地区和国家合作伙伴联盟，通过土地改革、经过改善的土地管理和租住权保障，特别是通过开发和分发扶贫和促进性别平等的土地工具，为减贫做出贡献。

负责任消费和生产

采用可持续的消费和生产模式 材料足迹反映出一个国家的原材料需求量。2010年，发达地区的材料足迹为每单位国内生产总值23.6千克，远远高于发展中地区的每单位国内生产总值14.5千克。2000年至2010年间，发展中区域的材料足迹有所增加，其中非金属矿物的材料足迹增长最多。国内材料消费可对经济过程中自然资源的使用进行量化。2010年，发达地区的人均国内材料消费比发展中地区高出72%。可持续发展目标12旨在通过多种方法更多地采用可持续消费和生产模式，包括制定管理对环境有害物质的具体政策和国际协定。目标12下的一个具体目标是：到2020年，实现化学品和所有废物在整个生命周期内的环境无害化管理，大幅减小其排入大气和渗漏到水与土壤中的概率，尽可能降低对人类健康和环境造成的负面影响。

危险废物与化学品 为了对每年数以百万吨计的有毒废物越境流动进行管制，环境署的成员国谈判达成了1989年《控制危险废物越境转移及其处置巴塞尔公约》(www.basel.int)。拥有185个缔约方的《公约》于1995年得到加强，规定禁止向发展中国家出口有毒废物，因为发展中国家往往没有安全处理这些废物的技术。《公约》要求缔约方减少危险废物的越境运输和倾倒，并降低废物的潜在毒性。1999年，各国政府通过了《责任和赔偿问题巴塞尔议定书》，处理因危险废物的非法倾倒或意外泄漏而可能导致的财务责任问题。

臭氧消耗

臭氧层指分布于平流层中的臭氧分子，距地面约15—35公里(9—20英里)，保护地球免受紫外线的危害。20世纪70年代中期出现的一种假想认为，用于制冷、空调和工业清洗的氯氟化碳等人工化学品正在破坏臭氧层。由于更多的紫外线辐射可导致皮肤癌和白内障，抑制人类免疫系统，并对作物、野生生物和生态系统造成危害，臭氧消耗问题受到了越来越多的国际关注。20世纪80年代中期，人们发现了臭氧消耗的确凿证据。

为了应对这一挑战，环境署组织谈判，通过了具有历史意义的1985年《保护臭氧层维也纳公约》和1987年《关于消耗臭氧层物质的蒙特利尔议定书》(《蒙特利尔议定书》)及其后续各项修订案。这些文件由环境署管理，并取得了成效。氯氟化碳于2010年在全世界范围内基本淘汰，而对其有限制的必要使用于2016年淘汰，其他臭氧消耗物质也已经被淘汰。目前，《蒙特利尔议定书》的缔约方正在逐步淘汰氢氯氟烃的使用。根据**环境署臭氧秘书处**(ozone.unep.org)的记录，全球共减少了98%的臭氧消耗物质，平流层也出现了预期的臭氧层恢复的早期迹象。持续消除所有臭氧消耗物质的排放，有助于使全球臭氧层在21世纪中期恢复到1980年的水平。

气候变化缓解 2016年10月，《蒙特利尔议定书》的缔约方通过了限制使用氢氟碳化合物的《基加利修正案》。预计到2100年，逐步减少使用氢氟碳化合物，可在持续保护臭氧层的同时，避免多达1.05亿吨二氧化碳当量的温室气体排放，并可避免最多达0.5摄氏度的全球气温上升幅度。

气候行动

采取紧急行动应对气候变化及其影响 气候变化正影响着每一个大洲的每一个国家。人们正经受气候变化的显著影响，如天气模式变化、海平面上升和极端天气事件增加等。目前，由人类活动产生的温室气体排放量已达到有史以来的最高水平。2016年4月，175个会员国签署了具有里程碑意义的《巴黎协定》，为采取雄心勃勃的气候行动，确保将全球气温上升控制在2摄氏度之内奠定了基础。新协定旨在减缓气候变化速度，加快采取行动并加大相关投资，以实现一个可持续的低碳未来。

气候变化往往会加剧灾害。1990年至2013年，有160多万人死于国际上报告的灾害，年死亡人数呈上升趋势。因此，越来越多的国家采取行动，在国家和地方层面实施减少灾害风险战略。2015年，83个国家制定了管控灾害风险的法律和/或监管规定。可持续发展目标13呼吁采取紧急措施，不仅要抵御气候变化及其影响，而且还要增强应对气候相关灾害及自然灾害的复原力。

2015年3月，在日本仙台市召开的第三届联合国世界减少灾害风险大会上，会员国通过了**《2015—2030年仙台减少灾害风险框架》**（www.unisdr.org/we/coordinate/sendai-framework）。2015年12月，在巴黎召开的联合国气候变化大会上，世界各国通过了《巴黎协定》。《巴黎协定》于2016年4月开放供签署，11月4日生效。各国同意努力将全球气温上升控制在2摄氏度以内，并争取控制在1.5摄氏度以内。

天气和气候

从天气预测到关于气候变化的研究，再到对自然灾害的预警，**世界气象组织**（**气象组织**，public.wmo.int/zh-hans）协调全球科研活动，就地球大气的现状和活动、大气与海洋之间的互动关系、受大气影响的气候变化及其导致的水资源分布等方面，提供及时准确的信息。气象组织推动气象、气候、水文及其他相关观测站网络运营中的国际合作；促进气象信息的快速交换、气象观测的标准化，以及观测和统计数据的统一发布；将气象学应用扩展到航空、航运和农业等对天气敏感的社会经济活动领域；促进水资源开发；以及鼓励研究和培训。

世界天气监测网（www.wmo.int/pages/prog/www/）是气象组织各项活动的支柱，通过各成员国和领土运营的观测系统和通信联络站，发布最及时的全球天气信息。观测系统采用卫星、飞机、陆地观测站、船舶站、系泊浮标、漂浮浮标和自动气象站等设备，由此产生的数据、分析和预报，每天都在气象组织位于各国的各个中心和办事处之间自由交换。加上计算能力不断发展，如今的五天天气预报与20年前的两天天气预报一样可靠。

气象组织的各项方案帮助各国将气象学应用于保护人类生命和财产以及推动社会和经济发展，从而改善公共气象服务，提高海运和空运的安全性，降低荒漠化的影响，并改善农业发展以及水资源、能源和其他资源的管理。及时的气象学建议可以大大减少因干旱、虫害和疾病而造成的损失。热带气旋方案通过改善预报和预警系统，强化灾害防备，帮助易受气旋影响的国家最大限度地降低破坏程度和减少伤亡人数。减少灾害风险方案确保气象组织的各项活动与国际、区域和国家组织的相关活动保持一致，尤其是在风险评估、早期预警系统和能力建设等方面。

世界气候方案收集并保存气候数据，帮助各国政府制订应对气候多变性和气候变化的计划，并提前数月向各国政府预警即将发生的气候变化（例如厄尔尼诺现象和拉尼娜现象）及其影响，以及可能影响人类重要活动的自然变化和人为造成的变化。全球气候服务框架由气象组织主导，引领基于科学的气候信息和服务的开发，支持气候敏感部门的决策。

世界天气研究方案协调大气结构和成分、云物理和云化学、气象改造、热带气象学以及天气预报等方面的研究，帮助成员国开展研究项目，传播科学信息，并将研究成果应用于天气预报和其他技术之中。全球大气观测网是由世界和区域范围内监测站和卫星组成的网络体系，主要监测温室气体、臭氧、放射性核素的浓度以及大气中其他气体和颗粒的存在痕迹。

水文和水资源方案帮助评估、管理和保护世界水资源，促进在水资源评估和水文网络与服务开发方面的全球合作，也促进关于两国共享流域的合作，并为洪水易发地区提供专业预测，从而保障生命和财产安全。

教育和培训方案以及自愿合作方案鼓励科学知识交换、专业技术开发和技术转让。新闻和公共事务方案向公众通报气象组织的工作及其应对的更广泛的问题。

自工业时代来临以来，地球大气中的温室气体稳步增加，使得全球气温不断升高，目前温室气体的增长已变得危险。燃烧化石燃料供能或砍伐森林燃烧木材，都会释放出二氧化碳。甲烷和氧化亚氮等温室气体已在大气中大量积聚，致使地球面临巨大的负面影响，乃至毁灭的可能性。联合国系统正努力开展应对气候变化的工作，正面迎接这一挑战（www.un.org/climatechange/zh）。

1988年，当时最权威的一项研究指出了这个问题潜在的严重性，为此，环境署和气象组织联合成立了**气专委**（www.ipcc.ch/home_languages_main_chinese.shtml），致力于评估与气候变化相关的科学问题，包括气候变化造成的影响和未来的风险，并提供适应和缓解气候变化的方案。气专委的评估为各国政府制定与气候相关的政策提供了科学依据，也是联合国气候变化大会谈判并通过《联合国气候变化框架公约》的基础。气专委还审议与气候变化相关的科学研究，以期制定具有法律约束力、协调一致的解决方案。因卓越的工作成果，2007年，气专委与美国前副总统小艾伯特·阿诺德（阿尔）·戈尔共同被授予诺贝尔和平奖。

因注意到来自全球科学家的警告，世界各国在1992年齐聚里约热内卢，签署《联合国气候变化框架公约》（cop23.unfccc.int）。

1995年，气专委的科学家提交的证据清楚地表明，1992年的目标不足以阻止全球变暖或应对相关问题。1997年，已经批准《公约》的国家齐聚日本京都，通过了一份议定书，规定在2008年到2012年间，发达国家应将六种温室气体的总排放量减少5.2%。《议定书》的第一个承诺期止于2012年。2012年12月，《议定书》的《多哈修正案》获得通过，37个工业化国家和欧盟承诺将温室气体的排放量在1990年的排放基础上平均减少

卫星数据可用于提升气候变化适应能力和减少灾害风险。天基信息平台帮助发展中国家在灾害管理周期的所有阶段使用天基信息。在世界卫星观测方面，挪威的斯瓦尔巴德卫星站被认为是地理位置最佳的地面站。（2015年7月8日，联合国图片/Rick Bajornas）

5%。在第二个承诺期期间，各缔约方承诺在2013年至2020年间，至少将排放量相比1990年的排放水平降低18%。2015年，各国通过《巴黎协定》，同意进一步加强全球响应，以应对气候变化的威胁。《协定》要求各缔约方通过"国家自主贡献"的方式做出最佳努力，并在未来做出更大的努力。

当联合国首次在全球范围内动员公众舆论以应对气候变化带来的威胁时，许多人仍不相信气候变化正在发生。2007年，气专委发布报告表明，有90%的把握确定显著的全球变暖正在进行之中并且不断加剧，而这个问题在一定程度上是由人类活动直接造成的，若不采取重大纠正措施，这一状况将持续恶化。气专委的这份名为《气候变化2007》的报告，汇集了来自40个国家的气候科学家和专家的一致共识，并得到113个国家政府的认可。报告指出，如果温室气体排放量继续以当前的速度增加，到21世纪末，全球平均气温将上升约3摄氏度，而这样的全球气温上升幅度将导致：极端气温发生频率提高；热浪来袭；新的风型出现；某些地区干旱加剧，而某些地区则降水量增加；冰川和北极冰层融化；以及全球海平面上升。虽然热带气旋（台风和飓风）的数量预计会减少，但其强度会增强，且最大风速会增大，同时，因为海水的温度上升，气旋将带来更多的强降水。

2005年，联合国世界减灾大会在日本神户召开，168个国家在会上通过了《2005—2015年兵库行动框架》，其中包括若干项降低气候相关灾害风险的建议。2015年3月通过的《2015—2030年仙台减少灾害风险框架》延续了上述努力。然而，最终有效对抗全球变暖的唯一方法是恢复大气层的可持续性。值得庆幸的是，国际社会已经提出了相关措施纲要，只要全世界人民通力合作，目标就能实现。

水下生物

保护和可持续利用海洋和海洋资源以促进可持续发展 海洋，以及沿海和海洋资源，对人类福祉和世界社会经济发展至关重要，对生活在沿海地区的人们尤其重要，而沿海人口占世界总人口的37%（2010年）。生物可持续水平内可利用的全球海洋鱼类资源比例由1974年的90%降至2013年的69%。2014年，国家管辖范围的海洋环境（海岸200海里以内）有8.4%受到保护。从2000年至2016年，被指定为海洋生物多样性重点区域并完全纳入保护的海洋地点所占比例从15%增长至19%。目标14旨在可持续利用海洋及沿海生态系统，防止海洋污染，让小岛屿发展中国家和最不发达国家通过可持续利用海洋资源获取更多的经济利益。

公海捕捞 由于过度捕捞，许多具有商业价值的鱼种几乎被捕尽捞绝，非法、无管制和未报告的捕捞活动日益增多，各国政府发出呼吁，要求采取措施对鱼类资源进行保护和可持续管理，尤其针对在开阔海域洄游或在多个国家的经济区之间洄游的鱼类。1995年《执行1982年12月10日联合国海洋法公约有关养护和管理跨界鱼类种群和高度洄游鱼类种群的规定的协定》提供了对这些鱼类的养护与管理制度，确保对其进行长期养护与可持续利用。《协定》共有84个缔约方，包括欧盟在内。

保护海洋环境

沿海及海洋区域约占地球表面的70%，对地球生命支持系统至关重要。保护海洋环境已成为联合国的一项主要关切，环境署也在努力展开工作，促进全球关注海洋问题。水污染大多源自工业废物、采矿、农业活动和机动车废气排放，其中有些形式的污染发生在离海洋数千英里之外的内陆地区。在环境署的主持下，**《保护海洋环境免受陆上活动污染全球行动纲领》**（web.unep.org/gpa）于1995年获得通过，被认为是国际社会保护海洋、河口和沿海水域免受陆上活动污染的里程碑。为了防止陆地垃圾涌入海洋，海洋废弃物全球伙伴关系于2012年6月在“里约+20”峰会上启动。除了支持废物管理全球伙伴关系，海洋废弃物全球伙伴关系还致力于通过减少和管理海洋垃圾，保护人类健康和全球环境。

环境署通过**区域海洋方案**（web.unep.org/regionalseas）应对全球海洋和沿海地区加速退化的问题。该方案如今已覆盖超过140个国家，通过13项公约或行动计划，致力于保护人类共有的海洋和水资源。环境署还主持制定了各项区域方案，覆盖范围包括黑海、东亚海域、东部非洲、海洋环境保护组织所辖海域、地中海、东北太平洋、西北太平洋、红海和亚丁湾、南亚海域、太平洋、东南太平洋、西部非洲和大加勒比区域。

虽然国际航运业发展迅猛，但因船舶引起的石油污染在20世纪80年代减少了约60%，而且自此以后一直呈下降趋势。这一方面是由于实施了更好的废物处置控制方法，另一方面则是由于通过多项国际公约（oils.gpa.unep.org）加强了控制。**海事组织**（www.imo.org）作为联合国专门机构，负责采取措施防止由船舶造成的海洋污染并提高国际航运安全。具有开拓意义的《国际防止海上油污公约》于1954年获得通过，五年之后，海事组织接管了《公约》的落实责任。自20世纪60年代以来，海事组织陆续出台了许多措施以预防海上事故和石油泄漏；将海上事故和石油泄漏的有害影响降到最低；以及防治海洋污染，包括由陆地活动所导致的海洋污染。

经1978年有关议定书和1997年议定书修正的《1973年国际防止船舶造成污染公约》（《防止船污公约》）不仅涵盖了由意外和日常运营活动造成的石油污染，还涵盖了由化学品、包装危险品、污水与垃圾造成的污染。《防止船污公约》附件六采取2011年通过的能效措施，来防止船舶造成的大气污染并缓解温室气体排放。《防止船污公约》要求所有油轮都必须装备有双层船壳，或是船体设计可在发生碰撞或搁浅事故时为船货提供与双层船壳等同的保护力度。《公约》缔约国还缔结其他协议，制定溢油应急预案，对涉及其他有害和有毒物质的事件实施紧急规划。海事组织还建立了责任和赔偿系统，为针对运载货物或燃料的船舶可能发生的溢油事件的索赔提供直接、简单的程序。

此外，海事组织还制定了1972年《防止倾倒废物及其他物质污染海洋的公约》及其1996年《议定书》，规定除准许清单上的特定物质外，禁止向海洋倾倒废物。

海事组织的一项旨在控制和防止船舶压载水传播有害水生生物和病原体的关键条约将于2017年9月生效。2004年的《国际船舶压载水及沉积物控制和管理公约》要求船舶管理压载水，以避免通过压载水及其沉积物摄取或者排放水生生物和病原体，或对其加以清除和无害化。海事组织还禁止船舶使用可能危害海洋环境的防污涂料。海事组织在全球特别指定了15个特别敏感的海域，制定特别措施限制在这些海域的海上活动，例如划定要避免的区域以及实施船舶交通路线和报告制度。

海事组织开展技术合作方案和能力建设项目，支持各缔约国批准并落实海事组织的环境条约，以保护海洋环境，并为抗击气候变化做出贡献。

陆地生物

保护、恢复和促进可持续利用陆地生态系统，可持续管理森林，防治荒漠化，制止和扭转土地退化，遏制生物多样性的丧失 2000年至2016年间，全球受保护的陆地、内陆淡水和山区关键生物多样性区域比例分别由16.5%、13.8%和18.1%上升至19.3%、16.6%和20.1%。尽管如此，2015年，

仍有超过2.3万种植物、真菌和动物面临较高的灭绝风险。自1999年以来，非法贸易的动植物物种至少达7 000种，波及120个国家。根据《2016年可持续发展报告》，由于人类活动造成的负面影响，物种灭绝的速度较地球历史上的自然灭绝速度高出三个数量级。

从1990年至2015年，世界森林面积占陆地总面积的比例由31.7%降至30.7%，其主要原因是森林被转变为其他土地用途，如农业和基础设施开发等。与此同时，通过植树造林、地貌恢复或自然再生，一些地区的森林又有所恢复。由于这些持续的进程以及减缓森林采伐的努力，全球森林面积的净流失量由20世纪90年代的每年730万公顷下降至2010年到2015年间的每年330万公顷。目标15旨在确保直接依靠森林和其他生态系统的生计得以保留，生物多样性蓬勃发展，从而使子孙后代享有这些自然资源带来的益处。

生物多样性和污染

生物多样性——世界上种类繁多的植物和动物物种——是维持富有应变能力的生态系统和服务的关键，对人类福祉非常重要。但是，如今这些生物资源正遭受气候变化和人类活动的巨大压力。1992年的《联合国生物多样性公约》（www.cbd.int）是旨在保护和养护全球生物多样性的主要国际性文书，缔约方包括195个国家和欧盟。《公约》由环境署管理，要求缔约方保护生物多样性，促进其组成部分的可持续利用，公正、公平地分享因利用遗传资源而产生的惠益，并提交国家报告，陈述在实施《公约》中所做的贡献。《公约》下的《卡塔赫纳生物安全议定书》（2000年）于2003年生效，共有170个缔约方，旨在确保转基因生物的安全运输、标识和处置。《公约》下的《关于获取遗传资源以及公正和公平地分享其利用所产生惠益的名古屋议定书》于2014年生效，共有79个缔约方，旨在保证惠益的公平性。《2011—2020年生物多样性战略计划》包括20个有时限的具体目标，即“爱知目标”，统筹协调国家和国际对抗生物多样性丧失的努力并确定优先事项。

教科文组织的**“人与生物圈”计划**（www.unesco.org/new/zh/natural-sciences/environment/ecological-sciences/man-and-biosphere-programme/）关注生物多样性的可持续利用和保护，致力于改善人与其所处环境之间的关系。“人与生物圈”计划将自然科学与社会科学、经济学与教育相结合，以改善人类生计，维护自然生态系统，推广适应社会和文化并在环境方面具有可持续性的创新的经济发展方法。

与生物多样性相关的其他公约包括：

- 2004年的《粮食和农业植物遗传资源国际条约》（www.fao.org/plant-treaty/zh），旨在确保保护和可持续利用粮食和农业植物遗传资源以及公平、合理地分享因利用这些资源而产生的惠益。《条约》适用于所有粮食和农业植物遗传资源，其“获取和利益分享多边制度”列有64个作物（种或属）。此外，《条约》还规定了农民的权利。

- 1979年的《远距离越境空气污染公约》(www.unece.org/env/lrtap/welcome.html)及其议定书，在联合国欧洲经济委员会的主持下商定，旨在控制和减少欧洲和北美的大气污染。得益于《公约》，工业生产过程中释放的二氧化硫所造成的酸雨发生频率大大减少。《公约》有51个缔约方。
- 1979年的《保护野生动物迁徙物种公约》(www.cms.int)和一系列相关的地区和具体物种协议，旨在保护陆地、海洋和空中的迁徙物种及其栖息地，特别是濒临灭绝的物种。《公约》由环境署管理，有124个缔约方。
- 1973年的《濒危野生动植物种国际贸易公约》(www.cites.org)，由环境署管理，通过配额或完全禁止的方式，控制珍贵野生动植物物种或产品的国际贸易，保证野生动植物的生存。《公约》对30 000多种动植物物种给予不同程度的保护。
- 1972年的《世界遗产公约》(whc.unesco.org/en/convention)，由联合国教科文组织管理，通过列载应该受全人类保护的具有突出价值的遗址，确认和保护世界文化和自然遗产，并通过各国间更加密切的合作来确保它们得到保护。
- 1971年的《湿地公约》(www.ramsar.org)，为致力于保护和明智利用湿地及其资源的国家行动和国际合作提供了框架。《公约》涉及保护和明智利用湿地的各个方面，认可湿地生态系统对生物多样性的整体保护和人类社区的福祉至关重要。
- 1952年的《国际植物保护公约》(www.ippc.int)，旨在通过防止植物病虫害的传入和扩散，以及推广控制植物病虫害的适当措施，保护栽培植物和野生植物等世界植物资源。《公约》为制定植物检疫措施国际标准提供了机制，帮助各国落实植物检疫措施国际标准及《公约》规定的其他义务。《公约》秘书处设在粮农组织。

生物多样性和生态系统服务政府间科学政策平台(www.ipbes.net)，是评估生物多样性及其为社会所提供的生态系统服务状况的一个政府间机构。该平台应决策者的请求而设立，在环境署、教科文组织、粮农组织和开发署的主持下运作，由环境署管理，其秘书处设在德国波恩的联合国办公区，有来自世界各地的1 000名科学家为平台义务工作。同行审议是平台确保其工作体现广泛的意见以及所完成的工作达到最高科学标准的一个关键组成部分。

可持续森林管理

森林产品的国际贸易额每年达数千亿美元，世界上有超过16亿人靠森林为生。森林作为土著知识的基础，带来了深远的社会文化惠益。作为生态系统，森林在减缓气候变化影响和保护生物多样性中发挥着关键作用。虽然得益于植树造林和现有森林的自然扩展，森林净损失速度正在减慢，但每年仍有大约1 300万公顷的森林被砍伐，全球达20%的温室气体排放由此产生。全世界森林和森林土壤中存储了超过一万亿吨的碳，是大气的两倍。

毁林的最常见原因包括不可持续伐木、将森林转作农业用地、不良农地管理，以及人类住区的建造。自1992年地球问题首脑会议通过了一份无法律约束力的森林原则声明以来，联合国一直走在推进可持续森林管理运动的前列。

1995年至2000年间，政府间森林小组和政府间森林论坛是制定森林政策的主要政府间论坛。2000年，经社理事会设立了**联合国森林论坛**（www.un.org/zh/development/forest/unff.shtml），这是一个高级别政府间机构，负责加强对可持续森林管理的长期政治承诺。论坛秘书处提供可持续森林管理能力发展方面的技术服务以及其他分析和信息服务。

2007年，论坛通过了关于国际森林政策与合作的标志性协定：《关于所有类型森林的无法律约束力文书》。同年，大会也通过了该文书。文书包含四项旨在减少森林覆盖面积损失的全球森林目标：防止森林退化；促进所有以林为生者的可持续生计；增加可持续管理林区的面积；以及调集用于森林的额外金融资源。2015年，大会通过了第70/199号决议，将文书更名为《联合国森林文书》，并将全球森林目标的期限延长至2030年，与2030年可持续发展议程一致。

2017年1月，森林论坛特别会议通过了**2017—2030年联合国森林问题战略规划**和2017—2020年四年期工作方案。

荒漠化

荒漠化指在通常所说的“旱地”——干旱、半干旱地区以及干旱的半湿润地区——出现的土地退化。造成这种现象的因素很多，包括气候差异和人类活动。从可持续发展的角度来看，荒漠化所指的范围不含极度干旱的地区（沙漠）。旱地占地球陆地面积41%左右，以降水量少而蒸发率高为典型特征。生活在旱地的人口超过20亿，包括全球一半的贫困人口，其中18亿人生活在发展中国家。

旱地的土地退化造成这些地区的生物生产力或经济生产力降低或丧失，主要人为原因包括过度耕作、过度放牧、毁林和灌溉不良。据环境署估计，土地退化影响了全球三分之一的土地以及超过110个国家的10亿多人的生活。撒哈拉以南非洲地区三分之二的土地均为沙漠或旱地，形势尤其严峻。

干旱是因降水量显著低于正常水平而引发严重荒漠化的一种自然现象。这种自然灾害的形成过程复杂而缓慢，可产生严重而普遍的社会经济和环境影响。荒漠化和干旱引发的问题包括粮食不安全、饥荒、贫困，以及造成冲突的社会、经济及政治局势紧张，从而导致更严重的贫困问题，进一步加剧土地退化。日益严重的荒漠化可能迫使数以百万计的贫

索马里因严重干旱引发饥荒，联合国估计约有550万人面临饥饿威胁。2017年3月，移民组织发起了一项总额为2 460万美元的抗旱援助呼吁。年轻女孩在摩加迪沙的一处食品救济站前排队。(2017年3月9日，联合国图片/Tobin Jones)

困人口加入离乡谋生的行列。

《联合国关于在发生严重干旱和/或荒漠化的国家特别是在非洲防治荒漠化公约》(www.unccd.int/)寻求解决这一问题。《公约》专注于土地复垦、提高生产力以及保护和管理水土资源，同时支持各国以降低风险为原则制定国家干旱政策。全球有20亿公顷退化的土地有潜力实现土地复垦和森林复原。《公约》强调以关注土地退化零增长为焦点，为当地居民创设有利环境，帮助扭转陆地生态系统的土地退化。它也为受影响国家制定国家行动方案的准备工作设立了标准，并让非政府组织在准备和实施此类方案的过程中发挥前所未有的作用。《公约》由大会于1994年通过，1996年生效，目前共有195个缔约方(194个国家和欧盟)。

包括农发基金、粮农组织、环境署和世界银行在内的许多联合国机构都参与了防治荒漠化行动。其中，开发署通过位于内罗毕的生态系统复原力和荒漠化问题全球政策中心，为防治荒漠化活动提供资金。

和平、正义与强大机构

创建和平、包容的社会以促进可持续发展，让所有人都能诉诸司法，在各级建立有效、负责和包容的机构　和平、司法以及有效、负责和包容的机构是可持续发展的核心。许多国家仍面临旷日持久的武装冲突和暴力，因为机构薄弱，缺少诉诸司法、获得信息和基本自由保障的途径，太多的民众处境困难。2008年至2014年间，全球蓄意杀人犯罪受害者人数保持相对稳定。然而，在此期间，发展中国家的凶杀率是发达国家的两倍，最不发达国家的凶杀率也有所增加。2011年，全球34%的人口贩运受害者为儿童，在2004年，这一比例仅为13%。

在法治和诉诸司法方面的进展喜忧参半。在全球范围内，未经审判的被拘留者占总数的比例从2003—2005年的32%降至2012—2014年的30%。过去15年间，成立国家人权机构的国家比例增加了一倍，在2015年底达到35.5%。目标16致力于建立强大、有效的机构，确保所有人都能诉诸司法，获得信息及基本自由保障。

为此，联合国界定了一系列范围广泛、为国际社会所接受的权利，并建立了相应的机制，以促进并保护这些权利，包括妇女、儿童、残疾人、移民和土著人民等弱势群体的权利。联合国还任命特别报告员，负责解决暴力侵害妇女与女童、人口贩运等具体问题。

促进目标实现的伙伴关系

加强执行手段，重振可持续发展全球伙伴关系　加强伙伴关系以落实2030年可持续发展议程的目标领域包括金融、贸易、技术和能力建设。2015年的官方发展援助总额为1 316亿美元，实际同比增长达6.9%，创历史新高。2000—2012年，外债偿债率大幅下降，从11.7下降至2.7以下。2015年，固定宽带普及率在发达地区已达29%，而在发展中区域和最不发达国家仅分别达到7.1%和0.5%。2006—2015年，全球90%的国家和88%的发展中国家开展了人口和住房普查，这是重要数据的关键来源。目标17旨在重振伙伴关系，调动政府、民间社会、私营部门、联合国系统和其他组织的一切可用资源。

作为联合国负责信息和通信技术（信通技术）的专门机构，**国际电联**（www.itu.int/zh/Pages/default.aspx）为促进到2030年落实可持续发展目标中的信通技术部分发挥着主导作用。为了达到这一目标，国际电联的很多工作都通过由不同领域的专家组成的研究小组完成。这些专家中的许多人代表着相互竞争的商业利益，但在国际电联体系内，他们互相合作，共同开发系统，分享最佳实践，制定为整个行业和消费者群体服务的原则和指导方针。研究小组的主要贡献是建立一套被称为“建议”的技术标准或指导方针，供行业和各国政府免费实施和落实。通过设立中立性的平台，国际电联提供了一项重要而高效的工具，有力地推动了社会经济发展和赋权。

可持续发展筹资

在1992年举行的地球问题首脑会议上，与会各方达成一致意见，同意21世纪议程的大部分资金将来源于各国的公共和私营部门。然而，各方也认为发展中国家需要更多的外部资金支持，以开展可持续发展活动及保护全球环境。可持续发展筹资的整体方案起源于发展筹资进程，在2002年的《蒙特雷共识》、2008年应对发展筹资问题的《多哈宣言》以及2015年应对发展筹资问题的《亚的斯亚贝巴行动议程》中有所体现。

第三次发展筹资问题国际会议（2015年7月13日至16日，亚的斯亚贝巴）通过了《亚的斯亚贝巴行动议程》，为支持落实2030年可持续发展议程奠定了坚实的基础。《行动议程》将资金流和资金政策与经济、社会和环境重点匹配起来，建立了一套新的可持续发展筹资全球框架。联合国会员国和其他利益攸关方还就一系列政策行动达成了协议，其中包括100多项具体措施，旨在运用各种金融、技术、创新、贸易、债务和数据资源，支持落实可持续发展目标。《亚的斯亚贝巴行动议程》罗列了落实2030年议程的所有手段。

作为《亚的斯亚贝巴行动议程》的后续工作，同年7月27日，大会决定每年举行一次各国和政府间组织普遍参与的经济及社会理事会发展筹资后续行动论坛。论坛的时限最多五天，包括一个由布雷顿森林机构、世贸组织和贸发会议参与的高级别特别会议。

成立于1991年的**全球环境基金**（**全环基金**，www.thegef.org/gef），旨在帮助发展中国家为与保护全球环境和促进地方社区可持续生计相关的项目筹资。到2016年全环基金成立25周年时，基金已提供了约145亿美元赠款，并从受援国政府、国际开发机构、私营企业和非政府组织调集共同融资754亿美元，用以支持165个发展中国家和经济转型国家的近4 000个项目。全环基金的合作伙伴已从最初的三个——世界银行、开发署和环境署——发展成为由粮农组织、农发基金和工发组织等18个实施和执行机构组成的网络。

官方发展援助

2015年官方发展援助总额达1 316亿美元，为经济合作与发展组织（经合组织）发展援助委员会28名成员国国民总收入的0.3%，不到大会设定的0.7%目标的一半。目前，联合国发展系统是经合组织或发展援助委员会成员国直接多边供资的最大渠道。

在为最贫困、最脆弱的民众提供援助方面，官方发展援助和为联合国业务活动供资可产生重大影响，因为这些资金流通常更明确针对发展目标，例如千年发展目标和可持续发展目标。对因极端贫困和严重负债而在全球增长和发展进程中被边缘化的47个最不发达国家来说，情况尤其如此。这些最不发达国家中有34个位于非洲，是联合国发展系统的优先关注对象。各国每年为联合国业务活动所做的投入中，有近50%用于最不发达国家。小岛屿发展中国家、内陆发展中国家和经济转型国家也面临很大的问题，同样是援助项目和官方发展援助的优先关注对象。

联合国业务活动由联合国发展系统中的实体开展，主要目标在于推动发展中国家的进步和福祉。2014年，联合国业务活动共获捐资284亿美元，创下历史最高水平，占当年官方发展援助总额的20%以上。

联合国官方发展援助来自联合国系统机构、基金和方案的拨款援助以及世界银行和农发基金等放款机构的支持。2016财年，世界银行集团以贷款、赠款、股权投资和担保的形式，向发展中国家承诺提供642亿美元的援助，以帮助发展中国家推动经济增长并战胜贫困。自1978年开始运作以来，农发基金已为900多个项目和方案注资148亿美元，惠及约4亿农村人口。各国政府及其他受助国供资来源共出资122亿美元，多边、双边和其他捐助者提供了约96亿美元的联合筹款。

南南合作

南南合作是国际合作的一种独特模式，被视为对南北合作的补充。南南合作在消除贫困和促进可持续发展方面不断做出贡献，对此《亚的斯亚贝巴行动议程》表示欢迎。2009年召开的联合国南南合作高级别会议形成了内罗毕成果文件，鼓励发展中国家进一步加强南南合作。对于在很大程度上面临着共同挑战的发展中国家来说，共享发展战略、优先事项、资源和方案，是促进能力建设和实现可持续发展的关键推动因素。

部分数据表明，2014年，南南合作取得的融资总额超过了2013年的200亿美元。除政府收入外，南南合作的融资来源也正变得越来越多元化。各国的开发银行（包括非洲在内）在为区域和次区域基础设施建设筹资中扮演了更加突出的角色。据估计，到2024年，新开发银行的年度贷款能力可达到34亿美元，到2034年可达近90亿美元。2016年1月，亚洲基础设施投资银行正式运作，预计在未来15年内每年可提供100亿—150亿美元的贷款。2016年11月28日至12月1日，在肯尼亚内罗毕举行的第二届促进有效发展合作全球伙伴关系高级别会上，与会方重申了将有效的发展合作作为落实可持续发展目标手段的承诺。

贸易与发展

贸发会议（www.unctad.org）的任务是确保所有国家融入国际贸易。作为联合国处理贸易、金融、技术、投资以及可持续发展领域发展相关问题的协调中心，贸发会议致力于为发展中国家最大限度地创造贸易、投资和发展机遇，帮助发展中国家应对全球化带来的挑战，以公平的方式融入全球经济。虽然全球化帮助数以百万计的民众摆脱了贫困，但巨大的挑战仍然存在。贸发会议通过研究与政策分析、共识建立以及技术援助，帮助发展中国家利用贸易、投资、金融和技术，推动包容和可持续发展。贸发会议在国家、区域及全球三个层面帮助各国：

- 实现经济多元化，从而减少对商品的依赖；
- 降低金融动荡及债务的影响；
- 吸引投资，通过投资促进发展；
- 拓宽获取数字技术的渠道；
- 推动创业和创新；
- 帮助地方企业提升在价值链中的位置；
- 加快商品跨境流动；
- 保护消费者权益；
- 抑制不利于竞争的规定；
- 适应气候变化和提高自然资源利用率。

贸发会议协助发展中国家和转型期经济体吸引外国直接投资，改善投资环境，还帮助各国政府了解外国直接投资的所涉政策问题并帮助制定和实施相应政策。贸发会议通过发布年度《世界投资报告》《投资政策评议》《世界投资名录》以及其他研究报告，对外国直接投资的全球趋势加以介绍。

通过定期开展政府间讨论与技术合作，贸发会议致力于促进企业（尤其是中小型企业）的发展，其中技术合作活动包括：

- 海关数据自动化系统（www.asycuda.org），采用最先进的技术，帮助各国政府实现海关程序和管理的现代化，并改善经济治理；
- 企技方案（empretec.unctad.org），旨在促进中小企业的发展。

贸发会议以2030年议程设定的可持续发展目标衡量进展，并与基金组织、世界银行、世贸组织和开发署这四个利益攸关机构一起，支持落实《发展筹资问题亚的斯亚贝巴行动议程》。虽然主要通过与政府合作来落实可持续发展目标，贸发会议也认识到与私营部门和民间社会建立合作关系、展开紧密合作的重要性。

国际贸易中心（贸易中心，www.intracen.org）是世贸组织和联合国的一个联合机构，是唯一专注于支持中小型企业国际化的发展机构，是推动包容性增长、创造就业机会和创新的引擎。

贸易中心旨在促进发展中国家和转型期经济体的包容和可持续经济发展，并为落实可持续发展目标做出贡献。贸易中心与政策制定者、私营部门以及贸易和投资支持机构合作，帮助企业提升在区域及全球市场的竞争力，更好地对接全球贸易系统。贸易中心的目标为：推动中小型企业融入全球经济；改善中小型企业所需的贸易和投资支持；以及加强中小型企业的国际竞争力。

贸易中心的六大重点工作领域为：提供贸易和市场资讯；营造有利的商业环境；加强贸易和投资支持机构的建设；连接国际价值链；推进包容性和绿色贸易并让其成为主流；以及支持区域经济融合和南南联系。

贸易中心优先为最不发达国家、内陆发展中国家、小岛屿发展中国家、撒哈拉以南的非洲、冲突后国家和小型脆弱经济体提供支持。增强妇女和年轻企业家的经济权能，支持贫困社区以及推进可持续绿色贸易也是贸易中心的工作重点。

世界贸易组织（**世贸组织**，www.wto.org）是一个将开放贸易、造福所有人作为主要目标的国际组织。世贸组织为旨在减少国际贸易壁垒和确保公平竞争的协定谈判提供论坛，从而促进经济增长和发展。世贸组织也为执行并监测这些协定，以及解决因协定的解释和执行而产生的争端提供了法律和机构框架。目前，世贸组织的贸易协定主体由16项不同的多边协定（所有164个成员国均加入）和两项诸边协定（仅部分成员国加入）构成。自1995年成立以来，世贸组织及其前身关贸总协定已帮助创建了一个强大、繁荣的国际贸易体系，为全球经济取得前所未有的增长做出了贡献。

全球统计

政府、公共机构和私营部门都高度依赖相关、准确、可比较且发布及时的国家和国际层面的统计数据，而联合国自成立以来一直是数据统计工作的协调中心。由24个成员国组成的政府间机构**联合国统计委员会**（statistics.unwto.org/en/content/united-nations-statistical-commission-unsc）是国际统计活动的最高决策机构。委员会监督经社部**统计司**（unstats.un.org）的工作。统计司负责汇编和传播全球统计信息，制定统计活动的标准与规范，帮助各国加强国家统计系统的建设。

统计司还促进协调国际统计活动，支持统计委员会发挥职能，并为统计数据的编制者和使用者提供广泛的服务，包括：联合国数据库网站（data.un.org)、《统计年鉴》、《统计月报》、《世界统计袖珍手册》、全球可持续发展目标指标数据库、《人口统计年鉴》及联合国商品贸易数据库。此外，统计司还出版有关人口统计、社会与住房统计、国民账户、经济与社会分类、能源、国际贸易、环境与地理空间信息等方面的专业刊物。

统计司致力于通过在世界各地提供各类议题的技术咨询服务、培训计划和讲习班，增强发展中国家的能力。

地理空间数据和地名

各国政府、私营部门和公民越来越意识到，地点和位置是影响决策有效性的重要一环，具有权威性的地理空间信息至关重要。2011年，经社理事会设立了**联合国全球地理空间信息管理专家委员会**（ggim.un.org），并将其作为所有成员国的最高政府间机制。2016年，经社理事会加强了委员会的职能，尤其是承认了委员会在实施2030年议程中扮演的角色，并强调了持续加强全球地理空间信息管理协调与连贯的必要性。委员会推动国际合作、知识共享、能力发展与规范制订，进一步加强国际地理空间信息管理能力。

联合国地名专家组致力于促进反映地方语言和传统的已有当地地名的记录、标准化和使用。成员国通过**联合国地名标准化会议**协商并传播标准化活动的信息。第十一届地名标准化会议定于2017年8月举行。

公共行政

有效、负责和包容的公共机构对落实2030年议程至关重要。实现可持续发展目标需要政府采取全面且有远见的参与式决策方式。要确保所有可持续发展目标同时取得进展，就必须高度整合政策，协调机构并运用专门知识，加强可持续发展目标之间的关联并取得协同效应。对国家决策者、政策制定者和公共行政管理者来说，管理公共部门以应对这些复杂问题是一项艰巨的挑战。

联合国通过由经社部实施的**公共行政方案**（publicadministration.un.org/zh），协助各国政府应对这些挑战，促进各级公共行政和机构落实可持续发展目标。方案致力于动员公共机构落实2030年可持续发展议程，支持提升公共部门的廉洁和透明，促进参与、包容和参与式的决策，调动创新和信息通信技术促进可持续发展目标，以及激励合作伙伴提供公共服务。经社部通过开展分析、支持各国政府间的经验交流、提供咨询服务和能力建设，包括与其他组织发展密切的合作关系，以及建立联合国公共行政网（www.upan.org）等知识共享平台，为世界各国提供支持。

联合国伙伴关系办公室

联合国伙伴关系办公室（www.un.org/partnerships/zh）是联合国系统与私营部门、基金和其他非国家行为体为落实可持续发展目标而建立伙伴关系的门户。办公室作为联合国基金会（unfoundation.org）与联合国系统之间的活动连接点，支持联合国机构在世界范围内执行具有高度影响力的项目，也是联合国民主基金（www.un.org/zh/aboutun/structure/partnerships/undef.shtml）的行政中心。办公室也引导并促进联合国和非国家行为体开展伙伴关系活动，发起伙伴关系倡议，以支持可持续发展目标。截至2015年12月31日，联合国基金会批准的由联合国伙伴实施的联合国国际伙伴关系基金项目拨款累计约达14亿美元。自办公室成立以来，由43个联合国实体在124个国家实施完毕或正在实施的项目有592个。2016年期间，基金会共拨款3 710万美元，主要用于消灭脊灰、疟疾、艾滋病毒/艾滋病和麻疹预防、人道主义救济、疾病监测、生殖保健、女童赋权、可持续能源开发和环境保护等。

保护环境行动

联合国系统通过多种方式参与环境保护工作。这个领域的牵头机构是**环境署**（www.unep.org/zh-hans）。环境署评估世界环境状况，并确定需要国际合作的问题。环境署帮助制定国际环境法，并将环境因素纳入社会和经济政策以及联合国系统包括可持续发展目标在内的方案之中。环境署也帮助各国解决无法独立处理的问题，并为建立共识和达成国际协议提供平台。通过这种方式，环境署推动企业与行业、科学与学术界、非政府组织、社区团体以及其他各方更多地参与到实现可持续发展的工作当中。环境署的七大重点工作领域为：气候变化；生态系统管理；环境治理；化学品、废物及空气质量；灾难与冲突；资源效率；环境审查。

环境署推进并协调科学研究工作，发布了一系列关于环境现状的报告，例如《全球环境展望》、一年一度的《排放差距报告》和《海洋垃圾：一个全球挑战》。这些报告开启了对于现有和新出现的环境问题的全球意识，引发了关于环境公约的国际谈判。环境署拥有不断壮大的卓越中心网络，包括环境署世界养护监测中心、全球资源信息数据库和国际资源委员会。

环境署**经济司**鼓励政府、工业和商业决策者采取更清洁和更安全的政策、战略和做法，提高自然资源利用率，并降低人类和环境所面临的污染风险。经济司促进更安全、更清洁且环境友好的技术的转让；帮助各国建立、健全管理化学品和提高化学品安全的能力；支持逐步淘汰臭氧消耗物质；协助决策者做出更好、更明智的能源选择；以及与各国政府和私营部门合作，将环境因素纳入活动、做法、产品和服务中去。

环境署发布的可持续金融体系设计调查全球报告（web.unep.org/inquiry），即《我们需要的金融系统》，声称一场“静悄悄的革命”正在展开，因为可持续因素正在被纳入金融体系的治理规则之中。

环境署化学品处（www.unep.org/chemicalsandwaste）是经济司的化学品分支机构，为各国提供有毒化学品的信息，协助各国培养安全生产、使用和处理化学品的能力，并支持旨在减少或消除化学品风险的国际和区域行动。2001年，环境署促成通过了《关于持久性有机污染物的斯德哥尔摩公约》。《公约》旨在减少并消除特定化学品的排放和释放，尤其是长期存在于自然环境中不能分解、地理分布广泛、在生物机体内的脂肪组织里积聚且对人类和野生生物有毒害作用的化学品。杀虫剂、工业化学品和副产品均属于这类化学品。

多年来，环境署还推动了其他一些国际协定的通过，这些协定构成了联合国遏制并逆转对地球破坏努力的基石。具有历史意义的1987年《蒙特利尔议定书》及其后续各项修正案致力于保护高层大气中的臭氧层。2016年，近200个国家及领土通过了《蒙特利尔议定书基加利修正案》，同意逐步减少氢氟碳化合物的使用，这一举措可在21世纪末遏制全球升温达0.5℃。1989年的《巴塞尔危险废弃物及其处理公约》致力于减少有毒废物造成的污染危险。环境署与粮农组织共同推动了1998年《关于在国际贸易中对某些危险化学品和农药采用事先知情同意程序的鹿特丹公约》的谈判。根据《公约》，进口国有权决定希望接受的化学品，并对无法安全管理的化学品加以拒绝。

2013年1月，超过140个国家通过了《汞问题水俣公约》，这是旨在阻止汞排放和汞释放的具有法律约束力的条约文书。

在野生生物与生物多样性方面，1973年的《濒危野生动植物种国际贸易公约》因在野生动植物产品贸易控制方面做出重要贡献而受到国际赞誉。环境署协助非洲各国政府制定了1994年的《禁止非法买卖野生动植物合作执法行动卢萨卡协定》。1992年的《生物多样性公约》和2000年的《卡塔赫纳生物安全议定书》旨在保护并鼓励以可持续且公平的方式利用地球上的各类植物、动物和微生物。环境署还帮助谈判并通过了有关荒漠化和气候变化的各项公约。

经济发展

联合国的创始原则之一是坚信各国人民的经济发展是实现政治、经济和社会安全的最可靠的途径。联合国关切的一个核心问题是世界上有13%的人口（主要在非洲和亚洲）生活在极端贫困线以下，即每人每日生活费为1.90美元及以下。据估计，2011年全世界有超过1.97亿名工人失业，2012年有超过8.68亿人日薪低于2美元。2014—2016年的全球营养不良人口约有8亿。

联合国依然是唯一致力于确保扩展经济与全球化在促进提高人类福祉、推动可持续发展、消除贫困、保障公平贸易和外债减免等政策引导下进行的机构。联合国敦促国际社会通过适当的宏观经济政策应对现有的不均衡，特别是南北差距拉大和最不发达国家长期存在的问题，并满足转型期国家由计划经济向市场经济过渡所面临的前所未有的需求。联合国的援助方案致力于促进消除贫困，改善儿童生存状况，保护环境，提高妇女地位及保障人权。对数以百万计生活在穷国的民众来说，这些援助方案就是联合国的代名词。

促进全球发展

联合国开发计划署（开发署，www.un.org/zh/aboutun/structure/undp/）致力于消除贫困以及减少不平等和排斥现象。开发署提供合理的政策咨询意见，帮助建设机构能力，促进经济公平发展。开发署在170多个国家开展实地工作，帮助这些国家的人民自力更生。开发署注重帮助各国构建并分享应对挑战的方法，以实现减少贫穷、民主治理、危机预防与恢复、环境与可持续发展，并落实可持续发展目标。在每个领域，开发署都支持保护人权，增强女性权能。

开发署的大部分核心项目基金都用于援助全世界的极端贫困者。2014—2015年，约有90%的核心基金投向低收入国家，70%的核心基金投向最不发达国家。1990年至2015年间，极端贫困人口的数量减少了一半以上。然而，各区域间发展并不均衡。发展中区域约有五分之一的人口每日生活费不足1.25美元，其中绝大多数分布于南亚和撒哈拉以南非洲。共有8.36亿人仍生活在极端贫困之中。

开发署的援助资金来自联合国大多数会员国的自愿捐款。2015年，开发署共收到捐款45亿美元，其中通过常规来源收到7.03亿美元，通过其他来源收到38亿美元。接受开发署资助的国家通过提供人员、设施、设备和供给，也为节省项目开支做出了贡献。

为确保全球发展资源发挥最大作用，开发署与其他联合国基金、方案以及世界银行和国际货币基金组织等国际金融机构协调开展活动。此外，开发署的国家和区域项目还对发展中国家和非政府组织的专门知识加以利用。开发署支持的项目绝大多数由当地组织实施。

在国家层面，开发署提倡以综合办法提供联合国发展援助。在许多发展中国家，开发署建立了由联合国驻地协调员所领导的联合国团队组成的**联合国发展援助框架**，驻地协调员在许多情况下就是开发署的驻地代表。联合国发展援助框架是应对各国所确定的联合国面临的主要发展挑战的协调机制。在人为灾害、自然灾害或复杂紧急情况发生时，驻地协调员负责协调人道主义援助。

除常规方案外，开发署还管理着多种特别用途的基金。**联合国资本发展基金**（**资发基金**，www.uncdf.org）向最不发达国家提供投资资本、能力建设和技术咨询全面服务，以促进其小额融资和地方发展。

联合国志愿人员组织（**志愿人员组织**，www.unv.org）致力于动员志愿者为联合国的和平与发展方案做出贡献，并努力提升志愿服务的价值，促进世界对志愿服务的认可。2015年，共有来自153个国家的近6 800位联合国志愿人员在世界各地提供志愿服务。

贷款促进发展

世界银行集团（www.shihang.org）由两个独一无二的机构组成：国际复兴开发银行与国际开发协会，在100多个发展中国家开展工作，为这些国家的减贫事业提供资金和/或专业技术方面的支持。世界银行的项目覆盖六大区域：拉丁美洲和加勒比、中东和北非、欧洲和中亚、东亚和太平洋、非洲、南亚。

目前，世界银行参与的项目超过1 678个，几乎涵盖每一个行业和每一个发展中国家。作为世界上最大的发展援助来源之一，世界银行为发展中国家的政府建设学校和医疗中心、供水供电、防治疾病以及保护环境提供支持。为此，世界银行向发展中国家发放需偿还的贷款。2016财年，世界银行集团以贷款、赠款、股权投资和担保的形式，向伙伴国和私营企业提供了642亿美元的援助。

世界银行的贷款分为两类。第一类面向收入较高的发展中国家，这些国家有能力偿付接近市场利率的贷款，也可通过商业渠道借款。这些国家从**国际复兴开发银行**（**世界银行**，www.shihang.org/zh/who-we-are/ibrd）获得贷款。世界银行致力于帮助中等收入国家和有信誉、较贫穷的国家，通过贷款、担保、风险管理产品及分析和咨询服务，促进这些国家的可持续发展，最终助其减贫。世界银行贷款的还贷期限比商业银行的更长，可达15年至20年，而且在首次偿还本金前还有三到五年的宽限期。贷款用于减贫、提供社会服务、保护环境和促进经济增长等具体项目。2016财年，世界银行共对114个发展项目承诺贷款，总计达297亿美元。世界银行拥有AAA级的信用等级，几乎所有资金都通过国际金融市场发放的债券筹集。

第二类贷款面向最贫穷的国家，这些国家通常在国际金融市场上没有信用，无力支付接近市场利率的借款。**国际开发协会**（**开发协会**，ida.worldbank.org）向这些最贫穷的国家发放贷款，并为这些国家的项目提供赠款和信贷支持，助其实现经济增长，减少不公平现象，改善人民生活条件，从而减少贫穷。开发协会以优惠条件提供贷款，即无息或极低息的贷款，还贷期限达25年至40年，并有五年至十年的宽限期。开发协会还向面临受债务困扰风险的国家提供赠款和大额债务减免。开发协会用于援助的资金大部分来自其较富有成员国的捐赠。2016年，开发协会共对161个发展项目承诺贷款达162亿美元，包括144亿美元信贷、13亿美元赠款和5亿美元担保。按照自身的条例规定，世界银行只能向政府发放贷款，但实际上世界银行与各国的地方社区、非政府组织和私营企业都有密切的合作。世界银行的项目旨在帮助各国最贫穷的人群。为实现成功发展，各国政府和社区必须在发展项目中拥有自主权。世界银行鼓励各国政府与非政府组织及民间社会开展紧密合作，提高受益于世界银行资助项目的人们的参与率。借款国的非政府组织参与了近半数项目。

世界银行主张稳定的经济政策、健全的政府财政，以及开放、诚信和可问责的治理。世界银行为私营部门正在迅速进入的多个领域提供支持，包括金融、电力、电信、信息技术、石油和天然气、工业等。世界银行的条例禁止直接向私营部门发放贷款，但其附属机构**国际金融公司**（**金融公司**，www.ifc.org）明确致力于促进私营部门投资，为高风险的行业和国家提供支持。世界银行的另一个附属机构，即**多边投资担保机构**（**担保机构**），为向发展中国家投资或贷款的机构提供政治风险保险（担保）。

除了提供贷款之外，世界银行还经常为其资助的项目提供技术援助，包括就以下问题提供咨询：国家总预算的规模、预算资金的投向、建立乡村门诊所的途径和修建道路所需的设备等。世界银行每年都为许多专门提供专家咨询和培训的项目提供资助，并就如何制订和执行发展项目对借款国人员进行培训。

世界银行支持以下多个领域的可持续发展项目：造林、污染控制和土地管理；水、卫生和农业；以及自然资源保护。世界银行是**全环基金**的主要供资方，全环基金则是全球许多环境改善项目的最大供资方。世界银行和开发协会还支持**"重债穷国债务倡议"**。倡议旨在减轻世界上最贫穷、负债最重的国家的外债负担。在2005年7月召开的八国集团峰会上，八个发达国家的领导人提议100%免除全球最贫穷国家拖欠开发协会、国际货币基金组织和非洲开发基金的债务，这些国家大多数来自非洲和拉丁美洲。截至2016年3月，八国集团达成的**《多边减债动议》**的债务减免成本估计为748亿美元，而按2014年末的现值计算，《多边减债动议》对于提供债务减免的四个多边债权人的总成本估计为416亿美元。由于已有36个国家达到了"重债穷国债务倡议"完成点，其中最近一个是在2015年4月达到完成点的乍得，"重债穷国债务倡议"和《多边减债动议》的目标已接近完成。

贷款促进稳定

因某些国内外因素影响而无力维持国际收支平衡、财政稳定或无法还本付息时，许多国家往往会向**国际货币基金组织**（**基金组织**，www.imf.org/external/chinese/index.htm）寻求帮助。作为联合国的专门机构，基金组织负责为各国政府提供解决上述问题的咨询意见和政策建议，并向成员国提供财政资源，支持其经济改革方案。

面临国际收支问题的成员国通常以购买储备资产的方式利用基金组织提供的财政资源，即用等量的本国货币购买其他成员国的货币或特别提款权。基金组织对这些贷款收取一定的费用，并要求借款国在特定时间内，通过从基金组织回购其本国货币的方式偿还贷款。

鉴于低收入国家的经济状况不断发生变化，且因全球经济危机而变得更为脆弱，基金组织在2010年将面向这些国家的援助计划进行了升级。为了更灵活地开展财政援助，并更好地满足低收入国家的需求，基金组织进行了大范围改革，其中一项改革是建立"**减贫与增长信托**"。该机制于2010年1月正式启动，设有三个优惠贷款工具，即中期信贷机制、备用信贷机制和快速信贷机制。2013年4月，基金组织又对这三种信贷机制进行了完善，增强了基金组织财政援助的灵活性。

基金组织的主要贷款机制现包括：

- 备用安排，旨在帮助各国应对短期国际收支问题；
- 灵活信贷额度，面向经济基础扎实、政策完善及政策执行记录优良的国家。与备用安排不同，灵活信贷额度机制的贷款拨付不以具体政策谅解的实施为条件，因为有实施适当宏观经济政策的明确记录的国家才有资格获得灵活信贷额度；

- 预防性和流动性额度，面向基础稳固良好、政策稳健且政策执行记录优良的国家。有资格获得预防性和流动性额度的国家，虽然因为某些问题而没有资格获得灵活信贷额度，但无须像为获得备用安排资格一样进行大规模的政策调整；
- 中期贷款机制，旨在帮助成员国解决由结构问题所致的中长期国际收支问题，为解决结构问题，成员国必须采取重大经济改革；
- 中期信贷机制，旨在向长期面临国际收支问题的低收入国家提供中期支持。目前，中期信贷机制下的贷款利率为零，宽限期为5.5年，最终期限为10年；
- 备用信贷机制，向面临短期国际收支需求或即将面临此类需求的低收入国家提供资金援助。备用信贷可在多种情况下使用，包括用于预防目的。目前，备用信贷机制下的贷款利率为零，宽限期为4年，最终期限为8年；
- 快速信贷机制，向面临紧急国际收支需求的低收入国家提供有限条件而迅速发放的资金援助。快速信贷简化了基金组织对低收入国家的紧急援助程序，可在多种情况下灵活使用。目前，快速信贷下的贷款利率为零，宽限期为5.5年，最终期限为10年；
- 快速融资工具，向所有面临紧急国际收支需要的成员国提供附带条件有限的快速资金援助。

针对在国内实行合理政策的重债穷国，为了减免其债务，基金组织和世界银行在“重债穷国债务倡议”框架下，联合为符合条件的国家提供特殊援助，减轻这些国家的外债负担，使其债务降至可持续的水平。基金组织和世界银行也携手支持补充“重债穷国债务倡议”的《多边减债动议》。

为保持国际货币体系稳定并预防危机，基金组织建立了一套正式的监测体系，评估各国的国家政策及国家、区域和全球层面的经济与金融趋势。基金组织向其189个成员国提供咨询，鼓励各国制定并实施有利于促进经济稳定、提升抵御经济和金融危机的能力以及提高人民生活水平的政策。基金组织还在其定期出版的《世界经济展望》中发表全球前景评估，在《全球金融稳定报告》中发表金融市场趋势评估，在《财政监测报告》中发表公共财政趋势评估，并且发布一系列区域经济展望。

基金组织在以下几大领域为成员国提供技术援助：财政及货币政策的设计和实施；机构建设；统计数据的搜集和整理。基金组织采取的区域性的能力发展方针，可以更好地针对区域的特定需求提供援助，更密切地与其他援助者进行协调，且更迅速地应对新的需求。基金组织还为成员国的官员提供培训，培训地点在华盛顿的基金组织总部和世界各地的区域中心。

投资与发展

随着外国直接投资持续迅猛增长，发展中国家日益放开对外国直接投资的限制。与此同时，发展中国家在其他发展中国家的投资也在增长。联合国系统内的多个机构，例如粮农组织、开发署和工发组织，不仅监测和评估国际投资趋势，还帮助发展中国家吸引投资。

世界银行的两大附属机构（国际金融公司和多边投资担保机构）也帮助促进对发展中国家的投资。**国际金融公司**（www.ifc.org）为各国政府提供咨询意见，帮助其创造条件，刺激国内和国际个人储蓄及投资的流动，同时向私人投资者证明在发展中国家开展投资可以盈利，从而鼓励私人资本在发展中国家投资。2016财年，国际金融公司的长期投资承诺总额达188亿美元，其中包括调集投资伙伴的投资77亿美元。国际金融公司在局势紧张和冲突地区的投资增至近10亿美元，较上一年度增长了50%以上。

多边投资担保机构是世界银行的下属投资保险机构，致力于为投资者提供长期政治风险保险（承保险别有：征收险、货币兑换险、战争和内乱险）和咨询服务，促进生产性私人投资资本流向发展中成员国。多边投资担保机构不仅开展投资促进项目，传播投资机会信息，还为发展中国家提供技术援助，提升其吸引投资的能力。2016财年，多边投资担保机构共提供了创纪录的43亿美元政治风险担保和信贷升级担保，用以支持各种投资，其中积极型投资组合有45%在符合国际开发协会援助资格的国家，10%在受冲突和脆弱性影响的国家。

劳　工

国际劳工组织（**劳工组织**，www.ilo.org）关注发展过程中的经济和社会层面问题，是联合国系统唯一一个致力于推动政府、雇主和工人共同商讨政策和方案，实现所有人享有体面工作的三方机构。劳工组织一贯秉承的原则是：社会公正，尤其是保障人人享有就业权利、拥有合理的补偿和健康的工作环境，是维持社会稳定和促进社会融合的基石。劳工组织的四个主要目标是：促进落实工作中的权利；鼓励创造体面的工作机会；增强社会保护；就工作相关事宜加强对话。劳工组织负责制定和监督国际劳工标准，旨在促进男性和女性在自由、平等、安全和有尊严的条件下获得体面和生产性工作的机会。劳工组织在组织结构上实行独特的“三方性”原则，确保其标准同时得到政府、雇主和工人的支持。因此，国际劳工标准确定了获得全球经济行为体赞同的基本最低社会标准。

几十年来，劳工组织帮助国际社会取得了里程碑式的成果，例如实行八小时工作制，实施孕产妇保护，出台反童工法律以及保护家庭佣工和海员的法律，并制定各种政策以保证工作场所中的人身安全以及和平的劳资关系。劳工组织参与的具体活动有：

- 制定国际政策和方案，以保障基本人权，改善工作和生活条件以及增加就业机会；

- 建立国际劳工标准，作为各国政府的指导方针，帮助各国实施健全的劳工政策；
- 推进广泛的技术合作，与受益方共同制定和实施方案，帮助各国有效落实政策；
- 开展培训、教育、研究和咨询等活动，以推进上述所有工作。

劳工组织的工作内容包括：废除童工；提高工作安全与健康；增加就业保障；鼓励发展中小型企业；扩大社会保障；提升工人技能、知识和就业能力；促进青年就业；规范劳工移徙；消除歧视和性别不平等；促进社会对话；以及推广1998年国际劳工大会通过的《国际劳工组织关于工作中基本原则和权利宣言》。

2019年，劳工组织将迎来成立100周年纪念日。目前，劳工组织正开展各项活动，以承担在今后维持社会公平责任所面对的种种挑战。其“百年庆祝活动”主要涉及：未来的工作、贫困、工作妇女、国际劳工标准、企业、绿色经济以及劳工组织的治理。

在发展合作方面，劳工组织在120个发展伙伴的支持下，在100多个国家开展了630个方案和项目。劳工组织已将现有的许多技术项目整合为五个旗舰方案，以提高在全球范围内与各方开展发展合作的效率和影响。这些方案包括：**更佳工作**——全球成衣和制鞋行业的劳工标准；**社会保障**——扩大社会保障的范围，让所有人都得到保障；**消除童工现象国际方案**——努力消除强迫劳动和童工现象；**职业安全卫生**——促进中小型企业的职业安全卫生；以及**就业巩固和平与复原能力建设**——在冲突和易受灾害影响的国家创造就业机会，特别是为年轻人创造就业机会。

劳工组织研究司位于日内瓦，负责促进就劳工组织关注的新问题开展政策研究和公开讨论。其全球研究议程旨在：确定有助于改善就业和社会成果的政策方针；为从全球金融危机中复苏提供支持；并推动可持续的经济增长。

劳工组织统计司为劳工组织内外的用户提供相关、及时、可靠的劳工统计数据，以制定和评估旨在实现人人享有体面工作的目标的政策。统计司的工作包括：收集和传播劳工统计数据；制定国际劳工统计标准；以及开展劳工统计方面的技术合作、援助和培训。

劳工组织国际训练中心（www.itcilo.org）位于意大利都灵，负责培训私有和公营企业的中高层管理者、工人组织和雇主组织的领导者、政府官员和政策制定者。国际培训中心每年开设450多个方案和项目，有来自180多个国家的近11 000名参与者。

国际民用航空

据估计，2015年的民用航空旅客吞吐量达35亿人次，空运货物达5 100万吨，航班出发达到创纪录的3 400万架次。**国际民用航空组织（民航组织**，www.icao.int）是联合国的一个专门机构，是会员国与世界民航业开展合作的全球平台。民航组织长期致力于推动全球民航体系始终以最高的效率统一开展运营，提供最佳的安全和安保服务，并实现可持续发展。民航组织的活动都基于其战略目标，包括安全、安保、能力与效率、经济发展和环境保护。

为实现上述目标，民航组织：

- 通过了一系列国际标准和建议，适用范围包括：飞机及大部分设备的设计和性能；航空飞行员、空勤人员、空中交通管制人员、地勤人员和维修人员的工作考评；国际机场的安保要求及程序；
- 制定目视飞行和仪表飞行规则，以及制作用于国际航行的航空图，负责飞机电信系统、无线电频率和安保程序；
- 降低飞机排放，设定噪音限值，最大限度地减小飞行对环境的影响；
- 在海关、移民、公共卫生及其他流程中实行标准化程序，方便飞机、乘客、机组人员、行李、货物和邮件过境；
- 强调航空对社会经济发展的重要贡献，协助各国制定提高国际空中连通性的政策和条例；
- 制订支持和促进民航网络可持续发展的全球战略计划。

非法干扰行为严重威胁国际民航的安全和安保，因此，民航组织不断出台相关政策和方案，以防止此类事件发生。作为对2001年9月11日发生在美国的恐怖袭击事件的回应，民航组织制订了航空安全行动计划，包括普遍保安审计计划，旨在评估安保标准的实施情况，适时提出补救建议。民航组织在这方面的工作与若干安理会决议相关。

民航组织在2016年召开的第三十九届大会上，针对空运行业所面临的挑战和重点问题通过了新的协定和宣言。大会吸引了创纪录的2 500名代表，通过了一项关于减少飞机排放对气候变化影响的历史性决议，批准了国际民航组织“全球航空安全计划”和“全球空中航行计划”的强化条款，并认可了“全球航空安保计划”的概念。第四十届大会将于2019年9月至10月召开。

民航组织也应发展中国家的请求提供援助，满足它们在空运系统改善和航空人员培训方面的需求。民航组织还帮助一些发展中国家建立了区域培训中心。根据民航组织的“国际标准与建议措施”，民航组织基于各国提高民航安全和效率的实际需求提供援助。

民航组织还与其他联合国专门机构开展紧密合作，包括海事组织、国际电联、世旅组织和气象组织。国际航空运输协会、国际机场协会、国际民航驾驶员协会联合会等组织也参加民航组织的会议。

国际航运

1959年，**国际海事组织（海事组织，**www.imo.org）召开第一届大会时，其成员国还不到40个。如今，海事组织已拥有174个成员（170个联合国会员国加上库克群岛）以及三个联系成员。全球超过99%的商船队（按吨位）都遵守由海事组织制定的主要国际海运公约，涉及安全、海员培训、污染预防、载重线、吨位丈量、碰撞预防、搜救和海上交通便利化等方面。

通过海事法是海事组织的最主要责任。海事组织共制定和通过了50多项国际公约和议定书，其中包括1 000多条法规和建议，几乎涵盖了航运业的各个方面。

海事组织的任务最初侧重于安全相关问题，但后来其工作范围延伸至环境因素、法律事项、技术合作、海事安全和海上犯罪（包括海盗行为和持械抢劫船只）以及影响航运效率的各种问题。

海上人命安全仍然是海事组织关注的重点。1974年的《国际海上人命安全公约》覆盖了海事安全和安保的所有方面，包括了船舶建造、防火和应用于安全管理与货物运输的救生用具等。在《公约》规定下，全球海上遇险和安全系统得以强制执行。该系统旨在实现让船舶遇险警报在世界任何地方都能够得到接收及应答，目前该系统正在接受审议和进一步的更新。2017年1月1日，两项新的强制性法规正式生效。第一项针对船舶使用气体或其他低闪点燃料的安全性。这些燃料因更清洁、对环境更有利，正得到越来越普遍的使用。第二项是《极地水域作业船舶强制性守则》。该守则制定了额外的安全和环境标准，以应对穿越南北极水域船舶的日益增长。《极地守则》按《国际防止船舶造成污染公约》的规定强制执行。《防污公约》是应对作业排放、防止意外污染海洋的主要环境条约。《防污公约》的规定包括防止散装油类或化学品、包装货物、船舶污水、垃圾的污染和空气污染，也涉及能源效率。根据《防污公约》，海事组织于2011年通过了国际航运业节能强制要求。要求于2013年正式生效，是国际运输部门最早的强制性能源措施。

海事组织在环境保护方面开展持续的努力，包括减少航运对环境的影响，促进使用更清洁的燃料，减少有害气体的排放，并采取行动提高船舶的能源效率。2017年9月，《国际船舶压载水和沉积物控制与管理公约》正式生效（2004年通过），规定了压载水的管理要求，以防止有入侵可能的水生物种通过船舶压载水扩散。

海事组织的技术合作活动为执行海事组织各项条约和落实联合国可持续发展目标提供支持。2016年，海事组织的成员国自愿审计计划对所有成员国强制执行。自愿审计计划支持加强海事组织文书的执行，并根据海事组织相关条约向成员国提供船旗国、沿海国家和港口国履行职责的概况。根据自愿审计计划，海事组织还为各国提供有针对性的援助和能力建设。

在海事组织主持下运作的两个学术机构——设在瑞典马尔默市的世界海事大学和设在马耳他姆西达的国际海事法研究所，可提供研究生级别的培训，特别是对来自发展中国家的学生。

电信和信通技术

信息和通信技术（信通技术）是实现服务全球化的关键。银行服务、旅游、交通运输和信息等产业都取决于快捷、可靠地访问数字世界。因移动设备激增、管制放宽、信通技术服务与应用和增值网络服务快速扩张，以及网络智能化等大趋势的影响，信通技术行业正在发生翻天覆地的变化。在此过程中，信通技术也对社会的功能进行着深刻的改变，包括促进电子医疗的增长、教育信息化和电子政务平台的建设。

国际电信联盟（国际电联，www.itu.int）是各国政府与业界开展合作、就影响电信业未来发展的问题及其在可持续发展中所发挥的作用达成共识的全球性平台。目前，国际电联致力于推动信通技术的增长并以负担得起的方式普及，确保全世界的所有人都能通过智慧城市和知识共享经济等数字机会受益，并缩小男女之间获取数字技术的差距。为实现任务，重中之重是争取实现全面数字化包容，消除那些能够有效获取数字及信息技术的人与难以获取甚至无法获取的人之间的差距。为此，国际电联致力于收集和整理信通技术数据，将主要结果通过年度《衡量信息社会报告》发布，同时发布对各国的信息通信技术能力和准备状态进行排名的信通技术发展指数。

为实现上述目标，国际电联协助公共部门和私营部门以增进世界长期利益的共同标准提供全球电信网络和服务。国际电联的活动具体包括：

- 制定标准，促进各国通信基础设施与国际网络接轨，实现全球信息的无缝交换，包括通过5G、物联网、绿色能源和智能交通系统等新兴技术；
- 将新技术应用于全球电信网络，促进新应用的开发和互操作性；
- 通过国际规则及条约，确保各国共享无线电频谱和卫星轨道。包括电视及无线电广播、手机、卫星通信系统、航空航海导航及安全系统，以及无线计算机系统在内的大量设备依赖于这两种有限资源；
- 促进信息通信技术和扩展宽带，并通过提供政策咨询、技术援助、项目管理和培训，以及通过促进技术部门、公司、供资机构和私营组织之间的伙伴关系，缩小发展中国家的性别数字鸿沟。

此外，国际电联还负责召集专责小组来处理数字金融等紧迫且市场导向的行业问题，并组织研讨会、讲习班和其他活动。国际电联世界电信展（telecomworld.itu.int）是进行信通技术界高级别辩论和知识共享的全球平台，汇集了政府和行业代表，尤其是来自新兴经济体的中小型企业，旨在促进合作，形成网络，开展让所有人都受益的创新。2016年世界电信展在曼谷举行。国际电联学院为技术人员、监管机构、行政人员及地方社区提供培训，指导他们如何最大化地利用信通技术。国际电联发展工作的一个重要方面是帮助最不发达国家获取信通技术，弥合数字鸿沟。此外，该机构还为各成员国提供灾害管理和应急通信支助服务。

国际邮政服务

每年，全世界超过500万名邮政从业人员除处理并向国内外投递3 270亿封函件和74亿个包裹外，还提供一系列电子和金融服务。全球正在运营的邮局大约有68万个。**万国邮政联盟**（**万国邮联**，www.upu.int）是联合国负责监管国际邮政服务的专门机构。

万国邮联形成了一个各国互惠交换函件和邮政支付服务的单一邮政版图。每一个成员国都同意用投递本国邮件的最佳方法来投递所有其他成员国的邮件。万国邮联致力于提高国际邮政服务水平，协调和简化各国邮政客户邮寄国际邮件的程序，并建立一个通用网络，为客户提供最新的产品和服务。

万国邮联将新的产品和服务融入国际邮政网络，从而让世界上大多数居民都享有挂号信、国际回信券、小包、邮政包裹和快递等服务。万国邮联牵头开展一些特定活动，如推动各成员国的邮政运营商应用电子数据交换技术，监控并改进全球公共邮政服务和电子业务的质量等。

万国邮联代表大会是万国邮联的最高权力机构，每四年召开一次，以决定新的世界邮政战略，制定未来国际邮件往来规则。《2012—2016年多哈邮政战略》的成果包括：创立邮政行业发展综合指数；启动万国邮联首个用于邮政汇款的全球性商标PosTransfer；实现亚太地区2.3万个农村邮局接入万国邮联金融网络；以及斥资700万美元在11个非洲国家的农村地区推广邮政金融服务。2016年9月20日至10月7日，第二十六届万国邮联代表大会在土耳其伊斯坦布尔召开，来自155个国家的约2 000名代表出席。大会通过了《伊斯坦布尔世界邮政战略》，确立了万国邮联2017—2020年的工作目标。该战略以整合、创新和包容为基础，致力于提高邮政网络基础设施的互操作性，确保产品的可持续性和现代化，以及促使市场和行业正常运转。

知识产权

知识产权通常被称为“智慧的产物”，包括发明、文学和艺术作品、设计与符号，以及商业中使用的名称和图像。知识产权以专利权、著作权、商标权等形式受到法律保护，从而使创新者通过自己的发明或创造得到认可或获得经济利益。知识产权体系旨在营造一个创造和创新可以繁荣发展的环境。世界各地申请注册专利、商标、工业品外观设计的数量逐年剧增，表明在当今知识经济中，知识产权发挥着核心作用。

世界知识产权组织（**知识产权组织**，www.wipo.int/portal/zh）是一个联合国专门机构，也是关于知识产权服务、政策、信息与合作的全球论坛。知识产权组织协助成员国构建兼顾各方利益的知识产权法律框架，以满足社会不断变化的需要；提供业务服务，帮助人们在多个国家获得知识产权及解决争端；提供能力建设方案，帮助发展中国家利用知识产权获益；以及提供免费获取知识产权信息的渠道。知识产权组织成员国定期召开会议，在该组织下设的各种委员会中处理著作权、专利法、商标法、工业品外观设计与地理标志，以及遗传资源、传统知识和传统文化表达（民俗）等问题。知识产权组织管理着26个国际条约，覆盖了知识产权的所有方面。《关于为盲人、视力障碍者或其他印刷品阅读障碍者获得已出版作品提供便利的马拉喀什条约》于2013年通过，旨在增加适宜视力障碍者阅读的书籍、杂志及其他印刷品。

知识产权组织提供国际知识产权申请服务（专利合作条约、马德里体系、海牙体系和里斯本体系），使企业和创新者仅通过提交一次申请或注册，就能以较低的成本在多个国家保护他们的发明、品牌和设计。知识产权组织仲裁与调解中心提供一系列替代法庭诉讼的争端解决服务，包括对互联网域名争端的仲裁与调解。

知识产权组织还与各国知识产权部门开展合作，开发全球性的互操作工具，制定技术标准，便于工作、数据和知识的共享。通过这个技术基础设施，知识产权体系汇聚的大量科技信息得以被人们普遍利用。知识产权组织是世界上最全面的知识产权体系数据平台，也是最全面的实证性研究、报告、数据和事实材料平台。知识产权组织的出版物和收集的数据都可以在线获取。

知识产权组织致力于确保所有国家都能从知识产权体系中获得平等的惠益。知识产权组织的跨领域《发展议程》确保发展因素融入该组织工作的各个领域。为帮助发展中国家和最不发达国家开展能力建设，知识产权组织就如何将创新和知识产权政策与各国的发展战略相结合，如何建立兼顾各方利益的、适当的立法框架提供咨询。知识产权组织协助各国知识产权部门更新专利和商标处理系统，并提供培训帮助提升知识产权技能，包括通过知识产权组织学院（www.wipo.int/academy/zh/index.html）举办培训。

创新可以推动经济发展，应对气候变化、公共卫生和教育等全球挑战，在强调创新的同时，知识产权组织致力于落实可持续发展目标。知识产权组织还通过多利益攸关方和公私合作伙伴关系，例如，致力于防治被忽视的热带疾病的知识产权组织研究联合体，以及致力于推广绿色科技的知识产权组织绿色市场，为全球性问题制定解决方案。

科技促进发展

自20世纪60年代以来，联合国一直致力于帮助会员国运用科技实现发展。成立于1992年、由43个成员国组成的**科学和技术促进发展委员会**（unctad.org/en/Pages/CSTD.

aspx）旨在探讨科技问题及其对促进发展的影响，增进对涉及发展中国家的科学和技术政策的理解，以及在联合国系统内就科技问题提供建议。

在联合国系统落实信息社会世界峰会安排的后续工作中，委员会还是其上级机构经济及社会理事会的协调中心。在2016年的会议上，委员会强调了科学、技术、创新和信通技术的重要作用，并审议了两个优先主题："智慧城市与基础设施"和"数字发展前瞻"。其间，贸发会议向委员会提供了实质性支持和秘书处支持。贸发会议还主张推进有利于技术能力建设、创新以及向发展中国家开展技术转让的政策；帮助这些国家审查各自科技政策；促进南南科学联网；并提供信息技术方面的技术援助。

在执行各自专项任务的同时，粮农组织、原子能机构、劳工组织、开发署、工发组织和气象组织也都为应对科技问题出力。此外，以科学促发展还是教科文组织工作的重要环节。

社会发展

几十年来，联合国一直强调社会发展，确保"改善所有人的生活"这一目标处于发展工作的中心位置。联合国始终带头支持各国政府扩大社会服务，争取让所有人都能享受到健康、教育、计划生育、住房和卫生等社会服务。联合国在其不断发展的各项政策与方案中，强调可持续发展的三个方面（社会、经济与环境）应相互联系，不能孤立地追求单一方面的发展。

全球化和自由化给社会发展带来了新的挑战。人们越来越希望能够更加公平地分享全球化带来的益处。联合国致力于采取以人为本的方式解决各类社会问题，提倡重视个人、家庭和社区的发展战略。联合国设法应对健康、教育、人口等问题，并努力改善妇女、儿童与青年、土著人民、残疾人、老年人等弱势群体以及其他处于社会和发展边缘群体的状况。

联合国的很多全球性会议都曾针对上述问题展开讨论。例如，1995年举行的社会发展问题世界首脑会议，让国际社会首次聚集一堂，商讨如何促进解决贫穷、失业和社会分化问题的进程。首脑会议达成的《社会发展问题哥本哈根宣言》及其十个承诺是一项全球级别的社会契约。

各种社会发展问题给发展中国家和发达国家带来了挑战。所有社会都面临失业、社会分化和持续贫穷等问题。日益增多的社会问题，从被迫移民、吸毒、集团犯罪到疾病传播，只有通过国际协同行动才能得以成功解决。

联合国通过大会和经社理事会处理社会发展问题，这两个机构负责制定和批准整个联合国系统在社会发展领域的政策、优先顺序和方案。**社会、人道主义和文化委员会**是大会的六个主要委员会之一，负责审议与社会部门相关的议程项目。在经社理事会的下属机构中，负责处理社会发展问题的主要政府间机构是**社会发展委员会**（www.un.org/esa/socdev/csd）。社会发展委员会有46个成员国，就社会政策和发展的社会问题，向经社理事会和各国政府提供咨询。**“消除贫穷以实现所有人的可持续发展战略”**是委员会2017年会议（2月1日至10日）的优先主题。

在联合国秘书处的框架下，隶属于经济与社会事务部的**社会政策和发展司**（www.un.org/development/desa/dspd/united-nations-commission-for-social-development-csocd-social-policy-and-development-division.html）负责为这些政府间机构提供研究、分析和专家指导等服务。此外，联合国系统中还有很多其他专门机构、基金、方案和办事处负责应对社会发展中不同方面的问题。

研究和培训

许多联合国专门机构开展调查和培训等学术工作，旨在提高人们对于全球问题的认识，同时建设人力资源，满足经济和社会发展中对更高技术层面的要求以及维持和平与安全的需要。

联合国大学（unu.edu）通过开展研究和能力建设，努力解决联合国及其会员国以及全世界人民关注的全球紧迫问题。作为连接联合国与国际学术界的桥梁，联合国大学是联合国系统的智库，各国（尤其是发展中国家）能力建设的推动者，各方对话和促进创造性新思潮的平台。目前，40多个联合国实体和全球100多所合作研究机构与联合国大学建立了合作关系。

2015—2019年，联合国大学的学术研究将集中于互相依存的三大专题：和平与治理；全球发展与包容；以及环境、气候与能源。联合国大学中心设在日本东京，主要负责协调全球联合国大学系统的活动：

- 拉丁美洲和加勒比生物技术方案（拉加生物技术），设在委内瑞拉加拉加斯；
- 联合国大学区域一体化比较研究所，设在比利时布鲁日；
- 联合国大学计算与社会研究所，设在中国澳门；
- 联合国大学环境与人类安全研究所，设在德国波恩；
- 联合国大学物质通量与资源综合管理研究所，设在德国德累斯顿；
- 联合国大学全球化、文化和流动性研究所，设在西班牙巴塞罗那；
- 联合国大学可持续性问题高等研究所，设在日本东京；
- 联合国大学全球卫生国际研究所，设在马来西亚吉隆坡；
- 联合国大学非洲自然资源研究所（非洲自然资源所），设在加纳阿克拉；

- 联合国大学水、环境和卫生研究所（联合国大学水环卫所），设在加拿大汉密尔顿；
- 联合国大学可持续发展研究所，设在阿尔及利亚阿尔及尔；
- 联合国大学马斯特里赫特经济和社会研究及创新与技术培训中心（经研社研培中心），设在荷兰马斯特里赫特；
- 联合国大学世界发展经济学研究所（发展经济学所），设在芬兰赫尔辛基；
- 联合国大学地热培训方案、联合国大学渔业培训方案、联合国大学土地恢复培训方案以及联合国大学性别平等研究和培训方案，设在冰岛；
- 联合国大学政策研究中心，设在日本东京；
- 联合国大学政策驱动电子政务业务部，设在葡萄牙吉马良斯；
- 联合国大学欧洲分部副校长，办公地点位于德国波恩；
- 联合国大学驻纽约联合国办事处，设在美国纽约。

联合国训练研究所（**训研所**，www.unitar.org）总部设在日内瓦，致力于通过培训和研究增强联合国的效力。训研所开展支持2030年议程的培训课程和能力建设项目，以强化多边主义，推动环境可持续性和绿色发展，增强适应力和人道主义援助，维护持久和平，推动经济发展和社会包容。训研所主要开展关于培训方法和知识体系的研究，以及减少灾害风险和应对人道主义紧急状况等重大问题的应用研究。此外，训研所还开发了一系列教学工具，包括电子学习培训包、工作手册、指导手册和训练手册等。

联合国系统职员学院（www.unssc.org）总部位于意大利都灵，并在德国波恩设有第二校区，其任务是在机构间级别为联合国职员提供学习、培训和知识，促进联合国系统协调一致的管理文化。学院提供住校学习课程、远程学习课程、研讨会和战略交流等授课形式，内容包括领导力、管理发展以及有效履行国际公务员职责所需的技术与职能能力。自2015年2030年议程通过以来，联合国系统职员学院的所有学习和培训活动都致力于使联合国系统及其伙伴有能力应对在落实目标过程中所要面临的挑战。

联合国社会发展研究所（**社发所**，www.unrisd.org）位于瑞士日内瓦，就当代发展问题的社会方面开展跨学科研究。社发所建立了一个全球性研究人员和机构网络，帮助各国政府、发展机构、民间社会组织以及学者进一步认识发展政策和进程对不同社会群体的影响。最近的研究主题包括性别平等、社会政策、减贫、治理和政治，以及社会经济和团结经济。

人口与发展

据联合国估计，2010年至2015年间，世界人口年均增长率为1.2%。截至2015年年中，全球人口已达73亿。预计到2030年，世界人口将达到85亿，并将于2050年达到97

亿，其中大部分人口增长来自亚洲和非洲。近年来，各个国家和区域之间的人口趋势和未来的轨迹呈现出较大差异，主要原因在于生育水平和趋势的不同。2015年至2050年间，一些国家的人口规模将有所下降，而另一些国家的人口将继续增长。2015年至2030年间，人口增长将主要发生于在结束贫穷和饥饿，保障所有人的健康、教育与平等领域面临最大困难的国家。人口分布模式将持续因国家、区域而异，其分布的变化也对社会提出了新的要求。例如，全球60岁或以上人口是总人口中增长最快的部分，预计到2050年，将从2015年的9.01亿增至21亿。届时，在除非洲外的世界其他地区，60岁或以上人口将占总人口的近四分之一或更多。

可持续发展与人类住区和人口流动模式密切相关。全球人口增长将几乎全部出现在城市地区。应对城市快速增长，为落实雄心勃勃的城市发展议程，提高城市和人类住区的包容、安全、抵御灾害能力和可持续性提供了契机。同样，各国国内和跨国界的人口移徙，也给可持续发展带来了机遇和挑战。2015年，国际移民共计2.44亿人，其中近58%居住在发达地区，其余42%则居住在发展中地区。移徙可能成为一种变革的力量，使数以百万计的人摆脱贫困，为改善生活创造机遇。

联合国帮助各国提高收集、汇编、传播和分析人口数据的能力，包括通过人口普查获取信息以及编制国家人口预测。联合国开展的这些数据统计与方法学工作具有开创性的意义，尤其是对全球人口、城乡人口以及国际移民总量的权威估计和预测，有助于各国做出提前规划，将人口政策纳入国家发展规划，并做出合理的经济和社会决策。

人口与发展委员会（www.un.org/en/development/desa/population/commission）由47个成员国组成，负责研究人口变化及其对经济和社会状况的影响，并向经社理事会提出相关建议。委员会牵头审查1994年通过的《国际人口与发展会议行动纲领》在国家、区域和国际层面的执行情况。

联合国经济与社会事务部人口司（www.unpopulation.org）是人口与发展委员会的秘书处，并为大会第二委员会有关国际移民与发展问题的讨论工作提供支持。人口司还为国际社会提供及时、优质、可靠、科学客观的人口与发展数据和信息，为监测可持续发展目标等国际商定的发展目标做出贡献。人口司的研究领域包括人口水平、人口趋势、人口估计和预测、人口政策以及人口与发展的联系。人口司除负责维护主要数据库，包括发布《世界人口前景》《世界人口政策》《世界城市化前景》《国际移民存量趋势》等研究报告和资料外，还开展人口研究和人口数据方面的能力建设和培训。

联合国人口基金（人口基金，www.unfpa.org）负责联合国系统在人口问题方面的活动，协助发展中国家和经济转型期国家应对与人口相关的机会和挑战。人口基金在个人选择的基础上，帮助各国完善生殖健康和计划生育服务，并帮助各国制定促进可持续发展的人口政策。人口基金始终致力于在全世界实现所有怀孕都是计划内怀孕、所有分娩都安全、所有青年的潜力都得到发挥。为完成这一使命，人口基金的首要任务是为各国政府、联合国各机构以及非政府组织实施的关于生殖健康、青年和紧急情况的方案提供资金。

- 生殖健康　人口基金协助各国政府为妇女提供包括计划生育在内的性保健和生殖保健服务，尤其是改善孕产妇健康。父母选择子女数量和生育间隔的能力，是促进生殖健康的必要条件。据估计，有至少2.25亿名妇女希望采用安全有效的计划生育办法，但由于缺乏信息和服务或得不到丈夫和所在社区的支持而未能如愿。人口基金与各国政府、私营部门及非政府组织合作，致力于满足计划生育需求。人口基金不支持堕胎服务，而是致力于通过普及计划生育来防止堕胎。人口基金还开展各种方案来满足青少年的生殖保健需求，包括防止少女怀孕，预防艾滋病毒/艾滋病和其他性传播感染，防治瘘管病，以及让更多人享有生殖保健服务和信息。
- 青年　由于享有优质教育、卫生服务和体面工作的机会有限，全世界18亿名青年（10岁至24岁）中有许多人发现自己难以充分参与社会。约有60个国家（主要分布在非洲和南亚）收获人口红利的机遇之窗正在打开：这些国家的生育率开始下降，大量青年即将达到工作年龄。如果撒哈拉以南非洲能够对青年进行正确投资，该地区就可持续30年收获每年5 000亿美元的人口红利。人口基金与各国政府和合作伙伴展开合作，对青年进行健康、教育和职业与生活培训等方面的投资。
- 紧急情况　在冲突、自然灾害和其他紧急情况期间，性保健和生殖保健的需求很容易被忽视，但这样的需求往往大得惊人。在危机局势中，有五分之一的育龄妇女可能怀孕，从而面临更高罹患危及生命的并发症的风险。在需要人道主义救助或脆弱的局势中，每十名妇女就有六名死于分娩。在遭受性暴力、性剥削以及艾滋病毒感染方面，妇女和青年也更为弱势。人口基金与各国政府、联合国各机构以及其他合作伙伴展开合作，确保应急措施覆盖生殖保健。

国际移民组织（**移民组织**，www.iom.int）旨在确保有序、人道的移民管理，促进关于移民问题的国际合作，协助寻找切实解决移民问题的办法，并为难民和境内流离失所者等有需要的移民提供人道主义援助。2015年，近五分之一的移民生活在20个全球最大的城市，妇女占国际移民的48%。同样在2015年，全球范围内被迫流离失所的人数达到了第二次世界大战以来的最高值，难民、寻求庇护者和境内流离失所者的数量也都有所增加。与2012年相比，难民数量增加了45%，其主要原因是叙利亚冲突持续不断。移民组织在以下四个领域开展移民管理工作：移民与发展；移民协助；移民监管；被迫移民。

促进儿童权利和福祉

1990年至2015年间，全球范围内五岁以下儿童死亡人数下降了50%。即便如此，2015年仍有590万名儿童在五岁生日以前就离开了人世，而最贫困家庭儿童死亡的可能几乎是最富裕家庭的两倍。在260万名感染艾滋病毒的15岁以下儿童中，只有三分之一正在接受治疗。在非洲，艾滋病仍是青少年的主要死因，少女感染艾滋病的风险尤其高。虽然小学入学率有所增加，但仍有约2.5亿名小学适龄儿童不具备读写能力和基本的算术能力，还有7 500万名儿童和青少年因危机中断教育。在冲突局势中，女童辍学的可能性是男童的2.5倍。此外，世界上仍有数以百万计的儿童遭受暴力、剥削、虐待和忽视。

联合国儿童基金会（儿基会，www.unicef.org/zh）致力于促进每一个儿童的权利，并采取行动确保所有儿童都有生存、发展和充分发挥潜力的机会，无论其出生地、家庭出身、种族、族裔或性别为何，也无论其是否生活在贫困之中或身有残疾。儿基会倡导全面落实《儿童权利公约》和《消除对妇女一切形式歧视公约》。在全球190个国家和领土，儿基会与政府、国际组织和民间社会携手，共同解决儿童面临的各种障碍，例如贫穷、暴力、疾病和歧视。

可持续发展目标将针对所有儿童的健康和福祉的目标纳入其中，并强调普及妇幼保健、儿童早期发展、出生登记、优质学习和完成学业、性别平等、杜绝童婚以及将人道

图为在喀麦隆北部的米纳瓦奥难民营放学后步行回家的儿童。由“博科圣地”组织在尼日利亚东北部挑起的冲突已持续六年，导致270万人为躲避暴力而逃离家园。（2016年4月5日，儿基会图片/Karel Prinsloo）

主义行动与发展工作相结合的重要性。世界各国政府承诺“不让任何一个人掉队”，并且“首先尽力帮助落在最后面的人”。据此，儿基会方案致力于将儿童放在发展的中心。儿基会努力照顾到最弱势、面临最大风险以及最需要帮助的儿童。

儿基会与合作伙伴携手，共同促成了以下七个方面的成果：卫生；艾滋病毒/艾滋病；水、环境卫生和个人卫生；营养；教育；儿童保护；以及社会包容。儿基会的宣传工作关注一系列问题，从气候变化对儿童的影响，到在青少年健康和福祉方面加大投资的必要性等。儿基会还致力于促进优质教育和性别平等，杜绝童婚、童工、暴力侵害儿童及其他虐待行为。2015年，儿基会与合作伙伴为1 490万名儿童提供了个人学习材料，并为34.8万间教室配备了教育材料。儿基会还斥资22.7亿美元采购健康相关物资，其中包括为95个国家的五岁以下儿童接种28亿剂疫苗，覆盖面达45%。

儿基会也是儿童问题的知识领导机构，通过全球和区域性研究活动，为取得有益于儿童的成果做出了贡献。

社会融合

联合国认识到，青年、老年人、贫困人口、残疾人、少数群体和土著人民等社会群体应受到特别关注。他们的关切由大会、经社理事会和社会发展委员会负责应对。为这些群体制定的具体方案由经社部（www.un.org/development/desa/zh）实施。联合国在界定和捍卫这些弱势群体的人权方面发挥了重要的促进作用。联合国协助各方制定了国际规范和标准，并就有关这些群体的政策和措施提出建议，同时通过开展研究和收集数据，设立旨在提高认识、鼓励采取国际行动的“国际年”与“国际十年”，以促使各方重视这些群体的关切。

家　庭

联合国确认家庭是社会的基本单位。过去60多年里，家庭出现了翻天覆地的变化，造成这一变化的主要因素包括家庭结构的改变（家庭规模缩小、婚育年龄推迟、离婚率上升和单亲家庭的增加）、全球范围的移民潮流、人口老龄化现象、艾滋病毒/艾滋病蔓延，以及全球化的影响。上述不断变化的社会趋势对家庭发挥帮助子女融入社会生活以及照顾家中幼儿和老人的作用产生了显著的影响。每年5月15日为**国际家庭日**（www.un.org/zh/events/familyday/），设立这一国际日旨在呼吁更多的人关注与家庭有关的问题，并鼓励对其采取适当措施加以解决。

联合国家庭问题协调中心（www.un.org/development/desa/family）负责在家庭和家庭政策领域向联合国各政府间机构提供实质性的服务。协调中心实施的家庭方案推动了国际家庭年（1994年）所设定的各项目标的落实，并努力确保在国际、区域和国家各级的政策制定过程中纳入家庭视角；促进传播与家庭问题有关的信息，支持建立相关的信息网络，并为专门知识与经验的交流提供平台；支持开展家庭领域的科研与诊断性研究；鼓励与支持在各国政府内部和联合国系统内就家庭政策和方案进行协调；向发展中国家的政府提供技术援助和能力建设支持；并在家庭问题方面与各国政府、民间社会和私营部门保持联络。

青 年

大会通过了与青年（界定为15—24岁的人群）有关的若干决议，并开展了多项宣传运动，秘书处监督了相关方案和宣传运动的实施。联合国经社部**青年方案**（www.un.org/development/desa/youth）是联合国系统内关于青年问题的协调中心，旨在促进人们对全球青年状况的认识；推动青年权利和期望的落实；为他们提供更多参与决策的机会，以实现和平与发展。经社部协调青年代表参与到大会和经社理事会系统中，各国政府也定期安排青年作为其官方代表团成员参与其中。

秘书长于2013年1月任命了**青年问题特使**（www.un.org/youthenvoy，现任青年特使为来自斯里兰卡的贾亚特玛·维克勒马纳亚克），并于2016年9月任命了**青年就业特使**。两位青年特使共同致力于：增加青年参与联合国的机会；在制定、实施和评估发展框架中提高青年的参与度；提高国际社会对于青年问题的意识和关注；促使各成员国、私营部门、学术机构、媒体和民间社会积极参与解决青年问题，并促进解决这个问题的伙伴关系；促进联合国各机构在制定青年方案工作中的合作与协调。

大会于1999年宣布每年的8月12日为**国际青年日**。大会还建议开展支持国际青年日的宣传活动，以提高人们对《世界青年行动纲领》的认识。《行动纲领》于1995年通过，包含一个政策框架和一套实用指南，有助于各国及国际社会采取行动，改善全球青年的状况。

经社部负责编撰《世界青年报告》（www.unworldyouthreport.org），《报告》为两年期出版物，关注青年问题的重点领域。

一年一度的**经社理事会青年论坛**（www.un.org/ecosoc/zh/node/49697）旨在为年轻人提供平台，使他们通过与其他利益攸关方（尤其是各会员国）展开非正式对话，表达自己的需求和关切，并且探索在各级促进青年发展的可行方法。论坛为青年参与联合国的审议工作提供了最制度化的平台，是调动青年支持落实2030年可持续发展议程的重要手段。

老年人

由于出生率下降、预期寿命延长所导致的世界各地老年人口的不断增长，世界正处于一个史无前例且不可逆转的人口转型期。国际社会开始认识到，应当把全球老龄化进程纳入更广泛的发展议题中，并应从更宽泛的“生命过程”和社会包容框架的角度来制定相关政策。联合国经社部**老龄问题方案**（www.un.org/development/desa/ageing）专注于推动和促进《马德里老龄问题国际行动计划》的三个优先方向：老年人和发展、促进老年人的健康和福祉以及确保建立有利的支助性环境。

为了应对全球老龄化进程带来的挑战和机遇，联合国采取了一些初步行动：

- 第一次老龄问题世界大会（维也纳，1982年）通过了《维也纳老龄问题国际行动计划》，《行动计划》在就业与收入保障、健康与营养、住房、教育和社会福利等方面提出了措施建议，把老年人视为一个多样化且活跃的群体，有着广泛的能力和特殊的医疗保健需求。
- 1991年，大会通过了《联合国老年人原则》，在五个方面确立了关于老年人状况的普遍性标准：独立、参与、照顾、自我充实和尊严。
- 第二次老龄问题世界大会（马德里，2002年）设计了应对21世纪老龄化问题的国际政策。会议通过了《马德里老龄问题国际行动计划》，要求各会员国在三个优先领域采取行动：老年人和发展、促进老年人的健康和福祉以及建立有利的支助性环境。

2014年5月，人权理事会任命了首个老年人享受所有人权问题独立专家。

土著问题

全世界有超过3.7亿土著人民，居住在约90个国家。他们经常面临歧视，并被排斥在政治和经济权力之外。在世界上最贫穷者、文盲和一无所有者中，土著人民所占比例过多。他们经常因为战争和环境灾害被迫迁移，远离世代居住的土地，并且常常被剥夺物质生存和文化生存所需的资源。在未经其允许和参与的情况下，土著人民的传统知识被投放市场并被申请了专利。联合国宣布每年的8月9日为**世界土著人民国际日**（www.un.org/zh/events/indigenousday），通过纪念这个日子来促进和认可世界土著人民的权利。

由经社理事会于2000年建立的**土著问题常设论坛**（www.un.org/indigenous）认为，土著问题与经济和社会发展、文化、教育、环境、健康及人权息息相关。论坛向经社理事会提供专家咨询意见和建议，并通过理事会转达给联合国各方案、基金和机构。论坛的目标是提高认识，促进联合国系统内土著问题相关活动的整合与协调，并且传播关于土著问题的信息。论坛也探讨为实现可持续发展目标而可能采取的应对土著问题的最好方法，在许多国家，对土著社区的关注直接有助于在2030年前落实可持续发展目标。

2007年，大会通过《联合国土著人民权利宣言》，阐明了土著人民享有的个人权利和集体权利，包括其土地、领土和资源、文化、身份、语言、就业、健康以及教育的权利。《宣言》强调土著人民拥有保持和加强各自机构、文化和传统的权利，以及根据自己的愿望和需求促进自身发展的权利。《宣言》禁止歧视土著人民，并鼓励他们充分、有效地参与到与其相关的一切事务中，包括他们维护自身独特性、实现自身经济和社会发展愿景的权利。《宣言》还反映全球共识，确定了全世界土著人民生存、尊严和福祉的最低标准。

2014年9月，大会举办了**世界土著人民大会**，以协商一致的方式通过了成果文件，包括为实现《宣言》各项目标而做出的一系列承诺。

残疾人

残疾人经常被排除在社会主流之外，遭受不同形式的歧视，从剥夺教育机会等让人反感的歧视，到由于身体和社会障碍而被隔离和孤立等更为隐晦的歧视。社会也就此遭受损失，因为残疾人拥有巨大的潜力，如果不给予他们发挥潜力的机会，人类社会就将失去进步的机会。要改变人们对残疾的观念和看法，就需要改变社会各阶层的价值观，增进对残疾人的理解。自成立之初，联合国就一直致力于提升残疾人的地位，改善他们的生活。联合国对残疾人福祉和权利的关注，植根于其追求全人类人权、基本自由和平等的创始原则。

在经过三十年的努力，致力于为残疾人的平等待遇及其获取服务的权利进行宣传并制定标准后，大会终于在2006年通过了《残疾人权利公约》及其《任择议定书》。《公约》于2008年生效，规定了适用于所有残疾人的所有类别的人权和基本自由。《公约》奉行下列原则：尊重残疾人的固有尊严和个人自主权；不歧视；充分有效地参与并融入社会；尊重差异，承认残疾人是人类多样性的一部分；机会平等；无障碍；男女平等；以及尊重残疾儿童不断发展的能力及其保持身份的权利。《公约》特别关注：残疾人的权利受到侵犯的领域；必须对残疾人加强保护的领域；以及需进行调整以使残疾人能够行使其权利的领域。《公约》规定各国应通过国家协调中心和独立监督机制监督《公约》的执行情况。

由18名专家成员组成的**残疾人权利委员会**（www.ohchr.org/EN/HRBodies/CRPD/Pages/CRPDIndex.aspx）负责监督《公约》的履约情况。根据《公约》的《任择议定书》，各《议定书》缔约国承认委员会有权审查涉嫌违反《公约》的个人投诉。

2015年通过的2030年可持续发展议程以及2013年大会关于残疾与发展的高级别会议成果，进一步加强了将残疾人的观点、权利和需求纳入主流的规范性框架和国际承诺。在联合国系统内部，**经社部**（www.un.org/development/desa/disabilities-zh）是**残疾人问题协调中心**，也是《公约》缔约国大会的秘书处。

不文明的社会：犯罪、非法药物和恐怖主义

跨国有组织犯罪、非法药物贩运和恐怖主义已经具备社会、政治和经济影响力，能够改变整个国家或地区的命运。大规模公职人员受贿、“从事犯罪活动的跨国公司”的增加、人口贩运、利用恐怖主义恐吓大小社区和破坏经济发展等活动，都是需要进行有效的国际合作加以应对的威胁。联合国正致力于应对这些威胁以实现善治，并为全人类实现社会公

平、正义。同时，联合国也在尽力协调全球性的响应。

毒品和犯罪问题办公室（www.unodc.org）设在维也纳，旨在领导全球打击药物贩运与滥用、有组织犯罪和国际恐怖主义等社会“不文明”因素。毒品和犯罪问题办公室由两个部门组成：一是预防犯罪中心，该中心也负责预防和处理恐怖主义；二是药物管制规划署。毒品和犯罪问题办公室有60多处实地和项目办事处，并在布鲁塞尔和纽约设有联络处。

药物管制

据估算，约有5%的成年人口，即近2.5亿年龄在15岁至64岁之间的人每年至少使用一次非法药物，其中有超过2 900万人被归类为药物依赖者，还有约1 200万名注射用药者，其中有14%是艾滋病毒感染者。药物滥用引发了诸多不良后果，包括工资损失、医疗保健费用猛增、家庭破碎和社区恶化，尤其是注射用药加速了艾滋病毒/艾滋病和肝炎在世界许多地方的蔓延。药物使用与犯罪及暴力行为的增长有直接联系。贩毒集团危害政府，腐蚀合法交易。非法药物收入是一些最致命的武装冲突的资金来源。财政损失大得惊人。大量资金用于加强警力、完善司法体系以及治疗和康复计划。药物问题造成的社会成本同样高昂，包括导致街头暴力、帮派冲突和城市衰败。

联合国正在很多层面处理全球药物问题。在联合国各项药物管制活动中，毒品和犯罪问题办公室发挥了领导作用，与民间社会通力合作，包括通过开展社区方案进行吸毒预防与治疗，帮助药物成瘾者康复，并向依赖非法作物发展经济的国家提供新的经济发展机会。

麻醉药品委员会（www.unodc.org/unodc/en/commissions）是经社理事会下属的一个职司委员会，是国际药物管制方面的主要政府间决策和协调机构。委员会由53个成员国组成，负责分析世界药物使用和贩运问题，以及制定加强药物管制的建议。委员会同时负责监督国际药物管制条约以及大会通过的指导原则和措施的执行情况。

国际麻醉品管制局（**麻管局**，http://www.un.org/zh/aboutun/structure/ecosoc/incb/index.shtml）是一个拥有13个成员，负责监督并协助各国政府遵守国际药物管制条约的独立的准司法机构。该机构旨在确保药物用于医疗和科研，防止其用于非法目的。麻管局向遭受药物影响的国家派遣调查团，进行技术访问，同时面向各国（尤其是发展中国家）的药物管制人员开展培训项目。

在联合国主持下通过的一系列条约要求各国政府控制麻醉品及精神药物的生产与销售，打击药物使用和非法贩运行为，并向相关国际机构报告各自采取的行动。

- 《麻醉品单一公约》（1961年）旨在限制某些麻醉品的生产、销售、持有、使用和贸易，严格限定于医学和科学用途，并要求各缔约国针对海洛因等特定药物采取特殊措施。公约的《议定书》(1972年)强调有必要对药物使用者实施治疗并助其康复。

- 《精神药物公约》(1971年)建立了一个精神药物国际管制制度。《公约》针对精神药物多样化及范围扩大化的问题，对一些合成药物的管制做出规定。
- 《联合国禁止非法贩运麻醉药品和精神药物公约》(1988年)提出了禁止非法贩运麻醉药品和精神药物的综合性措施，其中包含反洗钱与打击前体化学品转用的条款。各缔约国承诺消除或减少对麻醉药品与精神药物的需求。

2016年4月，大会相隔18年再次召开世界毒品问题特别会议，这是大会第三次就全球毒品政策问题召开特别会议。各会员国通过一份成果文件，重申在三个国际药物管制公约的框架内采取创新性药物管制措施的承诺。

预防犯罪

犯罪活动威胁着全世界人民的安全，阻碍了各国的社会和经济发展。全球化引发了新的跨国犯罪形式。跨国犯罪集团将其活动领域扩大到贩运毒品和武器、洗钱等。犯罪分子每年偷运数以百万计的移民，并从中非法牟利数十亿。一个腐败问题严重的国家与腐败程度相对较轻的国家相比，只能吸引到较少的投资，从而更容易失去经济增长的机会。

预防犯罪和刑事司法委员会(www.un.org/zh/aboutun/structure/ecosoc/ccpcj)有40个成员国，是经社理事会的一个职司机构。委员会负责制定预防犯罪和刑事司法方面的国际政策，并协调相关行动。毒品和犯罪问题办公室履行委员会制定的任务，是联合国负责预防犯罪、刑事司法和刑法改革的机构。毒品和犯罪问题办公室特别重视打击跨国有组织犯罪、腐败、恐怖主义和人口贩运问题，基于国际合作，为上述活动提供相关援助。毒品和犯罪问题办公室致力于营造出崇尚廉正和尊重法律的文化氛围，并推动民间社会参与打击犯罪与腐败行为。

毒品和犯罪问题办公室支持编制抗击全球犯罪的国际法律文书，包括于2003年生效的《联合国打击跨国有组织犯罪公约》及其三项《议定书》(分别关于贩运人口、偷运移民以及非法制备和贩运武器)，和于2005年生效的《联合国反腐败公约》。毒品和犯罪问题办公室还帮助各国执行这些文书，并提供技术合作，加强各国政府实现刑事司法系统现代化的能力。毒品和犯罪问题办公室的打击有组织犯罪与执法股协助各国根据《公约》采取措施，打击有组织犯罪。

毒品和犯罪问题办公室推动联合国预防犯罪和刑事司法标准和规范的应用，使其成为建立人道且有效的刑事司法系统的基石，而这样的刑事司法系统正是打击国内和国际犯罪的基本必要条件。世界各国根据这些标准制定国家法律和政策。毒品和犯罪问题办公室还分析犯罪和司法方面的新趋势，开发数据库，开展全球调查，收集和传播信息，评估国家具体需求，并采取与恐怖主义升级等问题相关的预警措施。

毒品和犯罪问题全球方案 毒品和犯罪问题办公室通过开展一系列全球性主题方案，协助各国政府应对诸多问题，如武器、洗钱、贩运人口、偷运移民、野生生物和森林犯罪、海上犯罪、刑事调查及刑事司法合作等。2015年，联合国预防犯罪和刑事司法大会通过了《多哈宣言》，随之形成了一个跨学科的全球方案。该方案致力于加强司法廉正；帮助囚犯改造和促进社会融合；通过体育预防青年犯罪；以及通过“教育促进司法”倡议，鼓励学校和大学培养法治文化。

犯罪司法所（www.unicri.it）是一个区域间研究机构，它与毒品和犯罪问题办公室的预防犯罪中心密切合作，从事并促进以预防犯罪、惩治罪犯和改进政策为目标的研究工作。大会决定每五年召开一次国际预防犯罪和罪犯待遇大会，作为政策交流和促进在打击犯罪方面取得进展的平台。会议的参与者包括刑事学家、刑罚学者、高级警官，以及刑法、人权和罪犯改造领域的专家。2015年4月在卡塔尔多哈举行的第十三届预防犯罪大会的主题是“把预防犯罪和刑事司法纳入更广泛的联合国议程，以应对社会和经济方面的挑战，并促进国家和国际层面的法治以及公众参与”。此次会议标志着预防犯罪大会六十周年，下一届大会将于2020年在日本召开。

预防恐怖主义

2003年，为加强反恐法律制度，毒品和犯罪问题办公室拓展了技术合作活动的范围（www.unodc.org/unodc/en/terrorism/index.html）。毒品和犯罪问题办公室预防恐怖主义处为各国缔结并实施全球反恐文书提供法律技术援助。该处还管理加强反恐法律制度全球项目，为毒品和犯罪问题办公室针对恐怖主义的法律和能力建设专项援助提供行动框架。

此外，毒品和犯罪问题办公室还与**反恐执行工作队**（www.un.org/counterterrorism/ctitf/en/about-task-force）合作。工作队由秘书长于2005年设立，旨在加强联合国系统反恐工作的协调与一致。工作队由38个国际实体和国际刑事警察组织（国际刑警组织）组成，通过各自的工作，在多边反恐活动中发挥着一定的作用。工作队成员的工作包括：预防和解决冲突；支援恐怖主义的受害者；预防和应对涉及大规模毁灭性武器的恐怖袭击；打击资助恐怖主义的行为；打击将互联网用于恐怖活动的行为；加强保护易受伤害的目标；以及在打击恐怖主义的同时保护人权。

科学、文化和交流

联合国认为，科学文化交流和沟通在促进国际和平与发展方面发挥着重要的作用。一些联合国实体关注这些领域的活动。例如，除教育领域的核心工作外，**联合国教育、科学及文化组织**（**教科文组织**，www.unesco.org/new/zh）还开展科学和文化领域的相关活动，促进知识的发展、转让和共享。

自然科学、社会科学和人文科学

教科文组织在自然科学领域的国际和政府间方案包括：人与生物圈计划、政府间海洋学委员会、社会转变管理方案、国际水文方案、国际基础科学计划、国际地学计划。通过科学教育和能力建设倡议，教科文组织帮助发展中国家提高在可持续发展方面的科研能力。

1997年，联合国通过《世界人类基因组与人权宣言》，这是首个关于基因研究与实践伦理的国际文书。随后，教科文组织大会于2003年通过《国际人类基因数据宣言》，并于2005年通过《世界生物伦理与人权宣言》。

为促进有利于形成正义、自由和人类尊严等普世价值观的社会转变，教科文组织注重哲学和社会科学领域的研究，目标包括：科技伦理；促进和传授人权与民主理念；打击一切形式的歧视（包括对艾滋病毒/艾滋病等的歧视）；以及提高妇女地位。在上述领域，政府间社会转变管理方案是教科文组织的工作中心。2005年，教科文组织大会通过了《反对在体育运动中使用兴奋剂国际公约》，旨在消除在体育运动中使用兴奋剂的现象，以促进教育和卫生事业，推动发展与和平进程。

通过自然科学方案，教科文组织为发展中国家提供政策援助，支持其加强科技能力，并帮助成员国基于最佳可用知识来设计有效的政策，最终推动可持续发展目标的整体落实。教科文组织的社会科学和人文科学方案旨在在2015年后发展议程的落实过程中植入**普世价值和原则**，例如全球团结、包容、反歧视、性别平等和问责等。

文化和发展

教科文组织所开展的文化活动集中在以下三个方面：推动保护物质遗产和非物质遗产，以帮助实现可持续发展和社会融合；保护和促进文化表现形式多样性及文化间对话，以弘扬和平文化；帮助冲突后国家和自然灾害后国家利用文化因素实现和解与重建。

2003年，教科文组织大会通过了《教科文组织关于蓄意破坏文化遗产问题的宣言》，回应2001年在阿富汗发生的摧毁巴米扬大佛事件。2003年通过的《保护非物质文化遗产公约》涵盖以下方面：口述传统、习俗、语言、表演艺术、社会实践、仪式、节庆活动、传统知识、传统手工艺、濒危语言及促进语言多样性。2004年，教科文组织启动了创意城市网络，以促进该组织与城市的合作以及城市间合作，网络中的城市均以创造性作为城市可持续发展的一个战略要素。目前，该网络已覆盖116个城市，这些城市正努力朝着一个共同目标前进：在地方层面上，将创意和文化产业置于城市发展计划的核心，并在国际层面上积极寻求合作。2005年通过的《保护和促进文化表现形式多样性公约》承认文化产品与服务具有承载身份和价值观的作用，力求促进文化产品与服务的创造、生产、经销和消费，尤其是通过支持发展中国家的相关行业来促进这些方面的活动。2015年，教科文组织推动了一项全球性社交媒体运动——“为遗产而团结”倡议，旨在彰显和保护世界范围内的文化遗产和文化多样性。

执行教科文组织和其他联合国实体的联合方案，加上各国政府的有力合作，将成为2030年议程得以执行的关键。

不同文明联盟

联合国不同文明联盟（www.unaoc.org）由秘书长于2005年发起，旨在推动各宗教信仰和传统间的相互尊重，重申人类在所有领域都是相互依存的，且这种依存关系在不断加强。不同文明联盟旨在形成集体政治意愿并动员各方采取一致行动，改善各国家、民族和社区间的跨文化理解与合作。不同文明联盟尤其致力于加强西方社会和穆斯林社会各自的内部关系及两者间的关系，应对局势持续紧张问题和分歧，以防止出现任何形式的暴力极端主义。不同文明联盟高级代表由秘书长任命。联盟的工作主要涉及四个重点领域：教育、青年、媒体和移民。2016年4月，联盟在阿塞拜疆巴库召开了第七届全球论坛，主题为“在具有包容性的社会共同生活：挑战与目标”。作为反恐执行工作队成员和联合国反恐战略的倡导者，联盟还致力于反恐活动，尤其关注预防暴力极端主义。

体育促进发展与和平

联合国体育促进发展与和平办公室（www.un.org/sport）位于日内瓦，在纽约设有联络处，职责是协助秘书长体育促进发展与和平特别顾问，以倡导者、促进者和代表的身份参与世界各地通过体育促进发展与和平的活动。通过吸引各国政府、体育组织、运动员、民间社会、社区领袖和私营部门的参与，办公室将体育与发展这两大领域结合起来。通过对话、知识共享和建立伙伴关系，办公室鼓励所有有志于将体育作为促进教育、健康、发展及和平之手段的利益攸关方开展跨部门、跨学科交流。此外，办公室和特别顾问还致力于促进人们进一步认识体育在以下领域中的作用：推进发展与和平目标，包括可持续发展目标；性别平等；青年发展；包容残疾人；健康教育；冲突解决；以及建设和平。办公室开展**青年领袖方案**，为强化青年领袖利用体育改善社区的能力提供了平台。办公室还为体育促进发展与和平项目提供技术援助和资金支持。同时，在重要体育赛事的筹办和举办期间，办公室在联合国系统内开展协调，并促进落实各类群体的代表权。

传播与信息

教科文组织致力于促进新闻自由以及媒体的多元化和独立性，支持思想的自由交流，尤其强调增强发展中国家的交流能力，并拓展其获取信息和知识的渠道。教科文组织协助其成员国按民主标准修订媒体法，并帮助其落实公共和私营媒体的编辑自由。在新闻自由遭到侵犯的时候，教科文组织总干事将通过外交途径或发表公开声明进行干预。

在教科文组织的倡议下，每年的5月3日设为**世界新闻自由日**（www.un.org/zh/events/pressfreedomday）。另外，在国际电联的倡议下，每年5月17日设为**世界电信和信息社会日**（www.un.org/zh/events/telecommunicationday），旨在促进构建以人为本、以发展为导向的包容性的信息社会。

为了完善发展中国家的通信基础设施，促进其人力资源的发展，教科文组织提供培训和专业技术支持，并且帮助其制定和开展国家和区域媒体项目，特别是通过国际通信发展方案（通信方案）。通信方案下的知识驱动媒体发展特别倡议强调知识的生产和传播对于推动媒体发展的重要性，有助于实现可持续发展目标16，对于通过包容性途径加强世界新闻教育具有特别的意义。教科文组织在促进信息普及方面的工作，包括其公开解决方案计划，对于实现可持续发展目标9（建设具备抵御灾害能力的基础设施和推动创新）做出了直接的贡献，尤其是通过提高信息通信技术的普及率。**青年手机倡议**旨在教授青年如何通过开发本地语言版本的手机应用解决方案，直接应对当地的可持续发展问题。

人　权

在一次冲突后，联合国南苏丹特派团民政司的一名工作人员在湖泊州伦拜克附近的一处营地，促成一个由当地各群体参加的冲突解决会议。（2015年4月21日，联合国图片/JC McIlwaine）

联合国取得的最重要的成就之一是创建了一个全面的人权法体系（www.un.org/en/sections/universal-declaration/human-rights-law），该体系是一套普遍适用并受到国际社会保护的准则，得到了所有国家的认可并符合所有人的愿望。联合国确定了范围广泛并被国际社会普遍接受的权利，其中包括公民权利、文化权利、经济权利、政治权利和社会权利。联合国还建立了相关机制，以促进和保护这些权利，并协助各国政府履行其职责。

这个人权法体系的基础是大会分别于1945年和1948年通过的《联合国宪章》和《世界人权宣言》。1966年，大会通过了《经济、社会、文化权利国际公约》和《公民权利和政治权利国际公约》。上述两个《公约》和《宣言》一起被称作《国际人权宪章》。此后，联合国逐步扩大了人权法的范围，现已纳入专门保护妇女、儿童、残疾人、移民工人及其家庭、难民、少数群体和其他弱势群体的具体标准。在很多社会中，这些群体很容易受到歧视，他们的人权容易受到侵犯，因此，他们需要特别的人权保护。

联合国人权事务高级专员负责加强和协调联合国的有关工作，促进和保护世界上所有人的人权。在和平与安全、人道主义援助以及发展等关键领域，联合国的工作都围绕着人权事务展开，联合国各下属机构和专门机构的工作都在一定程度上涉及了人权保护问题。

人权文书

1945年，在正式成立联合国的旧金山会议上，约40个代表妇女、工会、种族组织和宗教团体的非政府组织与政府代表团（大多来自小国）共同强烈要求就人权问题采用比其他国家原先提议的更为具体的表述。在他们坚定的游说下，一些人权条款列入了《宪章》，为1945年以后的国际立法奠定了基础。

因此，《宪章》的序言明确重申“基本人权，人格尊严与价值，以及男女与大小各国平等权利之信念”。《宪章》的第一条规定了联合国的四大主要任务之一，即“不分种族、性别、语言或宗教，增进并激励对于全体人类之人权及基本自由之尊重”。在另外一些条款中，各国还承诺与联合国合作，以实现对人权的普遍尊重。

国际人权宪章

在联合国成立三年后，大会颁布了《世界人权宣言》（www.un.org/zh/universal-declaration-human-rights/-declaration-human-rights），作为“所有民族努力实现的共同标准”，奠定了当代人权法的基石。《宣言》于1948年12月10日通过，于是，每年的这一天被设为**人权日**。《宣言》共有三十项条款，规定了每个国家的所有人必须享有的基本公民、文化、经济、政治和社会权利。

第一条与第二条规定，“人人生而自由，在尊严和权利上一律平等”，而且“人人有资格享受本宣言所载的一切权利和自由”，“不分种族、肤色、性别、语言、宗教、政治或其他见解、国籍或社会出身、财产、出生或其他身份等任何区别”。

第三条至第二十一条载列了所有人享有的公民及政治权利，包括：

- 有权享有生命、自由和人身安全；
- 不得使为奴隶或奴役；
- 不得加以酷刑，或施以残忍的、不人道的或侮辱性的待遇或刑罚；
- 有权被承认在法律前的人格，有权获得司法补救；
- 不得加以任意逮捕、拘禁或放逐；有权由一个独立而无偏倚的法庭进行公正的和公开的审讯；被依法证实有罪以前，有权被视为无罪；
- 私生活、家庭、住宅和通信不得任意干涉；
- 荣誉和名誉不得加以攻击；有权享受法律保护，以免受这种干涉和攻击；
- 有权自由迁徙；有权寻求庇护；有权享有国籍；
- 有权婚嫁和成立家庭；得有财产所有权；
- 有思想、良心和宗教自由的权利；有权享有主张和发表意见的自由；
- 有权进行和平集会和结社；
- 有权参与治理本国并享有平等机会参加本国公务的权利。

第二十二条至第二十七条载列了所有人享有的经济、社会及文化权利，包括：

- 有权享受社会保障；
- 有权工作；有同工同酬的权利；有组织和参加工会的权利；
- 享有休息和闲暇的权利；
- 有权享受为维持健康和福利所需的生活水准；
- 有受教育的权利；
- 有权参加社会的文化生活。

最后，第二十八条至第三十条承认：人人有权享有《宣言》所载列的人权得以充分实现的社会和国际秩序；这些权利受到限制的唯一目的在于保证对旁人的权利和自由给予应有的承认和尊重，并在一个民主的社会中适应道德、公共秩序和普遍福利的正当需要；以及人人对社会负有义务。

学者认为，由于《宣言》广为人们接受并用于衡量各国的行为，因而其条款具有等同于习惯国际法的地位。新独立的国家都在本国基本法或宪法中引用了《宣言》或载列了其部分条款。

《经济、社会、文化权利国际公约》和《公民权利和政治权利国际公约》是在联合国主持下经谈判而达成的具有最广泛法律约束力的人权协定。两个公约于1966年由大会通过，在《宣言》各项条款的基础上更进一步，将其中规定的权利转变为具有法律约束力的承诺，并由专家委员会（条约机构）监督各缔约国的遵守情况。《世界人权宣言》《国际人权公约》《公民权利和政治权利国际公约》及其第一项和第二项任择议定书共同构成了《国际人权宪章》。

经济、社会及文化权利

《经济、社会、文化权利国际公约》于1976年生效，截至2016年12月31日共有164个缔约国。《公约》旨在促进和保护的人权包括：

- 有权享受公正和良好的工作条件；
- 有权享受社会保障，有权获得相当的生活水准，并有权享有能达到的最高的体质和心理健康的标准；
- 有受教育的权利，并享受文化自由和科学进步所产生的利益。

《公约》致力于在平等的基础上实现这些权利。**经济、社会和文化权利委员会**（www2.ohchr.org/english/bodies/cescr）由经社理事会于1985年成立，以监督各缔约国遵守《公约》的情况。委员会由18名专家组成，研究各缔约国按《公约》第十六条的规定定期递交的报告，并与相关缔约国的代表就报告进行讨论。委员会根据对报告的审查，向缔约国提出建议。同时，委员会也发表旨在概述人权意义或涉及跨领域主题的一般性意见。

2008年，大会一致通过《公约》的一项任择议定书，赋予委员会接收和审议个人来文的职权。《议定书》于2013年5月5日生效，截至2016年12月31日，共有22个缔约国和45个签署国。

公民权利和政治权利

《公民权利和政治权利国际公约》及其第一项任择议定书于1976年生效。截至2016年

12月31日，《公约》共有168个缔约国。

《公约》涉及的权利包括：自由迁徙权；法律平等权；公正审判和无罪推定权；思想、良心和宗教自由权；自由发表意见及言论权；和平集会权；结社自由权；公共事务参与权及选举权；以及少数群体权利。《公约》禁止：任意剥夺任何人的生命；加以酷刑或施以残忍的、侮辱性的待遇或刑罚；奴役和强迫劳动；任意逮捕或拘禁任何人；任意干涉他人隐私；战争宣传；歧视；以及鼓吹种族或宗教仇恨。

《公约》有两项任择议定书。第一项任择议定书（1966年）规定，当《公约》所列载的个人权利遭到侵害时，受害者享有请愿权。截至2016年12月31日，第一项任择议定书共有115个缔约国。第二项任择议定书（1989年）规定了废除死刑的实质性义务。截至2016年12月31日，第二项任择议定书共有83个缔约国。

西班牙艺术家克里斯托弗·戈勃朗（Cristóbal Gabarrón）在日内瓦万国宫和儿童一起绘画，庆祝人权日（12月10日）。此前，戈勃朗曾创作雕塑作品《顿悟的宇宙》，纪念联合国成立70周年。（2016年12月9日，联合国图片/Violaine Martin）

《公约》成立了由18个成员组成的**联合国人权事务委员会**（www.ohchr.org/CH/HRBodies/CCPR），负责审查缔约国关于落实《公约》措施的定期报告。对于第一项任择议定书的缔约国，委员会还审查声称因《公约》所载任何权利遭受侵害而成为受害人的个人来文。委员会一般通过闭门会议审查上述来文，所有相关来文与文件都严格保密。但是，委员会会公开调查结果，并抄录于向大会提交的年度报告。委员会还会发布专门解释人权条款内容的“一般性意见”，包括关于特定议题或其工作方法的解释。

其他公约

在《世界人权宣言》的激励下，约有80个涉及广泛问题的公约和宣言在联合国框架内缔结。其中最早的一批都是关于灭绝种族罪行和难民地位的公约。当时，全世界刚刚走出第二次世界大战、大屠杀以及数以百万计的人流离失所的恐怖。进入21世纪，这些公约仍然与以往一样举足轻重。

- 《防止及惩治灭绝种族罪公约》（1948年）是对第二次世界大战中种种暴行的直接回应。《公约》将“灭绝种族罪”定义为蓄意消灭某一民族、人种、种族或宗教团体的行为，并要求缔约国将被指控的行为人绳之以法。截至2016年12月31日，《公约》共有147个缔约国和41个签署国。
- 《关于难民地位的公约》（1951年）界定了难民的权利，尤其是不被强制遣返至仍存在威胁的国家的权利。截至2016年12月31日，《公约》共有145个缔约国和19个签署国。《公约》也规定了难民应享有的与日常生活相关的权利，如工作权、教育权、公共援助和社会保障权，以及获得旅行证件的权利。《公约》最初是针对第二次世界大战后的难民而制定的，《关于难民地位的议定书》（1967年）确保了《公约》的普遍适用。截至2016年12月31日，《议定书》共有146个缔约国。

除上述各国际公约外，还有七项“核心”国际人权条约（www.ohchr.org/CH/Pages/Home.aspx），以监测缔约国的履约情况。以下所列的每一项条约均已成立专家委员会（通常称之为“条约机构”）来监测履约情况。其中部分条约还附有任择议定书，以应对具体的关切，例如，如何处理个人认为其人权受到侵犯而提出的申诉。

- 《消除一切形式种族歧视国际公约》（1966年）共有177个缔约国（截至2016年12月31日）。《公约》对“种族歧视”的定义基于以下信念：“任何基于种族差别的种族优越政策都是不合理的，在科学上均属错误，在道德上和法律上应予谴责。”《公约》要求缔约国承诺从法律和实践上采取措施来消除种族歧视。《公约》设立了一个条约机构，即消除种族歧视委员会。如果缔约国接受《公约》的任择程序，委员会就有权审查缔约国提交的报告，以及个人提交的有关缔约国违反《公约》的请愿书。

- 《消除对妇女一切形式歧视公约》（1979年）共有189个缔约国（截至2016年12月31日）。《公约》保证妇女在法律面前的平等权利，并规定了具体措施来消除对妇女的歧视，包括在政治和公共生活、国籍、教育、就业、健康、金融信贷、农村发展、婚姻及家庭关系方面的歧视。消除对妇女歧视委员会是监测缔约国对《公约》的履约情况和审查缔约国所提交的报告的条约机构。《公约》的《任择议定书》（1999年）共有108个缔约国（截至2016年12月31日）。《议定书》允许个人向委员会提出违约申诉，并授权委员会对有证据表明严重或系统性违反《公约》的行为开展调查。
- 《禁止酷刑和其他残忍、不人道或有辱人格的待遇或处罚公约》（1984年）共有160个缔约国。《公约》将“酷刑”界定为一项国际罪行，规定缔约国有责任阻止酷刑，并要求惩罚其行为人。各国不得援引任何例外情形作为施行酷刑的理由，“奉命行事”也不能成为施行酷刑的借口。禁止酷刑委员会是监督《公约》履约情况的条约机构，负责审查缔约国提交的报告，接受和审查已经接受本程序的缔约国的个人所提交的请愿书，并调查其认为存在严重和系统性酷刑的国家。《公约》的《任择议定书》（2002年）成立了防范酷刑小组委员会，并允许其视察缔约国境内的拘留场所。《议定书》也规定了缔约国建立国家防范机制的相关机制。截至2016年12月31日，《议定书》共有83个缔约国。
- 《儿童权利公约》（1989年）将儿童界定为18岁以下的任何人，认可了儿童是权利主体。《公约》已通过国际法确定，缔约国必须确保所有儿童不受任何形式的歧视，并得到特别的保护和协助。《公约》汇集了所有人权范畴中对儿童的保护措施，形成了一套全面的准则。《公约》保证儿童不受歧视，认为一切行动必须以儿童的最大利益为准，并应给予难民儿童或少数群体儿童特殊关注。缔约国应保障儿童的生存权、发展权、受保护权和参与权。《公约》是获得最广泛批准的条约，截至2016年12月31日，共有196个缔约国。《公约》设立了儿童权利委员会，以监测缔约国的履约情况并审查缔约国提交的报告。《公约》有三项任择议定书：一项针对儿童参与武装冲突问题；另一项针对买卖儿童、儿童卖淫和儿童色情制品问题；第三项针对来文程序，使儿童可就侵犯其《公约》所载列的权利的行为提出申诉，并允许对有证据表明存在严重或系统性违反《公约》及其前两项任择议定书的行为开展调查。截至2016年12月31日，三项任择议定书分别有166个、173个和29个缔约国。
- 《保护所有移徙工人及其家庭成员权利国际公约》（1990年）规定所有移民工人（无论有无证件）在整个移徙过程中享有的基本权利和保护措施。《公约》

于2003年生效，截至2016年12月31日，共有49个缔约国。《公约》的条约机构是移徙工人委员会。

- 《残疾人权利公约》(2006年)承认残疾人享有所有人权和尊严。目前，世界上共有6.5亿名残疾人。《公约》禁止在就业、教育、医疗服务、交通和司法援助等生活的任何方面歧视残疾人。《公约》于2008年生效，截至2016年12月31日，171个国家和欧洲联盟(欧盟)已成为《公约》的缔约方。《公约》的条约机构是残疾人权利委员会。《公约》的任择议定书规定，个人如寻求一切国内方案无果，可求助于委员会。截至2016年12月31日，《议定书》共有92个缔约方。
- 《保护所有人免遭强迫失踪国际公约》(2006年)禁止强迫失踪行为，并呼吁缔约国将其归为犯罪。同时，《公约》还确认受害者及其家属有权了解失踪案情真相和失踪人员的下落，并有权获得赔偿。《公约》于2010年生效，截至2016年12月31日，共有54个缔约国。

《世界人权宣言》和其他联合国文件也为许多区域协定奠定了基础，例如《欧洲人权公约》《美洲人权公约》和《非洲人权和人民权利宪章》。

其他标准

联合国还通过了许多其他保护人权的标准和规则。虽然这些宣言、行为准则和原则并非会员国缔结的条约，但同样影响深远，因为它们是各国审慎起草并经协商一致通过的。其中最重要的标准和规则包括：

- 《消除基于宗教或信仰原因的一切形式的不容忍和歧视宣言》(1981年)确认每个人都享有思想、良心和宗教自由的权利，以及不因宗教或其他信仰而受歧视的权利。
- 《发展权利宣言》(1986年)规定发展权利是“一项不可剥夺的人权，由于这种权利，每个人和各国人民均有权参与、促进并享受经济、社会、文化和政治发展，在这种发展中，所有人权和基本自由都能获得充分实现”。此外，《宣言》还进一步指出：“发展机会均等是国家和组成国家的个人的一项特有权利。”
- 《在民族或族裔、宗教和语言上属于少数群体的人的权利宣言》(1992年)申明，少数群体有权享受其文化，信奉其宗教并举行其宗教仪式，使用其语言，离开任何国家(包括其本国)以及返回其本国。

- 《人权维护者宣言》(1998年)旨在认可、促进和保护全世界人权维护者的工作。《宣言》规定每个人都有权单独或与他人一起在国家和国际层面促进和争取保护人权，以及参与反侵犯人权的和平活动。各国应采取一切必要措施，保护人权维护者不受任何暴力、威胁、报复、压力或其他专制行为的侵犯。
- 《德班宣言和行动纲领》(2001年)描述了种族主义、种族歧视、仇外心理和相关不容忍现象的根源、缘由、形式及当代表现形式，并明确了遭受此类种族主义和相关不容忍现象伤害的群体。《宣言》在国家、区域和国际层面上提出了根除种族主义和相关不容忍现象的预防、教育和保护措施，以及有效的补救、追索和赔偿措施条款。《宣言》还制定了实现全面、有效的平等战略。

其他重要的非条约标准包括《囚犯待遇最低限度标准规则》(1957年)、《关于司法机关独立的基本原则》(1985年)、《保护所有遭受任何形式拘留或监禁的人的原则》(1988年)和《关于律师作用的基本原则》(1990年)。

人权机构

人权理事会

人权理事会(www.ohchr.org/ch/HRBodies/HRC/Pages/Home.aspx)是联合国负责促进并保护一切人权和基本自由的主要政府间机构。人权理事会由大会于2006年设立，取代运作60年之久的人权委员会。理事会就侵犯人权问题进行讨论并提出相应建议。理事会还对人权紧急情况做出响应，致力于预防践踏人权，提供全面的政策指导，制定新的国际规范，监测世界各国人权尊重情况，并协助各国履行人权义务。理事会为各国(成员国和观察员国)、政府间组织、国家人权机构以及非政府组织提供了一个国际平台，供各方表达对人权问题的关切。

理事会由47个成员国组成，由193个会员国通过大会直接和无记名投票选举产生，以多数票通过。理事会成员每届任期三年，连任两届后不得立即再选。理事会的47个席位按地域原则公平分配。其中，非洲和亚太国家各占13席，拉丁美洲和加勒比国家占八席，西欧及其他国家占七席，东欧国家占六席。

理事会常年定期举行会议。每年至少举办三次常规会议，总会议时长不少于十周。如某一成员国提出请求，并获得理事会三分之一成员的支持，可随时召开特别会议。2016年，理事会共召开了两次特别会议，其中一次针对叙利亚人权状况日益恶化的问题，另一次针对南苏丹的人权状况。

理事会通过多个领域独立而富有专门知识的专家和工作小组开展工作。理事会可以成立调查委员会和实况调查团，调查被指控的侵犯人权行为，向各国提供协助，与政府对话，从而提出必要的改进建议，以及谴责侵犯人权的行为。理事会有权通过申诉程序审议由个人、团体或非政府组织就严重和系统性的侵权行为提出的申诉。这个申诉程序是唯一覆盖各国所有人权和基本自由问题的普遍性申诉程序。

理事会的工作也得到了**人权理事会咨询委员会**的支持。委员会由18名专家组成，作为理事会的“智囊团”，就包括失踪人员、食物权、麻风病相关的歧视以及人权教育和培训在内的人权问题提供专门知识和咨询。在执行任务的过程中，委员会与各个国家、政府间组织、国家人权机构、非政府组织以及其他民间社会实体进行互动。

普遍定期审议 理事会最具创新的特色是普遍定期审议。这一机制独一无二，每四年对所有193个会员国的人权记录进行一次审议。普遍定期审议是由理事会主持并由国家推动的合作程序，让各国有机会陈述已采取的措施和将要面临的挑战，从而促使各国改善人权现状并履行国际义务。普遍定期审议旨在确保所有国家都能获得平等的对待。

联合国人权事务高级专员

人权事务高级专员承担开展联合国各种人权活动的主要责任。高级专员的任期为四年，任务包括：促进和保障所有人切实享有一切人权；向联合国系统内的机构提供改善人权的建议；为人权活动提供咨询和协助；协调联合国人权教育和公众宣传方案；移除践行人权的障碍并防止侵犯人权行为持续发生；与各国政府对话；推动人权事务方面的国际合作；以及鼓励和协调联合国系统内部的人权行动。在秘书长的指导和授权之下，高级专员向人权理事会和大会报告。

联合国人权事务高级专员办事处（**人权高专办**，www.ohchr.org/CH/Pages/Home.aspx）是联合国人权活动的协调中心。办事处是理事会、条约机构以及其他联合国人权机构的秘书处。办事处负责监测和报告人权状况，提供咨询服务，实施技术合作方案，并促进人权准则和标准在全球和国家层面得到采纳和遵守。此外，办事处还与各国际人权机制和机构合作，发展和监测国际人权标准并帮助各国切实执行这些标准。

特别程序

人权理事会特别程序（www.ohchr.org/CH/HRBodies/SP/Pages/Welcomepage.aspx）工作在人权保护的前沿。特别程序调查侵犯人权的行为，干预个案和紧急情况，也是旨在从专题或国别角度对人权问题提供建议和报告的独立人权专家机制。

特别程序由单独一人（被称为“特别报告员”或“独立专家”）或由五名成员组成的

工作组实施，工作组的五名成员分别来自联合国的五个区域：非洲、亚洲、拉美和加勒比地区、东欧和西方国家。特别报告员、独立专家和工作组成员由人权理事会任命，以个人名义任职，任期不得超过六年。任务负责人的独立性对其公正地履行职责十分重要。

特别程序包括访问具体国家，通过发函至各国的方式，关注侵犯虐待案件指控以回应对于个别案件及更广泛的关切，开展专题研究和组织专家讨论会，开展宣传活动，提高公众意识，以及为技术合作提供咨询意见等。特别程序向人权理事会提交年度报告，也就大多数任务向大会报告。截至2016年12月31日，特别程序共有43个专题任务和14个具体国别任务。

目前，国别特别报告员、独立专家及代表就下列国家的情况提交报告：白俄罗斯、柬埔寨、中非共和国、科特迪瓦、朝鲜民主主义人民共和国、厄立特里亚、海地、伊朗、马里、缅甸、1967年以来被占领的巴勒斯坦领土、索马里、苏丹和叙利亚。

目前，专题任务特别报告员、代表及工作组就下列专题进行汇报：非洲人后裔；白化病；任意拘留；工商业和人权；文化权利；残疾；被迫或非自愿失踪；发展权；教育；环境；即决处决；食物权；外债；和平集会和结社自由；见解和言论自由；宗教或信仰自由；身心健康；适足住房；人权维护者；法官和律师的独立性；土著人民；境内流离失所者；国际秩序；国际团结；雇佣兵；移民；少数群体问题；老年人；贫穷；隐私；买卖儿童；性取向和性别平等；奴隶制；种族主义和种族歧视；打击恐怖主义；酷刑；危险物质和废料；人口贩运；寻求真相、司法、赔偿和保证不再发生问题；单方面胁迫性措施；暴力侵害妇女；水和卫生；以及歧视妇女。

促进和保护人权

在促进和保护人权方面，联合国行动的作用与范围持续扩大。《联合国宪章》是以“联合国人民”的名义编写的，因此，确保“联合国人民”的尊严得到充分尊重是联合国的核心任务。

联合国通过人权教育，以培养维护人权的知识、技能、态度和行动，从而推动人权文化的普及。《世界人权教育方案》（2005年至今，www.ohchr.org/ch/issues/education/training/pages/programme.aspx）提供了一个共同的行动平台，尤其是在国家层面，并在正式和非正式的环境下推广以学习者为中心的参与性教育方法。政府机构、学术界、国家人权机构和非政府组织合作开发了越来越多面向儿童和成人的方案和相关工具及资源。实施人权教育是实现人人享有优质教育这一目标的必然组成部分，是实现所有目标的关键动力，因此也为《2030年可持续发展议程》的落实发挥根本作用。

联合国通过国际机构在人权工作中扮演着诸多角色。

- 全球良知：联合国带头制定各国均能接受的国际行为标准，使世界持续关注可能破坏人权标准的行为。大会通过了一系列宣言和公约，强调人权原则的普遍适用性。
- 立法者：国际法的编纂在联合国的推动下经历了前所未有的发展；涉及妇女、儿童、囚犯、被拘留者和心智残障者的人权问题，以及种族灭绝、种族歧视和酷刑等侵权行为，都已成为国际法关注的重要议题。从前，国际法仅关注国家间的关系问题。
- 监督者：界定人权，并确保人权得到保护，联合国在这两方面都发挥着核心作用。《公民权利和政治权利国际公约》和《经济、社会、文化权利国际公约》（1966年）是最早一批授权国际机构监测国家履行承诺的情况的条约。条约机构和人权理事会特别程序各有一套程序和机制来监测各国是否遵守国际标准，并对被指控侵害人权的行为进行调查。这些机构就具体案件做出的裁决具有很强的道德影响力，很少有国家会无视这种影响。
- 神经中枢：人权高专办接收群体和个人关于人权受侵害的来文，每年收到的申诉超过10万起。人权高专办根据多项公约和决议所规定的执行程序，将这些来文提交给相应的联合国机构。若需紧急干预，可以通过传真（41 22 917 9022）和电子邮件（petitions@ohchr.org）向人权高专办提出请求。
- 维护者：若获悉某国即将发生严重的侵犯人权事件（例如酷刑或即将进行法外处决），特别报告员或工作组组长会向该国发出紧急公函，要求该国澄清相关情况，并确保受害者的权利受到保护。
- 研究者：汇编对制订和适用人权法不可或缺的资料。人权高专办应联合国各机构的要求编撰研究报告，为制定新政策、形成新做法和建立新机构指明方向，以加强对人权的尊重。
- 投诉平台：按照《公民权利和政治权利国际公约》的第一项任择议定书、《消除一切形式种族歧视国际公约》、《禁止酷刑公约》、《消除对妇女一切形式歧视公约》的任择议定书、《残疾人权利公约》的任择议定书、《保护所有人免遭强迫失踪国际公约》、《经济、社会、文化权利国际公约》的任择议定书和《儿童权利公约关于设定来文程序的任择议定书》，一旦国内补救已用尽且无果，个人可对已接受相关申诉程序的国家提出申诉。此外，人权理事会的特别程序和申诉程序负责处理非政府组织或个人每年递交的大量申诉。
- 实情调查者：人权理事会设有用于监测和报告某类虐待事件，以及发生在特定国家的侵权行为的机制。特别程序的任务负责人受命落实这项政治敏感、人道主义并且有时会有危险性的任务。他们在政府允许的情况下收集事实资料，与当地团体和政府当局保持联系，进行实地访问，并提出关于如何加强尊重人权的建议。

- 谨慎的外交官：秘书长和人权事务高级专员在保密的前提下，就释放囚犯和对死刑犯减刑等问题向会员国提出人权方面的关切。人权理事会可能要求秘书长进行干预，或派遣专家审查特定的人权状况，以防止发生公然侵犯人权的情况。秘书长也会以静默外交的形式开展斡旋活动，表达联合国的正当关切并遏制虐待行为。

发展权

发展机会均等的原则深深地根植于《联合国宪章》和《世界人权宣言》之中。大会于1986年通过的《发展权利宣言》宣告发展权是一项不可剥夺的人权，即每个人和各国人民均有权参与和促进经济、社会、文化和政治发展并享受其带来的好处。这标志着一个转折点。在1993年第二届世界人权大会通过的《维也纳宣言和行动纲领》中，发展权被加以突出，从而被包括《2030年可持续发展议程》在内的其他重大联合国峰会和会议的成果文件引述。1998年，人权委员会设立了一个工作组，以监测进展，分析障碍并制定实施发展权的战略。2016年9月22日，大会召开了一次高级别会议，庆祝《发展权利宣言》发布三十周年（www.ohchr.org/EN/Issues/Development/Pages/DevelopmentIndex.aspx）。

食物权

食物权是**粮农组织**（www.fao.org/home/zh）的一个特别关注点。为了支持这项权利，粮农组织理事会于2004年通过了《支持在国家粮食安全范围内逐步实现充足食物权的自愿准则》。这些“食物权准则”涵盖各国政府可以考虑的所有行动，以创建一个让人们能够有尊严地养活自己的环境，并且为那些无法有尊严地养活自己的人们建立安全网。这些准则也建议采取措施加强政府责任，同时推动各机构在解决粮食与农业问题的工作中纳入人权层面的考虑。在这些准则的指导下，相关原则已得到落实。目前，已有超过30个国家将食物权纳入了国家的宪法和法律框架中。

劳工权

劳工组织（www.ilo.org）是联合国专门机构，其任务是确定、保护和促进所有男女人人都有体面工作，并享有工人权利。劳工组织举办由成员国政府、雇主和工人三方代表参加的**国际劳工大会**，截至2016年6月10日，该会议共通过了覆盖工作生活所有方面的189项公约和204项建议，这些公约和建议构成了国际劳工法体系。国际劳工大会的建议提供了政策、立法和实践方面的指导，同时它的各项公约为批准这些公约的成员国制定了有约束力的义务。

各项公约和建议的通过旨在解决劳工管理、劳资关系、就业政策、工作条件、社会保障、职业安全和卫生等问题。有些公约和建议寻求保障工作场所中的基本人权，而其他一些公约和建议则应对妇女就业和儿童雇佣等问题以及一些特殊类别的问题，如移民工人和残疾人问题（www.ilo.org/global/standards）。

劳工组织的监督程序基于独立专家的客观评价以及劳工组织三方机构的案例研究，旨在确保劳工组织各项公约在法律和实践中都得到应用。此外，劳工组织还有一个特别程序用以调查对侵犯结社自由的投诉。

劳工组织已形成了许多具有里程碑意义的公约，其中包括：

- 《强迫劳动公约》（1930年）：要求制止各种形式的强迫或强制劳动。2014年召开的国际劳工大会通过了《公约》的《议定书》，要求各国政府采取新措施，解决一切形式的强迫劳动问题；
- 《结社自由和组织权利保护公约》（1948年）：规定工人和雇主有权建立和加入各自选择的组织，且不须事先批准，并对组织的自由运行提供保障；
- 《组织权利和集体谈判权利公约》（1949年）：保护人们免受反工会歧视，保护工人组织和雇主组织，提供推动集体谈判的措施；
- 《男女工人同工同酬公约》（1951年）：呼吁给予同等价值的工作同等的报酬和福利；
- 《就业和职业歧视公约》（1958年）：呼吁采取国家政策来推动机会和待遇平等，并消除工作场所中针对种族、肤色、性别、宗教、政治意见、血统或社会出身的歧视；
- 《准予就业最低年龄公约》（1973年）：目的是禁止使用童工，规定最低就业年龄不应低于完成义务教育的年龄；
- 《禁止和立即行动消除最恶劣形式的童工劳动公约》（1999年）：禁止奴役、债役儿童，禁止儿童卖淫和儿童色情制品，禁止儿童从事危险工作，以及禁止强行招募儿童参与武装冲突；
- 《保护产妇公约》（2000年）：为产妇的产假、就业保护、医疗福利和母乳喂养假期制定标准；
- 《海事劳工公约》（2006年）：就所有海员的工作条件和生活水平制定最低标准，为船东创造公平竞争的环境；

- 《家庭工人体面劳动公约》(2011年)：处理家庭工人被排斥在劳动权利和社会保护之外的问题。

2010年，劳工组织大会通过了一项关于艾滋病毒/艾滋病的突破性国际劳动标准，这是首个在工作领域专门关注艾滋病问题的国际性人权文书，提出了多项反歧视措施，并强调了感染艾滋病毒的工人和艾滋病毒感染者的就业和创收活动的重要性。

联合国大会也采取了一系列措施，保护移民工人的权利。

反歧视斗争

种族隔离

联合国的伟大成就之一是废除了南非的种族隔离，这一成就表明联合国能够通过采取多种方法来终止世界上的主要不公正现象。自创立之日起，联合国就参与到与种族隔离制度的斗争当中。种族隔离是南非政府从1948年至20世纪90年代初期强行推行的一种体制化的种族隔离和歧视体系。

1996年，联合国谴责种族隔离是与《联合国宪章》和《世界人权宣言》互不相容的“危害人类罪行”，在消亡之前，这个问题一直被列入大会的议程中：

- 20世纪50年代，大会反复呼吁南非政府依据《宪章》原则放弃种族隔离。
- 1962年，大会成立了联合国反对种族隔离特别委员会，以持续审查南非的种族政策。特别委员会成为全世界致力于促成反对种族隔离全面行动纲领的协调中心。
- 1963年，安理会对南非实行了自愿武器禁运令。
- 大会在1970年至1974年间拒绝接受南非为参加常会所提供的全权证书。此后，南非不再参加大会的议程，直到1994年南非种族隔离结束。
- 1971年，大会呼吁抵制南非的体育活动，这一举动对南非国内外的公众舆论造成了极大的影响。
- 1973年，大会通过了《禁止并惩治种族隔离罪行国际公约》。
- 1977年，安理会认定南非对其邻国的压迫及其潜在的核能力对国际和平与安全构成了威胁，随后，安理会对南非实行了强制性武器禁运。这是安理会首次对会员国采取此类行动。
- 1985年，大会通过了《反对体育领域种族隔离国际公约》。

- 同年，南非政府宣布国家进入紧急状态，镇压活动升级，安理会首次号召各国政府依据《宪章》第七章的内容，对南非实行重大的经济措施。
- 1990年，南非政府和主要政党间达成国家和平协议，促使其由种族隔离性质过渡为非种族主义的民主性质，联合国为这一进程提供了全力支持。

1992年，安理会派遣了联合国南非观察团以强化和平协议的框架。联南观察团观察了1994年的南非大选，此次大选使得一个非种族主义的民主政府得以建立。随着新政府的建立以及南非首部非种族主义的民主宪法的通过，种族隔离走到了尽头。

1994年，新当选的总统纳尔逊·曼德拉在联合国大会发表演讲指出，这是大会49年的历史上第一次有来自南非大多数人口——非裔族群的南非国家元首发言。曼德拉对种族隔离制度的废除表示欢迎并指出："若非联合国为确保制止危害人类的种族隔离罪行做出巨大努力，这一历史性的转变就不会到来。"

种族主义

1963年，大会通过了《联合国消除一切形式种族歧视宣言》。《宣言》确认所有人的根本平等，并指出对种族、肤色或民族的歧视不仅侵犯《世界人权宣言》里宣告的人权，而且也是各国及其人民发展友好和平关系的障碍。两年后，大会通过了《消除一切形式种族歧视国际公约》，要求各缔约国采取立法、司法、行政及其他措施来阻止和惩罚种族歧视。**消除种族歧视委员会**负责监督《公约》缔约国的遵守情况，审查缔约国就权利的落实情况向委员会定期提交的报告。委员会审议每一份报告，并以"结论性意见"的形式对缔约国提出委员会的关注问题及建议。

1993年，大会宣布向种族主义和种族歧视进行战斗的第三个十年（1993—2003年）已经到来，并呼吁所有国家采取措施反对新型的种族主义，尤其是要通过法律、行政措施、教育和信息等方式。同年，联合国人权委员会为当代形式的种族主义、种族歧视、仇外心理和相关不容忍行为问题指定特别报告员。至今已有四人出任这一职位，人权理事会也定期对特别报告员的任期进行了延长。

2001年，第三届反对种族主义、种族歧视、仇外心理和相关不容忍行为世界会议召开，关注种族主义的预防、教育和保护等实用措施，并且通过了《德班宣言和行动纲领》。2009年的德班审查会议评估了世界会议所确立的目标的进展情况，通过了德班审查会议成果文件。2011年9月22日，大会在纽约联合国总部举行了为期一天的高级别会议，以纪念《宣言和行动纲领》通过十周年。会议通过了一项政治宣言，世界各国领导人宣示他们将把打击种族主义、种族歧视、仇外心理和相关不容忍行为作为各国的高度优先事项。

联合国设立三个机制就《宣言和行动纲领》采取后续行动：有效落实《德班宣言和行动纲领》政府间工作组；拟订补充标准特设委员会；以及非洲人后裔问题专家工作组。

近年来，非洲人后裔问题受到了特别关注。2011年，联合国纪念了“非洲人后裔国际年”。2013年，大会宣布2015年至2024年为“非洲人后裔国际十年”，为联合国会员国、公民社会和所有其他相关行为体与非洲人后裔一道采取措施，实施十年方案的活动计划，改善其人权状况提供了一个框架。

妇女权利

自1945年联合国成立以来，妇女平等始终是联合国工作的重点。联合国在下列全球性努力中发挥了领导作用：改善和保护妇女的人权；消除对妇女的一切形式的歧视和暴力行为；确保妇女有平等、充分的途径和机会参与政治和公共生活，包括经济和社会发展以及决策的所有方面。

作为联合国改革议程的一部分，大会于2010年设立了**联合国促进性别平等和增强妇女权能署**（**妇女署**，www.unwomen.org），整合资源和任务，以期产生更大的作用。妇女署旨在加大为妇女和女童拓展机会并解决全球范围内的性别歧视问题的努力。妇女署有三个主要职责，支持政府间机构制定性别平等全球标准和规范就是其中之一。此外，妇女署还负责开展一系列公共宣传活动，以增强妇女权能，促进妇女权利和性别平等。妇女署开展的“**到2030年实现性别平等：采取行动促进性别平等**”活动支持可持续发展目标的落实（www.unwomen.org/en/get-involved/step-it-up）。截至2016年末，已有近100个国家政府响应并做出增强妇女权能的具体承诺。“**联合起来制止侵害妇女的暴力行为**”运动也是妇女署负责的活动（www.un.org/en/women/endviolence/index.shtml），旨在提高公众意识，增强政治意愿和资源投入，从而在全世界范围内防止和消除针对妇女和女童的一切形式的暴力行为。“**他为她**”（www.heforshe.org）是妇女署为促进性别平等而开展的团结运动，主要目标群体是男子和男童。截至2016年末，共110万人参加了这项运动，其中包括十位国家元首或政府首脑、十位全球企业的首席执行官和十位大学校长，他们的响应和参与自上而下地推动了变革。

妇女地位委员会详细制订了多项关于妇女平等和消除歧视的国际条约和建议，其中值得注意的是1979年《消除对妇女一切形式歧视公约》及其1999年《任择议定书》。委员会还拟订了1993年由大会通过的《消除对妇女的暴力行为宣言》。《宣言》将对妇女的暴力行为界定为对其造成身心或性伤害和痛苦的暴力行为，这些行为可发生在家庭内或社会上，由国家所做或纵容发生。召开年度会议时，委员会发布商定结论，为各国政府和其他旨在促进实施《宣言》和《行动纲领》的利益攸关方提供指导。

消除对妇女歧视委员会是一个由23名独立专家组成的机构，负责监督《消除对妇女一切形式歧视公约》缔约国的落实情况。委员会审查缔约国提交的报告，评估缔约国在实现男女平等方面的进展，就其认为缔约国应该更加注意的妇女相关问题提出建议，审查个人申诉并根据《公约》的《任择议定书》的条款规定履行调查权。

儿童权利

每年有数以百万计的儿童死于营养不良和疾病，还有无数儿童成为战争、自然灾害、艾滋病毒/艾滋病以及极端形式的暴力、剥削和虐待的受害者。数百万儿童无法获得优质教育，尤其是女童。**联合国儿童基金会**、人权高专办以及其他联合国机构致力于维持全球对《联合国儿童权利公约》的承诺。《公约》体现了有关对待儿童行为的普遍道德原则和国际法律标准。儿基会支持为在非常危险或恶劣的条件下工作的儿童提供教育、咨询和关爱的各项方案，并且大力反对侵犯儿童权利的行为。

根据《公约》设立的**儿童权利委员会**是由18名独立专家组成的机构。委员会定期召开会议，以监测缔约国履行《公约》及其第一项和第二项《任择议定书》规定的各项义务的进展情况，并向各国政府就履行这些义务的方式提供建议。委员会还以一般性评论意见的形式，发布对《公约》各项条款的解释。

2000年，大会通过了《公约》的两项《任择议定书》：其一，禁止招募18岁以下的儿童加入武装部队或参与敌对行动；其二，加强对买卖儿童、儿童卖淫和儿童色情制品的禁令和惩罚力度。《公约》的第三项《任择议定书》由大会于2011年通过，并于2014年正式生效。该《议定书》提供的来文程序允许儿童个人根据《公约》及其前两项《议定书》的规定，就侵犯其权利的行为提出申诉。

关于童工问题，联合国致力于保护儿童免受剥削，远离危及其身心发展的各种有害条件；确保儿童能获得优质教育、营养和卫生保健；并从长远角度出发，逐步消除童工现象。**国际消除童工劳动方案**是劳工组织发起的一项举措，致力于通过提供技术合作，提高认识并动员各方采取行动。直接干预措施主要在于：防止童工现象；寻找替代方法，包括为家长提供体面工作；以及儿童的康复、教育和职业训练。儿基会支持开展各种方案，为在危险或恶劣条件下工作的儿童提供教育、咨询和关爱，反对侵犯儿童权利的行为。

大会和人权理事会均敦促各国政府采取行动保护并促进儿童的权利，尤其是处于困难条件下的儿童。大会和人权理事会呼吁各国执行各项方案和措施，为儿童（尤其是无人陪伴的儿童）提供特别保护和援助，包括使其获得医疗、教育和社会服务，以及（在适当情况下）协助其自愿返回，重返社会，寻找家人下落以及与家人团聚，并呼吁各国确保将儿童的最佳利益作为首要考虑因素。

买卖儿童、儿童卖淫和儿童色情制品问题特别报告员，负责暴力侵害儿童问题的秘书长特别代表，以及负责儿童和武装冲突问题的秘书长特别代表定期向大会和人权理事会进行报告。后者还向安理会报告。

负责暴力侵害儿童问题秘书长特别代表一职是在2006年提交至大会的《对儿童暴力问题世界报告》发布之后，于2007年设立的。《报告》首次揭露了所有形式的暴力侵害儿童行为所具有的可怕规模和影响，并强调这一问题在不同环境中的普遍性和严重性，包括家庭、学校、保育及司法机构、工作场所和社区。《报告》包含12项总体建议以及多项具体建议，为后续行动提供了一个综合的框架。负责儿童和武装冲突问题的秘书长特别代表由大会于1996年设立，初始任务期限为三年，此后不断延长，最近一次是在2015年，延期三年。

少数群体权利

全世界各少数群体约有十亿人，其中许多人都受到歧视和排斥，并且经常沦为冲突的受害者。满足民族或族裔、宗教和语言方面的少数群体的正当愿望，可加强对基本人权的保护，保护和适应文化多样性，并增强社会的整体稳定。自成立以来，联合国始终将少数群体人权问题当作人权议程重要的一环。《公民权利和政治权利国际公约》第二十七条以及非歧视和共同参与原则明确规定，少数群体成员的人权应受到保护，这是所有联合国人权法的基础。大会于1992年通过了《在民族或族裔、宗教和语言上属于少数群体的人的权利宣言》，为联合国人权议程注入了新的动力。自2005年以来，人权高专办一直在组织少数群体研究金方案，为在民族或族裔、宗教和语言方面属于少数的群体提供机会，让他们了解联合国系统和国际人权机制，帮助他们学习运用这些机制的实用技能，以保护和促进自己所属少数群体的权利。

少数群体问题论坛（www.ohchr.org/ch/HRBodies/HRC/Minority/Pages/ForumIndex.aspx）成立于2007年，旨在提供一个平台，促进民族或族裔、宗教和语言少数群体的对话与合作，同时为少数群体问题独立专家的工作提供专题支助和专门知识。论坛为进一步落实《宣言》确定并分析最佳做法、挑战、机遇和举措。论坛每年召开为期两天的专题讨论会。少数群体问题独立专家为论坛的工作提供指导，并向人权理事会报告论坛的建议。人权理事会主席按照地区轮任原则，与各区域小组磋商后，任命少数群体问题专家中的一员为论坛主席。

人权高专办开展了一系列工作，努力提升《少数群体宣言》的知名度，例如领导开展2012年3月设立的联合国消除种族歧视和保护少数群体网络工作。该网络旨在加强联合国相关部门、机构、方案和基金之间的对话与合作，帮助会员国制定策略，为边缘化少数群体提供机会并加强对其人权的保护力度。

土著人民

联合国也不断促进人们对世界上最弱势群体之一的土著人民的关注。土著人民也被称为最先住民、部落人民、土著民族和土著。目前，至少有5 000个土著人民群体组成了生活在五大洲90多个国家的约3.7亿人。他们经常被排斥在决策过程之外，其中很多人被边缘化，被剥削，被迫同化。在捍卫自身权利时，他们还会遭受压迫、折磨和杀害。为了躲避迫害，他们常常沦为难民，有时甚至必须隐藏身份，放弃自己的语言和传统生活方式。

1982年，人权小组委员会设立了起草《土著人民权利宣言》的土著人民工作组。1992年，地球问题首脑会议听取了土著人民的集体意见，这些意见表达了土著人民对于其土地、领土和环境恶化的关切。包括开发署、儿基会、农发基金、教科文组织、世界银行和世卫组织在内的多个联合国机构制定了各项方案，旨在改善土著人民的健康状况，提高识字率，并处理其祖传土地和领土退化的问题。随后，大会宣布将1993年定为“世界土著人民国际年”，并相继设立了“第一个世界土著人民国际十年（1995—2004年）”和“**第二个世界土著人民国际十年**（2005—2014年）”。1997年，联合国设立土著研究方案，增进土著人民对人权事务中心各科及联合国系统其他机制的了解。

土著问题得到了越来越多的关注。联合国于2000年设立了**土著问题常设论坛**（www.un.org/development/desa/indigenous-peoples/unpfii-sessions-2.html），隶属于经社理事会。论坛由16位专家组成，其中八位是土著专家，八位是来自政府机构的专家。论坛为经社理事会提供咨询服务，帮助协调联合国相关活动，审议土著人民关注的经济和社会发展、文化、教育、环境、健康和人权问题。此外，还成立了土著问题机构间支助小组。

2007年，大会通过了具有里程碑意义的《土著人民权利宣言》，明确了土著人民在文化、身份、语言、就业、健康和教育等方面的个人权利和集体权利。《宣言》强调土著人民有权保持和加强其体制、文化和传统，有权谋求自身的发展以满足其需求和愿望；禁止歧视土著人民，并鼓励他们充分参与公共事务及与他们有关的所有事务，包括他们维护自身独特性、追求实现自身经济和社会发展愿景的权利。2014年，大会召开**世界土著人民大会**这一高级别会议，通过了一项成果文件，包含实现《宣言》各项目标的承诺。

人权高专办在《宣言》落实中一直发挥着支柱性作用，始终将《宣言》的落实作为机构的优先工作，支持联合国土著问题机构间支助小组，面向联合国国家工作队和人权高专办实地办事处工作人员开展关于土著问题的培训，并为援助土著居民自愿基金董事会提供服务。自愿基金由来自各土著社区的五个代表组成，支持各土著群体和组织参与土著问题常设论坛和**土著人民权利专家机制**的年度会议。五人专家机制设立于2007年，就土著人民权利问题向人权理事会提供协助。人权高专办支持专家机制并协助土著人民权利特别报告员的工作，开展国别和区域活动，促进土著人民权利的实现，为立法行动提供支持，并就采掘业和与世隔离的土著人民的权利等问题开展专题工作。

联合国《残疾人权利公约》支持者在纽约参与首个残疾人“骄傲”大游行。(2015年7月12日，联合国图片/Devra Berkowitz)

残疾人

全球约10亿人有某种生理、精神或感觉障碍，约占世界人口的15%，其中约80%生活在发展中国家。残疾人通常被排斥在社会主流之外。歧视有多种表现形式，从剥夺受教育或工作机会，到更不易察觉的形式，例如通过施加物理和社会障碍造成隔离和孤立。要改变对残疾的认识和观念，就必须改变价值观，增进社会各阶层之间的理解。

自成立以来，联合国一直致力于提高残疾人的地位，改善他们的生活（www.un.org/development/desa/disabilities）。联合国对残疾人福祉和权利的关切根植于其倡导人权、基本自由和全人类平等的创始原则。

在20世纪70年代，残疾人人权的概念在国际上得到了更广泛的认可。大会通过了《残疾人权利宣言》(1975年)，由此确定了残疾人应受平等待遇和获得平等服务的标准，加快了残疾人融入社会。国际残疾人年（1981年）之后，大会通过了旨在增进残疾人的权利的《关于残疾人的世界行动纲领》。《纲领》确定了国际合作的两个目标：实现机会平等，以及让残疾人充分参与社会生活和社会发展。

大会于1993年通过了《残疾人机会均等标准规则》，这是联合国残疾人十年（1983—1992年）的一项主要成果。《规则》不仅是制定政策的参照文书，也是技术和经济合作的基础。随着残疾人的权利和社会状况问题得到越来越多的关注，联合国于2006年通过了《残疾人权利公约》及其《任择议定书》，大会于2013年召开了残疾与发展高级别会议。

《公约》及其《任择议定书》于2007年开放供各方签署，截至2016年12月31日，《公约》共有160个签署方和172个缔约方，《任择议定书》共有92个签署方和92个缔约方。《公约》自2008年起生效，是21世纪第一份全面的人权条约，也是首份开放供区域一体化组织签署的人权公约。

《公约》标志着社会对残疾人的态度和处理方法发生了根本性转变，从将残疾人视为慈善、医疗和社会保护的“客体”，转而将他们视为拥有权利的“主体”，承认他们能够根据个人的自由和知情同意做出决定，并且是主动参与社会活动的成员。因此，《公约》将该运动推向了新的高度。《公约》国际监测机制的秘书处，包括**残疾人权利委员会**，设在人权高专办之下；经社部负责组织在纽约举办的缔约国大会。

越来越多的数据表明，有必要在国家发展的背景下，以及在人权的广泛框架内处理残疾问题。联合国与各国政府、非政府组织、学术机构和专业学会携手，共同提升公众认识，并建设各国用广泛人权方法解决残疾人问题的能力。通过开展以上工作，联合国将残疾问题和包括可持续发展目标在内的国际发展议程联系起来。公众对残疾问题行动的支持与日俱增，尤其关注如何改善信息服务、外联和组织机制以促进机会平等。联合国努力帮助各国加强在国家总体发展计划中开展这种行动的能力。

移民工人

全球有超过2.44亿人不在自己的出生国或国籍所在国生活和工作，包括移民工人、难民、寻求庇护者和永久移民，其中很多人是移民工人。《保护所有移徙工人及其家庭成员权利国际公约》(《移徙工人公约》) 第二条对术语“移民工人”的定义是“在其非国民的国家将要、正在或已经从事有报酬的活动的人”。《公约》界定了特定类别移民工人及其家庭成员的权利，包括边境工人、季节性工人、海员、近海装置上的工人、行旅工人、特定聘用工人以及自营职业工人。

经过十年的谈判，大会于1990年通过了《移徙工人公约》，涉及已记录在案和未被记录在案的移民工人及其家庭成员所拥有的权利。《移徙工人公约》规定，集体驱逐移民工人或毁坏其身份证明文件、工作许可证或护照的行为是违法行为；规定移民工人有权获取与本国国民相同的报酬、社会福利和医疗服务，有权加入工会或参与工会活动，以及在结束雇佣关系时，有权转移其收入、储蓄和个人物品；并承认移民工人子女拥有出生登记、获得国籍以及接受教育的权利。《公约》于2003年正式生效，截至2016年12月31日，已有38个签署方和49个缔约方。各缔约国通过**移徙工人委员会**监测《移徙工人公约》的实施情况。

机构间**全球移徙小组**（www.globalmigrationgroup.org）联合21个伙伴机构（19个联合国机构、世界银行和国际移民组织），共同推进关于移民的国际文书和规范的实施，并鼓励采用一致、全面和更加协调的方法来处理国际移徙问题。

司　法

联合国致力于通过司法程序加强对人权的保护。当个人被国家权力机关调查时，或者当个人被逮捕、拘押、指控、审判或监禁时，需要确保在实施法律时充分考虑到人权保护。

联合国已经着手制订各项标准和守则，作为国家立法的范例。这些标准和守则涉及以下问题：对待囚犯、保护被拘禁的青少年、警察使用枪支、执法人员的行为、律师和检察官的角色以及司法独立等。其中许多标准已由联合国预防犯罪和刑事司法委员会以及国际犯罪预防中心制定完毕。

人权高专办有一个技术援助方案，专门对立法人员、法官、律师、执法人员、监狱人员和军人进行关于人权的培训。

国际社会已形成了一系列关于司法的国际文书，其中包括《囚犯待遇最低限度标准规则》《囚犯待遇基本原则》《保护所有遭受任何形式拘留或监禁的人的原则》《联合国保护被剥夺自由少年规则》《保护死刑犯权利的保障措施》《执法人员行为守则》《执法人员使用武力和火器的基本原则》《关于律师作用的基本原则》《关于检察官作用的准则》《补救和赔偿权的基本原则和准则》《保护所有人免遭强迫失踪国际公约》。（完整列表参见www.ohchr.org/CH/ProfessionalInterest/Pages/UniversalHumanRightsInstruments.aspx）

人权高专办优先事项

人权高专办重点应对一系列重大人权挑战。通过严格履行职能，保持独立，并从过去的经验教训中不断获得附加价值，人权高专办已完全有能力应对这些挑战。其2014—2017年的专题优先事项包括：

- 强化国际人权机制；
- 加强平等并反对歧视；
- 打击有罪不罚，并加强问责和法治；
- 将人权纳入发展和经济领域；
- 拓宽民主空间；
- 在冲突、暴力和不安全情况下，进行早期预警和保护人权。

人权高专办已在这些优先事项领域制定了六个专题战略。

人道主义行动

联合国志愿人员组织的一名国内志愿者采访一位双目失明的老人，以评估2015年4月25日尼泊尔发生7.8级地震后，老人的房屋和谷仓所遭受的损失。联合国志愿人员组织共有80名土木工程师通过开发署的废墟管理项目帮助相关社区重建，其中13人是妇女，图中的采访者就是她们中的一员。尼泊尔地震共造成8 790人死亡，22 300人受伤，受损、被毁房屋共计755 549所。（2015年6月8日，开发署/Lesley Wright）

自第二次世界大战后首次在欧洲协调人道主义救援行动以来，联合国一直领导着国际社会，对各国当局无法独自应对的自然及人为灾害做出响应。今天，联合国已发展成为紧急救援和长期援助的主要提供者，积极推动各国政府和救济机构采取行动，并倡导为遭遇紧急情况的人们提供支持（www.un.org/en/sections/what-we-do/deliver-humanitarian-aid/index.html）。

过去25年来，人道主义紧急情况的发生频率、范围和强度都在急剧上升。几乎每年都要为阿富汗、布隆迪、刚果民主共和国、索马里和苏丹的危机发出人道主义援助呼吁。自千年之交以来，中非共和国、乍得、伊拉克和巴勒斯坦被占领土也面临着同样的困境。目前，它们和其他许多国家都深受冲突的影响，迫切需要多层面的应对方法。目前，共有约120万人逃离南苏丹，其中80%是妇女和儿童，使之成为非洲规模最大的一场难民流动。

人道主义准入日趋复杂，援助活动严重受限，人道主义人员难以开展工作，导致受灾民众无法获得基础服务和保护。地雷、战争遗留爆炸物和简易爆炸装置给援助设置了障碍，也对受冲突影响地区弱势民众的生命造成威胁。与此同时，由于气候变化的原因，自然灾害可能会更加频繁、激烈和严重，将继续破坏家园，摧毁生命，造成已经发生的人道主义危机进一步恶化。

面对冲突和因自然灾害不断上升造成的人员和财产损失，联合国在两方面展开救援行动：一方面，通过联合国业务机构给受灾者提供紧急救援；另一方面，寻求更有效的战略，防止紧急情况的发生。

灾害发生时，联合国及其机构会争取在第一时间提供人道主义救援。2013年11月，史上强度最大的风暴之一台风“海燕”席卷菲律宾，造成7 354人死亡或失踪，约1 400万民众受到影响，其中540万是儿童。400万人因此流离失所，超过100万所房屋遭到破坏。联合国对此立即展开紧急救援行动，包括空运必要的粮食和卫生医疗等物资。2014年4月，报告显示整个受灾地区的人道主义形势稳定，相关合作伙伴为受灾民众提供了12万个临时住所，并对他们原有的住房展开修缮工作。400万民众获得了食物援助。向受灾农民家庭发放的种子和肥料维持了他们的生计，生产的白米可供80万人食用一年。联合国还为其他地区的突发性自然灾害提供救灾援助，包括2015年4月的尼泊尔7.8级地震、2016年的厄瓜多尔7.8级地震，以及给津巴布韦造成粮食短缺的大干旱（近来厄尔尼诺现象造成的最惨烈的干旱之一）。

2016年，联合国采取行动应对新出现的和持续中的危机，取得了以下成果：热带气旋“温斯顿”过后，斐济13万名民众获得了应急住所；埃及、伊拉克、约旦、黎巴嫩和土耳其境内受叙利亚危机影响的190万人获得了粮食援助；为伊拉克摩苏尔流离失所的9 500名儿童接种了脊髓灰质炎和麻疹疫苗；叙利亚510万名病人获得了医疗救助；埃塞俄比亚170万名学龄儿童获得了学习用品；来自中非共和国的难民家庭有78%拥有了适足的住房；索马里加勒卡约北部和南部流离失所的民众每天共可得到3万升水；在海地受飓风“马修”影响的地区，极度缺乏粮食的民众中有73%获得了粮食援助；南苏丹2 700万平方米土地不再受地雷和战争遗留爆炸物的威胁；在巴勒斯坦被占领土约旦河西岸，住房面临被拆除和毁坏的家庭有83%获得了紧急避难所和非食品类物资。

2016年，人道协调厅管理的中央应急基金为快速响应行动调拨了约2.89亿美元。2015年调拨了3.01亿美元，其中超过4 400万美元调拨给也门，用以应对武装冲突导致的日渐恶化的人道主义危机。截至2016年底，危机已造成2 120万也门人口（总人口的五分之四）需要获取人道主义援助。

联合国也通过其他途径来防止人道主义危机的发生并减轻危机的影响，例如**减灾战略**（www.unisdr.org）。2015年3月18日，第三届联合国世界减灾大会在日本仙台召开，会员国通过了**《2015—2030年仙台减少灾害风险框架》**（www.unisdr.org/we/coordinate/sendai-framework），确定了七个目标和四个行动优先事项。这一《框架》现已成为菲律宾的政策依据，该国是世界上灾害最频发的国家之一。应对2014年12月的台风“黑格比”和2015年10月的台风“巨爵”等大型风暴的实践证明，采取更好的方法让公众了解风险，确保及早发出预警并进行高效疏散以促进“零伤亡”的做法，是非常成功有效的。

协调人道主义行动

20世纪90年代以来，世界范围内内战的数量和强度都出现了大幅度上升。阿富汗、伊拉克和叙利亚冲突不断，造成了大规模的人道主义危机。政治军事环境风云变幻，导致生命损失惨重，大批民众流离失所，并给政治、军事环境错综复杂的社会带来重创。1991年，大会设立了机构间常设委员会，负责协调国际机构应对人道主义危机。**联合国紧急救济协调员**是联合国人道主义行动的主要协调人，领导**人道协调厅**（www.unocha.org），是联合国系统在人道主义紧急应对方面的主要政策顾问、协调者和倡导者。

通常，包括各国政府、非政府组织和联合国机构在内的诸多行为体寻求在同一时间对错综复杂的紧急情况做出回应。人道协调厅与这些行为体展开合作，确保形成一个协调一致的框架，让每个人都能在此框架下及时、有效地贡献力量，并通过与会员国以及**机构间常设委员会**（interagencystandingcommittee.org）协商，确定优先采取的行动。委员会是汇集联合国机构、红十字与红新月运动、非政府组织代表等联合国和非联合国人道主义合作伙伴的伞式组织。人道协调厅还负责派遣应急小组应对突发危机，协调军民活动。在发生自然灾害或紧急情况后的12至24小时内，人道协调厅即可派遣**联合国灾难评估和协调待命小组（灾害评估小组）**去采集信息，分析需求并协调国际援助。人道协调厅实地办事处为需求分析、应急规划活动和人道主义援助计划的制订提供支持。人道协调厅努力确保粮食配送、用水供给和保护等人道主义援助工作的顺利完成。

筹资　支持人道主义应对活动的资金已从2006年的48亿美元增长至2016年的220亿美元。在协调人道主义需求数据的发布，跟踪捐助者报告的资助情况，确保在有需要的时候能及时提供应急资金的同时，人道协调厅还负责管理在线财务跟踪服务（fts.unocha.org），编撰全球人道主义状况概览。此外，人道协调厅还举办认捐会议，管理在紧急情况下快速提供资金的两个集合筹资机制的基础设施。

中央应急基金（应急基金，www-unocha.org/cerf）是一个每年拨款约4.5亿美元，确保突发危机、紧急状况不断恶化和紧急状况资金不足得到快速响应的全球基金。这一快速响应窗口可让联合国机构应对严重紧急情况，包括自然灾害和威胁平民生命、不断恶化的暴力，如2014年的西非埃博拉病毒、2015年4月的尼泊尔地震和2016年的伊拉克军事行动。在2016年12月的应急基金高级别会议上，约33个会员国和其他捐助方为2017年认捐2.73亿美元。自2006年成立以来，应急基金已经拨款超过42亿美元，为在94个国家运作的人道主义机构提供支持。

目前，全球有包括政府、私人捐助者、联合国机构和非政府组织在内的18个国家集合基金，每年拨款超过5亿美元，支持具体国家的人道主义活动。人道协调厅每年协调应急基金和国家集合基金的人道主义援助款项达近10亿美元。

信息管理　人道主义信息和数据的收集、储存和管理，是确保有效应对紧急状况的最重要因素之一。人道协调厅的信息管理人员与当地合作伙伴开展合作，确定最关键的人道主义需求，确保应急机构了解谁在哪个地区实施哪些救援行动。信息都会上传到**救济网**（reliefweb.int）、人道协调厅官方主页（www.unocha.org）等全球报告平台，以协调应急行动。信息收集和传播的速度正在不断提高，而人道协调厅则一直处于这场数据革命的最前沿，启用了**人道主义数据交流平台**（data.humdata.org）和**KoBo工具箱平台**（www.kobotoolbox.org），以便更快速地收集和传播关键的人道主义信息。人道协调厅和其他人道主义合作伙伴正投资于进一步提升信息报告的速度和效率，以拯救更多的生命，减少人道主义需求。

世界人道主义峰会　2016年5月，秘书长在土耳其伊斯坦布尔召集举行了首届世界人道主义峰会（agendaforhumanity.org/summit），峰会汇集了来自包括180个会员国、非政府组织、民间社会、受危机影响的群体、私营部门和国际组织在内的约9 000名代表。人道主义界决心改变工作方式，适应不断变化的活动环境，以满足受灾人群的需求。与会者做出了3 000多个承诺，以支持《**人道议程**》及五项核心责任：防止并结束冲突；遵守战争规则，坚持国际规范以保护人类；改变工作方式以消除人道主义需求；不落下任何人；投资于人道。

宣传 人道协调厅发起全球宣传运动，提高公众对关键人道主义问题的认识，例如境内流离失所者所面临的挑战、援助人员的安全问题以及根据《人道议程》做出的承诺。此外，人道协调厅还负责在国家和国际新闻媒体上宣传当地民众面临的问题，包括人道主义准入受限、资金短缺以及特别脆弱的特定地区或人群。

人道主义援助与保护

在人道主义危机中，联合国四大实体——儿基会、粮食署、难民署和开发署在提供保护和援助方面发挥了主要的作用。

儿童和妇女占难民和流离失所者的大多数。在极其紧急的情况下，**儿基会**同其他救济机构一道帮助重建供水和卫生设备等基础服务，建立学校，并为离乡背井者提供免疫接种服务、药物和其他物资。儿基会还敦促各国政府和交战各方采取更有效的行动保护儿童。儿基会在冲突地区促成停火协商，以便于提供儿童免疫接种等主要服务。为此，儿基会首创“儿童和平区”概念，并在受战争影响区域设立“安宁日”与“和平走廊”。儿基会的特别方案旨在援助饱受创伤的儿童，并帮助孤身儿童与父母或家族重聚。2015年，儿基会对102个国家的310项人道主义情势做出响应，开展人道主义行动的机构开支达16.85亿美元。儿基会为2 550万名民众提供安全的饮用水，为750万名儿童提供基础教育，为310万名儿童提供社会心理支助，还治疗了200万名严重急性营养不良的儿童，向6个月到15岁的儿童提供了2 300万支麻疹疫苗。

粮食署为数百万名自然和人为灾害的受害者提供快速、高效的救济，包括全球大部分难民和境内流离失所者。粮食署的资金和人力资源绝大部分用于应对这些危机。十年前，粮食署提供的粮食援助中有三分之二用于帮助人们自力更生。如今，粮食署超过四分之三的资源用于援助人道主义危机的受害者。2015年，粮食署向81个国家的7 670万名民众提供粮食援助，其中79%的开支用于应对紧急状况。粮食署向紧急状况地区和紧急状况后地区的650万名民众提供校餐、点心或可带回家的粮食。同时，粮食署还为伊拉克、南苏丹、叙利亚、也门以及受埃博拉病毒影响的西非地区提供援助，积极应对在中非共和国、刚果民主共和国、利比亚、马里、乌克兰、尼泊尔和非洲之角发生的重大紧急状况。一旦发生战争或灾害，粮食署会快速启动紧急救济行动，准备各类方案以促进灾后重建，恢复人们的生活和生计，同时，也会通过**联合国人道主义空运处**（**空运处**，www.wfp.org/logistics/aviation），为整个人道主义社区提供客运航空运输，覆盖全球250多个地区。粮食署还负责为联合国难民事务高级专员办事处管理的所有大规模难民供餐方案调集粮食和资金。

发展中国家的农村人口往往最易遭受灾害和危机的影响，因为大部分社区的生计、粮食安全和营养都依赖农业。**粮农组织**利用其在农业可持续发展方面丰富的专业知识，帮助各国提升农业生计抵御威胁和危机的能力，并帮助各国在危机出现时采取应对措施。

粮农组织协助各国防灾、减灾、备灾和应灾。通过2016年的一项倡议，即“**早报警，早行动**”系统，粮农组织帮助各国根据早期预警信息进行防灾、备灾和应灾。粮农组织还与粮食署合作，定期对易发生危机的国家进行作物和粮食安全评估，审查粮食供应的总体情况以及人民基本粮食需求的满足程度。根据灾后形势，粮农组织与各国政府和合作伙伴携手，迅速开展损害和需求评估工作，促使受灾国采取应对措施。粮农组织致力于恢复地方粮食生产，摆脱粮食援助及其他形式的协助，提升自力更生水平，并减轻对救济和应对策略的依赖。粮农组织在气候相关灾害、食物链危机和复杂紧急情况中的工作，着重于保护和恢复农业生计以及整合减少脆弱性的措施。

扎塔里难民营远景。扎塔里难民营是约旦境内最大的叙利亚难民营，于2012年建立，用来应对初见端倪的叙利亚人口大规模流亡。由难民署负责的扎塔里难民营从最初的帐篷营地发展成了井然有序的住区，为8万难民提供了临时居所。儿基会为居住在该难民营的2.7万名学龄儿童修建了14所学校。（2015年6月23日，难民署图片/Christopher Herwig）

世卫组织主要负责评估受紧急情况和灾害影响的人群的健康需求，提供健康信息并对协调和规划工作给予协助。在紧急情况发生时，世卫组织指导和协调卫生应对措施，向各国提供支持，开展风险评估，确定重点和指定战略，提供关键的技术指导、供应资金，并监督卫生状况。世卫组织还协助各国加强本国紧急管理风险的核心能力，以预防、防范和应对任何人类健康危害造成的突发事件，并在突发事件后开展恢复工作。世卫组织在以下领域实施紧急方案：营养与流行病监测、流行病控制、免疫、必需药品与医疗用品管理、生殖健康与精神健康。世卫组织还特别致力于消除脊髓灰质炎，以及在受紧急情况影响的国家控制结核病与疟疾的蔓延。

人口基金也对紧急情况进行迅速回应。在动荡时期，妊娠相关死亡与性暴力案件数量会急剧攀升，而生殖健康服务却往往无法得到。女性面临更高的性暴力风险；青年更容易感染艾滋病毒，并更可能受到性剥削；很多女性丧失得到计划生育服务的机会。人口基金向弱势民众分发卫生用品、产科和计划生育物品，派遣训练有素人员，并提供其他支持，确保将生殖健康纳入应急工作。人口基金还致力于在紧急和重建阶段满足女性和青年的需要。

开发署负责减灾、防灾、备灾的协调工作。各国政府经常要求开发署帮助制定恢复方案并指导捐赠援助工作。开发署与各人道主义机构合作，在统筹救济行动中同时关注恢复、过渡和长期发展。开发署还支持以下项目：前战斗人员的复员；综合地雷行动；帮助难民和境内流离失所者重返家园和社会；以及治理制度的恢复。

为确保所提供的资源最大程度地发挥作用，开发署在开展每个项目时，都会与地方及国家政府官员进行协商。在为整个社区提供援助的同时，开发署也会帮助其建立持久和平、发展与缓解贫困的社会经济基础。这种面向社区的援助方式已为成千上万的战争和社会动荡受害者提供了紧急和长期救济。目前，许多饱受冲突摧残的地区得益于联合国主导的培训项目、信贷计划和基础设施建设项目，生活水平得到了改善。

保护人道主义工作者

联合国人员和其他人道主义实地工作者在世界上最危险的一些地区开展工作，在空中轰炸、枪林弹雨和恐怖袭击下的冲突地区执行救命扶危的重要的方案。在残余安全风险极高的地区，联合国在本应减少活动的情况下执行了大量的方案。不安全的局势正在蔓延，冲突有增无减。在强有力的安全风险管理框架下，联合国安全与安保部确保联合国继续在全世界展开行动，并将联合国工作人员及其家属的安全和安保视为重中之重。

所在国政府对联合国人员的安全和安保负有主要责任。1994年的《联合国人员和有关人员安全公约》规定，联合国行动所在国有义务保护联合国人员，并应采取措施预防谋杀和挟持事件。尽管如此，每年仍有很多为世界最脆弱人群服务的联合国人员、维和人员以及相关人员遇难。2016年10月在纽约的联合国总部举行的年度纪念活动（www.un.org/zh/memorial），表彰了211名在2015年1月1日至2016年6月30日间殉职的联合国人员。

保护和帮助难民

据**难民署**（www.unhcr.org）统计，截至2015年底，全球共有6 530万人被迫流离失所，其中包括4 080万境内流离失所者、2 130万难民和320万寻求庇护者。此外还有约1 000万无国籍人士。

截至2015年年底，超过5 300万人（包括1 610万难民和3 750万境内流离失所者）接受了难民署的保护和帮助，比2014年增加690万人，另外还有520万巴勒斯坦难民接受**近东救济工程处**的救助。

在1 610万名接受难民署救助的难民中，有超过半数（54%）的人来自以下三个国家：阿拉伯叙利亚共和国（490万人）、阿富汗（270万人）和索马里（110万人）。发展中国家接纳了全球86%的难民。土耳其是接纳难民数量最多的国家，共计250万人。黎巴嫩是难民占本国人口比例最高的国家，难民数量大约达到其人口的五分之一。全球难民人口约有一半是18岁以下的儿童。无人陪伴和失散儿童向78个国家提出了大约9.84万份庇护申请，他们大多来自阿富汗、厄立特里亚、叙利亚和索马里。

难民是指因种族、宗教、国籍、作为特定社会团体的成员或具有某种政治见解，担心遭受迫害而逃离原籍国，且不能或不愿意返回该国的人。难民还包括因战争或其他暴力事件逃离的人。1951年的《难民地位公约》及其1967年议定书确立了难民的法律地位，明确规定了难民的权利和义务。《难民地位公约》及其议定书共有148个缔约国。

难民署的核心任务是向难民提供国际保护，首先确保难民能撤离到安全的地方，然后向他们提供解决办法，帮助他们返回原籍国或在庇护国或第三国重建生活。虽然这项任务涉及提供援助并协调其他组织惠及难民的相关活动，但在1951年成立之时，难民署的重心是难民保护的法律和宣传工作。1954年，难民署因在难民救助方面的开拓性工作获得诺贝尔和平奖。1981年，难民署因在全世界范围内为难民提供援助，再次荣获诺贝尔和平奖。

自20世纪60年代开始，大规模难民迁移主要发生在资源匮乏的发展中国家，因此，应急和援助方案逐渐成为难民署越来越主要的工作。通过这些方案，难民署开展了一系列活动，旨在确保难民能够享有所有权利，包括人身安全权利和获得证件、适当生活水准、健康和教育等权利。

20世纪70年代，在大会的要求下，难民署将不被任何国家承认为公民的无国籍人士纳入保护范围，成为难民署的常规职责之一。无国籍人士无法享受很多人们司空见惯的权利，比如入学、合法就业甚至结婚或埋葬死者的权利。难民署与各国合作，共同确认无国籍状态产生的原因，防止无国籍状态的产生，并帮助无国籍人士获得法律地位甚至公民身份。2014年，难民署发起一项在十年之内结束无国籍状态的全球运动（“我有归属”），提高人们对影响全世界约1 000万人的无国籍状态的认识。2015年，成为难民署任务对象的无国籍人数达到370万人。

难民署还面向因冲突而流离失所但尚未跨越国境的特定群体，重点提供安全保护、住所和营地管理。如今，境内流离失所者是难民署关注的最大群体。境内流离失所者是指为躲避战争、暴力行为泛滥、侵犯人权的行为或自然及人为灾害而被迫逃离家园，但尚未跨越国境的人。2015年，约有230万境内流离失所者得以重返家园。

尽管越来越多的难民在新的国家找到持久的解决方案，但现有容纳难民的处所和需求之间的距离却越来越大。由于动荡和冲突不断，难民数量增长，而回到原籍国的难民数量却有所减少。难民回归后往往要面对本国社会经济环境脆弱的问题。为确保返回原籍国的回返者（前难民）能重建生活，难民署与各种机构合作，帮助他们重新融入当地社会。

2015年，仅有20.14万名难民回到原籍国。难民返回的国家主要是：阿富汗（6.14万人）、苏丹（3.95万人）、索马里（3.23万人）和中非共和国（2.16万人）。与此同时，有200万人提出了庇护申请，创历史新高。德国是收到庇护申请最多的国家（44.2万份），其次是美国（17.3万份）和瑞典（162 877份）。由于难民和流离失所者数量增加，援助资源逐渐无法满足他们的需要。

2016年9月19日，大会通过了《关于难民和移民的纽约宣言》，会员国承诺应对大规模难民和移民流动。《宣言》特别要求难民署建立一个框架，作为全面响应难民问题的蓝图，应对不同情况下难民的大规模流动。该框架将补充和加强现有人道主义应急措施，提高庇护国的能力，并确保各行为体及早参与。

巴勒斯坦难民

自1950年以来，**近东救济工程处**（www.unrwa.org）一直为巴勒斯坦难民提供教育、健康、救济和社会服务。1948年的阿以冲突造成约75万巴勒斯坦人失去家园和生计，沦为难民，因此大会设立近东救济工程处，为这些难民提供紧急救济。截至2016年底，近东救济工程处为在约旦、黎巴嫩、叙利亚、加沙地带和包括东耶路撒冷在内的约旦河西岸注册的超过500万名巴勒斯坦难民提供了必要的基本服务。近十年来，由于该区域频繁爆发冲突，近东救济工程处作为人道主义援助提供者的角色进一步强化。

教育是近东救济工程处最大的活动领域，教育活动支出约占常规预算的60%。近东救济工程处建立了一个教育服务体系，至2015—2016学年，该体系已有692所学校、21 821名教育工作者、500 698名注册小学生（女性占50.2%）、八个职业与技术培训中心、6 855

来自近东救济工程处在加沙管理的一所学校的学生们参与加沙中心学校议会的会议。自成立以来，近东救济工程处已为四代巴勒斯坦难民的福祉和人类发展做出贡献。(2016年6月28日，联合国图片/Eskinder Debebe)

个培训场所、两所教育科学学院和1 868名在训教师。2015年，近东救济工程处的143个初级保健设施提供了950万次诊疗服务。该机构的环境卫生方案致力于控制难民营的饮用水质量，提供卫生援助并开展病媒控制与鼠类控制工作。2016年1月至9月，近东救济工程处的小额信贷计划共提供贷款28 960次，总额达2 940万美元。1991年至2015年期间，近东救济工程处在所有活动领域共提供贷款398 154次，总额达4.404亿美元。

2016年10月，近东救济工程处在所有领域为约140万名巴勒斯坦难民提供了人道主义援助，其中包括：42万叙利亚境内的难民；4.5万由于叙利亚冲突而逃至约旦和黎巴嫩的难民；80多万居住在加沙的难民；以及8万居住在约旦河西岸的难民。在过去八年里，加沙经历了三场冲突，自2007年起一直处于封锁状态。约旦河西岸则由于以色列持续占领并限制行动和准入，产生了人道主义需求和保护需求。

近东救济工程处持续帮助改善基础设施，创造就业岗位，并改善社会经济条件。与通过当地部门或执行机构提供援助的其他联合国机构不同，近东救济工程处直接为难民提供援助服务。该机构计划并开展自己的活动和项目，建立并管理学校和卫生所等设施。国际社会认为，近东救济工程处极大地促进了中东地区的稳定。难民认为，该机构的援助计划是国际社会为实现巴勒斯坦难民问题永久解决而做出努力的象征。

第VI章

国际法

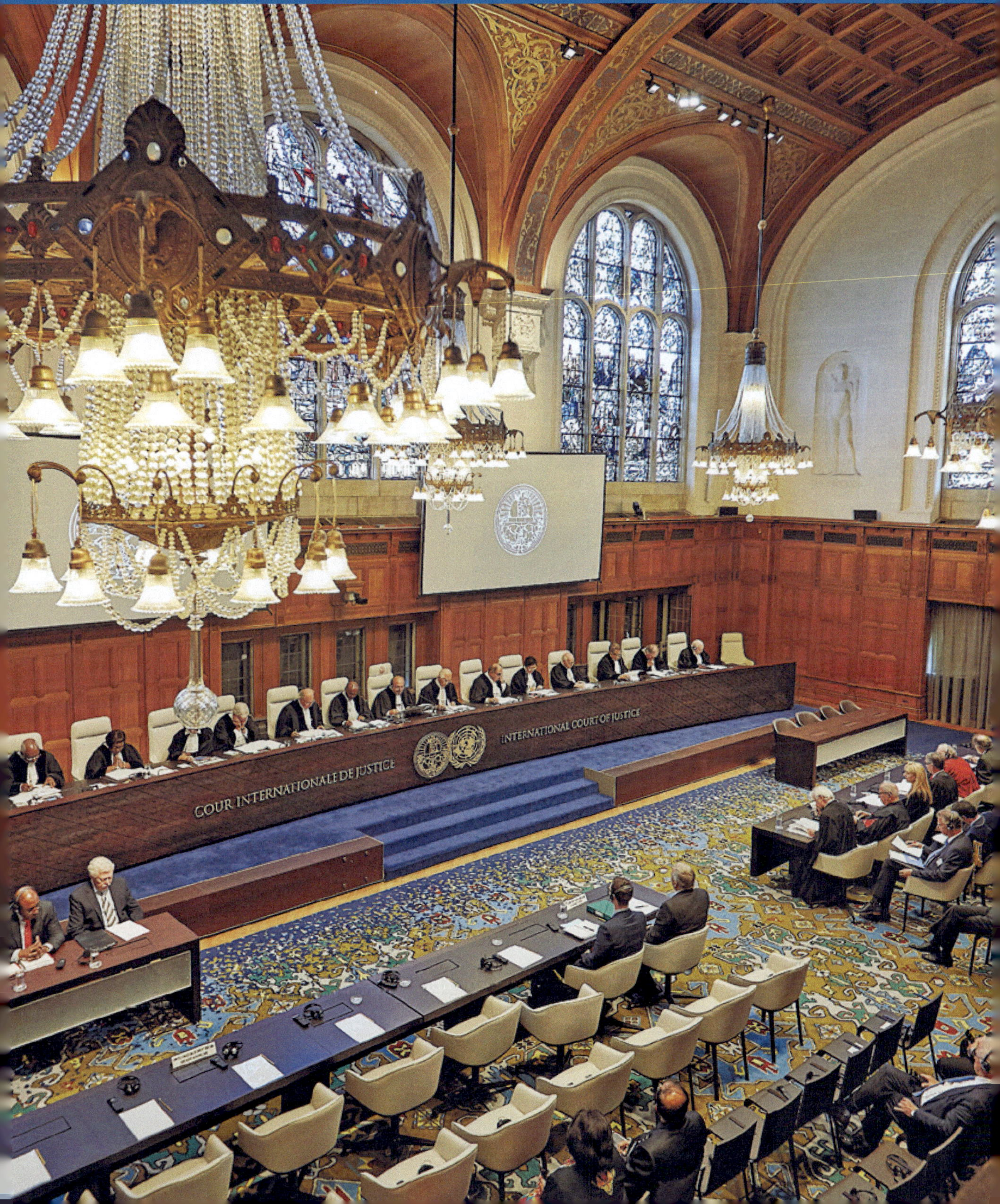
COUR INTERNATIONALE DE JUSTICE
INTERNATIONAL COURT OF JUSTICE

荷兰海牙和平宫司法大会堂内，国际法院正在对马绍尔群岛诉英国案件做出裁决。（2016年10月5日，联合国图片/国际法院/Frank van Beek）

发展和尊重国际法是联合国影响最为广泛的成果之一（www.un.org/zh/law/）。《宪章》特别要求联合国鼓励国际法的逐步发展及编纂工作（第十三条），并特别要求联合国协助以司法解决（第三十三条）等和平的方式解决国际争端。尽管国际法相关工作并不总能引起人们的关注，但它对世界各地人民的生活仍然产生着深远的影响。

在联合国主持下制定的许多法律文书，例如条约、决议和宣言，为管理国家间关系提供了法律基础。联合国牵头在维护国际和平和安全、促进国际商业、保护环境、规范海洋、打击恐怖主义和起诉国际犯罪等领域率先建立了一套法律体系。至今，相关工作仍在继续。与此同时，国际法也在越来越多的领域发挥着越来越关键的作用，例如国际人权法和国际人道主义法等。联合国秘书长是560多份多边文书的保存人，这些文书涵盖一系列主题（treaties.un.org）。

同时，联合国及其机关也在和平解决争端方面发挥着独特的作用。无论是提供常设法庭帮助各国通过法律手段解决争端，还是在武装冲突后设立特设法庭，联合国都致力于维护国际法并重申国际法是国际关系的基石。

司法解决争端

联合国系统中解决争端的最主要机构是其主要司法机关——**国际法院**（www.icj-cij.org/）。国际法院又称为“世界法院”，是唯一具有一般管辖权的普遍性国际法院，这是由各当事国以及法院所受理事务的广泛性决定的。自1946年成立以来，国际法院已受理了会员国提交的164起诉讼请求，做出超过120项判决，发布150多条裁决令。国际法院还应各联合国机构的要求，发表了27条咨询意见。

近年来，国际法院的事务越来越繁重。截至2016年10月，国际法院的待审案件目录中仍然有11宗有关世界各地争端的未决案件。越来越多的国家开始转向国际法院寻求帮助，处理有关条约解释、陆地和海上边界、环境与生物资源保护等方面的争端。因此，国际法院过去24年来的判决数量已超过其成立后头44年所做判决的总和。

国际法院在裁决很可能让各国间的紧张局势演变为公开冲突的陆地和海上边境争端方面有口皆碑。此类争端的当事国总是对国际法院提出公平的解决方案，从而实现其国家关系正常化的前景充满信心。

尽管国际法院判决的最显著成果是和平解决争端，但其判例的影响往往更为深远。国际法院的判决被广泛视作对国际法的权威声明，也是其他法院、法庭、法律学者和国家顾问深入研究的对象。国际法院对习惯法具体规则的明确阐释，推进了国际法的发展。

诉讼案件

自1946年以来，诉讼案件占国际法院工作的80%。法院对各种争端做出判决，涉及陆地边界、海洋划界、领土主权、禁止使用武力、违反国际人道主义法、禁止干涉他国内政、外交关系、人质事件、庇护权、国籍、监护、通行权和经济权利。

在国际法院受理的诉讼案件中，审理时间在四年内的约占75%，历时五年至九年的占18%，长达十年或以上的占7%（迄今为止仅出现过七宗）。案件审理时间的长短不仅取决于案件的复杂性，也取决于当事国是否愿意启动快速程序。由于诉讼双方均为主权国家，国际法院自主加快案件审理速度的能力受到限制。

如果双方有加快审理的请求，国际法院则可以迅速做出决定。例如，在1999年德国诉美国的“拉格朗案”中，美国被指在审判和判处两名德国公民谋杀罪的过程中违反《维也纳领事关系公约》，在德国向法院提出紧急请求24小时之后，国际法院就发出命令采取临时措施。该案件最终的审理时间为28个月。

诉讼案件的程序包括书面阶段和口述阶段。在口述阶段，当事国代理人和法律顾问参与法庭公开审理。口述程序之后，法院进行闭门合议，而后公开宣读判决。这项工作通常在口述阶段结束后的六个月内完成。该判决为最终判决，不得上诉。如果当事国一方不履行判决，另一方可向安理会追诉。但是，国际法院的判决基本都得到了执行。

国际法院的近期案件

2013年11月，关于柏威夏寺案，国际法院认定，法院1962年6月15日对该案的判决已经裁定柬埔寨对柏威夏山岬的全部领土拥有主权，从而结束了柬埔寨和泰国之间的长久争端。

2014年1月，就秘鲁和智利的海洋争端案，法院判定了智利和秘鲁之间海上边界的走向，但没有确定精确的地理坐标，希望两国能够本着睦邻友好的精神并依据国际法院的判决确定地理坐标。

2014年3月，就澳大利亚和日本有关南极捕鲸一案，法院认定日本的捕鲸项目（“特殊许可的日本南极鲸类第二阶段研究项目”）与《国际管制捕鲸公约》管理程序的三条规定不符，并判定日本应取消就“特殊许可的日本南极鲸类第二阶段研究项目”发放的任何现有授权、许可或执照，并在执行该项目时不再发放许可证。

2015年2月，在克罗地亚与塞尔维亚关于《防止及惩治灭绝种族罪公约》的适用案中，法院驳回了克罗地亚提出的塞尔维亚违反《公约》的申诉，也驳回了塞尔维亚提出的指称克罗地亚在1995年8月“暴风行动”期间和之后未履行《公约》义务的反诉。

2015年12月，在尼加拉瓜与哥斯达黎加有关哥斯达黎加圣胡安河沿线修建公路案（此案后来与尼加拉瓜在边界地区进行的某些活动案合并）中，法院判定哥斯达黎加未履行就修建1856号路开展环境影响评估的义务，但没有违反实质性环境义务。

2016年3月17日，法院认定，依据《波哥大公约》第三十一条，法院有权受理尼加拉瓜提出的第一个请求，即请求法院裁定尼加拉瓜和哥伦比亚之间在法院2012年11月19日判决所确定边界以外各自大陆架区域内的海洋边界的精确走向，并认定该请求是可受理的。

2016年10月，在马绍尔群岛诉印度、巴基斯坦和英国关于停止核军备竞赛和实行核裁军的谈判义务的三宗案件中，法院鉴于当事国之间不存在争端，支持印度、巴基斯坦和英国对其管辖权提出的反对意见，认定法院无法着手审议该案案情。

鉴于当事国双方达成了协议或解决办法，法院相继于2013年9月和2015年6月，从待审案件总表中去除空中喷洒除草剂案（厄瓜多尔诉哥伦比亚）和收缴、扣押某些文件和数据的问题案（东帝汶诉澳大利亚）。

截至2017年1月31日，国际法院的待审案件总表中共有涉及17个国家的13宗待审案件，其中有七宗涉及中南美洲国家（三起涉及哥斯达黎加和尼加拉瓜的案件、两起涉及智利和玻利维亚的案件和两起涉及尼加拉瓜和哥伦比亚的案件），两宗涉及非洲国家（刚果民主共和国诉乌干达、索马里诉肯尼亚），两宗涉及欧洲国家（匈牙利诉斯洛伐克、乌克兰诉俄罗斯），以及两宗涉及不同区域的国家（赤道几内亚诉法国、伊朗伊斯兰共和国诉美国）。

咨询意见

国际法院的另一项职能是对联合国机关和专门机构提出的法律问题做出回应并发表咨询意见。这占国际法院工作量的20%。自1946年起，国际法院已经发表过27条咨询意见，其中大部分（55%，即15条意见）是大会请求发表的。

和判决不同，咨询意见本身并不具有约束力，而是由请求意见的联合国机关和专门机构通过他们的方式决定是否使其生效。有时，国家和国际组织发生纠纷时，双方同意由国际组织向法院请求咨询意见并将这个意见视为最终决定。国家和国际组织在法律实践中充分考虑法院的意见，促进了国际法的发展。

国际法院的咨询意见涉及各种议题，包括：威胁使用和使用核武器的合法性（1996年）；人权特别报告员的地位（1999年）；在被占领巴勒斯坦领土修建隔离墙的法律后果（2004年）；以及科索沃单方面宣布独立是否符合国际法（2010年）。其他意见包括：接纳一国为联合国会员的条件（1948年）；执行联合国职务时所受损害的赔偿（1949年）；有关西南非洲的问题（纳米比亚，1950年、1955年、1956年和1971年）；西撒哈拉的领土地位（1975年）；联合国某些经费（1962年）；联合国总部协定的适用（1988年）。国际法院还对国际行政法庭做出的判决发表咨询意见，最近一次是在2012年回应国际劳工组织行政法庭的请求。

迄今为止，安理会只在1970年7月征求过一次咨询意见：关于南非继续留驻纳米比亚对各国的法律后果。在1971年6月就上述问题发表的咨询意见中，法院认定，南非继续留驻纳米比亚是非法的，南非有义务立即从纳米比亚撤出其行政当局。

国际法的发展和编纂

国际法委员会（legal.un.org/ilc）由大会于1947年成立，旨在促进国际法的不断发展和编纂。委员会每年召开会议，由34名经由大会选举产生的委员组成，委员任期五年。总体而言，委员们代表世界各个主要法律体系，作为专家以个人身份任职，而不是作为各自国家政府的代表任职。委员们从事与规范国家间关系有关的一系列事务，并根据正在审查的专题需要，经常与相关国际机构进行协商。

委员会的大部分工作与起草国际法的各项准备有关。部分专题由委员会选定，而其他则由大会委托。委员会完成一个专题后，大会有时会召开一个国际全权代表会议，将草案整合拟成公约，随即向各国开放签署，同意受公约条款约束的国家成为公约缔约方。用这种方式制定出的一些公约构成了管理国家间关系的法律的基础，例如：

- 《维也纳外交关系公约》和《维也纳领事关系公约》，分别于1961年和1963年由在维也纳召开的会议通过；
- 《维也纳条约法公约》，于1969年由在维也纳召开的会议通过；
- 《关于防止和惩处侵害应受国际保护人员包括外交代表的罪行的公约》，于1973年由大会通过；
- 《关于国家对国家财产、档案和债务的继承的维也纳公约》，于1983年由在维也纳召开的会议通过；
- 《关于国家和国际组织间或国际组织相互间条约法的维也纳公约》，于1986年由在维也纳召开的会议通过；
- 《国际水道非航行使用法公约》，于1997年由大会通过，旨在管理对两个或以上国家共同拥有的水道的公平合理的使用。

委员会制定的其他重要文书包括：国家对国际不法行为的责任条款草案（2001年）、

关于预防危险活动的越境损害的条款草案（2001年）、外交保护条款草案（2006年）、关于国际组织的责任的条款草案（2011年）、武装冲突对条约的影响的条款草案（2011年）、关于驱逐外国人的条款草案（2014年）、发生灾害时的人员保护条款草案（2016年）、关于危险活动所致跨界损害的损失分配原则草案（2006年），以及《对条约的保留的实践指南》（2011年）。

2016年，委员会审议的专题包括：国家官员的外国刑事管辖豁免、与条约解释相关的嗣后协定和嗣后惯例、条约的暂时适用、习惯国际法的识别、与武装冲突有关的环境保护、保护大气、危害人类罪和强行法。

国际贸易法

联合国国际贸易法委员会（贸易法委员会，uncitral.un.org/zh）通过制定促进国际贸易法逐渐协调统一的公约、示范法、规则和法律指南，推动国际贸易发展。贸易法委员会由大会于1966年设立，目前已成为联合国系统在国际贸易法领域的核心法律机构。联合国法律事务厅国际贸易法司是委员会的秘书处。委员会由大会选出的60个会员国组成，其成员构成代表了世界各个不同地理区域和各个主要经济、法律体系。委员会成员由选举产生，任期六年。每三年有半数成员任期届满。

50年来，委员会制定了一系列被视为不同法律领域标志性文件的文书，包括：《贸易法委员会仲裁规则》（1976年）、《贸易法委员会调解规则》（1980年）、《联合国国际货物销售合同公约》（1980年）、《贸易法委员会国际商事仲裁示范法》（1985年）、《贸易法委员会电子商务示范法》（1996年）、《联合国全程或者部分海上国际货物运输合同公约》（2008年）、《贸易法委员会仲裁规则》（2010年修订版）、《贸易法委员会公共采购示范法》（2011年）、《贸易法委员会投资人与国家间基于条约仲裁透明度规则》（2014年）、《联合国投资人与国家间基于条约仲裁透明度公约》（2014年）和《贸易法委员会担保交易示范法草案》（2016年）。委员会还监测《承认及执行外国仲裁裁决公约》（1958年）的履约情况。

在2016年的委员会第四十九届会议上，委员会审议了关于中小微企业、仲裁和调解、网上争议解决、电子商务、破产法和担保权益等问题。委员会编纂出版《贸易法委员会法规的判例法》的工作正在进行中。

环境法

联合国一直在发展国际环境法，在推动全球各地制定关于环境保护工作的重要条约方面发挥了先驱作用。管理许多此类条约的**环境署**（www.unep.org/zh-hans）在制定和执行环境法方面做出了长期的贡献。环境署目前的各项活动是基于第四期《环境法发展和定期审查方案》（蒙得维的亚方案四）开展的。该方案已成为国际法律界和环境署规划2010年起十年的环境法相关活动的一项基础战略。环境署的活动包括保护人权和环境，改善全球公域的环境治理，防止跨境环境犯罪，审查军事活动对环境的影响，帮助建立绿色经济，增强和“绿化”水法，以及逐步发展环境法。有许多条约由环境署和各条约秘书处等其他实体管理。

- 《关于特别是作为水禽栖息地的国际重要湿地公约》（1971年）要求缔约国在其管辖范围内明智使用所有湿地（由联合国教科文组织推动）。
- 《联合国海洋法公约》（1982年）对许多海事问题做了规定，包括海岸线和海洋环境的保护和保全、海洋环境污染的防止和控制、生物资源和非生物资源的使用权利，以及对生物资源的管理和养护。
- 《保护臭氧层维也纳公约》（1985年）和《蒙特利尔议定书》（1987年）及其修正案力求减少对能够让地球生命免受有害太阳紫外线辐射的臭氧层的破坏（由环境署管理）。
- 《联合国气候变化框架公约》（1992年）要求缔约国减少导致全球变暖和相关大气问题的温室气体排放。《京都议定书》（1997年）设定具有法律约束力的2008年至2012年的减排目标，加强了国际社会对气候变化问题的回应。
- 《联合国关于在发生严重干旱和/或荒漠化的国家特别是在非洲防治荒漠化的公约》（1994年）寻求促进国际合作，对抗荒漠化，缓解干旱影响。
- 《关于在国际贸易中对某些危险化学品和农药采用事先知情同意程序的鹿特丹公约》（1998年）规定危险化学品或农药出口国有义务告知进口国这些物品的潜在危害。
- 《关于持久性有机污染物的斯德哥尔摩公约》（2001年）旨在减少并消除滴滴涕（DDT）、多氯联苯（PCB）和二噁英等具有高迁移性且在食物链中沉积的特定高毒性农药、工业化学品和副产品的排放。
- 《〈越境环境影响评估公约〉战略环境评估议定书》（《基辅议定书》，2003年）要求各缔约国评估其计划草案和方案的环境后果。
- 《养护波罗的海、东北大西洋、爱尔兰海和北海小鲸类协定》（2008年）旨在促进缔约国开展合作以保护小型鲸类及其栖息地。
- 《关于养护黑海、地中海和毗连大西洋海域鲸目动物的协定》（2010年）寻求减少对鲸目动物的威胁，要求各国禁止蓄意捕捞鲸类并创建保护区。
- 《关于汞的水俣公约》（2013年）旨在保护人类健康和环境免受汞的不良影响，但还未生效。

要了解更多环境法条约，可查看关于生物多样性、化学品、气候变化、荒漠化、环境、臭氧消耗和危险废物的条约。

海 洋 法

《联合国海洋法公约》(www.un.org/depts/los) 是最具综合性的国际法文书之一，包含所有关于海洋的法律制度，确立了管理海洋里所有活动及海洋资源使用的规则，例如：航行和飞越、矿物勘探和开发、生物资源的养护和管理、海洋环境保护和海洋科学研究。《公约》的基础理念是：海洋空间的问题彼此密切相关，需要作为一个整体加以考虑。《公约》既是传统海洋使用规则的汇编，也有针对新问题的管理规则。

国际社会公认《公约》是开展所有海洋活动都必须遵循的法律框架。《公约》的权威之处在于其接受度——截至2016年12月，《公约》有包括欧盟在内的168个缔约方——以及被确认为是习惯国际法的一个来源。

《联合国海洋法公约》的影响

缔约国一贯拥护将《公约》作为处理国际海洋事务的权威法律文书，《公约》通常被称为“海洋宪法”。此外，《公约》也为今后阐述缔约国在海洋方面的权利和义务的文书提供框架和基础。《公约》中的一些原则几乎得到了国际社会的普遍认可，包括：

- 领海宽度不得超过12海里；
- 沿海国在宽度不超过200海里的“专属经济区”内和对200海里以内的大陆架行使主权和管辖权，在特定情况下，大陆架可扩展到200海里以上；
- 各缔约国有保护和保全海洋环境的一般义务。

《公约》还为航行事业创造了稳定局面，确定船舶或飞机通过领海的无害通过权，通过用于国际航行的狭窄海峡时的过境通行权，通过群岛水域时的海道通过权，以及在专属经济区的自由航行权。《公约》有关海洋科学研究以及内陆国和地理不利国权利的规定也得到了公认。

1994年大会通过的《关于执行〈公约〉第十一部分的协定》促成了对《公约》的普遍接受。该协定消除了主要阻碍工业化国家成为《公约》缔约国的有关海床方面的某些障碍。截至2016年12月，该协定的缔约方已达150个。

1995年《跨界鱼类种群和高度洄游鱼类种群的协定》执行了《公约》有关跨界鱼类种

群和高度洄游鱼类种群的规定，并制定了养护和管理这些种群的法律制度。《协定》要求缔约国合作采取措施，确保这些种群长期可持续发展，并优化种群利用效果。此外，《协定》还要求缔约国通力合作，确保为公海和为国家管辖海域制定的有关跨界鱼类种群和高度洄游鱼类种群的措施保持互不抵触。截至2016年12月，该协定的缔约方数量已达84个。

《公约》下设机构

《公约》下设三个机构，分管海洋法的不同方面。在下列三个机构中，前两个机构与联合国签署了关系协定，而第三个机构的秘书处由联合国秘书长提供。

缔约国通过**国际海底管理局**（www.isa.org.jm）组织和控制国际海底区域有关深海底矿物资源的活动。“国际海底区域”是指“国家管辖范围以外的海床和洋底及其底土”。管理局成立于1994年，位于牙买加的金斯顿。管理局通过了多个关于国际海底区域探矿和勘探的规章，包括《“区域”内多金属结核探矿和勘探规章》（2000年，2013年修订）、《“区域”内多金属硫化物探矿和勘探规章》（2010年）和《“区域”内富钴铁锰结壳探矿和勘探规章》（2012年）。首批为期15年的勘探合同于2001年签订。迄今为止，管理局已经与26个承包者签订了为期15年的勘探合同。除了规范深海海底采矿活动，确保采矿活动不对海洋环境产生任何有害影响，管理局还进行一系列海底区域评估，维护国际海底区域资源数据库（多金属结核矿床数据库），并监控有关深海海洋环境的科学知识动态。

国际海洋法法庭（**海洋法法庭**，www.itlos.org）旨在解决关于《公约》解释或适用的争端。海洋法法庭于1996年在德国汉堡成立，由缔约国选举产生的21位法官组成。截至2016年11月，已有25起案件提交至法庭，其中不少是要求立即释放因被指违反《公约》而被扣留的船只和船员。其他案件涉及生物资源的养护（新西兰诉日本案和澳大利亚诉日本案）、海洋环境的保护和维护（爱尔兰诉英国案和马来西亚诉新加坡案），以及海洋边界的划定（孟加拉诉缅甸案和加纳诉科特迪瓦案）。法院还受理了两份寻求咨询意见的请求。

大陆架界限委员会（**界限委员会**，www.un.org/depts/los/clcs_new/clcs_home.htm）旨在推动根据《联合国海洋法公约》划定200海里以外大陆架外部的界限。《公约》第七十六条规定，如果符合特定科学和技术标准，沿海国可将其大陆架外部界限扩展到200海里以外的距离。1997年，委员会第一次会议在联合国总部召开。委员会的21名成员由缔约国选举产生，以个人身份任职。他们分别是地质学、地球物理学、水文学和测地学领域的专家。截至2016年11月，委员会已收到82份划界案，通过了26条建议。

缔约国会议和大会进程

《公约》缔约国年度会议由秘书长召集，旨在解决《公约》相关的行政事务，例如海洋法法庭和界限委员会成员的选举、预算事务和其他一般事务。自2001年《联合国鱼类种群协定》生效以来，秘书长还召集了《协定》缔约国非正式磋商，并分别于2006年、2010年和2016年召开审查会议，以监测《协定》的执行状况。

大会每年都审查海洋事务和海洋法的进展，并成立了一些附属机构协助海洋领域的工作。2000年，大会设立了联合国海洋和海洋法问题不限成员名额非正式协商进程。该协商进程每年召开会议，并就特定问题，尤其是在需要加强政府间和机构间协调和合作的领域，向大会提供建议。2015年，大会决定根据《公约》的规定，就国家管辖范围外的海洋生物多样性养护和可持续利用的问题，制定一份具有法律约束力的国际文书。大会为此设立了筹备委员会。委员会于2016年和2017年举行会议，为这份国际文书草案的内容提出建议。2015年12月，大会发布了第一份全球海洋综合评估。这份题为《第一次世界海洋评估》的综合性报告显示，世界海洋正同时面临严重的压力，荷载能力几近极限，在某些情况下已到达极限。《第一次世界海洋评估》报告是海洋环境状况（包括社会经济方面问题）全球报告和评估经常程序（www.worldoceanassessment.org）第一周期的成果，该程序旨在定期审核全球海洋的环境、经济和社会状况。

国际人道主义法

国际人道主义法致力于在武装冲突情况下维持基本的人道主义原则，载列了一系列在武装冲突情况下适用的原则和规则，约束参与武装冲突方的行为。国际人道主义法为平民、伤患人员和被拘押者提供保护，并且规范所采取的军事行动的方式和方法。1949年的四部《日内瓦公约》和1977年的《附加议定书》是国际人道主义法的主要文书。

联合国在推进国际人道主义法方面发挥了主导作用。安理会已采取行动促进并确保国际人道主义法的各项原则和规则得到尊重，包括成立**前南斯拉夫问题国际法庭**（1993年），成立**卢旺达问题国际刑事法庭**（1994年），以及设立继承两个法庭关闭后的基本职能的**刑事法庭余留事项国际处理机制**（2010年），确保追究严重违反国际人道主义法的行为人的责任。安理会经常呼吁冲突各方保护平民，包括妇女、儿童、记者、医疗人员以及人道主义援助人员，设立更多联合国维持和平行动并部署到发生武装冲突的地区，以保护面临紧迫身体暴力威胁的平民。

大会通过其附属机构，例如国际法委员会和裁军谈判会议，或者通过大会召开联合国会议，促进了一些文书的制定，极大地提高了国际人道主义法的适用范围和运用。这些文书包括《特定常规武器公约》(1980年)及其五项议定书、《儿童权利公约》(1989年)及其两项任择议定书、《化学武器公约》(1992年)、《国际刑事法院罗马规约》(1998年)和《武器贸易条约》(2013年)。作为大会的附属机构，人权理事会设立了一批实况调查团、调查委员会、特别报告员和独立专家，就特定人权问题提交报告，包括可能违反国际人道主义法的行为。

此外，国际法院也通过诉讼和咨询案件，例如关于以核武器进行威胁或使用核武器的合法性(1996年)的咨询案件，为人道主义法的解释和适用做出了重要的贡献。

国际恐怖主义

联合国始终致力于在法律和政治层面上应对恐怖主义。联合国本身也是恐怖主义袭击的目标。从阿富汗到阿尔及利亚，从伊拉克到巴基斯坦，许多联合国工作人员为维护和平与发展和捍卫人权而殉职。2015年，在六名死于恐怖主义袭击的联合国工作人员中，有四人的死亡是由一起发生在索马里的恐怖主义袭击所致。

1963年以来，在联合国、联合国专门机构和原子能机构的大力支持下，为防止恐怖主义行为，国际社会先后出台了12份国际法律文书和五项修订案，包括：

- 《关于在航空器内犯罪和其他某些行为的公约》(1963年)及其议定书(2014年)；
- 《关于制止非法劫持航空器的公约》(1970年)及其补充议定书(2010年)；
- 《关于防止和惩处侵害应受国际保护人员包括外交代表的罪行的公约》(1973年)；
- 《反对劫持人质国际公约》(1979年)；
- 《关于核材料的实物保护公约》(1980年)及其修正案(2005年)；
- 《制止危及海上航行安全非法行为公约》(1988年)及其议定书(2005年)；
- 《制止危及大陆架固定平台安全非法行为议定书》(1988年)及其议定书(2005年)；
- 《关于在可塑炸药中添加识别剂以便侦测的公约》(1991年)；
- 《制止恐怖主义爆炸事件的国际公约》(1997年)；
- 《制止向恐怖主义提供资助的国际公约》(1999年)；
- 《制止核恐怖主义行为国际公约》(2005年)；
- 《制止与国际民用航空有关的非法行为的公约》(2010年)。

安理会召开会议，审议“伊黎伊斯兰国”（“达伊沙”）对国际和平与安全构成的威胁以及联合国为支持会员国对抗这一威胁所做的广泛努力。（2017年2月7日，联合国图片/Rick Bajornas）

1994年，大会通过了《消除国际恐怖主义措施宣言》。1996年，大会通过《补充1994年消除国际恐怖主义措施宣言的宣言》，谴责了一切恐怖主义行为和做法，宣称不论何人所为和在何处发生，恐怖主义都是不可开脱的罪行。大会还敦促所有国家在国家和国际层面采取措施消除恐怖主义。1996年，大会成立了恐怖主义特设委员会，任务是协商起草一项应对恐怖主义的全面公约，以弥补现有反恐条约的不足。

2001年9月11日美国遭到恐怖主义袭击后，安理会设立了**反恐怖主义委员会**（www.un.org/zh/sc/ctc/）。委员会的职责之一是监测安理会第1373（2001）号决议和第1624（2005）号决议的执行情况，确保会员国承担相应的反恐义务，包括：将与恐怖主义相关的活动定为犯罪，包括支助恐怖主义的行为；禁止为恐怖分子提供资助或庇护；与其他国家政府分享关于恐怖主义集团的信息。

在2005年世界首脑会议上，世界领导人谴责一切形式的恐怖主义，要求会员国通过大会按秘书长的建议制定反恐战略。

2016年是《**联合国全球反恐战略**》(www.un.org/counterterrorism/ctitf/zh/un-global-counter-terrorism-strategy)通过十周年，该战略由大会于2006年一致通过并启动。秉承一切形式的恐怖主义都不可接受、不可开脱的基本信念，《联合国全球反恐战略》提出了一系列旨在从国家、区域和国际层面打击各种形式的恐怖主义的措施。大会每两年审查一次《战略》的执行情况。2016年7月，大会进行第五次两年期审查后通过了一项决议，旨在强化全球打击恐怖主义和暴力极端主义的势头。

反恐执行工作队(**反恐工作队**，www.un.org/counterterrorism/ctitf/zh)于2005年设立，旨在增强联合国系统反恐工作的协调与一致性。工作队于2009年12月成为政治事务部的下属机构。工作队的成员不断增加，现包括37个联合国实体和国际刑事警察组织。工作队办公室是工作队的秘书处，通过12个机构间工作组开展工作。工作队办公室于2011年9月成立**联合国反恐怖主义中心**(**反恐中心**)，主要职责是通过共同资助的能力建设项目，支持会员国执行《战略》。

国际刑事法院

国际刑事法院(www.icc-cpi.int)是一个独立常设法院，就国际社会关注的最严重的犯罪，如灭绝种族罪、危害人类罪和战争罪等，审判受到起诉的个人。2017年，根据缔约国的一项决定，国际刑事法院对侵略罪也行使管辖权。国际刑事法院是根据1998年7月17日在罗马举行的全权代表外交会议通过《国际刑事法院罗马规约》(www.un.org/zh/documents/treaty/files/A-CONF-183.shtml)的规定设立的。《罗马规约》于2002年7月1日生效。截至2016年11月，《罗马规约》共有124个缔约国。

国际刑事法院拥有独立的法律地位，职能自主，不属于联合国系统。联合国和国际刑事法院依据2004年的《关系协定》进行合作。安理会可将情势移交至国际刑事法院受理，包括非《罗马规约》缔约国的情势。法院设有18名法官，由缔约国选举产生，任期以九年为限。但是，对于已经开始听讯的任何审判或上诉案件，法官可以留任直到完成。不得有两名法官为同一国的国民。

截至2016年11月，国际刑事法院正在对十项情势实施调查和司法程序：中非共和国(两项情势)、科特迪瓦、达尔富尔(苏丹)、刚果民主共和国、格鲁吉亚、肯尼亚、利比亚、马里和乌干达。国际刑事法院的检察官也正在对多项情势进行初步审查。共有23宗案件正在审理中。2016年，国际刑事法院就马里情势对艾哈迈德·法基·迈赫迪的判决具有里程碑意义，这是一个国际性法庭首次针对破坏文化遗址做出裁决。国际刑事法院就中非共和国情势对让-皮埃尔·本巴·贡博的判决，是第一个涉及指挥责任和首次对性暴力和性别暴力进行判决的案件。

其他法律问题

大会还就有关国际社会和世界各国人民的其他法律问题通过了法律文书，包括《反对招募、使用、资助和训练雇佣军国际公约》（1989年）、《联合国人员和有关人员安全公约》（1994年），以及《联合国国家及其财产管辖豁免公约》（2004年）。

在大会于1974年设立的**联合国宪章和加强联合国作用特别委员会**的建议下，大会通过了许多有关联合国自身工作的国际文书，包括《关于和平解决国际争端的马尼拉宣言》（1982年）、《关于预防和消除可能威胁国际和平与安全的争端和局势以及关于联合国在该领域的作用的宣言》（1988年）、《联合国在维持国际和平与安全方面进行实况调查宣言》（1991年）、《关于增进联合国与区域安排或机构之间在维持国际和平与安全领域的合作的宣言》（1994年）、《联合国调解国家间争端示范规则》（1995年）、大会关于预防及和平解决争端的决议（2002年），以及"采取及执行联合国制裁"的文件（2009年）。

《宪章》第一百零二条规定，"联合国任何会员国所缔结之一切条约及国际协定应尽速在秘书处登记，并由秘书处公布之。"联合国法律事务厅负责通过《联合国条约汇编》登记和公布条约，包括登记条约的文本和相关后续行动。法律事务厅还代为履行秘书长作为超过560个联合国框架下或联合国会议上通过的多边条约保存人的职责。所有相关信息可通过《联合国条约汇编》网站（treaties.un.org/）查询。网站有25万多项条目并且每日更新。

附　录

在马里巴马科，马里稳定团支持保护古手稿。工作人员在手稿的每一页上写下一个数字，这是保存过程的第一步。随后的步骤是，用刷子清洁每一页，将其扫描和数字化，以方便阅读并避免使用造成的损害。（2016年1月12日，联合国图片/Marco Dormino）

附录一

联合国会员国

（会员国总数：193）

会 员 国	加 入 日 期	2016年会费摊比额（%）	会费净额*（美元）
阿富汗	1946年11月19日	0.006	151 338
阿尔巴尼亚	1955年12月14日	0.008	201 783
阿尔及利亚	1962年10月8日	0.161	4 060 886
安道尔	1993年7月28日	0.006	151 338
安哥拉	1976年12月1日	0.010	252 229
安提瓜和巴布达	1981年11月11日	0.002	50 446
阿根廷	1945年10月24日	0.892	22 498 825
亚美尼亚	1992年3月2日	0.006	151 338
澳大利亚	1945年11月1日	2.337	58 945 913
奥地利	1955年12月4日	0.720	18 160 486
阿塞拜疆	1992年3月2日	0.060	1 513 374
巴哈马	1973年9月18日	0.014	353 120
巴林	1971年9月21日	0.044	1 109 807
孟加拉国	1974年9月17日	0.010	252 229
巴巴多斯	1966年12月9日	0.007	176 560
白俄罗斯[1]	1945年10月24日	0.056	1 412 482
比利时	1945年12月27日	0.885	22 322 265
伯利兹	1981年9月25日	0.001	25 223
贝宁	1960年9月20日	0.003	75 669
不丹	1971年9月21日	0.001	25 223
多民族玻利维亚国	1945年11月14日	0.012	302 675
波斯尼亚和黑塞哥维那[2]	1992年5月22日	0.013	327 898

会　员　国	加 入 日 期	2016年会费摊比额(%)	会费净额*(美元)
博茨瓦纳	1966年10月17日	0.014	353 120
巴西	1945年10月24日	3.823	96 427 139
文莱达鲁萨兰国	1984年9月21日	0.029	731 464
保加利亚	1955年12月14日	0.045	1 135 031
布基纳法索	1960年9月20日	0.004	100 891
布隆迪	1962年9月18日	0.001	25 223
佛得角	1975年9月16日	0.001	25 223
柬埔寨	1955年12月14日	0.004	100 891
喀麦隆	1960年9月20日	0.010	252 229
加拿大	1945年11月9日	2.921	73 676 084
中非共和国	1960年9月20日	0.001	25 223
乍得	1960年9月20日	0.005	126 114
智利	1945年10月24日	0.399	10 063 936
中国	1945年10月24日	7.921	199 790 575
哥伦比亚	1945年11月5日	0.322	8 121 773
科摩罗	1975年11月12日	0.001	25 223
刚果(布)	1960年9月20日	0.006	151 338
哥斯达黎加	1945年11月2日	0.047	1 185 476
科特迪瓦	1960年9月20日	0.009	227 006
克罗地亚[2]	1992年5月22日	0.099	2 497 067
古巴	1945年10月24日	0.065	1 639 489
塞浦路斯	1960年9月20日	0.043	1 084 585
捷克共和国[3]	1993年1月19日	0.344	8 676 677
朝鲜民主主义人民共和国	1991年9月17日	0.005	126 114
刚果民主共和国[4]	1960年9月20日	0.008	201 783
丹麦	1945年10月24日	0.584	14 730 173
吉布提	1977年9月20日	0.001	25 223
多米尼克	1978年12月18日	0.001	25 223

会 员 国	加 入 日 期	2016年会费摊比额(%)	会费净额*(美元)
多米尼加共和国	1945年10月24日	0.046	1 160 254
厄瓜多尔	1945年12月21日	0.067	1 689 934
埃及[5]	1945年10月24日	0.152	3 833 881
萨尔瓦多	1945年10月24日	0.014	353 120
赤道几内亚	1968年11月12日	0.010	252 229
厄立特里亚	1993年5月28日	0.001	25 223
爱沙尼亚	1991年9月17日	0.038	958 470
埃塞俄比亚	1945年11月13日	0.010	252 229
斐济	1970年10月13日	0.003	75 669
芬兰	1955年12月14日	0.456	11 501 641
法国	1945年10月24日	4.859	122 558 061
加蓬	1960年9月20日	0.017	428 789
冈比亚	1965年9月21日	0.001	25 223
格鲁吉亚	1992年7月31日	0.008	201 783
德国[6]	1973年9月18日	6.389	161 149 095
加纳	1957年3月8日	0.016	403 567
希腊	1945年10月25日	0.471	11 879 985
格林纳达	1974年9月17日	0.001	25 223
危地马拉	1945年11月21日	0.028	706 241
几内亚	1958年12月12日	0.002	50 446
几内亚比绍	1974年9月17日	0.001	25 223
圭亚那	1966年9月20日	0.002	50 446
海地	1945年10月24日	0.003	75 669
洪都拉斯	1945年12月17日	0.008	201 783
匈牙利	1955年12月14日	0.161	4 060 886
冰岛	1946年11月19日	0.023	580 127
印度	1945年10月30日	0.737	18 589 275
印度尼西亚[7]	1950年9月28日	0.504	12 712 341

会 员 国	加 入 日 期	2016年会费摊比额(%)	会费净额*(美元)
伊朗伊斯兰共和国	1945年10月24日	0.471	11 879 985
伊拉克	1945年12月21日	0.129	3 253 754
爱尔兰	1955年12月14日	0.335	8 449 670
以色列	1949年5月11日	0.430	10 845 846
意大利	1955年12月14日	3.748	94 535 422
牙买加	1962年9月18日	0.009	227 006
日本	1956年12月18日	9.680	244 157 652
约旦	1955年12月14日	0.020	504 458
哈萨克斯坦	1992年3月2日	0.191	4 817 573
肯尼亚	1963年12月16日	0.018	454 013
基里巴斯	1999年9月14日	0.001	25 223
科威特	1963年5月14日	0.285	7 188 526
吉尔吉斯斯坦	1992年3月2日	0.002	50 446
老挝人民民主共和国	1955年12月14日	0.003	75 669
拉脱维亚	1991年9月17日	0.050	1 261 145
黎巴嫩	1945年10月24日	0.046	1 160 254
莱索托	1966年10月17日	0.001	25 223
利比里亚	1945年11月2日	0.001	25 223
利比亚	1955年12月14日	0.125	3 152 863
列支敦士登	1990年9月18日	0.007	176 560
立陶宛	1991年9月17日	0.072	1 816 049
卢森堡	1945年10月24日	0.064	1 614 265
马达加斯加	1960年9月20日	0.003	75 669
马拉维	1964年12月1日	0.002	50 446
马来西亚[8]	1957年9月17日	0.322	8 121 773
马尔代夫	1965年9月21日	0.002	50 446
马里	1960年9月28日	0.003	75 669
马耳他	1964年12月1日	0.016	403 567

会　员　国	加 入 日 期	2016年会费摊比额(%)	会费净额*(美元)
马绍尔群岛	1991年9月17日	0.001	25 223
毛里塔尼亚	1961年10月27日	0.002	50 466
毛里求斯	1968年4月24日	0.012	302 675
墨西哥	1945年11月7日	1.435	36 194 858
密克罗尼西亚联邦	1991年9月17日	0.001	25 223
摩纳哥	1993年5月28日	0.010	252 229
蒙古国	1961年10月27日	0.005	126 114
黑山[2]	2006年6月28日	0.004	100 891
摩洛哥	1956年11月12日	0.054	1 362 036
莫桑比克	1975年9月16日	0.004	100 891
缅甸	1948年4月19日	0.010	252 229
纳米比亚	1990年4月23日	0.010	252 229
瑙鲁	1999年9月14日	0.001	25 223
尼泊尔	1955年12月14日	0.006	151 338
荷兰	1945年12月10日	1.482	37 380 335
新西兰	1945年10月24日	0.268	6 759 736
尼加拉瓜	1945年10月24日	0.004	100 891
尼日尔	1960年9月20日	0.002	50 466
尼日利亚	1960年10月7日	0.209	5 271 586
挪威	1945年11月27日	0.849	21 414 240
阿曼	1971年10月7日	0.113	2 850 188
巴基斯坦	1947年9月30日	0.093	2 345 730
帕劳	1994年12月15日	0.001	25 223
巴拿马	1945年11月13日	0.034	857 578
布巴亚新几内亚	1975年10月10日	0.004	100 891
巴拉圭	1945年10月24日	0.014	353 120
秘鲁	1945年10月31日	0.136	3 430 314
菲律宾	1945年10月24日	0.165	4 161 778

会员国	加入日期	2016年会费摊比额（%）	会费净额*（美元）
波兰	1945年10月24日	0.841	21 212 458
葡萄牙	1955年12月14日	0.392	9 887 376
卡塔尔	1971年9月21日	0.269	6 784 960
大韩民国	1991年9月17日	2.039	51 429 489
摩尔多瓦共和国	1992年3月2日	0.004	100 891
罗马尼亚	1955年12月14日	0.184	4 641 013
俄罗斯联邦[9]	1945年10月24日	3.088	77 888 309
卢旺达	1962年9月18日	0.002	50 446
圣基茨和尼维斯	1983年9月23日	0.001	25 223
圣卢西亚	1979年9月18日	0.001	25 223
圣文森特和格林纳丁斯	1980年9月16日	0.001	25 223
萨摩亚	1976年12月15日	0.001	25 223
圣马力诺	1992年3月2日	0.003	75 669
圣多美和普林西比	1975年9月16日	0.001	25 223
沙特阿拉伯	1945年10月24日	1.146	28 905 441
塞内加尔	1960年9月28日	0.005	126 114
塞尔维亚[2]	2000年11月1日	0.032	807 113
塞舌尔	1976年9月21日	0.001	25 223
塞拉利昂	1961年9月27日	0.001	25 223
新加坡[8]	1965年9月21日	0.447	11 274 636
斯洛伐克[3]	1993年1月19日	0.160	4 035 664
斯洛文尼亚[2]	1992年5月22日	0.084	2 118 723
所罗门群岛	1978年9月19日	0.001	25 223
索马里	1960年9月20日	0.001	25 223
南非	1945年11月7日	0.364	9 181 135
南苏丹[10]	2011年7月14日	0.003	75 669
西班牙	1955年12月14日	2.443	61 619 540
斯里兰卡	1955年12月14日	0.031	781 909

会 员 国	加 入 日 期	2016年会费摊比额（%）	会费净额*（美元）
苏丹	1956年11月12日	0.010	252 229
苏里南	1975年12月4日	0.006	151 338
斯威士兰	1968年9月24日	0.002	50 446
瑞典	1946年11月19日	0.956	24 113 090
瑞士	2002年9月10日	1.140	28 754 104
阿拉伯叙利亚共和国[5]	1945年10月24日	0.024	605 349
塔吉克斯坦	1992年3月2日	0.004	100 891
泰国	1946年12月16日	0.291	7 339 863
前南斯拉夫的马其顿共和国[2]	1993年4月8日	0.007	176 560
东帝汶	2002年9月27日	0.003	75 669
多哥	1960年9月20日	0.001	25 223
汤加	1999年9月14日	0.001	25 223
特立尼达和多巴哥	1962年9月18日	0.034	857 578
突尼斯	1956年11月12日	0.028	706 241
土耳其	1945年10月24日	1.018	25 676 910
土库曼斯坦	1992年3月2日	0.026	655 795
图瓦卢	2000年9月5日	0.001	25 223
乌干达	1962年10月25日	0.009	227 006
乌克兰	1945年10月24日	0.103	2 597 959
阿拉伯联合酋长国	1971年12月9日	0.604	15 234 631
大不列颠和北爱尔兰联合王国	1945年10月24日	4.463	112 569 794
坦桑尼亚联合共和国[11]	1961年12月14日	0.010	252 229
美利坚合众国	1945年10月24日	22.000	610 836 578
乌拉圭	1945年12月18日	0.079	1 992 609
乌兹别克斯坦	1992年3月2日	0.023	580 127
瓦努阿图	1981年9月15日	0.001	25 223
委内瑞拉玻利瓦尔共和国	1945年11月15日	0.571	14 402 275

会　员　国	加 入 日 期	2016年会费摊比额(%)	会费净额*(美元)
越南	1977年9月20日	0.058	1 462 928
也门[12]	1947年9月30日	0.010	252 229
赞比亚	1964年12月1日	0.007	176 560
津巴布韦	1980年8月25日	0.004	100 891

非会员国

下列国家不是联合国的会员国，但受邀以观察员身份参加大会会议和工作，并在总部设有常驻观察员代表团：

- 罗马教廷
- 巴勒斯坦

教廷为联合国的经费做出贡献，分摊0.001%的联合国会费。

* 会费净额等于会费毛额减去该国工作人员薪金税总额。工作人员薪金税从联合国所有员工的薪金总额中扣除，存放至衡平征税基金，用来解决员工税收相关问题。

注

1 1991年9月19日，白俄罗斯苏维埃社会主义共和国通知联合国，该国已改名为白俄罗斯。

2 原南斯拉夫社会主义联邦共和国是联合国的创始会员国——于1945年6月26日签署《宪章》，并于同年10月19日批准了《宪章》，直至该国下列国家成立并随后加入为新会员国后解体：波斯尼亚和黑塞哥维那、克罗地亚共和国、斯洛文尼亚共和国、前南斯拉夫的马其顿共和国、南斯拉夫联盟共和国。波斯尼亚和黑塞哥维那共和国、克罗地亚共和国和斯洛文尼亚共和国于1992年5月22日被接纳为联合国会员国。1993年4月8日，大会决定接纳“在该国国名所引起的争论得到解决之前，为联合国内部的一切目的”被暂称为“前南斯拉夫的马其顿共和国”的国家为联合国会员国。南斯拉夫联盟共和国于2000年11月1日被接纳为联合国会员国。2003年2月12日，该国通知联合国，它已于2003年2月4日改名为塞尔维亚和黑山。2006年6月3日，塞尔维亚共和国总统致信联合国秘书长称，黑山共和国于2006年6月3日宣布独立，塞尔维亚共和国承续塞尔维亚和黑山在联合国的成员资格。黑山共和国于2006年6月28日被接纳为联合国会员国。

3 作为联合国在1945年10月24日成立时的创始会员国，捷克斯洛伐克在1990年4月20日改国名为捷克和斯洛伐克联邦共和国。1993年1月1日，捷克和斯洛伐克联邦共和国正式解体为捷克共和国和斯洛伐克共和国。两国于1993年1月19日加入联合国。

4 扎伊尔共和国通知联合国，从1997年5月17日起，正式改国名为刚果民主共和国。

5 埃及和叙利亚均为联合国在1945年10月24日成立时的创始会员国。1958年2月21日公民投票后，埃及和叙利亚合组成阿拉伯联合共和国，成为一个会员国。1961年10月13日，叙利亚恢复独立国家地位，同时恢复其独立作为联合国成员的资格；1971年9月14日，叙利亚改国名为阿拉伯叙利亚共和国。1971年9月2日，阿拉伯联合共和国改国名为阿拉伯埃及共和国。

6 德意志联邦共和国和德意志民主共和国于1973年9月18日被接纳为联合国会员国。1990年10月3日，民主德国正式加入联邦德国，两德统一为一个主权国家。此后，德意志联邦共和国在联合国以德国的称号行动。

7 1965年1月20日，印度尼西亚在一封信函中宣布其“在现阶段和当前情况下”退出联合国的决定。1966年9月19日，该国通过一份电报宣布，决定“恢复同联合国的全面合作，并恢复参加其活动”。1966年9月28日，联大表示注意到这一决定，并由联大主席邀请印度尼西亚代表返回其在大会的席位。

8 马来亚联合邦于1957年9月17日加入联合国。在沙巴（北婆罗洲）、沙捞越和新加坡加入马来亚联合邦之后，该国于1963年9月16日更名为马来西亚。1965年8月9日，新加坡成为独立国家，并于1965年9月21日成为联合国会员国。

9 苏维埃社会主义共和国联盟是联合国于1945年10月24日成立时的创始会员国。1991年12月24日，俄罗斯联邦总统通知联合国秘书长，俄罗斯联邦在独立国家联合体11个成员国的支持下，承续苏联在安全理事会和联合国所有其他机构的会员资格。

10 南苏丹共和国于2011年7月9日正式脱离苏丹，这是2011年1月在国际监督下的公投的结果。2011年7月14日，南苏丹共和国被接纳为联合国新会员国。

11 坦噶尼喀和桑给巴尔分别于1961年12月14日和1963年12月16日成为联合国会员国。在坦噶尼喀和桑给巴尔签订的《联合条约》于1964年4月26日得到批准后，坦噶尼喀和桑给巴尔共和国于1964年11月1日更名为坦桑尼亚联合共和国，并作为一个单一的会员国继续其成员身份。

12 也门和民主也门分别于1947年9月30日和1967年12月14日被接纳为联合国会员国。1990年5月22日，两国合并，成为一个会员国，名为“也门”。

附录二

维持和平行动：过去与现在

停战监督组织*	联合国停战监督组织（耶路撒冷）	1948年5月至今
印巴观察组*	联合国驻印度和巴基斯坦军事观察组	1949年1月至今
紧急部队一	联合国第一期紧急部队（加沙）	1956年11月—1967年6月
联黎观察组	联合国黎巴嫩观察组	1958年6月—12月
联刚行动	联合国刚果行动	1960年7月—1964年6月
安全部队	联合国驻西新几内亚（西伊里安）安全部队	1962年10月—1963年4月
联也观察团	联合国也门观察团	1963年7月—1964年9月
联塞部队*	联合国驻塞浦路斯维持和平部队	1964年3月至今
驻多代表	秘书长特别代表驻多米尼加共和国特派团	1965年5月—1966年10月
印巴观察团	联合国印度/巴基斯坦观察团	1965年9月—1966年3月
紧急部队二	联合国第二期紧急部队（苏伊士运河和后来的西奈半岛）	1973年10月—1979年7月
观察员部队*	联合国脱离接触观察员部队（叙利亚戈兰高地）	1974年5月至今
联黎部队*	联合国驻黎巴嫩临时部队	1978年3月至今
阿巴斡旋团	联合国阿富汗/巴基斯坦斡旋特派团	1988年5月—1990年3月
两伊观察团	联合国伊朗/伊拉克军事观察团	1988年8月—1991年2月
第一期联安核查团	第一期联合国安哥拉核查团	1988年12月—1991年6月
过渡时期援助团	联合国过渡时期援助团（纳米比亚和安哥拉）	1989年4月—1990年3月
中美洲观察团	联合国中美洲观察团	1989年11月—1992年1月
西撒特派团*	联合国西撒哈拉全民投票特派团	1991年4月至今
伊科观察团	联合国伊拉克-科威特观察团	1991年4月—2003年10月
第二期联安核查团	第二期联合国安哥拉核查团	1991年5月—1995年2月
联萨观察团	联合国萨尔瓦多观察团	1991年7月—1995年4月
联柬先遣团	联合国驻柬埔寨先遣团	1991年10月—1992年3月

联保部队	联合国保护部队(前南斯拉夫)	1992年2月—1995年3月
过渡时期联合国权力机构	柬埔寨过渡时期联合国权力机构	1992年2月—1993年9月
第一期联索行动	第一期联合国索马里行动	1992年4月—1993年3月
联莫行动	联合国莫桑比克行动	1992年12月—1994年12月
第二期联索行动	第二期联合国索马里行动	1993年3月—1995年3月
乌卢观察团	联合国乌干达-卢旺达观察团	1993年6月—1994年9月
联格观察团	联合国格鲁吉亚观察团	1993年8月—2009年6月
联利观察团	联合国利比里亚观察团	1993年9月—1997年9月
联海特派团	联合国海地特派团	1993年9月—1996年6月
联卢援助团	联合国卢旺达援助团	1993年10月—1996年3月
联奥观察组	联合国奥祖地带观察组(乍得/利比亚)	1994年5月—6月
联塔观察团	联合国塔吉克斯坦观察团	1994年12月—2000年5月
第三期联安核查团	第三期联合国安哥拉核查团	1995年2月—1997年6月
联恢行动	联合国克罗地亚恢复信任行动	1995年3月—1996年1月
联预部队	联合国预防性部署部队(前南斯拉夫的马其顿共和国)	1995年3月—1999年2月
波黑特派团	联合国波斯尼亚和黑塞哥维那特派团	1995年12月—2002年12月
东斯过渡当局	联合国东斯拉沃尼亚、巴拉尼亚和西锡尔米乌姆(克罗地亚)过渡行政当局	1996年1月—1998年1月
联普观察团	联合国普雷维拉卡观察团	1996年2月—2002年12月
联海支助团	联合国海地支助团	1996年7月—1997年7月
联危核查团	联合国危地马拉核查团	1997年1月—5月
联安观察团	联合国安哥拉观察团	1997年6月—1999年2月
联海过渡团	联合国海地过渡时期特派团	1997年8月—11月
联海民警团	联合国海地民警特派团	1997年12月—2000年3月
警察支助组	联合国支助小组(克罗地亚)	1998年1月—10月
中非特派团	联合国中非共和国特派团	1998年4月—2000年2月
联塞观察团	联合国塞拉利昂观察团	1998年7月—1999年10月
科索沃特派团*	联合国科索沃临时行政当局特派团	1999年6月至今

联塞特派团	联合国塞拉利昂特派团	1999年10月—2005年12月
东帝汶过渡当局	联合国东帝汶过渡行政当局	1999年10月—2002年5月
联刚特派团	联合国刚果民主共和国特派团	1999年12月—2010年6月
埃厄特派团	联合国埃塞俄比亚和厄立特里亚特派团	2000年7月—2008年7月
东帝汶支助团	联合国东帝汶支助团	2002年5月—2005年5月
联科特派团	联合国科特迪瓦特派团	2003年5月—2004年4月
联利特派团	联合国利比里亚特派团	2003年9月—2018年3月
联科行动	联合国科特迪瓦行动	2004年4月—2017年6月
联海稳定团**	联合国海地稳定特派团	2004年6月—2017年10月
联苏特派团	联合国苏丹特派团	2005年3月—2011年7月
联布行动	联合国布隆迪行动	2004年5月—2006年12月
东帝汶综合团	联合国东帝汶综合特派团	2006年8月—2012年12月
联布综合办	联合国布隆迪综合办事处	2007年1月—2010年12月
达尔富尔混合行动*	非洲联盟-联合国达尔富尔混合行动	2007年7月至今
中乍特派团	联合国中非共和国和乍得特派团	2007年9月—2010年12月
联刚稳定团*	联合国组织刚果民主共和国稳定特派团	2010年7月至今
联阿安全部队*	联合国阿卜耶伊临时安全部队	2011年6月至今
南苏丹特派团*	联合国南苏丹共和国特派团	2011年7月至今
联叙监督团	联合国叙利亚监督团	2012年4月—2012年8月
马里稳定团*	联合国马里多层面综合稳定特派团	2013年4月至今
中非稳定团*	联合国中非共和国多层面综合稳定团	2014年4月至今

* 当前行动。

** 联海司法支助团始于2017年10月。

如需联合国维持和平行动的最新列表，请访问网址：www.un.org/zh/peacekeeping。

附录三

非殖民化

1960年12月14日《给予殖民地国家和人民独立宣言》通过后获得独立的托管领土和非自治领土

区域/国家	加入联合国时间	区域/国家	加入联合国时间
非洲		塞拉利昂	1961年9月27日
阿尔及利亚	1962年10月8日	斯威士兰	1968年9月24日
安哥拉	1976年12月1日	乌干达	1962年10月25日
博茨瓦纳	1966年10月17日	坦桑尼亚联合共和国[1]	1961年12月14日
布隆迪	1962年9月18日	赞比亚	1964年12月1日
佛得角	1975年9月16日	津巴布韦	1980年4月18日
科摩罗	1975年11月12日	**亚洲**	
吉布提	1977年9月20日	文莱达鲁萨兰国	1984年9月21日
赤道几内亚	1968年11月12日	民主也门	1967年12月14日
冈比亚	1965年9月21日	阿曼	1971年10月7日
几内亚比绍	1974年9月17日	新加坡	1965年9月21日
肯尼亚	1963年12月16日	**加勒比**	
莱索托	1966年10月17日	安提瓜和巴布达	1981年11月11日
马拉维	1964年12月1日	巴哈马群岛	1973年9月18日
毛里求斯	1968年4月24日	巴巴多斯	1966年12月9日
莫桑比克	1975年9月16日	伯利兹	1981年9月25日
纳米比亚	1990年4月23日	多米尼克	1978年12月18日
卢旺达	1962年9月18日	格林纳达	1974年12月17日
圣多美和普林西比	1975年9月26日	圭亚那	1966年9月20日
塞舌尔	1976年9月21日	牙买加	1962年9月18日

区域/国家	加入联合国时间	区域/国家	加入联合国时间
圣基茨和尼维斯	1983年9月23日	基里巴斯	1999年9月14日
圣卢西亚	1979年9月18日	马绍尔群岛	1991年9月17日
圣文森特和格林纳丁斯	1980年9月16日	瑙鲁	1999年9月14日
苏里南[2]	1975年12月4日	帕劳	1994年12月15日
特立尼达和多巴哥	1962年9月18日	巴布亚新几内亚	1975年10月10日
欧洲		萨摩亚	1976年12月15日
马耳他	1964年12月1日	所罗门群岛	1978年9月19日
太平洋		东帝汶	2002年9月27日
密克罗尼西亚联邦	1991年9月17日	图瓦卢	2000年9月5日
斐济	1970年10月13日		

1　前坦噶尼喀托管领土（1961年12月独立）和前桑给巴尔保护领地（1963年12月独立）于1964年4月合并，组成一个独立国家。

2　根据联合国大会第945（X）号决议，因荷兰、苏里南和荷属安的列斯群岛之间宪法地位的变更，大会接受停止递送有关苏里南的情报。

1960年12月14日《给予殖民地国家和人民独立宣言》通过后并入独立国家或与独立国家联合的附属领土

领土	
喀麦隆（由英国管理）	1961年6月1日北喀麦隆托管领土加入尼日利亚联邦，1961年10月1日南喀麦隆托管领土加入喀麦隆共和国。
库克群岛	自1965年8月起与新西兰自由联合，实现完全自治。
伊夫尼	1969年6月回归摩洛哥。
纽埃	自1974年8月起与新西兰自由结合，实现完全自治。
北婆罗洲	北婆罗洲和沙捞越于1963年加入马来亚联邦，组成马来西亚联邦。
圣约翰堡	1961年8月和达荷美（现贝宁）合并。
沙捞越	沙捞越和北婆罗洲于1963年加入马来亚联邦，组成马来西亚联邦。
西新几内亚（西伊里安）	1963年与印度尼西亚合并。
科科斯（基林）群岛	1984年并入澳大利亚。

自决权已得到落实的托管领土

领土	
多哥兰(由英国管理)	1957年与英国管理的非自治领土黄金海岸(殖民地和保护领地)合并,成立加纳。
索马里兰(由意大利管理)	1960年与英属索马里兰保护领地合并,成立索马里。
多哥兰(由法国管理)	1960年作为多哥独立。
喀麦隆(由法国管理)	1960年作为喀麦隆独立。
坦噶尼喀(由英国管理)	1961年独立(1964年,坦噶尼喀和1963年独立的前桑给巴尔保护领地合并,成立坦桑尼亚联合共和国)。
卢安达-乌隆迪(由比利时管理)	1962年经投票成立两个主权国家:卢旺达和布隆迪。
西萨摩亚(由新西兰管理)	1962年作为萨摩亚独立。
瑙鲁(由澳大利亚政府代表澳大利亚、新西兰和英国管理)	1968年独立。
新几内亚(由澳大利亚管理)	1975年与同为澳大利亚管理的巴布亚非自治领土合并为独立的巴布亚新几内亚。

太平洋群岛托管领土

领土	
密克罗尼西亚联邦	1990年与美国自由联合,实现完全自治。
马绍尔群岛共和国	1990年与美国自由联合,实现完全自治。
北马里亚纳群岛联邦	1990年作为美国的一个联邦实现完全自治。
帕劳	1994年与美国自由联合,实现完全自治。

附录四

联合国纪念活动

国际十年

2016—2025	联合国营养问题行动十年
2015—2024	非洲人后裔国际十年
2014—2024	联合国人人享有可持续能源十年
2011—2020	第三个铲除殖民主义国际十年
	联合国生物多样性十年
	道路安全行动十年
2010—2020	联合国荒漠及防治荒漠化十年
2008—2017	联合国第二个消除贫穷十年
2006—2016	受影响地区复原和可持续发展十年(切尔诺贝利灾难后的第三个十年)

国际年

2017	可持续旅游业促进发展国际年
2016	国际豆类年
2015	光和光基技术国际年
	国际土壤年(粮农组织)
2014	声援巴勒斯坦人民国际年

国际周

每年2月的第一个星期	世界不同信仰间和谐周
3月21—27日	声援反抗种族主义与种族歧视人民团结周

4月19—23日	全球土壤周
4月24—30日	世界免疫周（世卫组织）
5月25—31日	声援非自治领土人民团结周
8月1—7日	世界母乳喂养周（世卫组织）
10月4—10日	世界空间周
10月24—30日	裁军周
每年11月11日所在周	国际科学与和平周

国际日

1月27日	缅怀大屠杀受难者国际纪念日
2月4日	世界癌症日（世卫组织）
2月6日	切割女性生殖器零容忍国际日（世卫组织）
2月11日	妇女和女童参与科学国际日
2月13日	世界无线电日（教科文组织）
2月20日	世界社会公正日
2月21日	国际母语日（教科文组织）
3月1日	艾滋病零歧视日（艾滋病署）
3月3日	世界野生动植物日
3月8日	国际妇女节
3月20日	国际幸福日
	联合国法文日
3月21日	消除种族歧视国际日
	世界诗歌日
	国际诺鲁孜节
	世界唐氏综合征日
	国际森林日
3月22日	世界水日

3月23日	世界气象日（气象组织）
3月24日	了解严重侵犯人权行为真相权利和维护受害者尊严国际日
	世界防治结核病日（世卫组织）
3月25日	奴隶制和跨大西洋贩卖奴隶行为受害者国际纪念日
	声援被拘留或失踪工作人员国际日
4月2日	世界提高自闭症意识日
4月4日	国际提高地雷意识和协助地雷行动日
4月6日	体育促进发展与和平国际日
4月7日	世界卫生日（世卫组织）
	卢旺达境内灭绝种族罪行国际反思日
4月12日	载人空间飞行国际日
4月20日	联合国中文日
4月22日	国际地球母亲日
4月23日	世界图书和版权日（教科文组织）
	联合国英文日
	联合国西班牙文日
4月25日	世界防治疟疾日（世卫组织）
4月26日	国际切尔诺贝利灾难纪念日
	世界知识产权日（知识产权组织）
4月28日	世界工作安全与健康日（劳工组织）
4月29日	化学战受害者纪念日
4月30日	国际爵士乐日（教科文组织）
5月3日	世界金枪鱼日
	世界新闻自由日
5月8—9日	缅怀第二次世界大战的所有死难者的悼念与和解的时刻
5月10日	世界候鸟日（环境署）
	卫赛节（5月月圆之日）
5月15日	国际家庭日

5月17日	世界电信和信息社会日（国际电联）
5月21日	世界文化多样性促进对话和发展日
5月22日	生物多样性国际日
5月23日	根除产科瘘国际日
5月29日	联合国维持和平人员国际日
5月31日	世界无烟日（世卫组织）
6月1日	全球父母节
6月4日	受侵略戕害的无辜儿童国际日
6月5日	世界环境日（环境署）
6月6日	联合国俄文日
6月8日	世界海洋日
6月12日	世界无童工日（劳工组织）
6月13日	国际白化病宣传日
6月14日	世界献血者日（世卫组织）
6月15日	认识虐待老年人问题世界日
6月16日	国际家庭汇款日
6月17日	防治荒漠化和干旱世界日
6月19日	消除冲突中性暴力行为国际日
6月20日	世界难民日
6月21日	国际瑜伽日
6月23日	国际丧偶妇女日
	联合国公务员日
6月25日	海员日（海事组织）
6月26日	禁止药物滥用和非法贩运国际日
	支援酷刑受害者国际日
6月30日	国际小行星日

7月第一个周六	世界合作社日
7月11日	世界人口日
7月15日	世界青年技能日
7月18日	纳尔逊·曼德拉国际日
7月28日	世界肝炎日(世卫组织)
7月30日	国际友谊日
	世界打击贩运人口行为日
8月9日	世界土著人民国际日
8月12日	国际青年日
8月19日	世界人道主义日
8月23日	废除奴隶贸易国际纪念日(教科文组织)
8月29日	禁止核试验国际日
8月30日	强迫失踪受害者国际日
9月5日	国际慈善日
9月8日	国际扫盲日(教科文组织)
9月12日	联合国南南合作日
9月15日	国际民主日
9月16日	臭氧层保护国际日
9月21日	国际和平日
9月26日	彻底消除核武器国际日
9月27日	世界旅游日(世旅组织)
9月28日	世界狂犬病日(世卫组织)
9月的最后一个周四	世界海事日(海事组织)
10月1日	国际老年人日
10月2日	国际非暴力日
10月的第一个周一	世界人居日

10月5日	世界教师日（教科文组织）
10月9日	世界邮政日（万国邮联）
10月10日	世界精神卫生日（世卫组织）
10月11日	国际女童日
10月13日	国际减轻自然灾害日
10月15日	国际农村妇女日
10月16日	世界粮食日（粮农组织）
10月17日	消除贫穷国际日
10月20日（自2010年起，每5年举办一次）	世界统计日
10月24日	联合国日
	世界发展宣传日
10月27日	世界音像遗产日（教科文组织）
10月31日	世界城市日
11月2日	终止针对记者犯罪不受惩罚现象国际日
11月5日	世界海啸意识日
11月6日	防止战争和武装冲突糟蹋环境国际日
11月10日	争取和平与发展世界科学日（教科文组织）
11月14日	世界糖尿病日（世卫组织）
11月16日	国际宽容日
11月的第三个周四	世界哲学日（教科文组织）
11月的第三个周日	世界道路交通事故受害者纪念日（世卫组织）
11月19日	世界厕所日
11月20日	非洲工业化日
	世界儿童日
11月21日	世界电视日

11月25日	消除对妇女的暴力行为国际日
11月29日	声援巴勒斯坦人民国际日
12月1日	世界艾滋病日
12月2日	废除奴隶制国际日
12月3日	世界残疾人日
12月5日	世界土壤日 国际促进经济和社会发展志愿人员日
12月7日	国际民航日（国际民航组织）
12月9日	国际反腐败日 缅怀灭绝种族罪受害者、受害者尊严和防止此种罪行国际日
12月10日	人权日
12月11日	国际山岳日
12月18日	国际移民日 联合国阿拉伯文日
12月20日	国际人类团结日

如需联合国纪念日的最新列表，请访问网址：www.un.org/zh/events/observances/index.shtml。

附录五

联合国信息中心、新闻处和办事处

非洲

阿克拉

Gamal Abdel Nasser/Liberia Roads
（P.O. Box GP 2339）
Accra, Ghana
电话：（233）30 2 665 511
传真：（233）30 2 701 0943
电子邮箱：unic.accra@unic.org
网址：http://accra.unic.org
服务对象：加纳、塞拉利昂

阿尔及尔

41 Rue Mohamed Khoudi, El Biar
El Biar, 16030 El Biar, Alger
（Boîte Postale 444, Hydra-Alger 16035）
Algiers, Algeria
电话：（213 21）92 54 42
传真：（213 21）92 54 42
电子邮箱：unic.algiers@unic.org
网址：http://algiers.unic.org
服务对象：阿尔及利亚

塔那那利佛

159, Rue Damantsoa, Ankorahotra
（Boîte Postale, 1348）
Antananarivo, Madagascar
电话：（261 20）22 330 50
传真：（261 20）22 367 94
电子邮箱：unic.antananarivo@unic.org
网址：http://antananarivo.unic.org
服务对象：马达加斯加

阿斯马拉

Hiday Street, Airport Road
（P.O. Box 5366）
Asmara, Eritrea
电话：（291 1）15 11 66, Ext. 311
传真：（291 1）15 10 81
电子邮箱：dpi.er@undp.org
网址：http://asmara.unic.org
服务对象：厄立特里亚

布拉柴维尔

Avenue Foch, Case Ortf 15
（Boîte Postale 13210）
Brazzaville, Congo
电话：（242）06 661 20 68
电子邮箱：unic.brazzaville@unic.org
网址：http://brazzaville.unic.org
服务对象：刚果（布）

布琼布拉

13 Avenue de la Révolution
（Boîte Postale 2160）
Bujumbura, Burundi

电话：(257) 22 50 18
传真：(257) 24 17 98
电子邮箱：unic.bujumbura@unic.org
网址：http://bujumbura.unic.org
服务对象：布隆迪

开罗

1 Osiris Street, Garden City
(P.O. Box 262)
Cairo, Egypt
电话：(202) 279 598 16
传真：(202) 279 537 05
电子邮箱：info@unic-eg.org
网址：www.unic-eg.org/eng/
服务对象：埃及、沙特阿拉伯

达喀尔

Parcelle N° 20
Route du King Fahd
(ex. Meridien President)
en face Hotel le LITTORAL
(Boîte Postale 154)
Dakar, Senegal
电话：(221) 33 869 99 11
传真：(221) 33 820 30 46
电子邮箱：unic.dakar@unic.org
网址：http://dakar.unic.org
服务对象：佛得角、科特迪瓦、冈比亚、几内亚比绍、毛里塔尼亚、塞内加尔

达累斯萨拉姆

182 Mzinga Way, Oysterbay
(P.O. Box 9224)
Dar es Salaam, United Republic of Tanzania
电子邮箱：unic.daressalaam@unic.org
网址：http://daressalaam.unic.org
服务对象：坦桑尼亚联合共和国

哈拉雷

Sanders House (2nd floor), cnr. First Street
Jason Moyo Avenue
(P.O. Box 4408)
Harare, Zimbabwe
电话：(263 4) 777 060
传真：(263 4) 750 476
电子邮箱：unic.harare@unic.org
网址：http://harare.unic.org
服务对象：津巴布韦

喀土穆

United Nations Compound House #7, Blk 5
Gamma'a Avenue
(P.O. Box 1992)
Khartoum, Sudan
电话：(249 183) 783 755
传真：(249 183) 773 772
电子邮箱：unic.sd@undp.org
网址：http://khartoum.unic.org
服务对象：索马里、苏丹

拉各斯

17 Alfred Rewane Road
(formerly Kingsway Road), Ikoyi
(P.O. Box 1068), Lagos, Nigeria
电话：(234 1) 775 5989
传真：(234 1) 463 0916
电子邮箱：lagos@unic.org
网址：http://lagos.unic.org

服务对象：尼日利亚

洛美

468, Angle rue Atime
Avenue de la Libération
（Boîte Postale 911）
Lomé, Togo
电话：（228）22 21 23 06
传真：（228）22 21 11 65
电子邮箱：unic.lome@unic.org
网址：http://lome.unic.org
服务对象：贝宁、多哥

卢萨卡

Zambia Revenue Authority
Revenue House（Ground floor）
Kalambo Road
（P.O. Box 32905, Lusaka 10101）
Lusaka, Zambia
电话：（260 211）228 487
传真：（260 211）222 958
电子邮箱：unic.lusaka@unic.org
网址：http://lusaka.unic.org
服务对象：马拉维、斯威士兰、赞比亚

内罗毕

联合国办事处
United Nations Office, Gigiri
（P.O. Box 67578–00200）
Nairobi, Kenya
电话：（254 20）762 25421
传真：（254 20）762 24349
电子邮箱：nairobi.unic@unon.org
网址：http://unicnairobi.org
服务对象：肯尼亚、塞舌尔、乌干达

瓦加杜古

14 Avenue de la Grande Chancellerie Secteur No. 4
（Bîite Postale 135, Ouagadougou 01）
Ouagadougou, Burkina Faso
电话：（226）5030 6076
传真：（226）5031 1322
电子邮箱：unic.ouagadougou@unic.org
网址：http://ouagadougou.unic.org
服务对象：布基纳法索、乍得、马里、尼日尔

比勒陀利亚

Metropark Building
351 Francis Baard Street
（P.O. Box 12677, Tramshed）
Pretoria, South Africa 0126
电话：（27 12）3548 506
传真：（27 12）3548 501
电子邮箱：unic.pretoria@unic.org
网址：http://pretoria.unic.org
服务对象：南非

拉巴特

13 Avenue Ahmed Balafrej
（Boîte Postale 601），Casier ONU
Rabat-Chellah
Rabat, Morocco
电话：（212 537）75 03 93
传真：（212 537）75 03 82
电子邮箱：cinu.rabat@unic.org
网址：www.unicmor.ma
服务对象：摩洛哥

突尼斯

41 Bis, Av. Louis Braille,
Cité El Khadra
(Boîte Postale 863)
1003 Tunis, Tunisia
电话：(216 36) 405235
传真：(216 36) 405236
电子邮箱：unic.tunis@unic.org
网址：www.unictunis.org.tn
服务对象：突尼斯

温得和克

UN House, 38–44 Stein Street, Klein
(Private Bag 13351)
Windhoek, Namibia
电话：(264 61) 204 6111
传真：(264 61) 204 6521
电子邮箱：unic.windhoek@unic.org
网址：tunis.sites.unicnetwork.org
服务对象：纳米比亚

雅温得

Immeuble Tchinda
Rue 2044
Derrière camp SIC TSINGA
(Boîte Postale 836)
Yaoundé, Cameroon
电话：(237) 2 221 23 67
传真：(237) 2 221 23 68
电子邮箱：unic.yaounde@unic.org
网址：http://yaounde.unic.org
服务对象：喀麦隆、中非共和国、加蓬

美洲

亚松森

Avda. Mariscal López esq. Guillermo Saraví
Edificio Naciones Unidas
(Casilla de Correo 1107)
Asunción, Paraguay
电话：(595 21) 614 443
电子邮箱：unic.asuncion@unic.org
网址：http://asuncion.unic.org
服务对象：巴拉圭

波哥大

Calle 100, No. 8A–55 Piso 10
Edificio World Trade Center-Torre “C”
(Apartado, Aéro 058964)
Bogotá 2, Colombia
电话：(57 1) 257 6044
传真：(57 1) 257 6244
电子邮箱：unic.bogota@unic.org
网址：www.nacionesunidas.org.co
服务对象：哥伦比亚、厄瓜多尔、委内瑞拉

布宜诺斯艾利斯

Junín 1940, 1er Piso
1113 Buenos Aires, Argentina
电话：(54 11) 4803 7671
传真：(54 11) 4804 7545
电子邮箱：unic.buenosaires@unic.org
网址：www.onu.org.ar
服务对象：阿根廷、乌拉圭

拉巴斯

Calle 14, esq. S. Bustamante

Edificio Metrobol II, Calacoto
（Apartado Postal 9072）
La Paz, Bolivia
电话：（591 2）262 4512
传真：（591 2）279 5820
电子邮箱：unic.lapaz@unic.org
网址：www.nu.org.bo
服务对象：玻利维亚

利马

Av. Perez Aranibar 750
Magdalena
（P.O. Box 14-0199）
Lima 17, Peru
电话：（511）625 9140
传真：（511）625 9100
电子邮箱：unic.lima@unic.org
网址：www.uniclima.org.pe
服务对象：秘鲁

墨西哥城

Montes Urales 440, 3rd floor
Colonia Lomas de Chapultepec
Mexico City, D.F. 11000, Mexico
电话：（52 55）4000 9717
传真：（52 55）5203 8638
电子邮箱：infounic@un.org.mx
网址：www.cinu.mx
服务对象：古巴、多米尼加共和国、墨西哥

巴拿马城

UN House Bldg 128, 1st floor
Ciudad del Saber, Clayton
（P.O.Box 0819-01082）
Panama City, Panama
电话：（507）301 0035/0036
传真：（507）301 0037
电子邮箱：unic.panama@unic.org
网址：www.cinup.org
服务对象：巴拿马

西班牙港

2nd floor, Bretton Hall
16 Victoria Avenue
（P.O. Box 130）
Port of Spain, Trinidad and Tobago, W.I.
电话：（868）623 4813
传真：（868）623 4332
电子邮箱：unic.portofspain@unic.org
网址：http://portofspain.unicnetwork.org
服务对象：安提瓜和巴布达、阿鲁巴、巴哈马、巴巴多斯、伯利兹、多米尼克、格林纳达、圭亚那、牙买加、荷属安的列斯群岛、圣基茨和尼维斯、圣卢西亚、圣文森特和格林纳丁斯、苏里南、特立尼达和多巴哥

里约热内卢

Palácio Itamaraty
Av. Marechal Floriano 196
20080-002 Rio de Janeiro RJ, Brazil
电话：（55 21）2253 2211
传真：（55 21）2233 5753
电子邮箱：unic.brazil@unic.org
网址：http://unicrio.org.br
服务对象：巴西

华盛顿哥伦比亚特区

1775 K Street, N.W., Suite 400
Washington, D.C. 20006
United States of America
电话：（202）331 8670
电子邮箱：unicdc@unic.org
网址：www.unicwash.org
服务对象：美利坚合众国

亚洲和太平洋

贝鲁特

UN House, Riad El-Sohl Square
（P.O. Box 11–8575–4656）
Beirut, Lebanon
电话：（961 1）981 301
传真：（961 1）97 04 24
电子邮箱：unic-beirut@un.org
网址：www.unicbeirut.org
服务对象：约旦、科威特、黎巴嫩、阿拉伯叙利亚共和国、西亚经社委员会

堪培拉

Level 1, 7 National Circuit, Barton, ACT 2600
（P.O. Box 5366, Kingston, ACT 2604）
Canberra, Australia
电话：（61 2）627 09200
传真：（61 2）627 38206
电子邮箱：unic.canberra@unic.org
网址：www.un.org.au
服务对象：澳大利亚、斐济、基里巴斯、瑙鲁、新西兰、萨摩亚、汤加、图瓦卢、瓦努阿图

科伦坡

202/204 Bauddhaloka Mawatha
（P.O. Box 1505, Colombo）
Colombo 7, Sri Lanka
电话：（94 112）580 791
传真：（94 112）581 116
电子邮箱：unic.colombo@unic.org
网址：http://colombo.sites.unicnetwork.org
服务对象：斯里兰卡

达卡

IDB Bhaban（8th floor）, Sher-e-Banglanagar
（G.P.O. Box 3658, Dhaka–1000）
Dhaka–1207, Bangladesh
电话：（880 2）9183 086（library）
传真：（880 2）9183 106
电子邮箱：unic.dhaka@undp.org
网址：unicdhaka.org
服务对象：孟加拉国

伊斯兰堡

ILO Building, Sector G–5/2
Near State Bank of Pakistan
（P.O. Box 1107）
Islamabad, Pakistan
电话：（0092）51 9216985
电子邮箱：unic.islamabad@unic.org
网址：www.un.org.pk/unic
服务对象：巴基斯坦

雅加达

Menara Thamrin Building, 3A floor
Jalan MH Thamrin, Kav. 3

Jakarta 10250, Indonesia
电话：(62 21) 3983 1011
传真：(62 21) 3983 1014
电子邮箱：unic.jakarta@unic.org
网址：www.unic-jakarta.org
服务对象：印度尼西亚

加德满都

Harihar Bhavan Pulchowk
(P.O. Box 107, UN House)
Kathmandu, Nepal
电话：(977 1) 55 23 200, Ext.1600
传真：(977 1) 55 43 723
电子邮箱：registry.np@undp.org
网址：http://kathmandu.unic.org
服务对象：尼泊尔

麦纳麦

United Nations House
Bldg. 69, Road 1901, Block 319
(P.O. Box 26004, Manama)
Manama, Bahrain
电话：(973) 1731 1676
传真：(973) 1731 1692
电子邮箱：unic.manama@unic.org
网址：http://manama.unic.org
服务对象：巴林、卡塔尔、阿拉伯联合酋长国

马尼拉

GC Corporate Plaza (ex Jaka II Building)
5th floor, 150 Legaspi Street, Legaspi Village
(P.O. Box 7285 ADC (DAPO),
1300 Domestic Road Pasay City)
Makati City
1229 Metro Manila, Philippines
电话：(63 2) 336 7720
传真：(63 2) 336 7177
电子邮箱：unic.manila@unic.org
网址：www.unicmanila.org
服务对象：巴布亚新几内亚、菲律宾、所罗门群岛

新德里

55 Lodi Estate,
New Delhi 110 003, India
电话：(91 11) 4653 2242
传真：(91 11) 2462 0293
电子邮箱：unic.india@unic.org
网址：www.unic.org.in
服务对象：不丹、印度

萨那

Street 5, Off Abawnya Area
Handhel Zone, beside Handhal Mosque
(P.O. Box 237)
Sana'a, Yemen
电话：(967 1) 274 000
传真：(967 1) 274 043
电子邮箱：unic.yemen@unic.org
网址：http://sanaa.sites.unicnetwork.org
服务对象：也门

德黑兰

No. 8, Shahrzad Blvd., Darrous
(P.O. Box 15875-4557)
Tehran, Iran
电话：(98 21) 2 287 3837

传真：(98 21) 2 287 3395
电子邮箱：unic.tehran@unic.org
网址：www.unic-ir.org
服务对象：伊朗

东京

UNU Building (8th floor)
53–70 Jingumae 5–Chome, Shibuya-Ku
Tokyo 150–0001, Japan
电话：(81 3) 5467 4454
传真：(81 3) 5467 4455
电子邮箱：unic.tokyo@unic.org
网址：www.unic.or.jp
服务对象：日本

仰光

6 Natmauk Road
Tamwe Township
(P.O. Box 230)
Yangon, Myanmar
电话：(95 1) 542 911
传真：(95 1) 545 634
电子邮箱：unic.yangon@unic.org
网址：http://yangon.unic.org
服务对象：缅甸

欧洲和独立国家联合体

阿拉木图

67 Tole Bi Street, 050000 Almaty
Republic of Kazakhstan
电话：(7 727) 258 2643
传真：(7 727) 258 2645
电子邮箱：kazakhstan@unic.org
网址：http://kazakhstan.unic.org
服务对象：哈萨克斯坦

安卡拉

Birlik Mahallesi, 415 Cadde, No. 11
06610 Cankaya
Ankara, Turkey
电话：(90 312) 454–1052
传真：(90 312) 496–1499
电子邮箱：unic.ankara@unic.org
网址：www.unicankara.org.tr
服务对象：土耳其

巴库

联合国办事处
UN 50th Anniversary Street, 3
Baku, AZ1001
Azerbaijan
电话：(994 12) 498 98 88
传真：(994 12) 498 32 35
电子邮箱：un-dpi@un-az.org
网址：http://az.one.un.org
服务对象：阿塞拜疆

布鲁塞尔

联合国区域信息中心
Residence Palace
Rue de la Loi/Westraat 155
Quartier Rubens, Block C2
1040 Brussels, Belgium
电话：(32 2) 788 84 84
传真：(32 2) 788 84 85
电子邮箱：info@unric.org
网址：www.unric.org

服务对象：安道尔、比利时、塞浦路斯、丹麦、芬兰、法国、德国、希腊、教廷、冰岛、爱尔兰、意大利、卢森堡、马耳他、摩纳哥、荷兰、挪威、葡萄牙、圣马力诺、西班牙、瑞典、英国、欧洲联盟

日内瓦

联合国信息中心
联合国日内瓦办事处
Palais des Nations
1211 Geneva 10, Switzerland
电话：(41 22) 917 2302
传真：(41 22) 917 0030
电子邮箱：press_geneva@unog.ch
网址：www.unog.ch
服务对象：瑞士

基辅

联合国办事处
1 Klovskiy Uzviz
Kyiv, Ukraine
电话：(380 44) 253 9363
传真：(380 44) 253 2607
电子邮箱：registry@un.org.ua
网址：www.un.org.ua
服务对象：乌克兰

明斯克

联合国办事处
Kirov Street, 3rd floor
17 220050 Minsk, Belarus
电话：(375 17) 327 3817
传真：(375 17) 226 0340
电子邮箱：dpi.staff.by@undp.org
网址：www.un.by
服务对象：白俄罗斯

莫斯科

9 Leontievsky Pereulok
Moscow, 125009, Russian Federation
电话：(7 495) 787 2107
传真：(7 495) 787 2137
电子邮箱：unic.moscow@unic. org
网址：www.unic.ru
服务对象：俄罗斯联邦

布拉格

Zeleza 24
11000 Prague 1, Czechia
电话：(420) 2557 11645
传真：(420) 2573 16761
电子邮箱：info.prague@unic.org
网址：www.osn.cz
服务对象：捷克

塔什干

联合国办事处
Mirabad Str. 41/3 Tashkent, Uzbekistan 100015
电话：(998 71) 1203 450
传真：(998 71) 1203 485
电子邮箱：uno.tashkent@undp.org
网址：www.un.uz
服务对象：乌兹别克斯坦

第比利斯

联合国办事处
9, Eristavi Street

0179 Tbilisi, Georgia
电话：995 32 225 11 26
传真：995 32 225 02 71
电子邮箱：uno.tbilisi@unic.org
网址：http://ungeorgia.ge
服务对象：格鲁吉亚

维也纳

联合国信息中心
联合国维也纳办事处
维也纳国际中心
Wagramer Strasse 5
（P.O. Box 500, 1400 Vienna）
1220 Vienna, Austria
电话：（43 1）26060 4666
传真：（43 1）26060 5899
电子邮箱：unis@unvienna.org
网址：www.unis.unvienna.org
服务对象：奥地利、匈牙利、斯洛伐克、斯洛文尼亚

华沙

ul. Piękna 19
00–549 Warszawa, Poland
电话：（48 22）825 57 84
传真：（48 22）825 77 06
电子邮箱：unic.poland@unic.org
网址：www.unic.un.org.pl
服务对象：波兰

埃里温

联合国办事处
14 Petros Adamyan Street, 1st floor
0010 Yerevan, Armenia
电话：（374 10）560 212
电子邮箱：uno.yerevan@unic.org
网址：www.un.am
服务对象：亚美尼亚

附录六

联合国网址选录

联合国	www.un.org/zh/
联合国系统	www.unsystem.org

主要机构

经济及社会理事会	www.un.org/ecosoc/zh
联合国大会	www.un.org/zh/ga
国际法院	www.icj-cij.org
秘书处	www.un.org/zh/sections/about-un/secretariat/
安全理事会	www.un.org/zh/sc
托管理事会	www.un.org/zh/decolonization/trusteeship

工作组和基金会

国际贸易中心(贸易中心)	www.intracen.org
联合国难民事务高级专员办事处(联合国难民署)	www.unhcr.org
联合国资本发展基金(资发基金)	www.uncdf.org
联合国儿童基金会(儿基会)	www.unicef.org
联合国贸易和发展会议(贸发会议)	www.unctad.org
联合国开发计划署(开发署)	www.undp.org
联合国促进性别平等和增强妇女权能署(妇女署)	www.unwomen.org
联合国环境规划署(环境署)	www.unenvironment.org/zh-hans
联合国人类住区规划署(人居署)	www.cn.unhabitat.org

联合国毒品和犯罪问题办公室(毒品和犯罪问题办公室)	www.unodc.org
联合国人口基金(人口基金)	www.unfpa.org
联合国近东巴勒斯坦难民救济和工程处(近东救济工程处)	www.unrwa.org
联合国志愿人员组织(志愿人员组织)	www.unv.org
世界粮食计划署(粮食署)	www.wfp.org

研究培训机构

联合国裁军研究所(裁研所)	www.unidir.org
联合国训练研究所(训研所)	www.unitar.org
联合国区域间犯罪和司法研究所(犯罪司法所)	www.unicri.it
联合国社会发展研究所(社发研究所)	www.unrisd.org
联合国系统职员学院	www.unssc.org
联合国大学	www.unu.edu

其他实体

联合国艾滋病毒/艾滋病联合规划署(艾滋病署)	www.unaids.org
联合国国际减少灾害风险战略(国际减灾战略)	www.unisdr.org
联合国伙伴关系办公室(伙伴关系办公室)	www.un.org/partnerships/zh
联合国项目事务厅(项目厅)	www.unops.org

附属机构和职司委员会

预防犯罪和刑事司法委员会	www.unodc.org/unodc/en/commissions/CCPCJ/
麻醉药品委员会	www.unodc.org/unodc/en/commissions/CND/
人口与发展委员会	www.un.org/esa/population/cpd/aboutcom.htm
科学和技术促进发展委员会	www.unctad.org/en/Pages/CSTD.aspx

社会发展委员会	www.un.org/development/desa/dspd/united-nations-commission-for-social-development-csocd-social-policy-and-development-division.html
妇女地位委员会	www.un.org/womenwatch/daw/csw
反恐怖主义委员会(反恐委员会)	www.un.org/en/sc/ctc
裁军委员会	www.un.org/Depts/ddar/discomm/undc
可持续发展问题高级别政治论坛	www.sustainabledevelopment.un.org/hlpf/
人权理事会	www.ohchr.org/EN/HRBodies/HRC/Pages/HRCIndex.aspx
前南斯拉夫问题国际法庭(前南问题国际法庭)	www.icty.org
国际法委员会	www.un.org/law/ilc
国际刑事法庭机制	www.unmict.org
维持和平行动及政治特派团	www.un.org/en/peacekeeping
土著问题常设论坛	www.un.org/esa/socdev/unpfii
统计委员会	www.unstats.un.org/unsd/statcom/
联合国森林论坛	www.un.org/esa/forests
和平建设委员会	www.un.org/en/peacebuilding/

区域委员会

非洲经济委员会(非洲经委会)	www.uneca.org
欧洲经济委员会(欧洲经委会)	www.unece.org
拉丁美洲和加勒比经济委员会(拉加经委会)	www.cepal.org
亚洲及太平洋经济社会委员会(亚太经社会)	www.unescap.org
西亚经济社会委员会(西亚经社会)	www.unescwa.org

专门机构

联合国粮食及农业组织(粮农组织)	www.fao.org/home/zh
国际民用航空组织(民航组织)	www.icao.int

国际农业发展基金（农发基金）	www.ifad.org
国际劳工组织（劳工组织）	www.ilo.org/beijing/lang--zh
国际海事组织（海事组织）	www.imo.org
国际货币基金组织（基金组织）	www.imf.org/external/chinese
国际电信联盟（电信联盟）	www.itu.int/zh/pages
联合国教育、科学及文化组织（教科文组织）	zh.unesco.org
联合国工业发展组织（工发组织）	www.unido.org
万国邮政联盟（万国邮联）	www.upu.int
世界银行集团	www.worldbank.org.cn
世界卫生组织（世卫组织）	www.who.int/zh/
世界知识产权组织（知识产权组织）	www.wipo.int/portal/zh/
世界气象组织（气象组织）	www.public.wmo.int/zh-hans
世界旅游组织（世旅组织）	www.unwto.org

相关机构

国际原子能机构（原子能机构）	www.iaea.org
禁止化学武器组织（禁化武组织）	www.opcw.org/cn/
全面禁止核试验条约组织筹备委员会（禁核试组织筹委会）	www.ctbto.org
世界贸易组织（世贸组织）	www.wto.org

索 引

H

J

K

M

N

O

P

Q

R

T

W

X

Y

Z

图书在版编目（CIP）数据

联合国概况 / 联合国新闻部编. -- 上海 : 上海外语教育出版社, 2024
ISBN 978-7-5446-8130-8

Ⅰ. ①联… Ⅱ. ①联… Ⅲ. ①联合国－概况－英文 Ⅳ. ①D813.2

中国国家版本馆CIP数据核字（2024）第075965号

图字：09－2018－1243

审图号：GS（2020）1794号

本书中文版由上海外国语大学高级翻译学院师生共同翻译完成，特此鸣谢。

出版发行：上海外语教育出版社
（上海外国语大学内） 邮编：200083
电　　话：021-65425300（总机）
电子邮箱：bookinfo@sflep.com.cn
网　　址：http://www.sflep.com
责任编辑：闵晓哲

印　　刷：上海新华印刷有限公司
开　　本：787×1092 1/16 印张 44.25 字数 994千字
版　　次：2024年6月第2版 2024年6月第1次印刷

书　　号：ISBN 978-7-5446-8130-8
定　　价：139.00元
本版图书如有印装质量问题，可向本社调换
质量服务热线：4008-213-263

图书在版编目（CIP）数据

This work is published for and on behalf of the United Nations.